Carsten Schymik

MOUNTAINBIKEN ALLGÄU

UND TANNHEIMER TAL

27 Touren zwischen welligen Hügeln und schroffen Felsen

BRUCKMANN

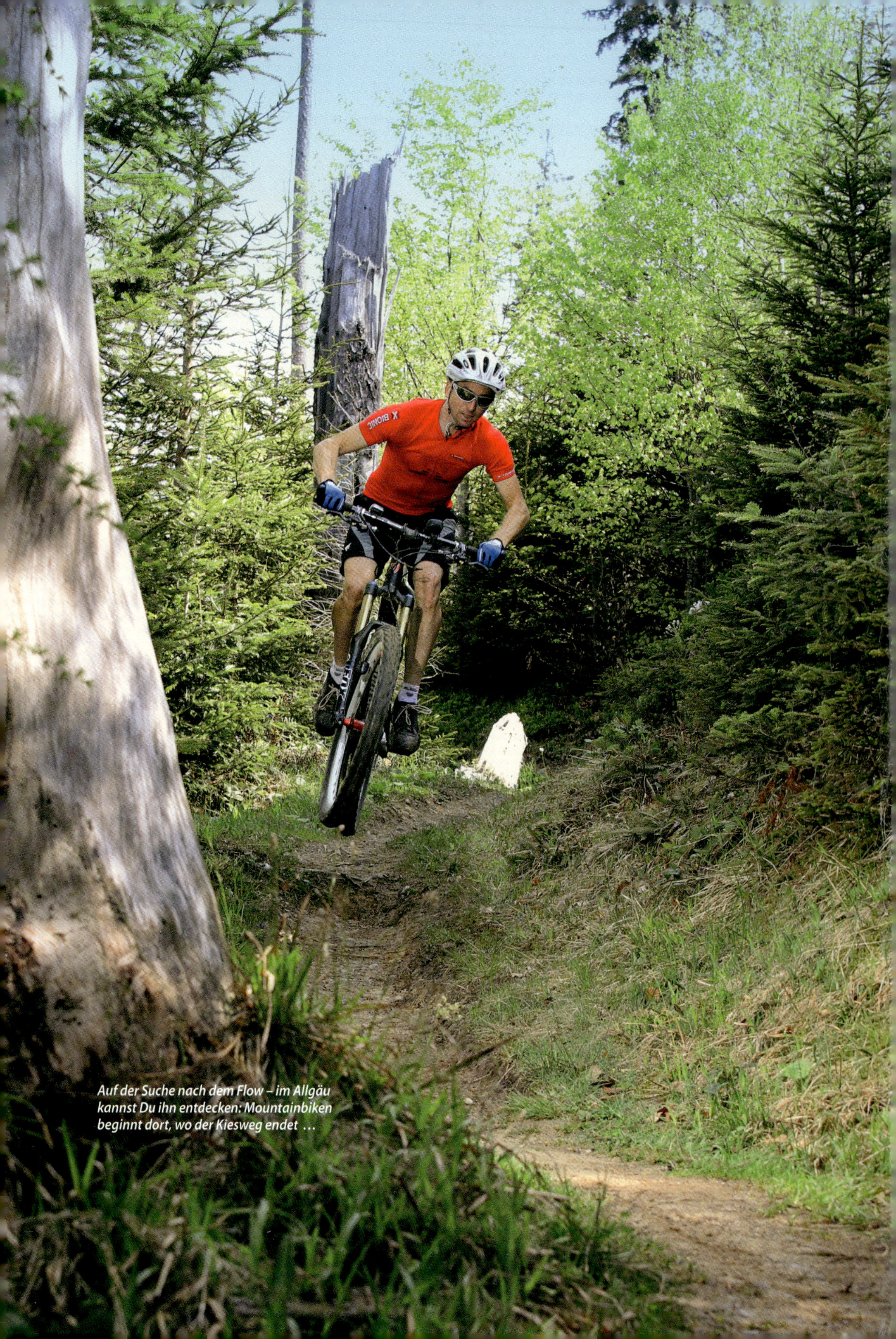

Auf der Suche nach dem Flow – im Allgäu kannst Du ihn entdecken: Mountainbiken beginnt dort, wo der Kiesweg endet …

Inhaltsverzeichnis

Inhaltsverzeichnis

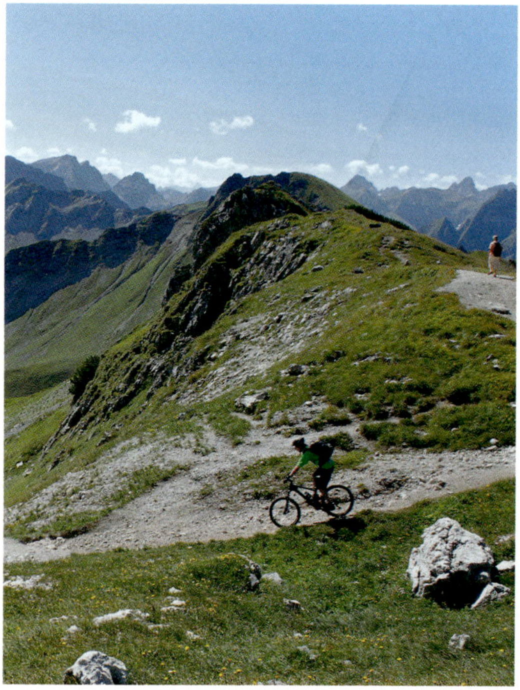

Spektakuläre Abfahrt ins Hintersteiner Tal

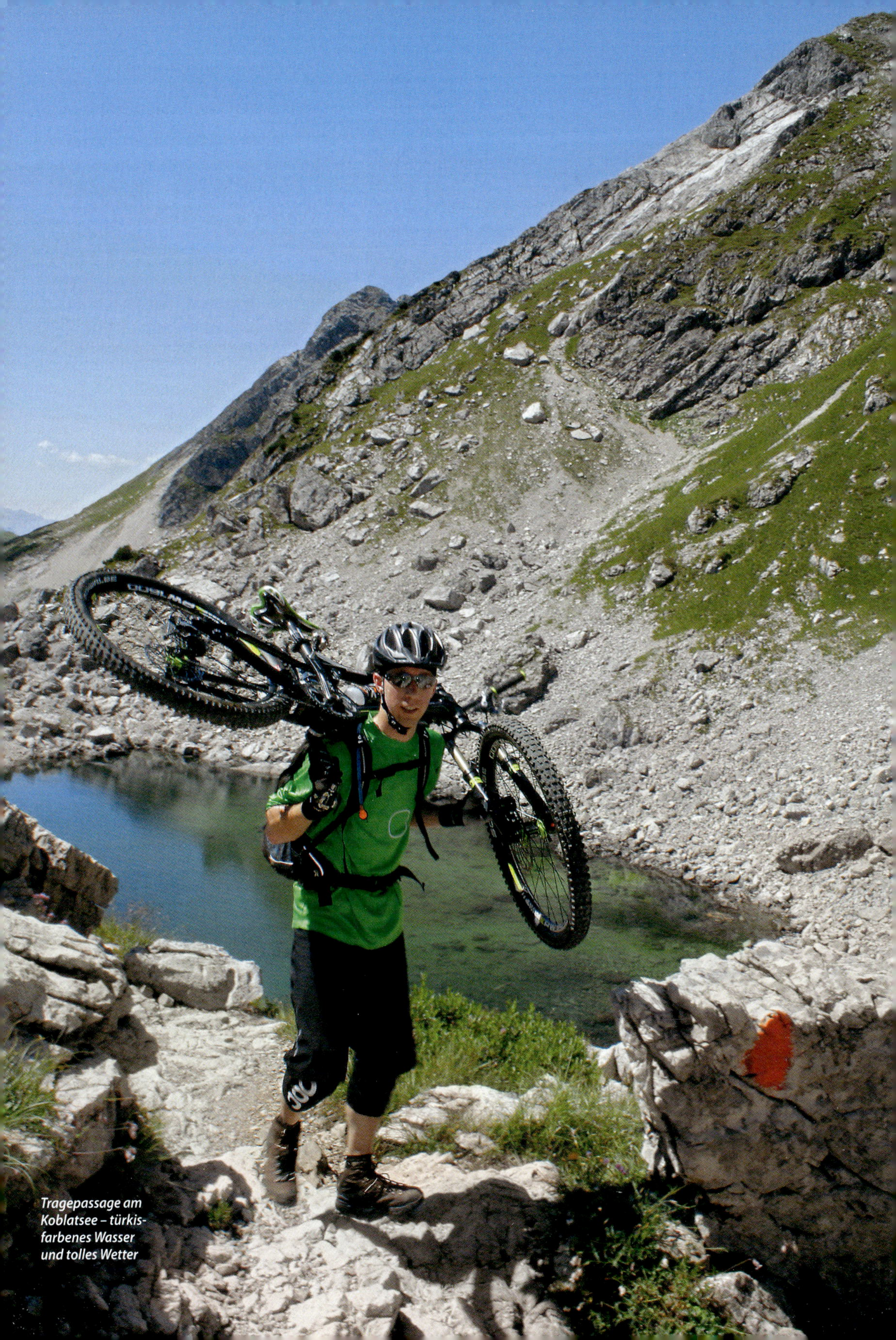

Tragepassage am Koblatsee – türkisfarbenes Wasser und tolles Wetter

Vorwort

Das Allgäu ist steil, das Allgäu ist eine Wanderregion, und das Allgäu ist ein Paradies für Kühe. Alles richtig, aber auch zum Mountainbiken ist die Region zwischen Bodensee und Lech ein optimales Ziel: schnell und gut erreichbar, vorzüglich erschlossen und landschaftlich reizvoll.

Zunächst einmal locken die vielen gut ausgebauten Forst- und Wirtschaftswege sowie die kleinen Sträßchen, die weit in die langen Täler und bis hinauf zu Alpen und Skigebieten erbaut wurden. Aber die Zeiten, dass wir Mountainbiker uns lediglich auf diese breiten Wege verbannen ließen, sind längst Vergangenheit. Heute fangen schon Jugendliche an, an ihrem Fahrkönnen auf modernem Material zu feilen. Und spätestens beim ersten Urlaub in den Bergen lockt der Singletrail. Ein Blick auf die Wanderkarte zeigt schnell, dass es im Allgäu genau das zu finden gibt, für das Mountainbikes gebaut wurden – nämlich für schmale Pfade auf hohen Bergen.

In den meisten Regionen der Alpen hat man diesen Trend bereits erkannt, und neben den Beschilderungen für Bergpfade befinden sich ganz einträchtig auch spezielle Schilder für Mountainbiker. Die herbeigeredeten Konflikte mit Wanderern gibt es in der Realität eigentlich nicht, stattdessen erlebt man in der Regel ein interessiertes und respektvolles Miteinander auf dem Singletrail oder dem Bergpfad. Und in Bereichen, wo aufgrund von Seilbahnen und großen Ausflugslokalen auf den Bergen eine höhere Besucherdichte zu erwarten ist, da kanalisiert man die Besucher ganz einfach, indem man für beide – Biker und Fußgänger – ein interessantes und anspruchsvolles Streckennetz schafft, sodass alle in friedlicher Koexistenz und im Nebeneinander statt im Gegeneinander leben können.

Und genau in dieser gemeinsamen und sich gegenseitig respektierenden Existenz von Mountainbikern und Wanderern liegt die Zukunft es Allgäus. Leider investieren viele Ge-

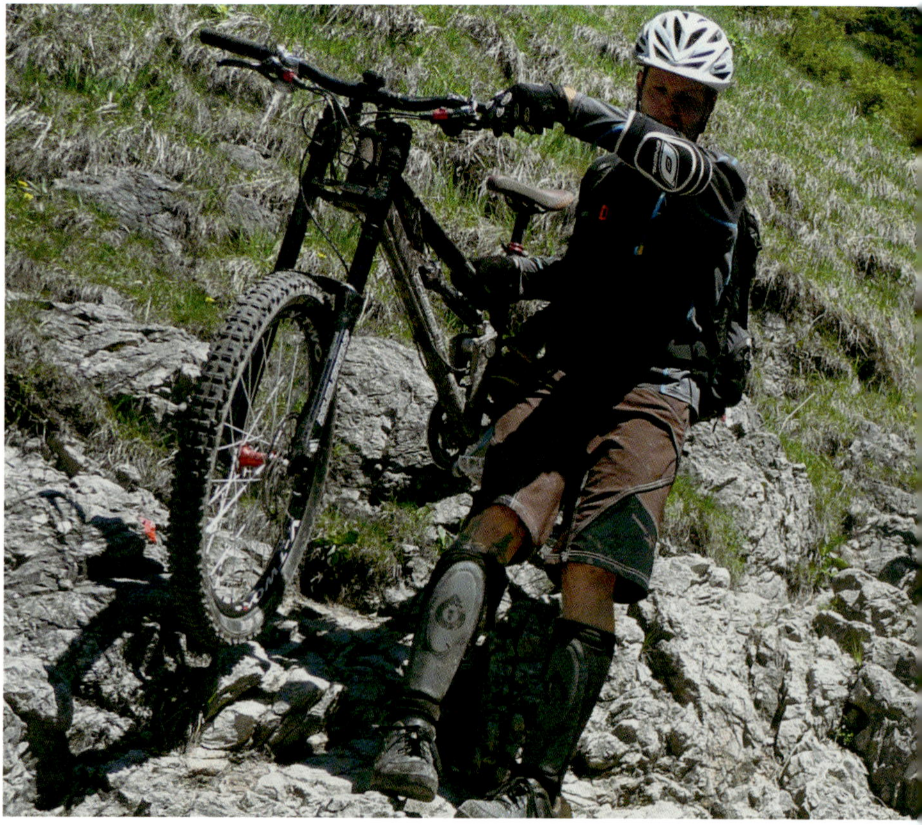

Auch bergab ist nicht immer alles fahrbar.

meinden und Tourismusverbände heute noch lieber in landschafts- und ressourcenverzehrende Lift- und Beschneiungsanlagen, um bei sinkenden Schneemengen und wärmeren Wintern der hochalpinen Konkurrenz hinterherzuhecheln. Langfristig wird so jedoch nur die Rendite sinken, und spätestens nach zwei oder drei schlechten Wintern werden auch im Allgäu wir Mountainbiker als willkommene Kunden gesehen werden, statt als lästige und allenfalls geduldete Randerscheinungen.

Ich habe das Allgäu und die angrenzenden Regionen im Tannheimer und im Kleinwalsertal als wahres Eldorado für Biker kennengelernt. Knackige Anstiege, lohnende Ziele und viele Abfahrten auf Singletrails in allen Schwierigkeiten sind genau das, wonach ich bei einer Tour im Gebirge suche. Nicht alles, was ich selbst als tolle Abfahrt empfunden habe, war geeignet für dieses Buch. Und nicht jede rote Linie auf der Wanderkarte verdient es, veröffentlicht zu werden. Aber so viel verrate ich vorab: Die besten Trails und die schönsten Biketouren des Allgäus wird der Leser in diesem Buch finden!

Die Verbindung von einer guten Infrastruktur mit zahlreichen Einkehrmöglichkeiten und einer herrlichen Landschaft macht das Allgäu zu Recht zum lohnenden Ziel für einen längeren Urlaub oder einen Kurztrip über das Wochenende. Die Kulturlandschaft mit Alpen und Viehwirtschaft, aber auch die Erschließung der Region für den Tourismus hat für uns Mountainbiker ein optimales Revier mit unzähligen Möglichkeiten zur Ausübung unseres Sports geschaffen.

Kommt mit auf Entdeckungstour durch das Allgäu mit seinen Alpen und Auen und lernt die faszinierende Kulturlandschaft und die schroffen Berge kennen. Ihr werdet begeistert sein von den Möglichkeiten, die euch dort erwarten!

Im Herbst 2020
Carsten Schymik

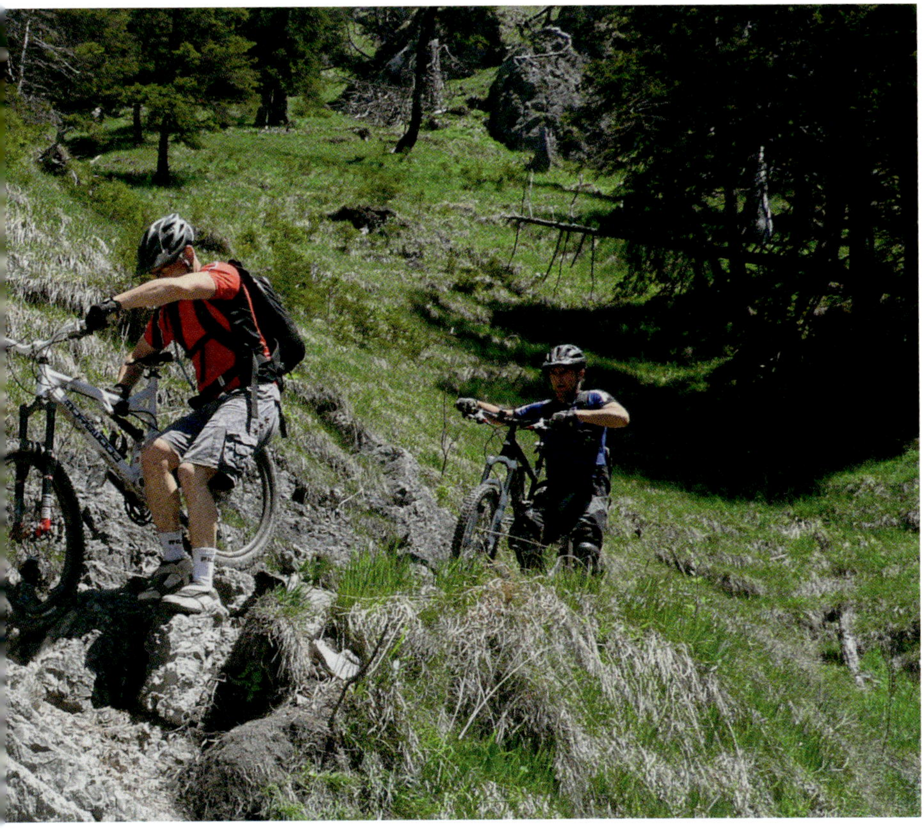

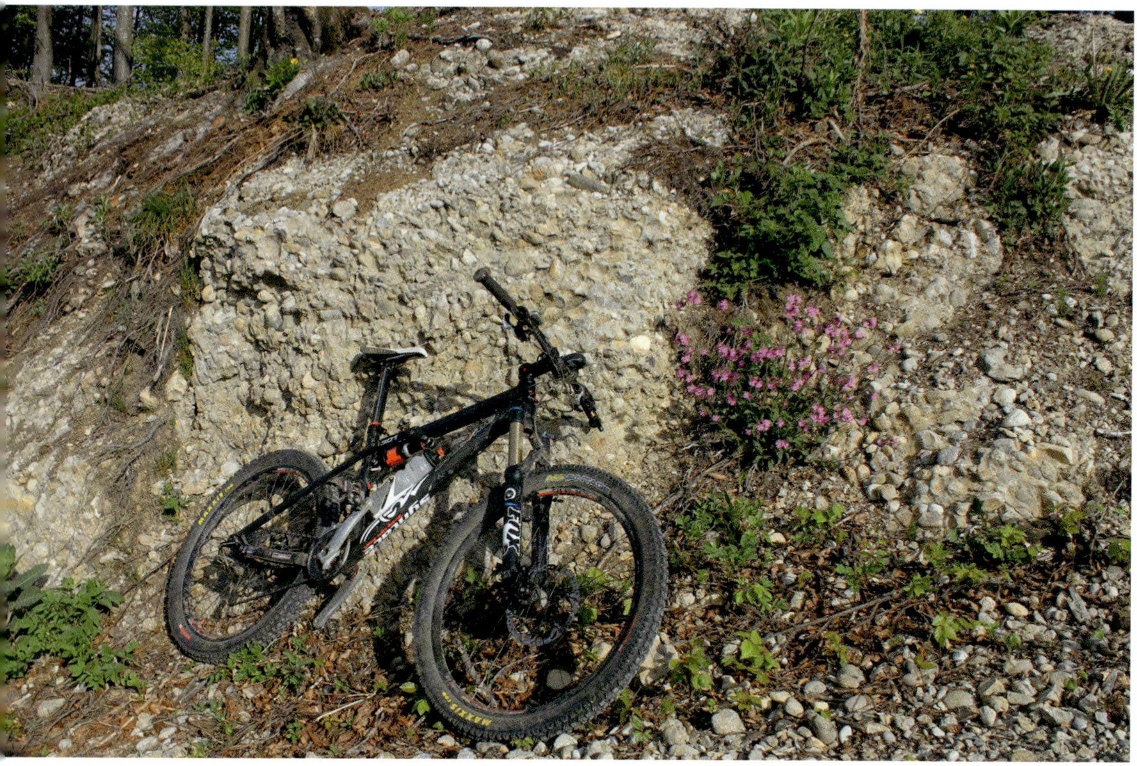

Nagelfluhgestein bei Oberstaufen

Kultur und Geschichte

Bereits aus der Stein- und Bronzezeit gibt es Besiedelungsspuren im Allgäu. Das Kleinwalsertal wurde z. B. schon in der Steinzeit bewohnt. Davon zeugen Ausgrabungen am Gottesacker im Kleinwalsertal neben dem markanten Ifen; hier kamen u. a. Schaber, Pfeilspitzen und Feuerstellen aus der Jungsteinzeit zutage. Teile dieser Funde können in der Bergschau im Veranstaltungszentrum Walserhaus in Hirschegg besichtigt werden.

Die ersten geschichtlich nachgewiesenen Bewohner waren die Illyrer, die um 1200 v. Chr. aus dem Gebiet des heutigen Ungarn einwanderten. Es folgten um 500 v. Chr. die Kelten. Diese begannen damit, die Bergwälder und Talauen zu roden und für die Landwirtschaft nutzbar zu machen. Es folgten die Römer, die 15 v. Chr. bis etwa ins Jahr 400 ins Allgäu kamen. Sie fanden eine sesshafte Bevölkerung vor, die Landwirtschaft und einen regen Handel betrieb. Erst im 3. und 4. Jahrhundert kamen die Alemannen und Schwaben aus dem Gebiet zwischen Elbe und Oder in das Allgäu.

Erstmals wurde das Allgäu im Jahr 817 urkundlich unter dem Namen »Albegowe« erwähnt. Dieser setzt sich aus dem Wort »Alb«, was so viel heißt wie Gebirge, und dem Wort »Au« (= wasserreiche, fruchtbare Ebene) zusammen. Das Wort »Allgäu« kann somit als »Gebirgslandschaft mit wasserreichen Auen (oder Tälern)« übersetzt werden.

Die ersten Bewohner des Kleinwalsertals kamen um etwa 1270 aus dem Oberwallis. Politische und wirtschaftliche Gründe veranlassten sie dazu, ihre Heimat zu verlassen. Die Walser besiedelten die gesamten Westalpen in einem Streifen, ausgehend vom Wallis über den Gotthart-, den Lukmanier- und den San-Bernardino-Pass über das Rheintal, den Bregenzerwald bis ins Allgäu. Sie besiedelten die Täler sozusagen von »oben her« und unterhielten in ihrem gesamten Siedlungsgebiet Handelsverbindungen. Die Straßen und Wege aus dieser Zeit sind bis heute vorhanden und nun oftmals beliebte Mountainbikerouten.

Fünf Walliser Familien kamen damals über den Hochalppass in das noch unbewohnte

Breitachtal. Dieses gehörte zum Zeitpunkt der Einwanderung der ersten Walser dem Freiherrn von Rettenberg. Den Walsern wurde die Rodung und Ansiedelung in dem zuvor nur zur Jagd genutzten Gebiet gestattet. Sie mussten lediglich einen Laib Käse pro Familie und Jahr an den Freiherrn abgeben.

Im Mittelalter gab es an zahlreichen Orten im Allgäu eine rege Bergbautätigkeit. Es wurde vor allem Eisen abgebaut, aber auch nach edleren Metallen in den Bergwerken geschürft; dazu trieb man die Stollen teils weit oben in den Berg. So finden wir noch heute z. B. am Grünten oder in Bad Hindelang Zeugnisse aus dieser Epoche. In den Tälern wurde das gewonnene Erz verhüttet und verarbeitet.

Ende des 19. Jahrhunderts begann die touristische Erschließung des Allgäus, und heute sind die Übernachtungen sowie der Volkssport Skifahren ein wesentlicher Wirtschaftsfaktor der Region. Auf den Bergen wurden vom Deutschen Alpenverein Schutzhütten errichtet, die als Ausgangspunkte für Bergtouren dienen. In den letzten Jahren steigt nun auch die Zahl der Gäste, die das Allgäu mit dem Mountainbike erkunden wollen. Hierdurch eröffnen sich für Alpen, Liftbetreiber und auch für Anbieter von Fahrtechnikseminaren und geführten Touren neue und nicht zu vernachlässigende wirtschaftliche Potenziale.

Die Alpwirtschaft

Auch heute wird das gesamte Allgäu von der Alp- und Landwirtschaft geprägt. Fast auf jedem halbwegs nutzbaren Flecken bis hinauf auf die bis zu 2000 Meter hohen Berge sind kleine Alpen und Wiesen zu finden. Charakteristisch ist das Braunvieh – nicht von ungefähr wird diesem Landstrich auch die höchste »Kuhdichte« weit und breit nachgesagt. Der größte Teil der gewonnenen Mich wird vor Ort zu schmackhaftem Käse verarbeitet. Dieser kann oft direkt oben auf der Alp oder in kleinen Käsereien erworben werden.

Das Wort »Alpe« wird im alemannischen Sprachraum für Alm verwendet. Die Bezeichnung »Alm« kommt dagegen aus dem bayerisch-österreichischen Sprachraum. Da das Allgäu vorwiegend dem alemannischen Sprachraum zuzuordnen ist, wird hier meist von der »Alpe« für die im Sommer genutzten Bergweiden gesprochen.

Die Alpen sind Fluch und Segen zugleich. Erst durch sie wurden die Berge erschlossen, und auch heute noch führen die meisten Wege dort hinauf. Auf den hoch und meist in schöner Landschaft gelegenen Alpen findet der Besucher, egal ob zu Fuß oder mit dem Bike, einen Ort zum Rasten und zur Einkehr.

Die Alpen haben heute neben ihrer wirtschaftlichen Funktion auch noch die Aufgabe, die gewachsene Natur- und Kulturlandschaft so zu erhalten, wie wir sie kennen und lieben gelernt haben. Ohne die Alpen und deren Bewohner, die oftmals ein karges und entbehrungsreiches Leben führen, würden die Wiesen zu Wald werden und viele Wege verfallen. Es würde nicht nur den Verlust einiger Arbeitsplätze, sondern auch die Zerstörung einer ganzen Kultur zur Folge haben, würden die Alpen vom Berg verschwinden.

Dennoch gibt es auch einen kleinen Wermutstropfen für uns Biker, denn oft wird unsere Fahrt durch dieses Gelände durch einen Zaun oder ein Gatter versperrt. Man muss anhalten, das Bike mühsam über das Tor oder den Durchlass für Fußgänger wuchten, wieder aufsteigen, um dann bereits nach kurzer Fahrt das Spiel zu wiederholen. Mit dem Bike überfahrbare Kuhsperren, wie sie in anderen Regionen der Alpen oftmals üblich sind, sucht man im Allgäu meist vergebens. Diesen kleinen Wermutstropfen ertragen wir allerdings gern, und auch die übrigen Hinterlassen-

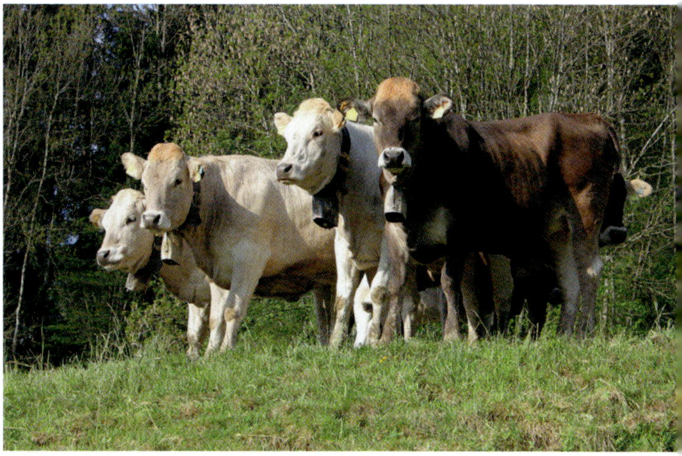

Kuhherden – ständige Wegbegleiter im Allgäu

schaften der hübschen braunen Tiere wie zertrampelte Wiesen, Wege und die allgegenwärtigen Kuhfladen. Kühe gehören eben zum Allgäu, genauso wie der Käse und die Berge … und natürlich wir Mountainbiker.

Wanderregion Allgäu

Das Wandern hat im Allgäu eine lange Tradition, und es ist selbstverständlich, dass Seilbahnen im Sommer unzählige Touristen auf den Berg befördern. Auch viele Wege und Schutzhütten in den Bergen werden extra vom Deutschen Alpenverein (DAV) angelegt, erbaut und unterhalten. Das ist neben viel Arbeit auch mit Kosten verbunden. Am Unterhalt des Wegenetzes kann sich jeder Mountainbiker zumindest finanziell durch eine Mitgliedschaft im DAV beteiligen. Zudem bietet diese neben weiteren Vergünstigungen auch einen umfangreichen Versicherungsschutz bei allen Unternehmungen im alpinen Gelände.

Wir Biker sind neben den Wanderern ebenfalls nur Gäste in der Natur. Dabei wollen wir gleichberechtigt und mit demselben Respekt behandelt werden, den wir den anderen Wegenutzern entgegenbringen. Wir nehmen grundsätzlich Rücksicht aufeinander und verhalten uns vorbildlich.

Das Wandern ist ein wichtiger Wirtschaftsfaktor im Allgäu, und das wird auch in Zukunft so bleiben. Wir Mountainbiker sind vielerorts allenfalls geduldet, aber unsere Bedeutung nimmt von Tag zu Tag zu. Die Zukunft ist eine gemeinsame, die auf die Befindlichkeiten und Bedürfnisse beider Gruppen gleichberechtigt eingeht und beiden ein attraktives Wegenetz bietet (s. auch bei »Verhaltenskodex«).

Geologie

Zur Geologie des Allgäus gibt es für uns Biker ein paar Punkte, die für die Tourwahl und für das, was uns auf der Tour erwarten kann, durchaus von Bedeutung sind.

Die meisten Berge des Allgäus sind sogenannte Grasberge, was bedeutet, dass diese mit einer Erd- oder Lehmschicht überzogen sind, die eine üppige Vegetation ermöglicht. Die Berge sind somit meist bewaldet. Im Bereich von Alpen und der dort seit Jahrhunderten praktizierten Viehwirtschaft wurde der Wald früher gerodet, und so finden wir hier satte Wiesen. Die dort angelegten Alp- und Bergwege sind meist von glatter Struktur und eigentlich sehr gut befahrbar. Leider verwandeln sich die meisten dieser Weg nach längeren Regenfällen und im Frühjahr nach der Schneeschmelze in rutschige Schlammpisten, und auch so manche Wiese wird schnell zum Sumpf – dies sollten wir bei der Tourplanung stets beachten und gerade bei den soeben beschriebenen Wettersituationen auch mal auf den einen oder andern Singletrail verzichten und stattdessen die Abfahrt auf einem Schotterweg vorziehen. Damit vermeiden wir Spuren auf dem Trail und tragen nicht zur Erosion auf diesem sensiblen Wegenetz bei.

In bewaldeten Gebieten müssen wir auch oft mit stark verwurzelten Trails rechnen. Hier ist bei Nässe eine präzise Fahrtechnik erforderlich, da die Wurzeln dann sehr rutschig sein können!

Als Gestein finden wir im Allgäu und im Tannheimer Tal fast ausschließlich Kalkstein. Dabei handelt es sich um die Bauwerke von Korallen, also winzig kleinen Tieren, die zum Bau dieser riesigen Felswände in warmen, flachen Meeren über Jahrmillionen hinweg beitrugen.

Der Kalkstein ist in den Ausprägungen glatt und rund, als bizarrer Schrofen (z. B. am Gottesackerplateau) oder als griffiger, aber bröseliger Untergrund anzutreffen. Die harten und festen Kalksteinformationen haben bei Nässe den Nachteil, dass sie sehr rutschig werden können, vor allem wenn zwischen den Steinpassagen auch noch erdige und lehmige Abschnitte anzutreffen sind. Bröseliger und lockerer Kalkstein ist auch bei Nässe sehr gut, wenn nicht sogar besser befahrbar. Diese Art von Untergrund ist vor allem im Tannheimer Tal anzutreffen.

Als geologische Besonderheit ist der Nagelfluh zu sehen. Dabei handelt es sich um Sedimentgestein, das durch eiszeitliche Ablagerungen aus allen möglichen anderen Gesteinen entstanden ist. Dabei haben Gletscher und Flüsse das Gestein befördert, rund geschliffen und abgelagert. Durch die Auffaltung der Alpen senkte sich die europäische

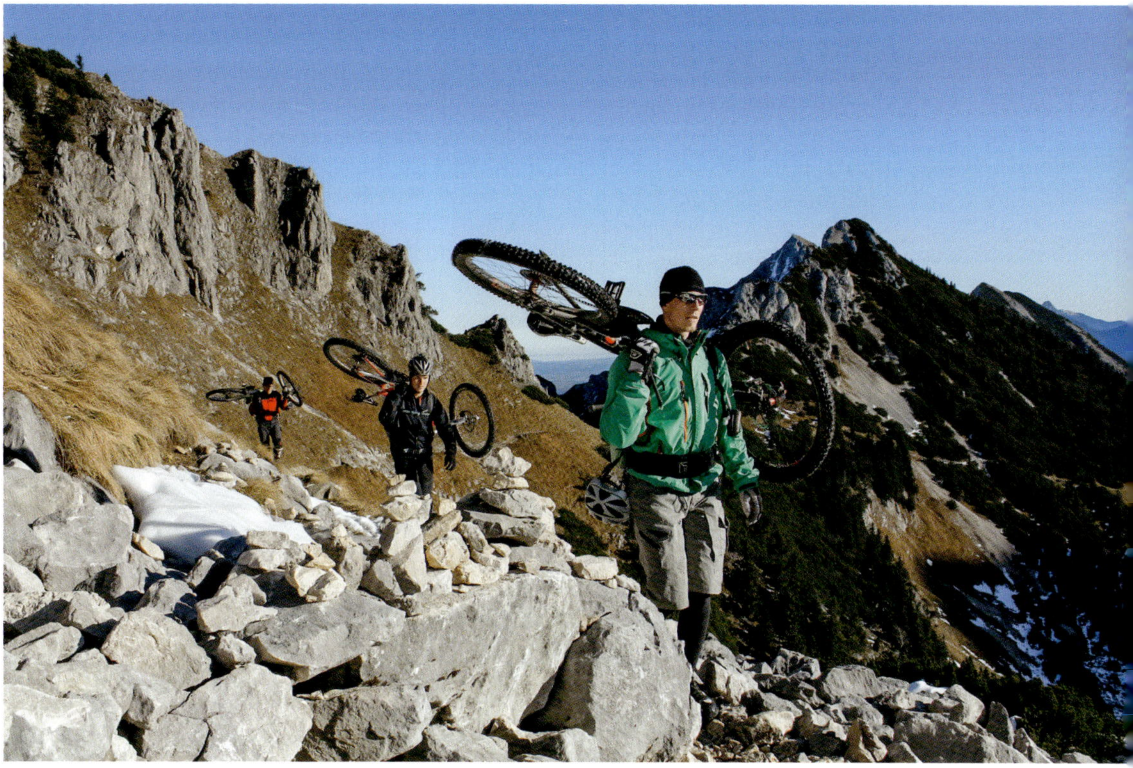

Manchmal muss das Bike in den Allgäuer Hochalpen auch getragen werden.

Kontinentalplatte ab. Die so entstandene Senke füllte sich mit Wasser, und das sogenannte Molassemeer entstand. Das eingeschwemmte Material wurde seiner Größe entsprechend angelagert. Weil sie aufgrund ihres Gewichts vom transportierenden Medium, dem Wasser, nicht länger in der Schwebe gehalten werden konnten, sanken grobe Brocken und Kiesel zuerst auf den Grund. Dagegen wurden feiner Sand und Schlamm wesentlich weiter von den Alpen weg transportiert. Daraus entstanden Sandsteinformationen, die ebenfalls vereinzelt im Allgäu noch zu finden sind. Diese sind meist als dünne Schichten im oder unterhalb des Nagelfluhs abgelagert.

Aus den Ablagerungen im Molassemeer entstand ein Gestein, das man auf den ersten Blick für groben Beton halten kann. Da die runden Kiesbrocken an der Oberfläche wie Nagelköpfe aussehen, wird das Gestein als Nagelfluh bezeichnet. Bei der weiteren Auffaltung der Alpen wurden sowohl die Nagelfluh als auch der Kalkstein wiederum nach oben gehoben, und die Gebirgszüge des Allgäus entstanden.

Für uns Biker ist dieser Untergrund einerseits sehr angenehm zu befahren, da er sehr griffig ist. Aber in lockeren Abschnitten und in Rinnen ist die Nagelfluh auch tückisch, da die bis zu kopfgroßen runden Steine unter den Reifen schnell mal zur Seite rollen und man so ziemlich unerwartet den Grip verlieren kann. Die Nagelfluh ist vor allem an der Nagelfluhkette zwischen Oberstaufen und Immenstadt zu finden.

Quellen

Viele weitere Informationen über das Allgäu gibt es unter folgenden Internetadressen:
http://www.obadoba.de
http://www.dein-allgaeu.de
http://de.wikipedia.org
http://www.allgaeu-wasserfaelle.de/
http://www.bergbau-allgaeu.de/
http://www.ausflugsziel-allgaeu.de
http://www.freizeit-ostallgaeu.de/

Verhaltenskodex für Mountainbiker

Wir Mountainbiker haben leider immer noch einen wesentlich schlechteren Ruf, als wir es eigentlich verdienen. Oft werden wir nur als lästige Begleiterscheinung statt als vollwertiger und gleichberechtigter Besucher der Berge betrachtet. Es liegt an uns, dieses verschobene Bild zu bereinigen und Begegnungen mit uns als freundliche Bereicherung statt mit einer Schrecksekunde zu verbinden. Hier einige Ratschläge, die ich seit Jahren praktiziere und mit denen ich in der Regel gut fahre und überall freundlich und positiv wahrgenommen werde.

Wandererkontakt

Wir Biker sind neben Wanderern gleichberechtigte Besucher der Berge. Aufgrund unserer höheren Geschwindigkeit, dem größeren Platzbedarf und der oftmals leisen Annäherung werden wir aber leider oft als Bedrohung wahrgenommen. Eine defensive Fahrweise ist hier immer hilfreich. Kommen uns Fußgänger entgegen, halten wir an, machen freundlich Platz und lassen die Fußgänger passieren. Wenn wir uns von hinten nähern, machen wir bei langsamer Anfahrt idealerweise mit einer Klingel rechtzeitig auf uns aufmerksam. Auch ein freundlicher Gruß kann hier seinen Zweck erfüllen. Selbstverständlich bedanken wir uns höflich, wenn einer für uns zur Seite tritt. Generell vermeiden wir es, durch lautes Bremsen oder Grölen oder blockierende Hinterräder auf uns aufmerksam zu machen. Zudem umgehen wir jegliche Risiken in Form von Steinschlag oder durch schnelles Vorbeifahren.

Wer freundlich Platz macht, blickt in lachende Wanderer-Gesichter.

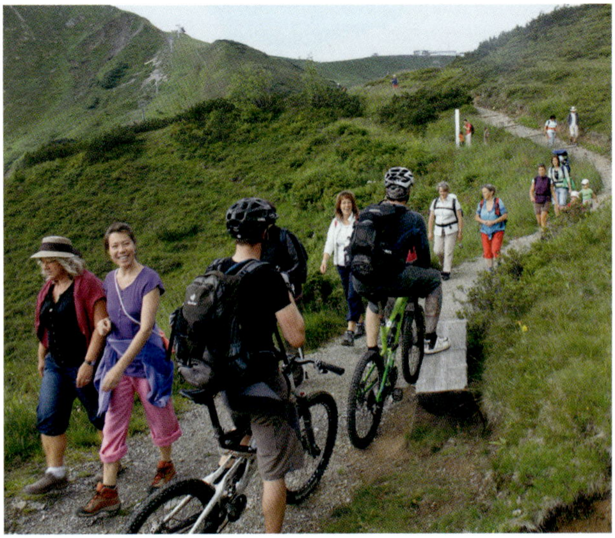

Konfliktvermeidung

Leider kommt es immer wieder vor, dass wir angepöbelt werden. Hier einfach mal einstecken und ausweichend und deeskalierend antworten, z. B. »Schönes Wetter heute«, »Vielen Dank« oder »Ich wünsche Ihnen auch noch einen schönen Tag«. Ansonsten gilt immer: Wer sich nicht angreifbar macht, wird auch nicht beschimpft. Wer schon steht, kann nicht dafür beschimpft werden, dass er schnell vorbeifährt. Und wenn doch mal was passiert, sollte man sich dafür entschuldigen.

Viele Wanderer sind begeistert von gekonnten Fahrmanövern und dem Befahren von Schlüsselstellen. In der Regel sind die Leute interessiert und wissbegierig, und ein kurzes Gespräch und ein paar erklärende Worte bauen Berührungsängste ab. Sollte es doch zu einer Diskussion kommen, ist es immer hilfreich, erst mal abzurüsten. Also Bike abstellen, Brille absetzen, Helm abnehmen, dem Konfliktpartner die Hand zu reichen und erst mal einen »Guten Tag« wünschen.

Verhalten in der Gruppe

Generell werden größere Gruppen von Mountainbikern eher als Störfaktor in der Natur wahrgenommen als einzelne Biker oder Gruppen mit maximal vier Personen. Beim Wandererkontakt ist es immer besser, wenn man als Fußgänger nur einmal Platz machen muss, als wenn man innerhalb von drei Minuten viermal anhalten und beiseite treten muss. Daher gilt hier: Gruppe sammeln und im Block passieren … oder passieren lassen.

Auch die Information, wie viele noch hinterherkommen, kann für einen langsameren Fußgänger hilfreich sein.

Ansonsten muss man in der Gruppe auch darauf achten, dass man sich nicht gegenseitig z. B. durch Steinschlag oder durch Kollisionen gefährdet. Daher ist ein ausreichender Sicherheitsabstand statt einer wilden Hatz durch den Trail eher angebracht.

Fahrt durch Alpen und Höfe

Landwirtschaftliche Anwesen sind im Allgäu in der Regel in Privatbesitz. Dies respektieren wir Biker und passen uns dementsprechend an. Das bedeutet, dass Viehgatter und Tore nach dem Passieren wieder geschlossen werden. Wir vermeiden es, Tiere aufzuschrecken und panisch vor uns herzutreiben. Sollte doch mal eine Kuh anfangen zu rennen, dann heißt es: runter vom Bike und warten, bis das Tier seinen natürlichen Fluchtinstinkt aufgibt. Dann schiebt man lieber langsam vorbei, statt eine Verletzung des Tiers im alpinen Gelände verantworten zu müssen.

Bewohner von Alpen und Höfen werden grundsätzlich freundlich gegrüßt. Auch Fragen nach dem Weg oder ob man das Wasser am Brunnen trinken kann und darf, wirken freundlich und respektvoll.

Viele Alpen sind bewirtschaftet und die Bewohner neben der Milch- und Käseproduktion auch auf die Laufkundschaft angewiesen. Daher ist es für uns Biker auch immer gut, dort einzukehren und heimische Produkte zu erwerben. Wir tragen somit dazu bei, Berührungsängste abzubauen und als gleichwertige Kundschaft akzeptiert zu werden.

Wege schonen

Wir passen unsere Fahrweise und die Tourenplanung den Witterungsverhältnissen an, sodass wir es grundsätzlich vermeiden, Spuren zu hinterlassen. Ein blockiertes Hinterrad und Bremsspuren auf dem Trail sind ein absolutes »no go«! Verschlammte Trails machen keinen Spaß, und unsere Reifenspuren sind dort oft tagelang noch zu sehen. Daher gilt bei Regen und bei Tauwetter: Weniger ist mehr, und die Abfahrt auf dem Schotterweg oder der Verzicht auf die geplante Tour ist in diesem Fall vielleicht die bessere Wahl. Kurven werden grundsätzlich nicht abgeschnitten, und wir vermeiden es auch, Stein- und Holzstufen aus dem Weg herauszubremsen.

Was ist ein eeigneter Weg

Leider wird oftmals versucht, Mountainbiker durch Fahrverbote auf Forstautobahnen zu verdrängen, die alles andere als ein Singetrail sind. Dabei wird völlig außer Acht gelassen, dass auch Mountainbiker für die Ausübung ihres Sports dazu geeignete Wege benötigen. Und diese Eignung ist vorrangig individuell vom Fahrkönnen jedes Bikers abhängig. Sobald ein Biker einen Weg befahren kann, ohne diesen zu beschädigen und ohne sich oder andere dadurch zu gefährden, ist der Weg für ihn zum Befahren geeignet. Die Eignung ist aber auch von aktuellen Faktoren, wie zum Beispiel Witterung oder Feuchtigkeit, abhängig. Ein bei Trockenheit geeigneter Weg kann bei Nässe völlig ungeeignet sein. Ein tagesüber stark von Fußgängern begangener Weg ist ungeeignet, während er abends, wenn man dort alleine mit dem Bike unterwegs ist, durchaus zum Mountainbiken geeignet sein kann. Jeder Biker sollte zudem in der Lage sein, sein persönliches Fahrkönnen einzuschätzen und die für sich geeigneten Wege anhand der Singeltrailskala auszusuchen und zu planen. Als Buchautor kann man nur eine Hilfestellung zur Wegbeschaffenheit und zur Tourenplanung leisten. Die Entscheidung, ob die Tour für den Leser wirklich geeignet ist, kann und muss dieser individuell und selbstverantwortlich anhand seiner Erfahrung und der Tourbeschreibung treffen. Um sich an den für einen persönlich geeigneten Weg heranzutasten, empfehle ich, mit einfachen Touren zu beginnen und erst nach und nach mit steigender Erfahrung die schwereren Touren in Angriff zu nehmen.

Fahrverbote

Gerade im Einzugsbereich von Seilbahnen wird leider immer wieder versucht, Konflikte mit Touristen dadurch zu lösen, dass man Wege und Singletrails für Mountainbiker sperrt. Über derartige Verbote kann man denken, was man will – uns bleibt leider aber nichts anderes übrig, als diese zu akzeptieren und unsere Bikes in diesen Bereichen zu schieben, wenn es keinen anderen Weg als Alternative gibt.

Es bleibt zu hoffen, dass hier irgendwann einmal bei den Verantwortlichen ein Umdenken einsetzt und dass solche Fahrverbote durch eine Aufforderung zur gegenseitigen Rücksichtnahme oder durch den Bau von alternativen Strecken überflüssig werden.

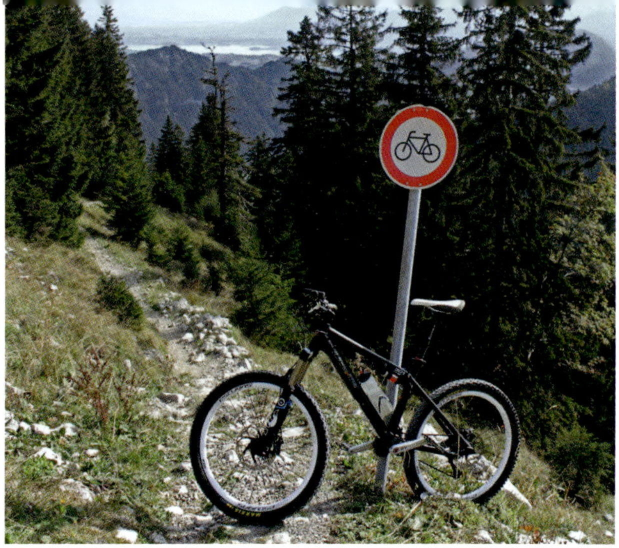

Fahrverbote für Bike findet man leider auch im Allgäu sehr oft. Um Konflikte zu vermeiden, sollte man sich immer daran halten.

Zudem gibt es in einigen Bereichen Fahrverbote zum Schutz von Fauna und Flora – diese halten wir selbstverständlich ein!

DIMB und Upmove

Seit vielen Jahren setzt sich die Deutschen Initiative Mountainbike e.V. (kurz DIMB) in Deutschland und die Initiative UPMOVE in Österreich für die Rechte der Mountainbiker ein. Daher sollten alle, die regelmäßig mit dem Fahrrad auf Wegen und Singletrails unterwegs sind dort Mitglied werden. Als starke Gemeinschaft mit vielen Mitgliedern gewinnt man nach und nach politisches Gewicht, schafft eine starke und einflussreiche Lobby, die die Rahmenbedingungen für die schönste Sportart der Welt stetig zu verbessern versucht und unglückliche gesetzliche Rahmenbedingungen beseitigt.
www.dimb.de, www.upmove-mtb.eu

Tourenplanung

Wir planen unsere Tour sorgfältig und kalkulieren ausreichend Zeit ein. Wir machen uns vorab kundig, ob die geplante Strecke in der anvisierten Zeit zu schaffen ist und welche Rast- und Einkehrmöglichkeiten an der Strecke zu finden sind.

Anhand von Tourenbeschreibungen und mit Hilfe von Wanderkarten versuchen wir die Abfahrten einzuschätzen und informieren uns vorab über die zu erwartende Schwierigkeit.

Für eine Wetteränderung oder im Falle eines Defekts haben wir Abbruch- oder Umkehrpunkte sowie alternative Abfahrten, z.B. auf einem Forstweg, definiert.

Wir kennen die Gruppenmitglieder, können die Kondition und das fahrtechnische Niveau aller einschätzen und wissen im Voraus, dass dieses auch zur geplanten Tour passt.

Anreise und Parken

Die Anreise mit dem eigenen Pkw ist bequem und unkompliziert. Dennoch beziehen wir auch die öffentlichen Verkehrsmittel in unsere Planung mit ein und machen anstatt einer Rundtour auch mal eine Tour von Bahnhof zu Bahnhof.

Durch eine Übernachtung vor Ort oder idealerweise auf einer Berghütte schaffen wir Wertschöpfung im Allgäu und werden so zu einem wichtigen Faktor im örtlichen Tourismus. Damit unterstreichen wir unser Interesse an einer Anerkennung als vollwertige und gleichwertige Gäste. Zudem eröffnet uns die Übernachtung vor Ort oder auf dem Berg die Möglichkeit, die schönen Morgen- und Abendstunden im Allgäu anstatt im Stau auf der Autobahn zu verbringen.

Timing

Gegenseitige Rücksichtnahme und das Teilen des vorhandenen Wegenetzes – das kann ganz einfach funktionieren, indem man als Mountainbiker die Hochsaison und die Touristen-Stoßzeiten meidet. Gerade im Frühjahr und im Herbst ist das Allgäu für Biker besonders reizvoll. Die Natur ist in diesen Jahreszeiten besonders schön, und die schräg stehende Sonne taucht die Berge in ein ganz besonderes Licht. Zudem sind viele Weidezäune und Gatter abgebaut und die Durchfahrt daher problemlos möglich.

Im Bereich von Seilbahnen ist gerade in den Sommermonaten und am Wochenende viel Betrieb. Den zahlreichen Besuchern können wir Biker aber selbst in der Hochsaison ganz einfach aus dem Weg gehen, indem wir vor oder nach den Betriebszeiten der Seilbahnen unsere Abfahrt auf dem Singletrail planen. Wir haben diesen dann fast für uns alleine und beugen so möglichen, aber unnötigen Konflikten ganz einfach vor. Durch unsere höhere Geschwindigkeit ist es in der Regel problemlos möglich, diesen Zeitvorteil zu nutzen.

Die Singletrail-Skala

Seit einigen Jahren hat sich bei Mountainbikern, die im Gelände auf Singletrails unterwegs sind, die Singletrail-Skala (kurz STS) etabliert. Hiermit ist es möglich, anhand objektiver Kriterien eine Abfahrt sowie einzelne Sektionen in sechs unterschiedliche Schwierigkeitsgrade einzuteilen. Dabei wurde großer Wert darauf gelegt, das gesamte Spektrum dessen, was mit Mountainbikes als machbar gilt, abzudecken.

Der große Vorteil dieser Skala liegt darin, dass Tourenbeschreibungen verschiedener Autoren erstmals miteinander vergleichbar sind. Auch mögliche Tourenpartner können ihre Vorlieben und ihr Können aufgrund einer Selbsteinschätzung im Vorfeld aufeinander abstimmen, ohne später im Gelände eine böse Überraschung zu erleben.

Den Machern der Skala war dabei durchaus bewusst, dass sich der Großteil der Biker in den leichten Schwierigkeitsgraden wiederfinden wird. Dies soll keinesfalls als abwertend gedeutet werden, sondern eher aufzeigen, wie viel Potenzial der einzelne Biker noch nach oben hin hat. Jeder kann auf seine persönliche Art und Weise und gemäß seiner Vorlieben beim Mountainbiken glücklich werden. Und gerade diese Individualität macht unseren Sport aus.

Inzwischen ist ein deutlicher Trend bei den Bikern zu erkennen, sich mit fahrtechnischen Schwierigkeiten auseinanderzusetzen und die erforderlichen Techniken zu erlernen, um zukünftig auch schwerere Trails befahren zu können. Dies wird z. T. auch durch die Verfügbarkeit von immer besseren Bikes mit standfesten Bremsen und langen Federwegen ermöglicht. Auch wird der Besuch von Fahrtechnik-Seminaren zukünftig für Mountainbiker einen ähnlich hohen Stellenwert haben wie der Skikurs beim Wintersport.

Nachfolgend werden die einzelnen Schwierigkeitsgrade erläutert und die jeweils benötigten Fahrtechnik-Kenntnisse beschrieben.

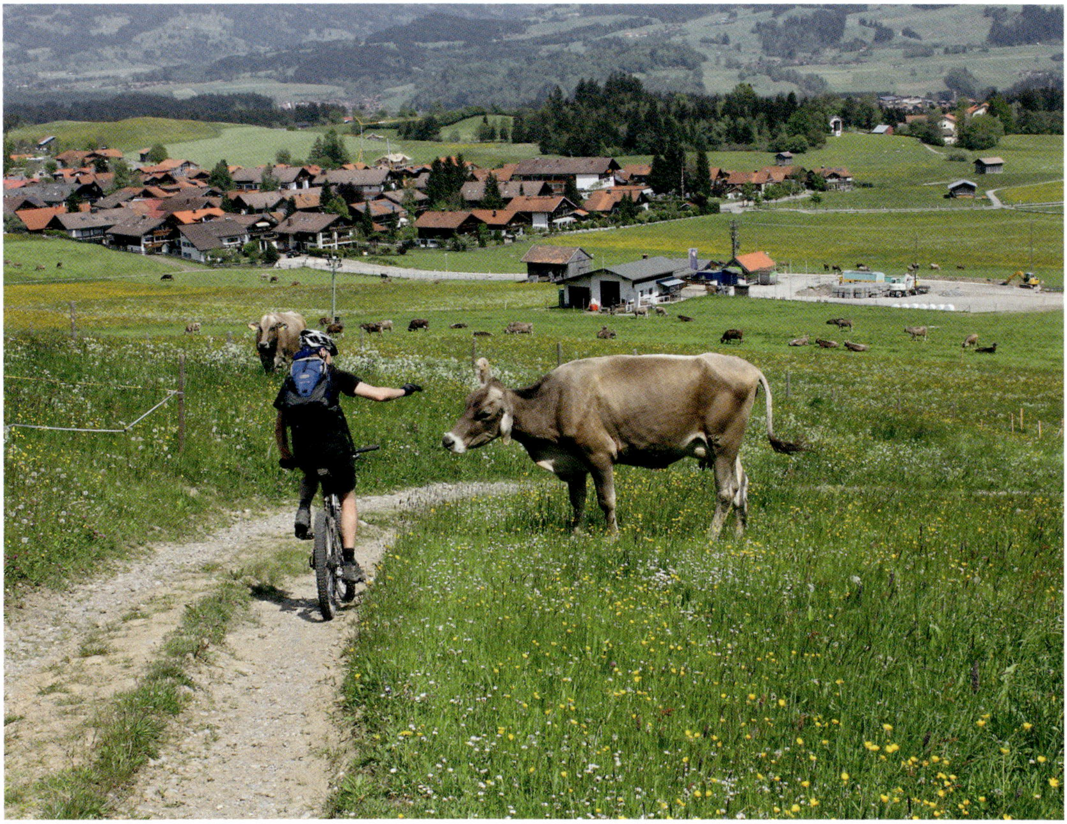

Kontakt mit Weidevieh am Wegesrand

S0 – einfach

S0 beschreibt Singletrails, die keine besonderen Schwierigkeiten aufweisen. Dies sind meist flüssige Wald- und Wiesenwege auf griffigen Naturböden oder verfestigtem Schotter. Stufen, Felsen oder Wurzelpassagen sind nicht zu erwarten. Das Gefälle des Wegs ist leicht bis mäßig, die Kurven sind weitläufig. Auch ohne besondere Fahrtechniken sind Wege mit S0 zu bewältigen.

Kurzfassung:

Wegbeschaffenheit: fester und griffiger Untergrund
Hindernisse: keine Hindernisse
Gefälle: leicht bis mäßig
Kurven: weit
Fahrtechnik: kein besonderes fahrtechnisches Können nötig

S1 – leicht

Auf einem mit S1 beschriebenen Weg muss man bereits kleinere Hindernisse wie flache Wurzeln und kleine Steine erwarten. Sehr häufig sind vereinzelte Wasserrinnen und Erosionsschäden Grund für den erhöhten Schwierigkeitsgrad, der Untergrund kann teilweise auch nicht verfestigt sein. Das Gefälle beträgt maximal 40 Prozent. Spitzkehren sind nicht zu erwarten.

Einfacher Singletrail ohne technische Schwierigkeiten. Da hüpft sogar der Biker vor Freude in die Höhe.

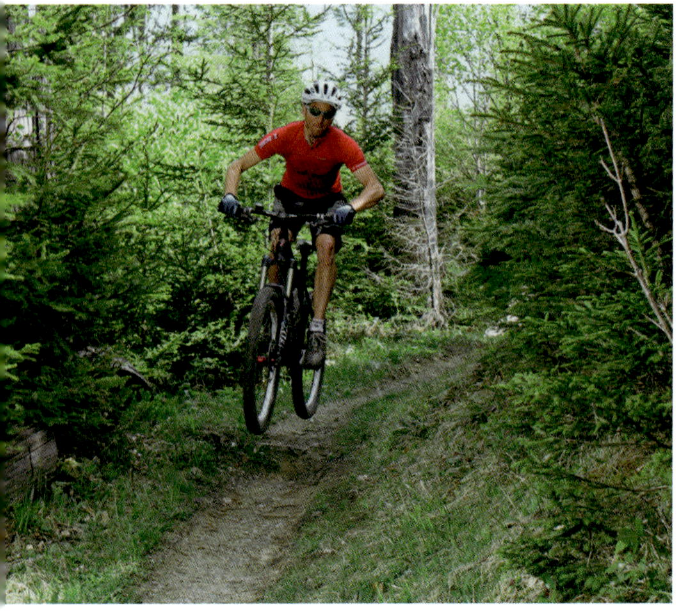

Ab S1 sind fahrtechnische Grundkenntnisse und eine ständige Aufmerksamkeit nötig. Anspruchsvollere Passagen erfordern dosiertes Bremsen und Körperverlagerung; sie sollten grundsätzlich im Stehen gefahren werden. Hindernisse können überrollt werden.

Kurzfassung:

Wegbeschaffenheit: loserer Untergrund möglich, kleine Wurzeln und Steine
Hindernisse: kleine Hindernisse, Wasserrinnen, Erosionsschäden
Gefälle: < 40 %
Kurven: eng
Fahrtechnik: fahrtechnische Grundkenntnisse nötig, Hindernisse können überrollt werden

S2 – anspruchsvoll

Im Schwierigkeitsgrad 2 muss man mit größeren Wurzeln und Steinen rechnen. Der Boden ist häufig nicht verfestigt. Stufen und flache Treppen sind zu erwarten. Oftmals kommen enge Kurven vor, die Steilheit beträgt passagenweise bis zu 70 Prozent.

Die Hindernisse müssen durch Gewichtsverlagerung überwunden werden. Ständige Bremsbereitschaft und das Verlagern des Körperschwerpunkts sind notwendige Techniken, ebenso ein genaues Dosieren der Bremsen und eine ständige Körperspannung.

Kurzfassung:

Wegbeschaffenheit: Untergrund meist nicht verfestigt, größere Wurzeln und Steine
Hindernisse: flache Absätze und Treppen
Gefälle: < 70 %
Kurven: leichte Spitzkehren
Fahrtechnik: fortgeschrittene Fahrtechnik nötig

S3 – schwer

Verblockte Singletrails mit zahlreichen größeren Felsbrocken und/oder Wurzelpassagen gehören zur Kategorie S3. Hohe Stufen, Spitzkehren und knifflige Schrägfahrten kommen oft vor, entspannte Rollabschnitte werden selten. Häufig ist auch mit rutschigem Untergrund und losem Geröll zu rechnen, Steilheiten über 70 Prozent sind keine Seltenheit.

Passagen, die den 3. Schwierigkeitsgrad aufweisen, erfordern zwar noch keine Trial-Techniken, eine sehr gute Bikebeherrschung und eine ständige Konzentration sind aber Voraussetzungen zum Bewältigen von S3. Exaktes Bremsen und eine sehr gute Balance sind ebenfalls notwendig.

Kurzfassung:

Wegbeschaffenheit: verblockt, viele große Wurzeln/Felsen, rutschiger Untergrund, loses Geröll
Hindernisse: hohe Absätze
Gefälle: > 70 %
Kurven: enge Spitzkehren
Fahrtechnik: sehr gute Bikebeherrschung nötig

S4 – extrem schwer

S4 beschreibt sehr steile und stark verblockte Singletrails mit großen Felsbrocken und/oder anspruchsvollen Wurzelpassagen, dazwischen liegt häufig loses Geröll. Extreme Steilrampen, enge Spitzkehren und Stufen, bei denen das Kettenblatt unweigerlich aufsetzt, kommen im 4. Schwierigkeitsgrad häufig vor. Um in diesem Grad fahren zu können, sind Trial-Techniken wie das Versetzen des Vorder- und Hinterrads (z. B. in den Spitzkehren) absolut notwendig, genauso wie eine perfekte Bremstechnik und eine exzellente Balance. Nur Extremfahrer und Ausnahmebiker können S4 bewältigen; selbst das Hinabtragen des Rads auf diesen Passagen ist häufig nicht ungefährlich.

Kurzfassung:

Wegbeschaffenheit: verblockt, viele große Wurzeln/Felsen, rutschiger Untergrund, loses Geröll
Hindernisse: Steilrampen, kaum fahrbare Absätze
Gefälle: > 70 %
Kurven: ösenartige Spitzkehren
Fahrtechnik: perfekte Beherrschung von Bike- und Trialtechniken nötig, wie z. B. das Versetzen des Hinterrads in Spitzkehren

S5 – unfahrbar

Der Schwierigkeitsgrad S5 wird charakterisiert durch blockartiges Gelände mit Gegenanstiegen, Geröllfeldern und Erdrutschen, ösenartigen Spitzkehren, mehreren hohen, direkt aufeinanderfolgenden Absätzen und Hindernissen, wie z. B. umgefallenen Bäumen – alles oft in extremer Steilheit. Wenn überhaupt, ist wenig Auslauf bzw. Bremsweg vorhanden. Hindernisse müssen zum Teil in Kombination bewältigt werden. Nur eine Handvoll Freaks versucht Passagen im 5. Schwierigkeitsgrad zu bewältigen. Hindernisse müssen teilweise übersprungen werden. In Spitzkehren ist das Versetzen kaum noch möglich. Selbst das Tragen des Bikes wird hier fast unmöglich, da man sich beim Gehen festhalten oder gar klettern muss.

Kurzfassung:

Wegbeschaffenheit: verblockt, mit Gegenanstiegen, rutschiger Untergrund, loses Geröll; der Weg ist eher ein Wandersteig
Hindernisse: Steilrampen, kaum fahrbare Absätze in Kombination
Gefälle: > 70 %
Kurven: ösenartige Spitzkehren mit Hindernissen
Fahrtechnik: exzellente Beherrschung spezieller Trial-Techniken nötig, das Versetzen des Vorder- und Hinterrads ist nur eingeschränkt möglich

Zusatzinformationen

Detaillierte Beschreibungen, Beispielfotos und weitere Informationen gibt's unter http://singletrail-skala.de.

Die Autoren der Singletrail-Skala sind Harald Philipp, David Werner und Carsten Schymik.

Alle Singletrail-Abfahrten der Touren in diesem Buch wurden nach der STS kategorisiert, und die Schwierigkeiten sind in den jeweiligen Tourenbeschreibungen ausgewiesen.

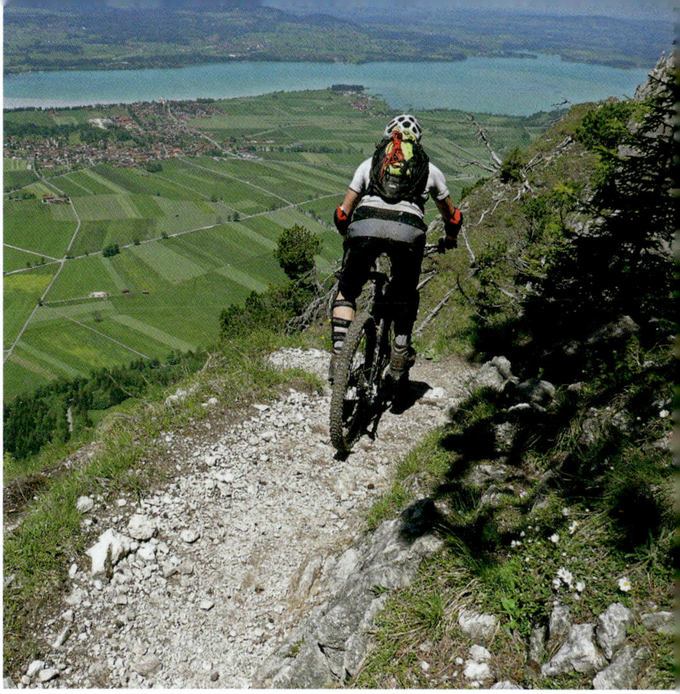

Enge Spitzkehre im steilen Gelände

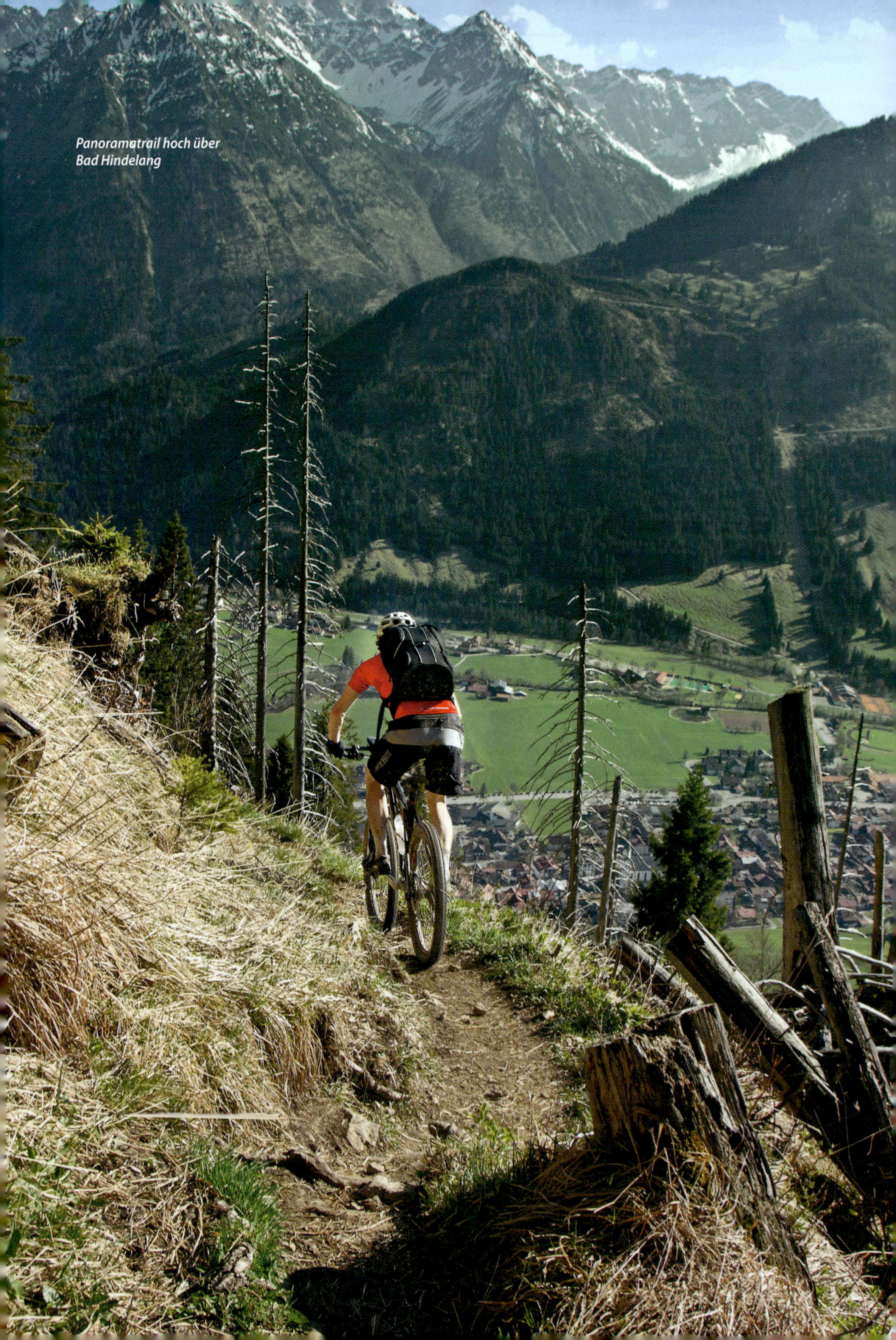

Panoramatrail hoch über Bad Hindelang

Tourenregion Bad Hindelang

Der Kurort Bad Hindelang liegt zwischen dem Illertal und dem Tannheimer Tal, welches man auf der deutschen Alpenstraße über den Jochpass erreicht. Im Süden erstreckt sich der Naturpark Allgäuer Hochalpen. Bekannte Gipfel sind das Nebelhorn, der Große Daumen und die Rotspitze, um nur einige zu nennen. Das Hintersteiner- und das Rettenschwanger Tal laden zu bequemen Biketouren in diese Hochgebirgsregion ein.

Zusätzlich zu einem großen Angebot an breiten Wegen und Singletrails gibt es direkt in Bad Hindelang einen kleinen Bikepark.

Die Seilbahn ermöglicht es, auf bequeme Art und Weise den Hornberg zu erklimmen und auf einer der drei Downhill-Strecken ins Tal abzufahren.

Zudem bieten sowohl die Talorte Bad Hindelang und Hinterstein als auch viele Alpen und Hütten Rast- und Einkehr- bzw. Übernachtungsmöglichkeiten für einen mehrtägigen Aufenthalt.

INFORMATIONEN

Gästeinformation Bad Hindelang
Am Bauernmarkt 1
87541 Bad Hindelang
Tel. 08324/89 20
www.badhindelang.de
Bikepark:
Hornbahn Hindelang
Ostrachstr. 20
87541 Bad Hindelang
Tel. 08324/24 04
www.hornbahn-hindelang.de

Besonders sehenswert ist in Bad Hindelang der Hirschbachtobel. Wildromantisch kann man auf schmalen Stegen und Brücken und entlang von Stahlversicherungen durch das tief eingeschnittene Tal hinaufsteigen zur Hirschalpe. Trittsicherheit und trockene Witterung ist für die Begehung dieser Schlucht aber eine Grundvoraussetzung.

Wer nach einer schweißtreibenden Biketour im Sommer eine Erfrischung sucht, dem sei der Besuch des Naturbads Hindelang angeraten. Die Anlage besticht mit einer 1400 Quadratmeter großen Wasserfläche mit Wasserfall, Spielfloß und Felsenrutsche. Eine Wärmepumpe und Flachwasserbereiche sorgen für angenehme Temperaturen. Die erstklassige Wasserqualität wird mit einer Pflanzenkläranlage erreicht.

In Bad Hindelang befindet sich einer der drei Zugänge ins Tannheimer Tal. Über die Jochbergstraße erreicht man Oberjoch und schließlich Schattwald. Somit stellt der Ort eine optimale Ausgangposition für viele Biketouren und andere Freizeitaktivitäten in den Bergen dar.

Die optimale Jahreszeit für Touren beginnt hier im Mai und endet je nach Zeitpunkt des ersten Wintereinbruchs oftmals erst Mitte November. Im Frühjahr muss in höheren Lagen und in nordseitigen oder bewaldeten Bereichen nach schneereichen Wintern oft sehr lange mit schneebedeckten Wegen gerechnet werden.

1 Zum Wannenjoch

Anspruchsvolle Singletrail-Tour zwischen Bad Hindelang und dem Tannheimer Tal

4	✪✪✪✪✪	1225	29	5
Schwierigkeit	Erlebniswert	Höhenmeter	Streckenlänge (in km)	Zeit (in Std.)

TOURENCHARAKTER

AUSGANGS-/ENDPUNKT
Talstation der Hornbahn (Bikepark)

ANFAHRT
A 7 bis Kreuz Allgäu, dann B 12 Richtung Lindau/Oberstdorf bis Ausfahrt Waltenhofen und auf der B 19 Richtung Oberstdorf bis Ausfahrt Sonthofen, dann Richtung Reutte in Tirol/Bad Hindelang; am Ortseingang von Bad Hindelang im Kreisverkehr der Ausschilderung zur Hornbahn folgen
Alternativ mit der Bahn nach Sonthofen und auf dem Radweg nach Bad Hindelang

KONDITION
✪✪✪✪✪

FAHRTECHNIK
✪✪✪✪✪

ERLEBNISWERT
Fahrspaß: ✪✪✪✪✪ – Für versierte Singletrail-Liebhaber ein anspruchsvoller Traumtrail!
Landschaft: ✪✪✪✪✪ – Entlang der schroffen Felsen von Iseler und Kühgundspitze
Kultur und Geschichte: ✪✪✪✪✪ – Skigebiet

EINKEHRMÖGLICHKEITEN
Wannenjochstadel (www.tannheimer-bergbahnen.at/wannenjoch.html)

STRECKENPROFIL
Auffahrt auf Schotterwegen, längere Schiebepassage und technisch sehr anspruchsvolle Singletrail-Abfahrt. Nur für Könner! Die Abfahrt beginnt einfach und flowig auf S1-Niveau. Schon bald wird der Trail anspruchsvoller und technischer. Hier ist durchgängig fahrtechnisches Können mit S3 erforderlich. Der Trail weist einige wenige Schlüsselstellen mit S4 auf. Alternativ kann man aber auch auf der Auffahrtsroute wieder abfahren.

Teer:	8 km
Schotter:	7 km
Schieben/Tragen:	2 km / 400 Hm
Trail bergauf:	1 km
Trail bergab:	11 km

HÖCHSTER PUNKT
1673 m, unterhalb des Iselergipfels
Variante über den 1876 m hohen Gipfel des Iseler (Tragestück bergauf)

NIEDRIGSTER PUNKT
800 m, Bad Hindelang

LANDKARTE
Kompass Karte Nr. 4, Tannheimer Tal, 1:35 000

GPS/ROADBOOK
Tour 01 Wannenjoch.gpx mit 18 Wegpunkten
Tour 01 IselerWannenjoch.gpx mit 10 Wegpunkten

Auf der alten Jochbergstraße geht's in einer bequemen Auffahrt nach Schattwald und dann ins Tannheimer Tal. Auch die Bergstation der Wannenjochbahn ist noch relativ einfach zu erreichen. Wer jedoch in den Genuss einer anspruchsvollen Singletrail-Abfahrt kommen will, muss das Bike ein Stück bergauf schieben. Dafür wird er mit einem echten Leckerbissen belohnt.

Vor allem bei Rennrad- und Motorradfahrern beliebt ist die Deutsche Alpenstraße zwischen Hindelang und Oberjoch. Mit ihren zahlreichen Serpentinen windet sie sich hinauf in Richtung Tannheimer Tal. Etwas gemächlicher und ruhiger können wir Mountainbiker es auf der Alten Jochstraße angehen. Diese erreichen wir bald nach dem Start an der Talstation der Hornbahn, indem wir durch den kleinen Ort Bad Hindelang fahren. Fernab vom motorisierten Verkehr geht es steil bergauf. Wunderschöne, alte Bergahorne säumen die zunächst noch asphaltierte Straße. Nach der Querung der Hauptstraße geht unsere Route bald in eine Schotterpiste über und führt uns schließlich nach Oberjoch. Wir schlängeln uns zwischen Hotels, Pensionen und einigen Einrichtungen des Skibetriebs durch den Ort und passieren das Moorbad. Lifte führen hinauf bis zur auf 1600 Metern gelegenen Iseler-Platz-Hütte. Auch auf mehreren Schotterwegen kann man bis kurz vor diese im Skigebiet gelegene Hütte gelangen. Wer möchte, kann hier die Variante über den Iseler-Gipfel ausprobieren. Der Aufstieg ab der Iseler-Platz-Hütte ist aber nicht befahrbar, sodass bei dieser Variante das Bike mühsam geschultert und auf dem steilen Bergpfad hochgetragen werden muss. Empfehlenswert ist diese Gipfelüberschreitung übrigens nur am frühen Morgen oder abends außerhalb der Betriebszeiten des Liftes. Dieser befördert nämlich an schönen Sommertagen sehr viele Besucher auf den Berg. Auf den schmalen Berg-

29 km	1225 Hm	Tagestour

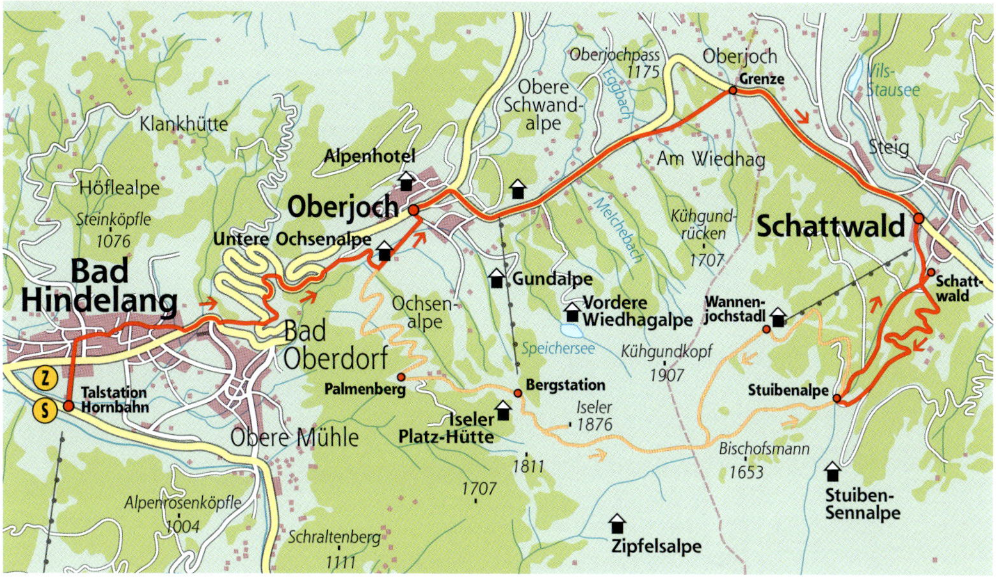

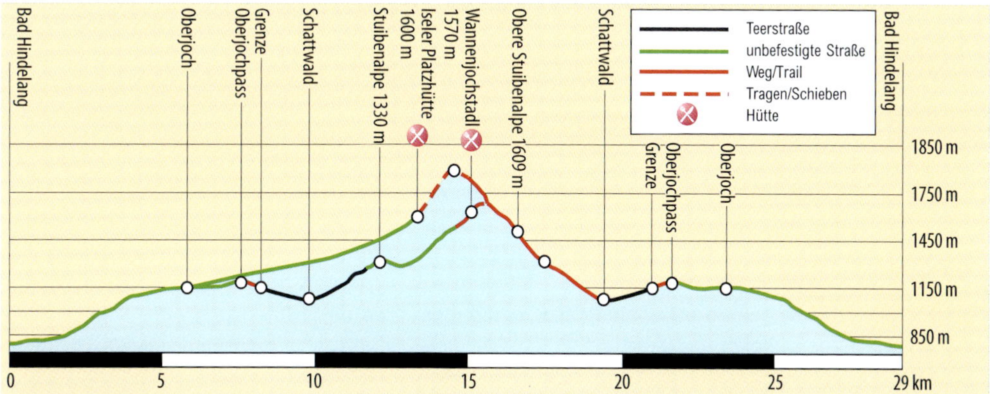

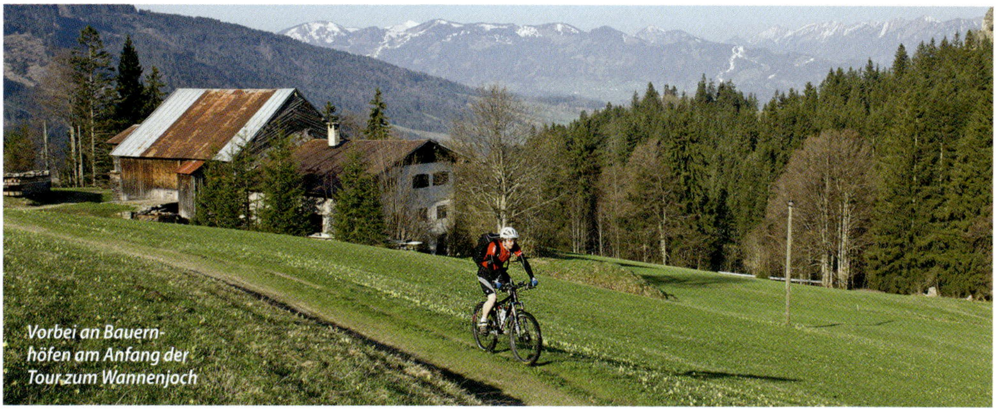
Vorbei an Bauernhöfen am Anfang der Tour zum Wannenjoch

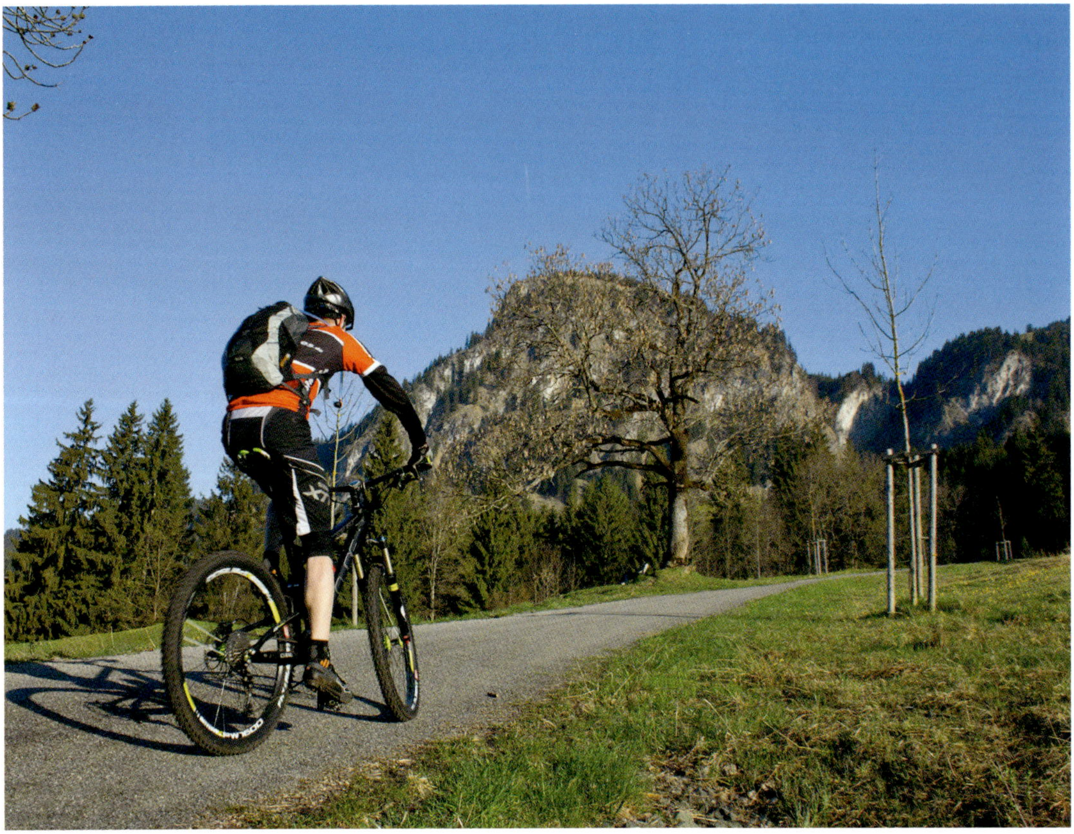

Die Auffahrt auf der alten Jochbergstraße

pfaden oben am Gipfel kann man einfach viel besser und entspannter fahren, wenn nicht allzu viel los ist. Wir bleiben daher zunächst unten im Tal.

Weiter geht es auf einem großen, geschotterten Parkplatz und dann rechter Hand auf dem Radweg parallel zur Straße. Inzwischen haben wir das Tannheimer Tal erreicht. In Richtung Schattwald genießen wir noch eine kurze Abfahrt zum ehemaligen Grenzposten zwischen Deutschland und Österreich. Hier ist Vorsicht angebracht, denn die Abfahrt verleitet zunächst zum Schnellfahren, erfordert in den engen Kehren dann aber eine kontrollierte Fahrweise! Leider gibt es auf den nächsten zwei Kilometern bis Schattwald keine Alternative zur Straße. So müssen hier einige wertvolle Höhenmeter auf Teer »vernichtet« werden.

Gleich nach dem Ortseingang von Schattwald zweigt nach rechts die Zufahrt zur Talstation der Wannenjochbahn ab. Dieser gilt es zu folgen. Kurz hinter der Talstation befindet sich am Waldrand ein Parkplatz; dort beginnt die Auffahrt zum Wannenjoch.

Zunächst geht es auf einem Trail bergauf, der schon nach wenigen Metern über eine Brücke führt. Jetzt gilt es aufzupassen, denn der direkt zur Stuibenaple führende Bergweg ist für uns Biker als Auffahrt zu steil – also links halten und auf dem geteerten Alpweg weiter. Abermals geht es steil nach oben, dafür weitet sich aber auch mit jedem erklommenen Höhenmeter der Blick nach vorn in Richtung Pass. Auch der Blick zurück wird langsam interessant, denn unter uns liegt das Tannheimer Tal in seiner ganzen Pracht.

Auf 1313 Metern Höhe gabelt sich die Auffahrt. Da wir hinauf zur Bergstation der Seilbahn wollen, nehmen wir den rechten Weg. Nach wenigen Metern kreuzt der Bergweg unsere Strecke; wir bleiben jedoch auf dem Schotterweg. Dieser führt noch etliche Höhenmeter hinauf, bis er schließlich an einer steilen Skipiste endet. Hier dürfte wohl für alle Biker erst einmal Schluss sein, denn der weitere Weg verläuft dermaßen steil, dass nun an Fahren nicht mehr zu denken ist. Also wird am Rand der Skipiste nach oben geschoben. Immer wieder ermöglichen es aber etwas flachere Passagen, sich für wenige Meter aufs Bike zu setzen und nach oben zu pedalieren.

Sobald die Bergstation am Wannenjochstadel mit ihrem Spielplatz in Sicht ist, kann man sogar locker auf einem flachen Trail dahinfahren. An der Station bietet sich eine kurze Rast an, denn der weitere Weg zur oberen Stuibenalpe ist eindeutig der Kategorie »Schiebestrecke« zuzuordnen.

Direkt unter der steilen Südflanke der Kühgundspitze führt der schmale Bergweg nach oben. Schließlich befinden wir uns sogar oberhalb des angepeilten Passes. Der Blick schweift noch einmal hinauf zum Gipfel des Iseler. Dieser ist mit seinen 1876 Metern der Hausberg von Bad Hindelang und Oberjoch. Er bildet zusammen mit dem 1907 Meter hohen Kühgundkopf (in einigen Karten auch als Wannenjoch verzeichnet) die Kühgundgruppe. Oberhalb des Hintersteiner Tals, durch das die Ostrach fließt, erhebt sich der Rauhornzug mit Iseler, Bschießer, Ponten, Gaishorn und schließlich dem Rauhorn. Dieser Gebirgszug bildet die Grenze zwischen Österreich und Deutschland und hat eigentlich nur zwei nennenswerte »Dellen«: das weiter südlich liegende Zirleseck und unseren heutigen Übergang an der verfallenen Oberen Stuibenalpe.

Hier stößt auch die anfangs erwähnte Variante über den Gipfel des Iseler wieder auf die Standardroute. Nachdem man die Bikes mühsam zum Gipfel hinaufgetragen hat, kann man auf einem anspruchsvollen Bergpfad abfahren. Für versierte Biker, die es gewohnt sind, ihre Sportgeräte im alpinen Gelände zu bewegen, ist dieser Singletrail ein echter Leckerbissen. Wer mit derartigem Terrain jedoch nicht vertraut ist, wird auch bergab einige Abschnitte auf diesem Bergpfad schieben müssen.

Nach dem Abzweig zum Gipfel geht es wieder bergab. In ein paar schönen Serpentinen führt der Trail hinab zur verfallenen Oberen Stuibenalpe. Hier ist natürlich erst einmal der zentral stehenden Wegweiser anzupeilen. Bevor es jedoch bergab geht, sollten sich technisch weniger versierte Biker überlegen, den Rückzug anzutreten. Diese Möglichkeit besteht jetzt noch. Dazu dreht man einfach um und fährt auf dem Aufstiegsweg wieder zurück ins Tal.

Etwas anspruchsvoller wird es auf dem parallel zur Auffahrt verlaufenden Trail Nr. 75 nach Schattwald. Da ich auf dieser Tour recht früh im Jahr unterwegs war, verdeckte noch ein halber Meter Altschnee den Trail – der darunter

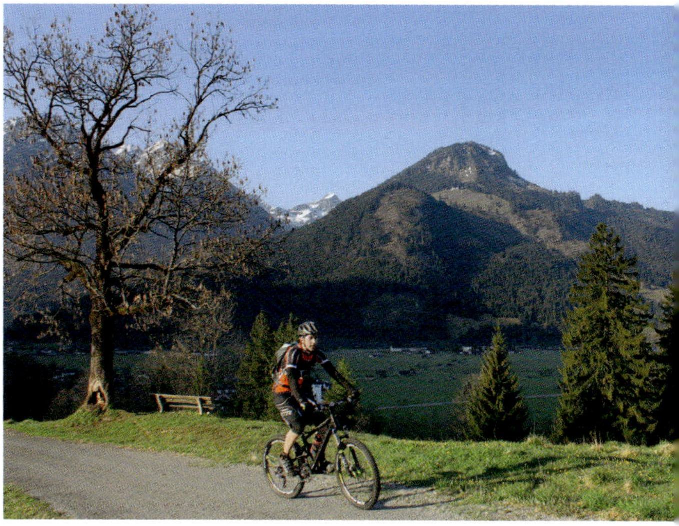

Bergahorne am Wegesrand und eine jetzt schon spektakuläre Aussicht

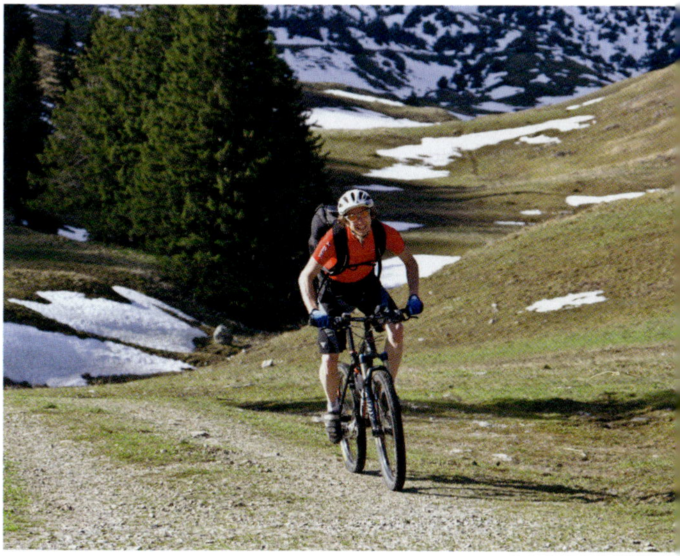

Keine Seltenheit im Frühjahr: Schneereste neben der Strecke bei der Auffahrt zum Wannenjochstadel

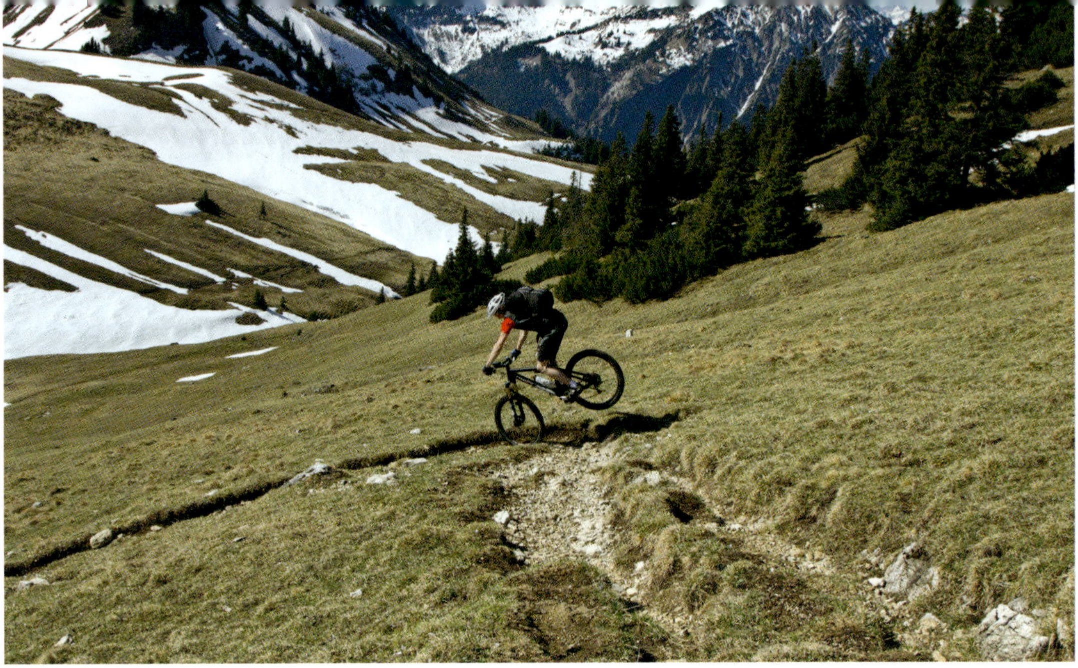

Singletrailabfahrt zur verfallenen Oberen Stuibenalpe

natürlich nicht sichtbar war. Oben am Ponten und am Bschießer konnten wir noch einige Skitourengeher beobachten, die den Frühlingsfirn für eine schöne Abfahrt nutzen wollten. Wir dagegen hatten etwas weniger Spaß bei der Sache. Zuerst haben wir den Weg zu weit unten gesucht, dann glaubten wir, den Weg weiter oben am Hang zwischen den Bäumen zu erkennen. Also sind wir durch den Schnee nach oben gestapft, um dann feststellen zu müssen, dass dort oben auch kein Weg war. Letztendlich haben wir uns im Zickzackkurs vorwärts gearbeitet und hatten dann irgendwann wieder festen Boden unter den Füßen …

Es ist immer gut, einen erfahrenen Bergfahrer voraus zu schicken, der prüft, ob der Weg begehbar ist.

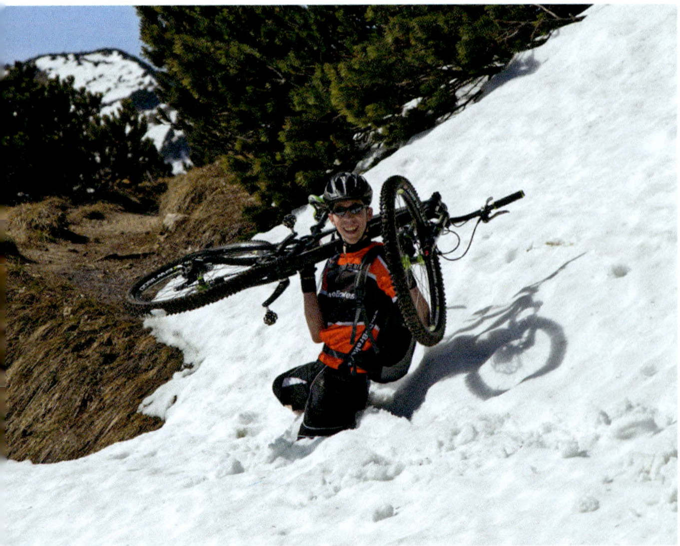

Bei einem kurzen Stopp wird schnell das Bike für die Abfahrt klargemacht, der Sattel wird versenkt, der Rucksack festgezurrt, und dann geht es abwärts – und der Trail macht Spaß, richtig Spaß! Er beginnt gleich anspruchsvoll und technisch. Die Spitzkehren sind eng, das Gelände steil und die Absätze hoch. Es wird perfekte Bikebeherrschung verlangt! Fahrtechnik-Fans kommen auf der Abfahrt voll auf ihre Kosten, alle anderen werden hier wohl den einen oder anderen Meter hinabschieben müssen. Da dieser Weg auch von vielen Spaziergängern und Wanderern benutzt wird, sind Toleranz, Rücksichtnahme und eine angepasste Geschwindigkeit für uns Biker natürlich selbstverständlich!

Weiter unten wird das Terrain flacher, und der Singletrail wird einfacher zu fahren. Bald führt er flach über ein Wiesengelände und kreuzt schließlich die Auffahrtsroute. Hier müssen wir uns zunächst links halten und biegen dann nach rechts in den Trail, der dem Bachlauf nach Schattwald folgt, ein. Später geht der Trail in einen Schotterweg über, der uns letztlich wieder zum Parkplatz unten im Tal führt. Hier endet unsere Schleife am Iseler. Der Weg zurück nach Bad Hindelang folgt der Auffahrtsroute über die alte Jochbergstraße.

Fazit: Ein wahrer Singletrail-Leckerbissen für Könner!

Routenbeschreibung

Track 1 – Tour 01 Wannenjoch.gpx

0 km / 800 m / GPS-Wegpunkt 01-01 Die Tour beginnt an der Talstation Hornbahn am Bikepark. Dort findet man einen großen gebührenpflichtigen Parkplatz. Man startet die Fahrt nach Norden in Richtung Ortsmitte und durch die Unterführung hindurch. Es geht leicht bergauf.

0,7 km / 820 m / GPS-Wegpunkt 01-02 In der Marktstraße nach rechts abzweigen und weiter Richtung Ortskern fahren.

1,2 km / 850 m / GPS-Wegpunkt 01-03 Der Marktstraße weiter geradeaus folgen bis zum Ortsausgang. Die Straße setzt sich als Jochstraße fort. Hier der Beschilderung alte Jochstraße folgen. Diese kreuzt die Hauptstraße mehrfach bzw. verläuft parallel bis Oberjoch

4,1 km / 1090 m / GPS-Wegpunkt 01-04 Linksabzweig kurz nach Bachquerung in Serpentine

Hier alternativ nach rechts Richtung Iselergipfel. Vorsicht: alpine Variante mit Tragestück und anspruchsvoller Abfahrt!

4,8 km / 1145 m / GPS-Wegpunkt 01-05 Oberjoch Am Ortseingang von Oberjoch parallel zur Hauptstraße auf der Salzgasse und der Moorstraße weiterfahren

5,3 km / 1156 m / GPS-Wegpunkt 01-06 Am Moorbad durch die Unterführung fahren, dann weiter rechts auf Radweg parallel zur Straße

6,8 km / 1146 m / GPS-Wegpunkt 01-07 An den Grenzwiesliften nach rechts abbiegen auf einen Schotterweg

7,7 km / 1200 m / GPS-Wegpunkt 01-08 Links abzweigen. Es folgt eine kurze Trailabfahrt bis zur Staatsgrenze.

8,0 km / 1160 m / GPS-Wegpunkt 01-09 An der Grenze nach rechts abbiegen und auf der Straße bergab nach Schattwald fahren

10,0 km / 1111 m / GPS-Wegpunkt 01-10 Am Ortseingang von Schattwald nach rechts Richtung Talstation Wannenjochbahn abzweigen. Der asphaltierten Straße folgen.

10,4 km / 1120 m / GPS-Wegpunkt 01-11 Am Waldrand dem Weg folgen und über die kleine Brücke fahren. Danach rechts abbiegen. Weiter auf der Straße bleiben, nicht den direkten steilen Schotterweg zur Wannenjochbahn nehmen. Fortan geht es bergauf auf Asphalt.

12,2 km / 1313 m / GPS-Wegpunkt 01-12 An der Weggabelung nach rechts abzweigen

13,7 km / 1380 m / GPS-Wegpunkt 01-13 Am Ende des Schotterweges nach links und ab jetzt die Skipiste steil hoch zur Bergstation schieben. Oben ist der Weg wieder fahrbar.

14,9 km / 1570 m / GPS-Wegpunkt 01-14 An der Bergstation Wannenjochstadel besteht die Möglichkeit zur Rast.

16,1 km / 1700 m / GPS-Wegpunkt 01-15 Den Trail hinaufschieben. Dann ist bald der höchste Punkt der Tour erreicht. Rechts erhebt sich der Gipfel des Iseler.

16,5 km / 1613 m / GPS-Wegpunkt 01-16 Kurze Singletrail-Abfahrt zur verfallenen Oberen Stuibenalpe. Wegkreuzung mit vielen Schildern. Hier nach links auf einem Singletrail in Richtung Schattwald abfahren

17,6 km / 1330 m / GPS-Wegpunkt 01-17 An der unteren Stuibenalpe den Schotterweg (Auffahrtsroute) kreuzen und dem Trail am Bach entlang folgen

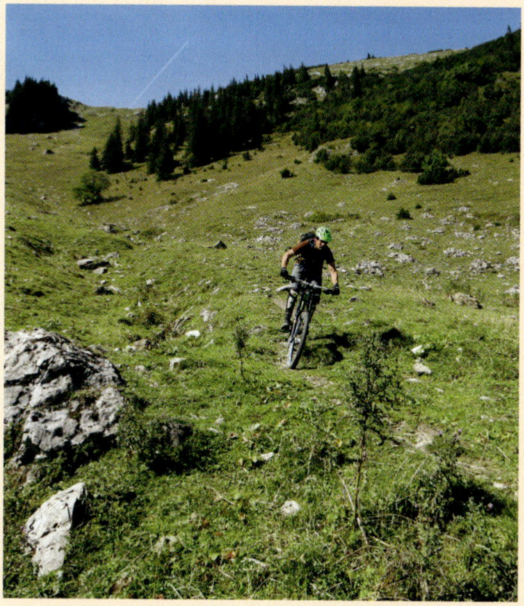

Kaum sichtbar schlängelt sich der Singletrail ins Tal

19,0 km / 1074 m / GPS-Wegpunkt 01-18 Tourende in Schattwald. Ab hier auf der Auffahrtsroute zurück über Oberjoch nach Bad Hindelang fahren.

Variante ab Oberjoch: Tour 01 Iseler-Wannenjoch.gpx

0 km / 1145 m / GPS-Wegpunkt 04-05 Am Ortseingang von Oberjoch parallel zur Hauptstraße auf der Salzgasse und der Moorstraße weiterfahren

3,5 km / 1377 m / GPS-Wegpunkt 04-05a Abzweig kurz vor dem Palmenberg. Hier weiter zur Bergstation der Seilbahn fahren.

5,0 km / 1600 m / GPS-Wegpunkt 04-06a An der Bergstation der Seilbahn endet der Fahrweg. Ab hier die Bikes hinauf zum Iselergipfel tragen. Rastmöglichkeit an der Iseler-Platz-Hütte

6 km / 1809 04 m / GPS-Wegpunkt 04-07a Am Abzweig nach links zum Gipfel aufsteigen

6,2 km / 1876 m / GPS-Wegpunkt 04-08a Iseler. Am Gipfel bereit machen für die Abfahrt. Zurück bis zum letzten Abzweig, dort nach links Richtung Wannenjoch /Zipfelsalpe abbiegen

7,4 km / 1644 m / GPS-Wegpunkt 04-09a Am Abzweig dem Trail weiter geradeaus folgen. Nicht zur Zipfelsalpe abzweigen!

7,9 km / 1613 m / GPS-Wegpunkt 04-10a An der Wegkreuzung Ende der Variante über den Iselergipfel. Hier links abbiegen und dem Singletrail bergab Richtung Schattwald folgen

10,4 km / 1330 m / GPS-Wegpunkt 04-17 An der unteren Stuibenalpe den Schotterweg (Auffahrtsroute) kreuzen und dem Trail am Bach entlang folgen

11,8 km / 1074 m / GPS-Wegpunkt 04-18 Tourende in Schattwald. Ab hier auf dem Radweg zurück über nach Oberjoch fahren.

2 Auf den Hirschberg

Zu den Alpen und durch die Wälder im Norden von Bad Hindelang

Schwierigkeit	Erlebniswert	Höhenmeter	Streckenlänge (in km)	Zeit (in Std.)
2	✪✪✪✪✪	580	14,1	4

TOURENCHARAKTER

AUSGANGS-/ENDPUNKT
Talstation der Hornbahn (Bikepark)

ANFAHRT
A 7 bis Kreuz Allgäu, dann B 12 Richtung Lindau/Oberstdorf bis Ausfahrt »Waltenhofen« und auf der B 19 Richtung Oberstdorf bis Ausfahrt Sonthofen, dann Richtung Reutte in Tirol/Bad Hindelang; am Ortseingang von Bad Hindelang im Kreisverkehr der Ausschilderung »Hornbahn« folgen.
Alternativ mit der Bahn nach Sonthofen und auf dem Radweg nach Bad Hindelang.

KONDITION
✪✪✪✪✪

FAHRTECHNIK
✪✪✪✪✪

ERLEBNISWERT
Fahrspaß: ✪✪✪✪✪ – Leider ist der Singletrail-Anteil auf den oberen Bereich der Tour begrenzt. Zudem müssen hier immer wieder kurze Gegenanstiege überwunden werden. Ein Großteil der Abfahrt erfolgt auf einem breiten Forstweg, der im unteren Teil geteert ist.
Landschaft: ✪✪✪✪✪ – Bereits bei der Auffahrt öffnet sich der Blick auf die umliegenden Berge und sogar weiter entferntere Regionen; wahrhaft traumhafter Panoramablick von oben, ergänzt durch schöne Bergwälder und eine einzigartige Moorlandschaft.
Kultur und Geschichte: ✪✪✪✪✪ – Die Jochbergstraße war schon vor vielen Jahren eine wichtige Handelsverbindung ins Tannheimer Tal.

EINKEHRMÖGLICHKEITEN
Hirschalpe
Klankhütte

STRECKENPROFIL
Aufstieg meist auf kleinen Teerstraßen ohne Autoverkehr, kurze Schiebepassage an der Hirschbergalpe. Die Abfahrt beginnt einfach und flowig auf S1-Niveau. Im Wald steigt der Trail immer wieder leicht an. Kurze Abwärtspassagen sind technisch anspruchsvoll, z. T. auf verwurzeltem Untergrund. Einfache Rückfahrt ins Tal auf Forstweg.

Teer:	9,5 km
Schotter:	1 km
Schieben/Tragen:	–
Trail bergauf:	1 km
Trail bergab:	2,5 km

HÖCHSTER PUNKT
1550 m unterhalb des Spieser Gipfels

NIEDRIGSTER PUNKT
800 m, Bad Hindelang

LANDKARTE
Kompass Karte Nr. 04, Tannheimer Tal, 1:35 000

GPS/ROADBOOK
Tour 02 Hirschberg.gpx mit 16 Wegpunkten;
Variante: Tour 02 Hirschberg Variante.gpx mit 4 Wegpunkten

Ein geteerter Alpweg windet sich in zahlreichen Serpentinen steil bergauf zur Hirschalpe. Weiter geht es auf einem Panoramaweg hoch über Bad Hindelang. Oben erwarten uns schöne Bergwälder, offene Wiesen und ein kleines Moorgebiet. Die Abfahrt erfolgt unschwierig auf einem Schotterweg.

Auf der Sonnenseite von Bad Hindelang finden wir einen schönen bewaldeten Hang, dessen Höhenzug in Hirschberg und Spieser gipfeln. Neben zahlreichen Alpen mit ihren offenen Flächen gibt es dort oben ausgedehnte Wälder. Der Aufstieg ist auf beiden Seiten relativ einfach auf teilweise geteerten, zumeist aber geschotterten Wegen absolvierbar. Die vorgestellte Tour zur Hirschalpe kann von zwei Seiten her angefahren werden.
Wir entscheiden uns heute für den Aufstieg über die alte Jochbergstraße. Diese erreicht man rasch nach dem Start an der Talstation der Hornbahn und nach der Fahrt durch den Ortskern von Bad Hindelang. Nach einem Abzweig führt parallel zum Hirschbachtobel eine kleine, für den Autoverkehr gesperrte Teerstraße in zahlreichen Serpentinen nach oben. Auf halber Höhe passieren wir den in der Wanderkarte eingezeichneten Ifenblick. Und tatsächlich ist dieser markante Berg im Kleinwalsertal von hier aus sehr schön zu sehen. Unverwechselbar erhebt sich seine steil abfallende Nordflanke über die Karstfläche des Gottesackers.
Wie eine Schlange windet sich der Weg ab hier nach oben. Eine kleine Statistik darf an dieser Stelle nicht fehlen: Es sind auf 3,1 Kilometern ganze 446 Höhenmeter zu bewältigen, was rein rechnerisch einer mittleren Steigung von 14,4 Prozent entspricht! Real ist es meist nicht ganz so steil, dafür zeigt der Steigungsmesser am Tacho immer wieder Spitzen zwischen 20 und 30 Prozent ... Wer will kann die Serpentinen mitzählen – auf der Wanderkarte sind es knapp 20, bisweilen steil, aber

14,1 km	580 Hm	Tagestour

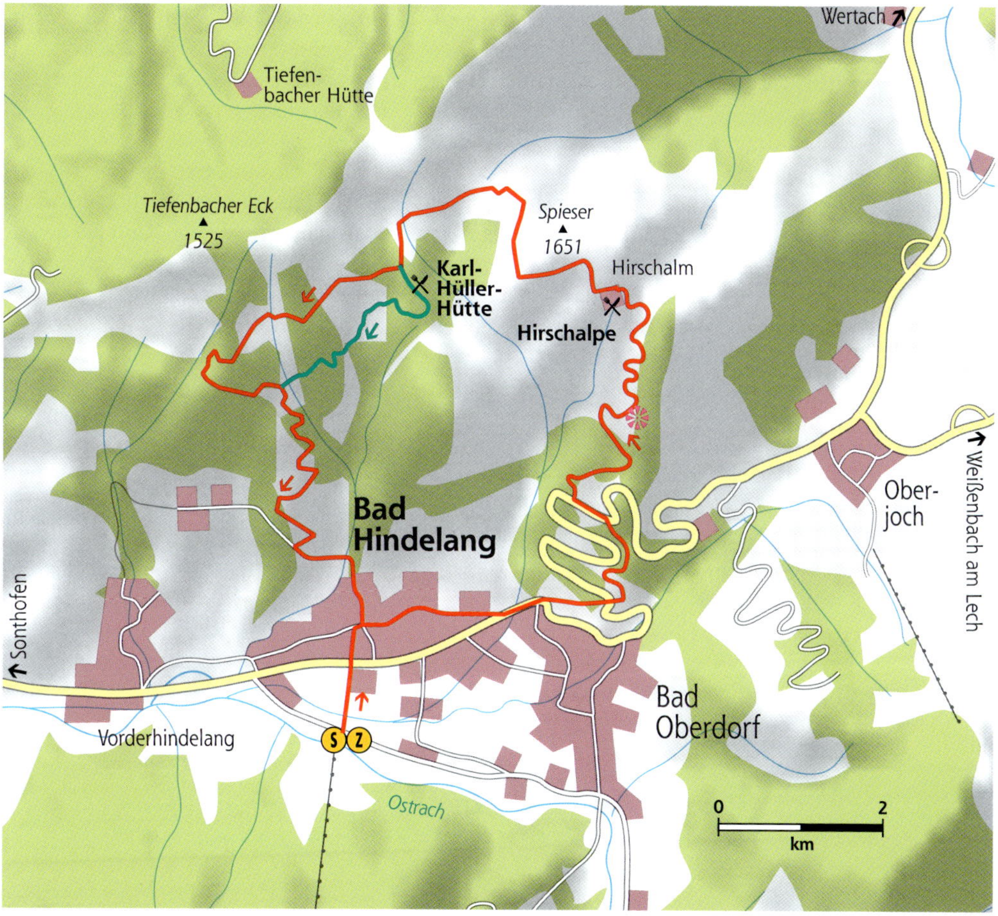

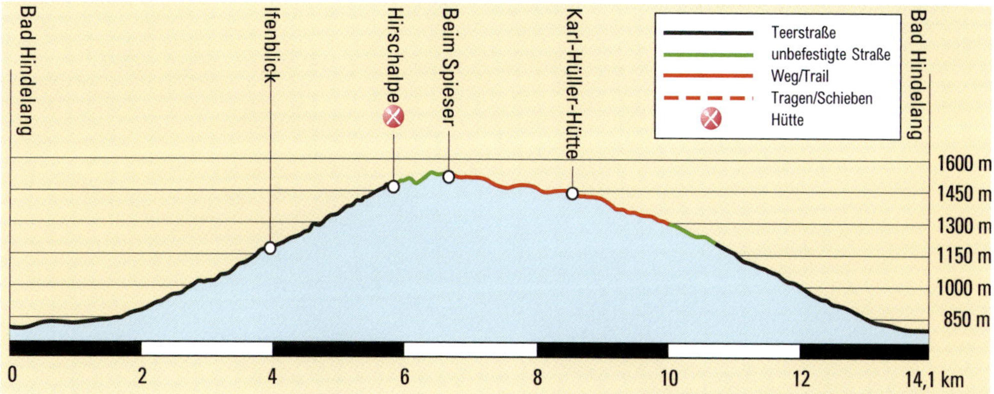

durchweg gut fahrbar bis zur Hirschalpe, wo wir eine Rast einlegen und das schöne Panorama auf die Berge südlich von Bad Hindelang genießen.

Während man hier oben durchaus noch Rennradfahrer antreffen kann, die die Serpentinenschlange heraufgedrückt haben, ist ab der Hirschalpe für die Fans der schmalen Reifen Schluss. Auch für uns Mountainbiker wird der Weg kurzzeitig sehr steil, doch schon bald hat man das Radl die Rampe hochgeschoben, und der Weg geht in einen schmalen Trail über, der meist gut fahrbar am Hang entlangführt. Rechts von uns befindet sich der Gipfel des Spieser. Das Gelände ist offen und gut einsehbar. Unterhalb des Schliebergs folgen wir der Beschilderung in Richtung Karl-Hüller-Hütte. Nach einer Bachdurchquerung und einem kurzen Gegenanstieg ist diese bald erreicht.

Nun müssen wir uns entscheiden, ob wir gleich über die Klankhütte auf dem Schotterweg zurück ins Tal fahren oder ob wir lieber dem Wurzelpfad Richtung Sohlalpe folgen wollen. Dessen Einfahrt ist nicht ganz einfach zu finden, hier gilt es kurz die Augen offen zu halten und den Abzweig nicht zu verpassen. Der Trail führt dann verwurzelt durch den Wald. Zwischendurch sind einige sumpfige Passagen zu meistern, die aber mit Brettern gut präpariert sind. Der Singletrail ist meist fahrbar, weist jedoch etliche Gegenanstiege auf. Es wird nicht jedem gelingen, diese alle hochzudrücken, sodass man auf diesem Trail mit der einen oder anderen Schiebepassage rechnen muss.

Als wir die Tour gefahren sind, hatten wir ziemlich abstruse Wetterbedingungen. Zum einen war es für Anfang April ungewöhnlich heiß – und da wir die Auffahrt auf den steilen Serpentinen in der Nachmittagssonne in Angriff genommen hatten, wurden wir förmlich gegrillt. Der Wald war natürlich noch nicht grün und konnte uns somit kaum Schatten spenden. Und irgendwie war der Körper so früh im Jahr auch noch gar nicht daran gewöhnt, dass es beim Biken derart warm werden kann. Zum Glück führten die Bergbäche reichlich Schmelzwasser, was eine willkommene Abkühlung war. Schnell mal die Arme ins kühle Nass getaucht, den Kopf in den Wasserschwall gehalten und den Schweiß und Staub aus dem Gesicht gewaschen, wirkte wahre Wunder. Danach kann man wieder durchstarten und die nächsten Serpentinen in Angriff nehmen.

Die Auffahrt Richtung Hirschberg auf dem geteerten Forstweg

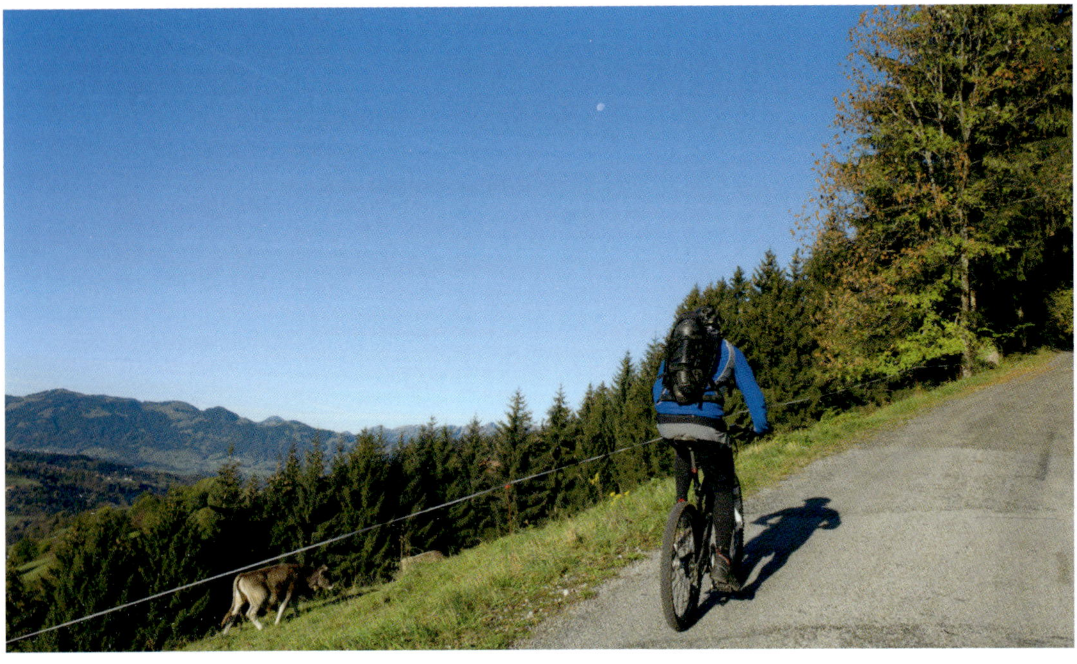

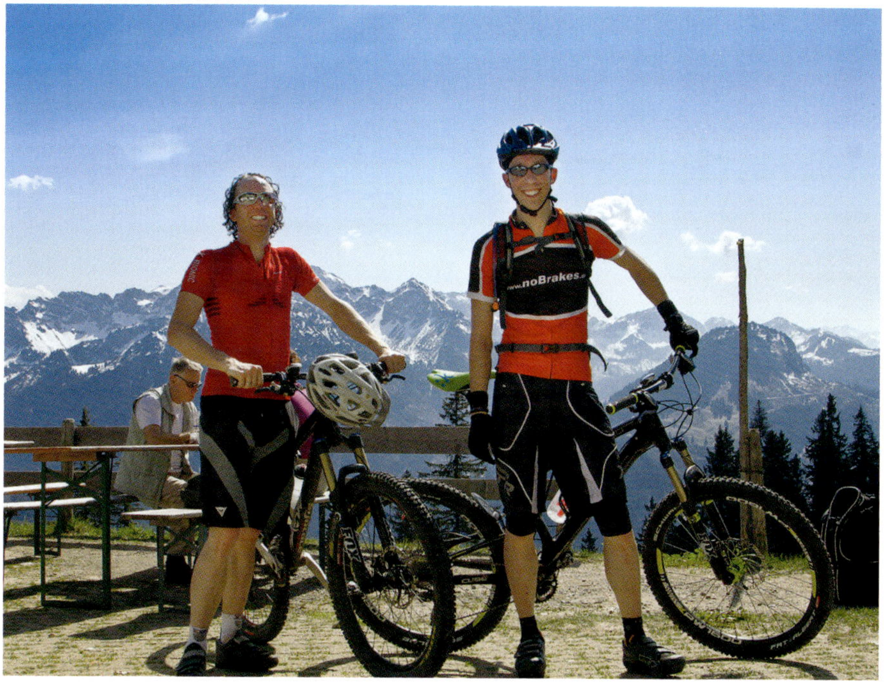

Rast an der Hirschalpe mit Panoramablick über die Allgäuer Hochalpen

Bald darauf kommt dann die Hirschalpe in Sicht. Nach einer Rast an der Alpe erwartete uns bei unserer Fahrt oben auf den Trails ein völlig anderes Bild: Sobald die Wege nicht mehr südseitig lagen, der dichte Nadelwald Schatten spendete oder einfach größere ebene Flächen zu durchqueren waren, zeigte sich die andere Seite der Tour: Mächtig viel alter Schnee erschwerte hier und da das Durchkommen. An einigen Stellen konnten wir die Bikes zwar noch bequem schieben, aber an manchen Stellen sanken wir bis zum Knie in der weißen Masse ein. Schnell waren die Bikeschuhe und die Socken völlig durchgeweicht. Hinzu kam, dass der Boden an den Stellen, wo der Schnee erst seit wenigen Tagen verschwunden ist, völlig aufgeweicht war.

Daher war für uns heute nicht so viel befahrbar, wie wir uns das eigentlich vorgestellt hatten. Dafür wurden wir dadurch entschädigt, dass neben dem Trail ganze Teppiche von Krokussen und Schlüsselblumen blühten, ein wahrhaft wunderbarer Anblick. Wir gaben natürlich bei der ganzen Sache eine witzige Figur ab: Zwei Biker waten durch den Schnee. Dabei das Bike oftmals auf den Schultern tragend, in kurzer Bikekleidung, bis hinauf zum Knie eingeschlammt. Aber egal, die Sonne schien, und der Trail machte auf den fahrbaren Abschnitten richtig Spaß!

Zurück zur Gegenwart: Unterhalb der Silbergrube geht der Trail wieder in einen Schotterweg über, der uns zurück nach Bad Hindelang führt. Weiter unten ist der Weg geteert; in Serpentinen rollt man zurück ins Tal. Dabei hat man nochmals einen schönen Ausblick auf den im Talkessel gelegenen Ort und die sich dahinter aufbauenden Berge.

Der Ort Bad Hindelang ist heilklimatischer Kurort und Kneippheilbad seit 2001. Er liegt im Ostrachtal an der historischen Salzstraße, welche heute als Bundesstraße 308 über Oberjoch nach Österreich führt. Im Jahr 1540 ließen die Grafen Montfort den Saumpfad über das Joch als Straße ausbauen. Jahrhundertelang wurde auf dieser Route Salz aus Tirol in Richtung Bodensee transportiert. Bereits ein paar Jahre zuvor, im Jahr 1429, erhielt Bad Hindelang das Marktrecht. Heute ist der am Eingang des Hintersteiner Tals gelegene Ort ein beliebter Ausgangspunkt für viele Freizeitaktivitäten in den angrenzenden Bergen und im Naturschutzgebiet Allgäuer Hochalpen. Bedeutende Berge sind Rotspitze,

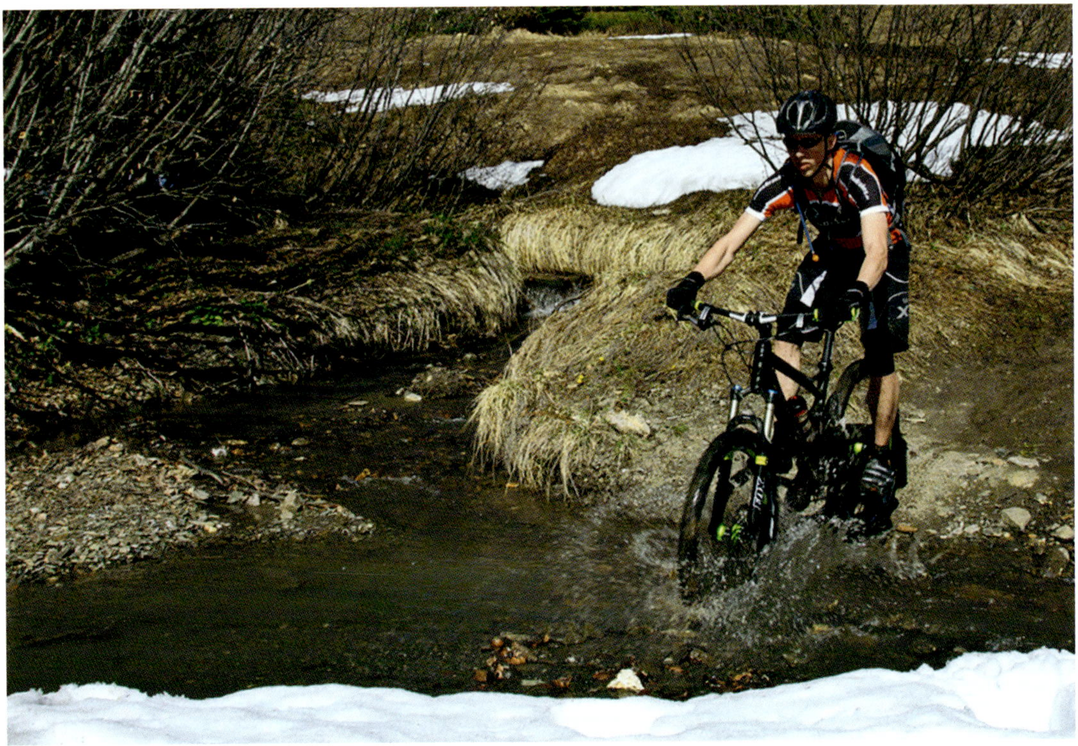

Schneereste und Schmelzwasser erschweren im Frühling die Tour.

Trails über Alpwiesen bei Bad Hindelang

Breitenberg, Großer und Kleiner Daumen und das berühmte Nebelhorn, auf welches von Oberstdorf eine Seilbahn fährt.

Ins Hintersteiner Tal führt eine kleine Straße, die für den privaten Autoverkehr gesperrt ist. Mit dem Fahrrad ist der Weg in das malerische Bergtal dagegen bequem befahrbar, zumal die Straße quasi keine Steigungen aufweist.

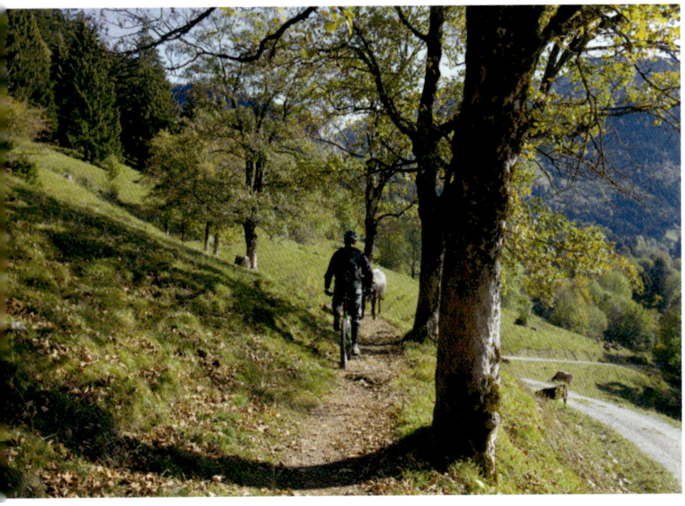

Wer nicht mit dem oftmals überfüllten Pendelbus zum Giebelhaus fahren will, für den stellt die Nutzung des Bikes eine praktische Alternative dar. Das Giebelhaus ist Ausgangspunkt für viele Wanderungen in der schönen Bergregion. So erreicht man von dort aus z. B. über das Prinz-Luitpold-Haus den 2553 Meter hohen Hochvogel, einen der markantesten Berge der ganzen Region. Mit dem Bike können über geschotterte Forstwege zudem die Schwarzenberghütte, die Plättlealpe oder die untere Bärgündelalpe angefahren werden. All diese Touren enden jedoch an den genannten Endpunkten, da das Hintersteiner Tal an allen Seiten eng ist und die Bergflanken steil aufsteigen. Wer sein Bike aber an einer der Alpen abstellen und anketten will, der kann eine kurze Biketour geschickt mit einer schönen Wanderung in die alpine Region ergänzen.

Gern kehren wir nach unserer Tour auf die Hirschbergalpe noch in einen der vielen Gastronomiebetriebe von Bad Hindelang ein, um unseren Durst zu löschen und unsere Energiespeicher mit einer deftigen Mahlzeit wieder aufzufüllen.

Routenbeschreibung

Track 2 – Tour 02 Hirschberg.gpx

0 km / 800 km / GPS-Wegpunkt 02-01 Der Start der Tour ist an der Talstation des Bikeparks an der Hornbahn. Hier befindet sich ein großer gebührenpflichtiger Parkplatz. Wir fahren zunächst nach Norden leicht bergauf in Richtung Ortsmitte von Bad Hindelang und durch die Unterführung.

0,7 km / 820 m / GPS-Wegpunkt 02-02 In der Marktstraße nach rechts abzweigen und weiter Richtung Ortskern fahren.

1,2 km / 850 m / GPS-Wegpunkt 02-03 Weiter geradeaus bis zum Ortsausgang. Dann der Beschilderung »Alte Jochstraße« folgen. Diese kreuzt die Hauptstraße mehrfach bzw. verläuft parallel dazu in Richtung Oberjoch.

2,7 km / 1000 m / GPS-Wegpunkt 02-04 Linksabzweig in Richtung der Hirschalpe.

3,0 km / 1040 m / GPS-Wegpunkt 02-05 Wir überqueren die Hauptstraße in einer Serpentine und folgen der kleinen geteerten Nebenstraße. In steilen Serpentinen geht es fortan bergauf.

6,0 km / 1500 m / GPS-Wegpunkt 02-06 An der Hirschalpe endet der Schotterweg. Weiter geht es auf einem Singletrail bergauf. Wir passieren ein großes Holzkreuz am Wegesrand. Es folgt ein kurzes Schiebestück.

6,7 km / 1525 m / GPS-Wegpunkt 02-07 An der Weggabelung nach links abzweigen und weiter eben am Hang entlang auf dem Singletrail fahren. Der Weg nach rechts würde auf den Gipfel des Spieser führen.

7,3 km / 1500 m / GPS-Wegpunkt 02-08 An der nächsten Weggabelung links abzweigen und der Ausschilderung zur Klankhütte folgen.

7,6 km / 1473 m / GPS-Wegpunkt 02-09 Nochmals an der Weggabelung links abbiegen und weiterhin der Ausschilderung in Richtung Klankhütte folgen.

8,2 km / 1430 m / GPS-Wegpunkt 02-10 Nach der Bachdurchquerung links halten, leicht steigend auf dem Schotterweg weiter-fahren.

8,5 km / 1450 m / GPS-Wegpunkt 02-11 An der nächsten Weggabelung rechts halten und in den kleinen Singletrail einbiegen. Dieser führt immer wieder bergauf und bergab und z. T. über Holzdielen, da der Untergrund stellenweise sumpfig ist. (Ab hier ist auch die kurze Variante direkt zur Klankhütte auf dem Schotterweg möglich, siehe Variante)

9,7 km / 1330 m / GPS-Wegpunkt 02-12 Ende des Singletrails. Der Weg geht in einen Schotterweg über. Weiter diesem bergab folgen.

10,1 km / 1280 m / GPS-Wegpunkt 02-13 An der Weggabelung links abzweigen.

10,7 km / 1200 m / GPS-Wegpunkt 02-14 Teerweg. Hier trifft die Variante von der Klankhütte wieder mit der Route zusammen. Rechts abzweigen und Abfahrt auf Teer.

13,0 km / 860 m / GPS-Wegpunkt 02-15 Ortseingang Bad Hindelang. Im Ort rechts halten, dann durch die Unterführung zurück zum Ausgangspunkt fahren.

14,1 km / 800 m / GPS-Wegpunkt 02-16 Tourende an der Seilbahnstation.

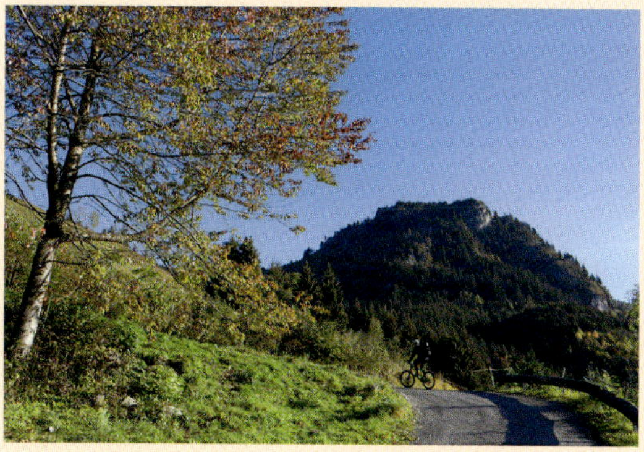

Das Ziel vor Augen: der Blick auf den Hirschberg

Variante Track 2 – Tour 02 Hirschberg Variante.gpx

8,5 km / 1450 m / GPS-Wegpunkt 02-11-A Ab hier ist auch die kurze Variante direkt zur Klankhütte auf dem Schotterweg möglich. Dazu links abzweigen und direkt bergab auf dem Forstweg rollen.

8,8 km / 1406 m / GPS-Wegpunkt 02-12-A An der Klankhütte nach rechts abbiegen und weiter auf dem Schotterweg bergab fahren.

9,0 km / 1400 m / GPS-Wegpunkt 02-13-A An der Kapelle vorbei und dann in Serpentinen steil bergab fahren.

10,1 km / 1200 m / GPS-Wegpunkt 02-14-A Hier trifft man wieder auf die eigentliche Route. Nach links abzweigen, auf dem Schotterweg und später auf Teer bergab rollen. Weiter der Beschreibung ab Wegpunkt 15 folgen.

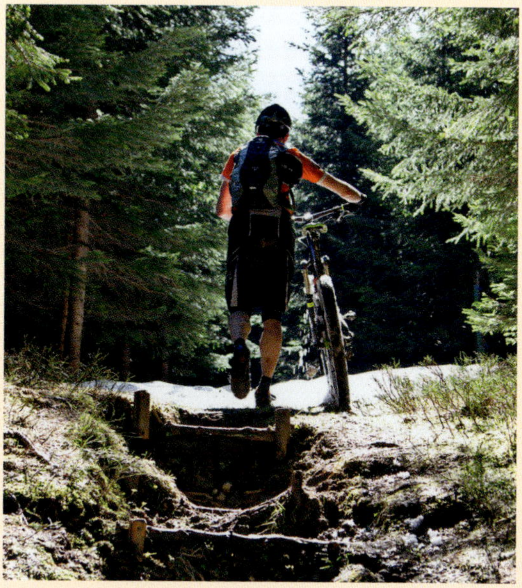

Ein kurzes Schiebestück im Wald

3 Ins einsame Rettenschwanger Tal

Von Bad Hindelang ins Naturschutzgebiet Allgäuer Hochalpen und zum Bikepark am Hochberg

2	✪✪✪✪✪	1540	33	4
Schwierigkeit	Erlebniswert	Höhenmeter	Streckenlänge (in km)	Zeit (in Std.)

TOURENCHARAKTER

AUSGANGS-/ENDPUNKT

Talstation der Hornbahn (Bikepark)

ANFAHRT

A 7 bis Kreuz Allgäu, dann B 12 Richtung Lindau/Oberstdorf bis Ausfahrt »Waltenhofen« und auf der B 19 Richtung Oberstdorf bis Ausfahrt Sonthofen, dann Richtung Reutte in Tirol/Bad Hindelang; am Ortseingang von Bad Hindelang im Kreisverkehr der Ausschilderung »Hornbahn« folgen. Alternativ mit der Bahn nach Sonthofen und auf dem Radweg nach Bad Hindelang.

KONDITION

✪✪✪✪✪

FAHRTECHNIK

✪✪✪✪✪

ERLEBNISWERT

Fahrspaß: ✪✪✪✪✪ – Sehr schöne, flowige Singletrail-Abfahren, die z. T. sehr schnell durchfahren werden können. Versierte Abfahrer können es auf der Downhillstrecke des Bikeparks noch einmal richtig krachen lassen.

Landschaft: ✪✪✪✪✪ – Das einsame, ruhige Rettenschwanger Tal, eingerahmt von prächtiger Bergkulisse und hohen Kalksteinwänden

Kultur und Geschichte: ✪✪✪✪✪ – Bergbau- und Industriegeschichte prägen diese Tour.

EINKEHRMÖGLICHKEITEN

Strausberghütte (Imberg 40, 87527 Sonthofen, Tel. 08321/93 07, www.strausberghütte.de)
Café Horn (Hornweg 50, 87541 Bad Oberdorf, Tel. 08324/82 49, www.cafe-horn.de)
Sennalpe Mitterhaus
Wankalpe
Berggasthaus Gletscherspalte (an der Hornbergbahn-Bergstation, Tel. 08324/651, www.gletscherspalte.de)

STRECKENPROFIL

Aufstieg auf Schotterwegen und kleinen, für den Verkehr gesperrten Straßen, kurzes Steilstück bzw. Schiebepassage am Strausbergsattel. Vom Sattel zum Mitterhaus S2 mit ein paar S3-Kehren. Von Raut auf Singletrail nach Bruck S1 mit einigen kurzen S2-Stellen; schnell und flowig. Downhill-Strecke vom Hornberg bis S3 mit Northshore-Elementen und Sprüngen. Diese Hindernisse sind aber alle umfahrbar und zudem stehen einfachere Strecken alternativ zur Auswahl. Landschaftlich reizvolles Tal in imposanter Hochgebirgslandschaft mit einfacher Zugänglichkeit. Tour auch für Anfänger geeignet. Ohne Trailabfahrt E-Bike-tauglich.

Teer:	19 km
Schotter:	5 km
Schieben/Tragen:	–
Trail bergauf:	2 km
Trail bergab:	7 km

HÖCHSTER PUNKT

1447 m, Wankalpe

NIEDRIGSTER PUNKT

800 m, Bad Hindelang

LANDKARTE

Kompass Karte Nr. 3, Allgäuer Alpen–Kleinwalsertal, 1:50 000

GPS/ROADBOOK

Tour 03 Rettenschwanger Tal 1.gpx mit 29 Wegpunkten

Auf dieser landschaftlich reizvollen Tour fahren wir durch einsame Täler bis zur steilen Nordwand des Nebelhorns. Die Abfahrt auf flüssigen und einfachen Singletrails verläuft durch den Bergwald. Ein Abstecher in den Bikepark am Hornberg rundet die Tour dann ab.

Eine Tour ins Rettenschwanger Tal ist zugleich eine Reise in die Vergangenheit, in eine einsame und natürliche Bergwelt. Die Gegend um Hindelang war nämlich im 15. und 16. Jahrhundert sehr industriell geprägt. Die Erze des Ostrachtaler Bergbaus wurden hier verhüttet. Die Schmelzwerke und Waffenschmiede machten Oberdorf und Hindelang zu einer bedeutenden deutschen Region der Rüstungsindustrie.

Im hinteren Ostrachtal wurde im 16. Jahrhundert Eisenerz gefördert, und es entstanden Hammerschmieden, in denen Tausende von Hellebarden und Spieße u. a. für die Heere Kaiser Maximilians hergestellt wurden.

Das Mitterhaus im Rettenschwanger Tal stammt aus jener Zeit. Das große gemauerte Gebäude unterscheidet sich deutlich von den Hütten der Umgebung. Die berühmte Augsburger Familie der Fugger erbaute das Gebäude damals als Stutenhaus. Heute ist das Mitterhaus noch im Besitz der Wittelsbacher und wird als moderne Bergsennerei genutzt. Es liegt genau auf halber Strecke der bis zur Wankhütte zu Füßen des Nebelhorns führenden Biketour.

Wer über das Mitterhaus ins Rettenschwanger Tal gelangen möchte, der kann in Bad Hindelang in Richtung Hintersteiner Tal fahren und dann der Ausschilderung zum Café Horn folgen. Hat man dieses erst einmal erreicht, verläuft der Weg ins Tal fast ohne jegliche Stei-

33 km	1540 Hm	Tagestour

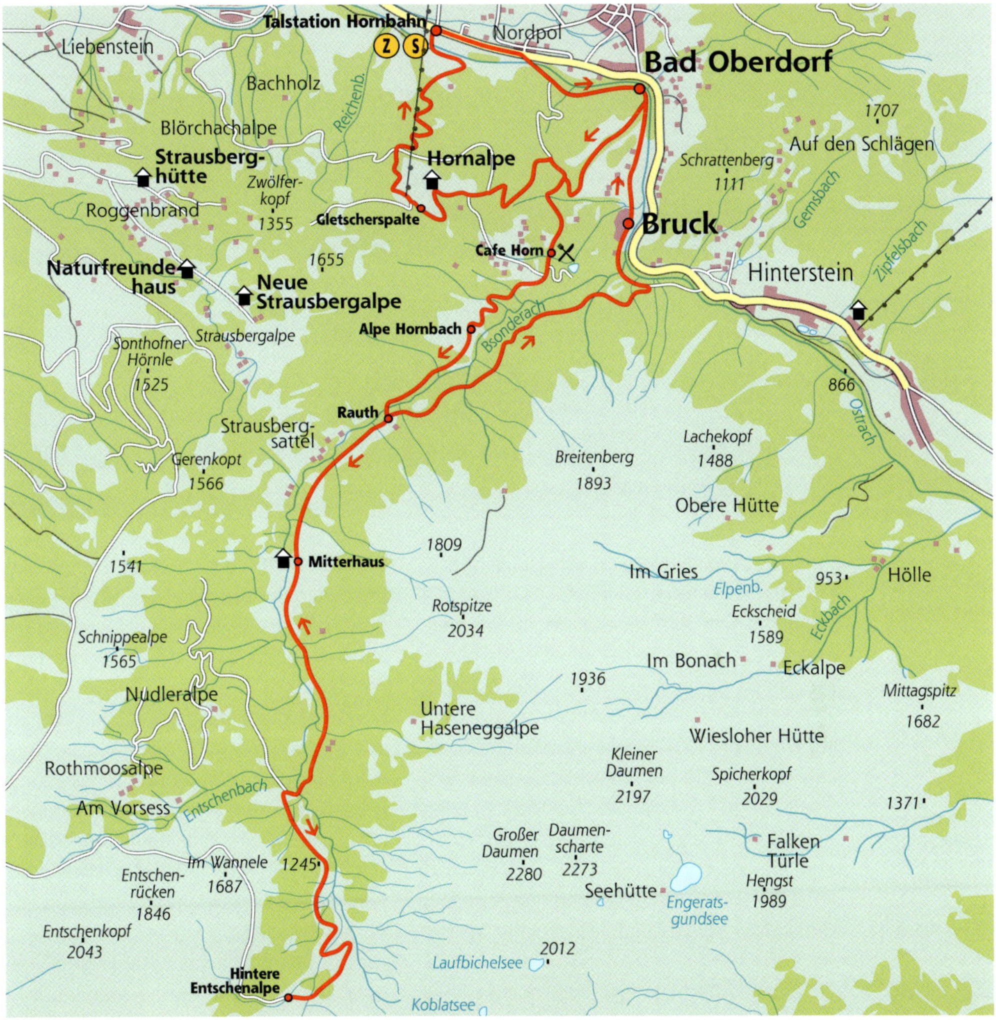

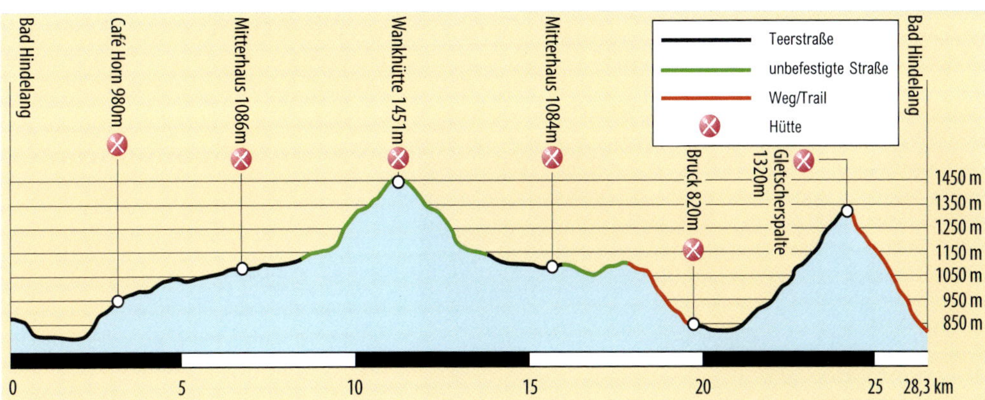

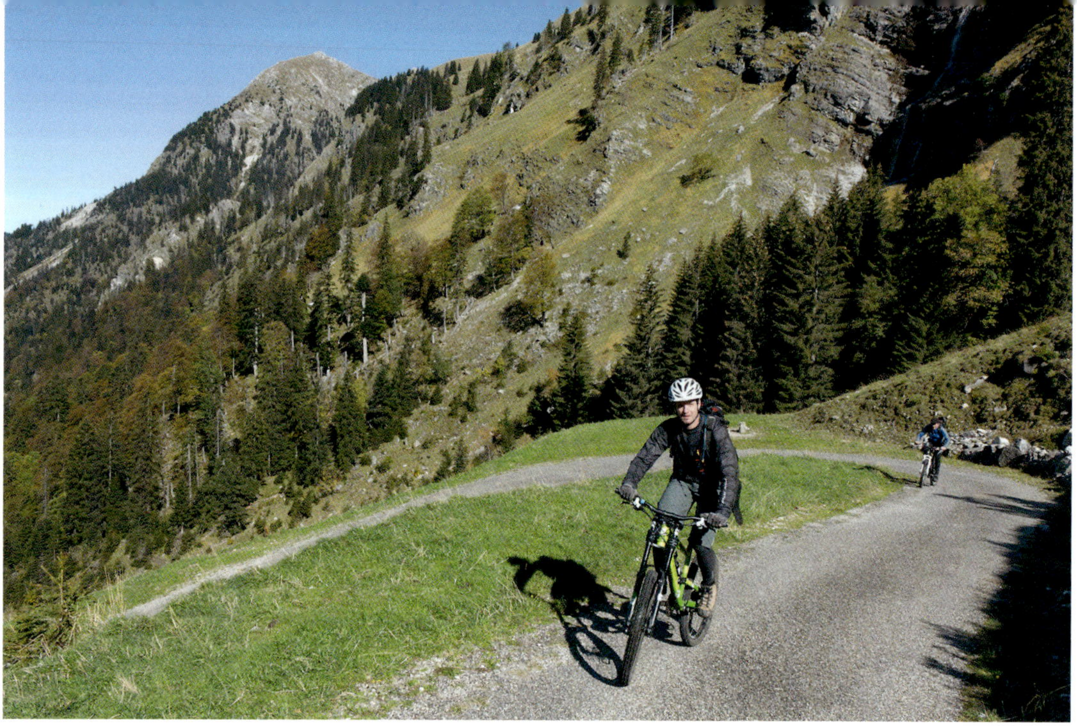

Blick auf die Rotspitze bei der Auffahrt zur Wankhütte

Inversionswetterlage im Herbst bei der Auffahrt zur Strausberghütte. Das Tal liegt noch in Wolken gebettet.

gung bis zum Mitterhaus. Fährt man weiter ins Rettenschwanger Tal hinein, so rücken die Berggipfel von Rotspitze, Kleinem Daumen, Entschenkopf und Nebelhorn immer näher. Das Panorama wird mit jedem Meter imposanter, bis wir schließlich vor der senkrechten Nordwand des 2224 Meter hohen Nebelhorns stehen. Hier sind nochmals einige steile Serpentinen zu erklimmen, bis der Anstieg schließlich im Talkessel an der unbewirtschafteten Wankhütte (auch Hintere Entschenalpe genannt) endet. Die besondere Prägung des Nebelhorns verdankt es seiner Lage an der

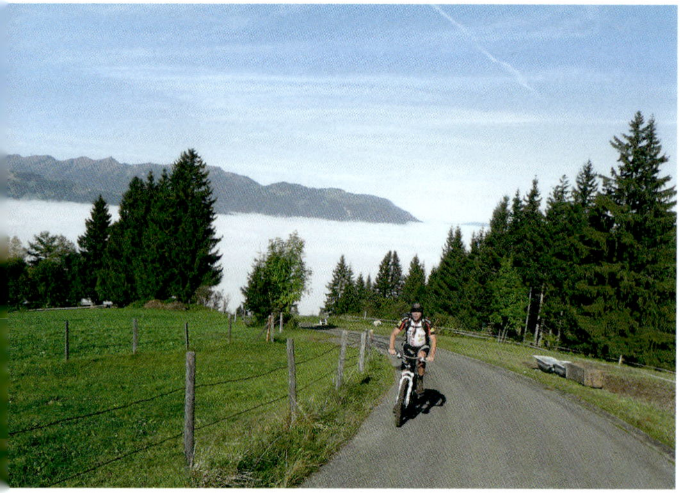

Grenze zwischen den vorgelagerten Flyschbergen und den Nördlichen Kalkalpen: Der Gipfel ist aus dem Hauptdolomit der Kalkalpen aufgebaut, der Unterhang besteht aus Flysch.

Flysch ist die Bezeichnung für Felsmaterial, das zu Bergrutschen und Hangrutschungen neigt als Folge seiner Zusammensetzung aus kalkhaltigen Sandsteinen und Tonsteinen, die in Schichten übereinander abgelagert sind. Das Material kann durchaus stark verformt sein. Bei gebirgsbildenden Prozessen kommt es zur Ablagerung von erodiertem Material vor der sich bildenden Gebirgskette. Das Material wird dabei von Regenwasser und Schnee ins Tal befördert und lagert sich in Sedimentschichten im Wasser ab. Diese Schichten sind gut sichtbar. Später wird dieses Material mit aufgefaltet und bildet somit ein etwas instabiles Fundament für den Gebirgsstock. Nimmt man einen Brocken aus Flysch in die Hand, lässt sich dieser meist einfach zwischen den Fingern zerbröseln.

Flysch ist aufgrund seiner Zusammensetzung und der oft geringen Verfestigung wenig witterungsbeständig. Bei Regen oder nach der Schneeschmelze saugt es sich förmlich voll, und einzelne Schichten beginnen zu gleiten. Das Material besitzt wegen seiner häufig starken tektonischen Deformation zusätzlich oft wenig inneren Zusammenhalt, sodass es sehr stark zu Rutschungen neigt. Diese geologischen Schichten sind meist von einer dünnen Vegetationsdecke aus Gräsern und Latschenkiefern überdeckt.

Den Rückweg bestreiten wir auf demselben Weg, den wir hier herauf gefahren sind. Kurz nach dem Mitterhaus müssen wir darauf achten, bei Raut den Abzweig in einen Forstweg nach rechts nicht zu verpassen. Dieser führt ein Stück am Hang entlang, bevor er in einen schmalen und schnellen Singletrail übergeht. Dieser führt hinab bis zum Elektrizitätswerk an der Ostrach. Wer möchte, kann dem Bachlauf folgen und die Tour dann an der Talstation der Hornbergbahn beenden.

Wer dagegen noch Lust und Kraft hat, der fährt nochmals hinauf zur Bergstation und nimmt noch eine der drei Abfahrten des Bikeparks mit. Zwar sind die steilen Rampen auf Teer kein Zuckerschlecken, aber für einen Tourenbiker ist es eine Ehre, auch diesen Berg ohne Seilbahnunterstützung zu erklimmen.

In vielen Serpentinen windet sich eine Teerstraße bis hinauf zur Bergstation der Seilbahn. Dort besteht im Berggasthof Gletscherspalte die Möglichkeit zu einer Rast.

Auf der folgenden schwarzen Abfahrt kann man nochmals sein fahrtechnisches Können und an einigen Stellen auch seinen Mut bei tiefen Sprüngen unter Beweis stellen. Zahlreiche Holzrampen und Schanzen bieten die Möglichkeit, sich aus halsbrecherischer Höhe in die Tiefe zu stürzen. Dazwischen sind felsige Passagen zu meistern, oder man kann mit hoher Geschwindigkeit durch die Kurven sausen. Die Strecke ist gut abgesichert, an allen Hindernissen befinden sich entsprechende Warnhinweise. Zudem besteht an allen Schanzen die Möglichkeit, diese auf dem »Chickenway« zu umfahren. Zusätzlich zu den Sprüngen, Absätzen und Anliegern gibt es auf der Downhillstrecke auch einige Northshore-Elemente. Dabei handelt es sich um Holzkonstruktionen, auf denen man zum Teil hoch über dem Boden über Brücken und Balken fahren kann. Hierfür muss man neben einer sicheren Bikebeherrschung auch über ausreichend Schwindelfreiheit verfügen. Wer sich hier unter den protektorenbewehrten Downhillern nicht ganz wohlfühlt, dem bleibt immer noch die Abfahrt auf einer der beiden einfacheren Varianten. Diese sind deutlich leichter zu fahren, haben weniger Hindernisse und sind auch nicht so steil.

Alle Abfahrten im Bikepark Hindelang sind gut beschildert. Somit sind die Orientierung und die Auswahl der geeigneten Abfahrtsstrecke hier problemlos möglich.

Am Ende einer der drei Bikepark-Strecken gelangen wir in jedem Fall wieder zurück zur Talstation der Seilbahn. Dort besteht bei Bedarf die Möglichkeit, das Bike zu putzen. Dafür steht ein Wasserschlauch am Bike-Waschplatz zur Verfügung.

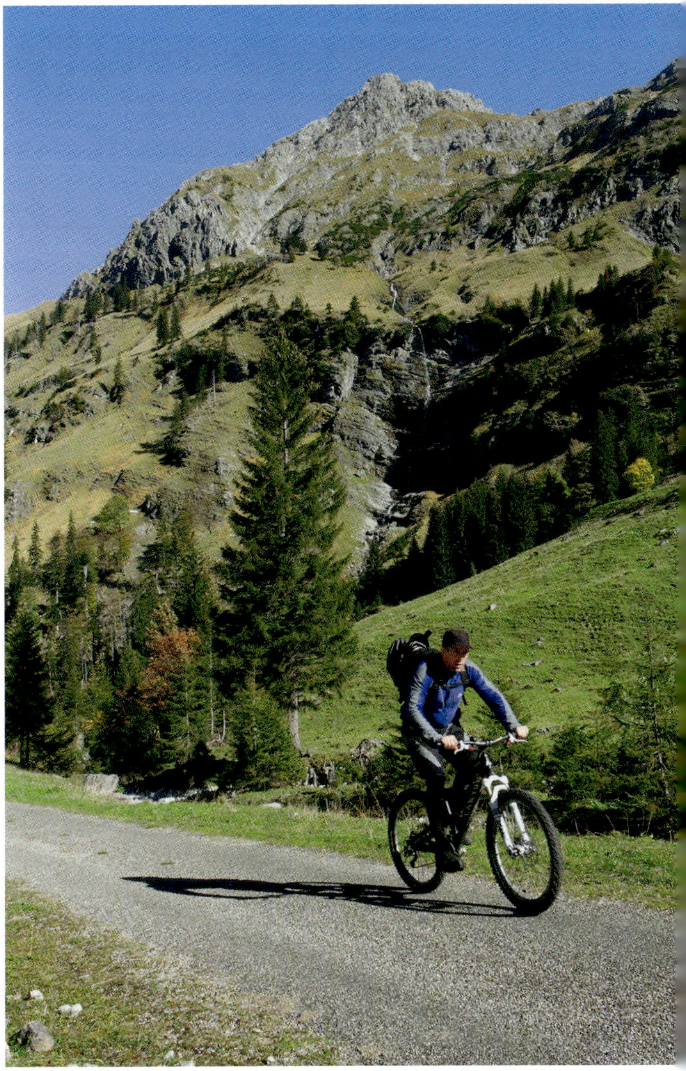

Im farbenfrohen herbstlichen Gewand sind die Berge am schönsten.

Routenbeschreibung

Track 03 – Tour 03 Rettenschwanger Tal 1.gpx

0 km / 800 m / GPS-Wegpunkt 03-01 Start an der Talstation Hornbahn (Bikepark). Wir starten in Richtung Osten nach rechts Richtung Hinterstein

0,8 km / 800 m / GPS-Wegpunkt 03-02 Nach rechts abzweigen, über die Brücke fahren und nach der Brücke links halten

0,9 km / 810 m / GPS-Wegpunkt 03-03 Dem Schotterweg parallel zur Ostrach flussaufwärts folgen

1,9 km / 830 m / GPS-Wegpunkt 03-04 Am Abzweig rechts bergauf Richtung Café Horn abzweigen. Der Asphaltstraße folgen

2,8 km / 920 m / GPS-Wegpunkt 03-05 Abzweig Wanderweg Café Horn. Weiter der Teerstraße bergauf folge

3,1 km / 943 m / GPS-Wegpunkt 03-06 Abzweig Richtung Hornberg, hier nach links abbiegen und weiter Richtung Café Horn fahren

3,7 km / 980 m / GPS-Wegpunkt 03-07 Am Café Horn gibt es eine Rastmöglichkeit und die Gelegenheit, die Trinkflaschen aufzufüllen. Dann weiter geradeaus ins Tal hineinfahren

4,0 km / 1000 m / GPS-Wegpunkt 03-08 An der Horn-Kapelle weiter bergauf auf der Asphaltstraße

4,8 km / 1029 m / GPS-Wegpunkt 03-09 Alpe Hornbach. Weiter dem Schotterweg folgen

5,7 km / 1047 m / GPS-Wegpunkt 03-10 An der Brücke bei Raut weiterhin der Teerstraße folgen. Die Steigung ist inzwischen sehr gemäßigt

7,2 km / 1084 m / GPS-Wegpunkt 03-11 An der Alpe Mitterhaus auf der Asphaltstraße weiter ins Rettenschwanger Tal hineinfahren

8,6 km / 1123 m / GPS-Wegpunkt 03-12 Bei den Ställen. Ende des flachen Teils des Rettenschwanger Tals. Beginn des Anstieges. Durch Furt oder über die Fußgängerbrücke fahren und danach bergauf

9,2 km / 1150 m / GPS-Wegpunkt 03-13 An der Weggabelung nach links Richtung Wankalpe abzweigen

10,9 km / 1332 m / GPS-Wegpunkt 03-14 Am Abzweig Bergweg weiterhin auf dem Schotterweg bleiben und bergauf fahren

11,9 km / 1447 m / GPS-Wegpunkt 03-15 An der Hinteren Entschenalpe (Wankhütte) ist der Fahrweg zu Ende. Danach zurück auf demselben Weg wie Auffahrt zur Alpe Mitterhaus abfahren

16,6 km / 1084 m / GPS-Wegpunkt 03-16 An der Alpe Mitterhaus auf Asphaltstraße wie in Variante 1 beschrieben aus dem Tal herausfahren. Bei Raut vor der Brücke rechts in den Forstweg einbiegen

18,0 km / 1047 m / GPS-Wegpunkt 03-17 Raut. Vor der Brücke rechts in Forstweg einbiegen

18,6 km / 1060 m / GPS-Wegpunkt 03-18 Ein Trail kreuzt. Weiter geradeaus auf dem Forstweg fahren

19,1 km / 1050 m / GPS-Wegpunkt 03-19 An der Weggabelung links halten. Der Weg geht danach in einen Trail über. Ab hier können wir flowig am Hang entlang abfahren

20,1 km / 1023 m / GPS-Wegpunkt 03-20 Der Singletrail geht wieder in einen Schotterweg über. Weiter geradeaus fahren. Augen auf in den Serpentinen. Der Trail schneidet diese zum Teil immer wieder ab

20,5 km / 894 m / GPS-Wegpunkt 03-21 An der Weggabelung nach links abzweigen

21,0 km / 480 m / GPS-Wegpunkt 03-22 Das Ende der Abfahrt befindet sich am E-Werk. Weiter in Richtung Bruck fahren

21,2 km / 820 m / GPS-Wegpunkt 03-23 Bei Bruck auf der linken Bachseite bleiben. Hier gibt es eine Einkehrmöglichkeit. Weiter auf dem Radweg Richtung Bad Hindelang

22,0 km / 830 m / GPS-Wegpunkt 03-24 An der Abzweigung auf der Teerstraße links bergauf Richtung Café Horn

23,3 km / 943 m / GPS-Wegpunkt 03-25 An der Weggabelung nach rechts Richtung Hornberg Bergstation abbiegen. Auf der Teerstraße steil bergauf fahren

23,5 km 969 m / GPS-Wegpunkt 03-26 An der Weggabelung am Köpfle nach links abbiegen

24,8 km / 1162 m / GPS-Wegpunkt 03-27 An der nächsten Weggabelung noch mal links abbiegen und weiter steil bergauf fahren

25,5 km / 1300 m / GPS-Wegpunkt 03-28 An der Bergstation Hornberglift gibt es eine Einkehrmöglichkeit im Berggasthof Gletscherspalte. Danach wahlweise eine der drei beschilderten Downhillstrecken Richtung Bad Hindelang abfahren

28,2 km 800 m GPS-Wegpunkt 03-29 Das Ende der Downhillstrecke stellt auch das Tourende dar

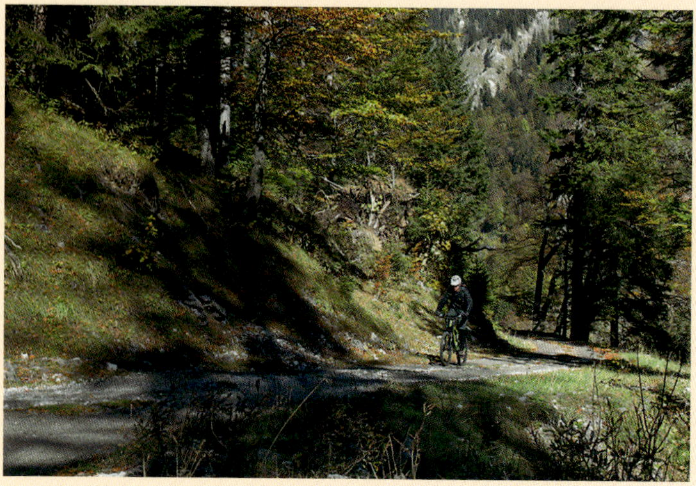

Die letzte Kehre vor der Wankhütte (links)

Rechte Seite: Alpine Singletrailabfahrt oberhalb der Baumgrenze

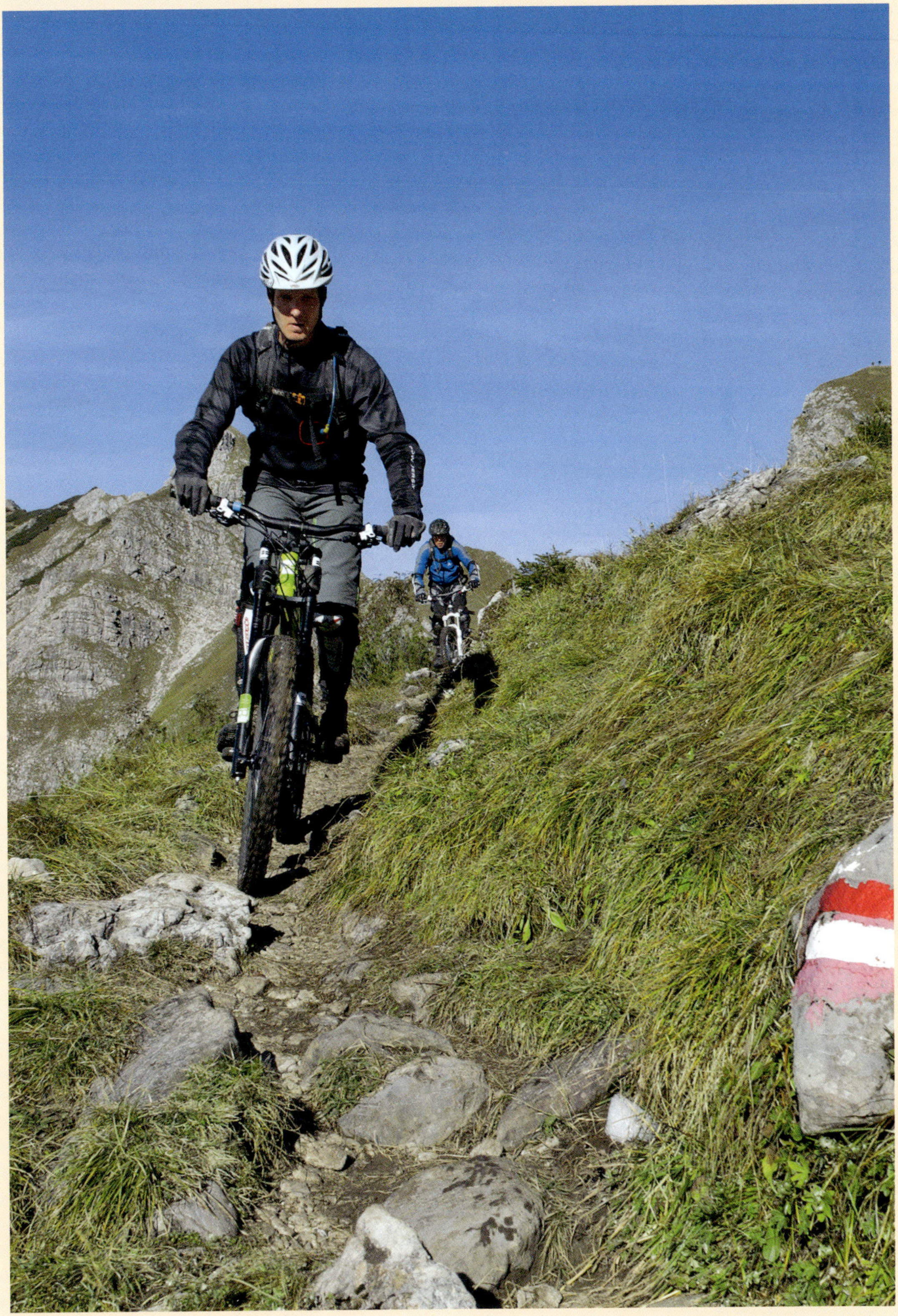

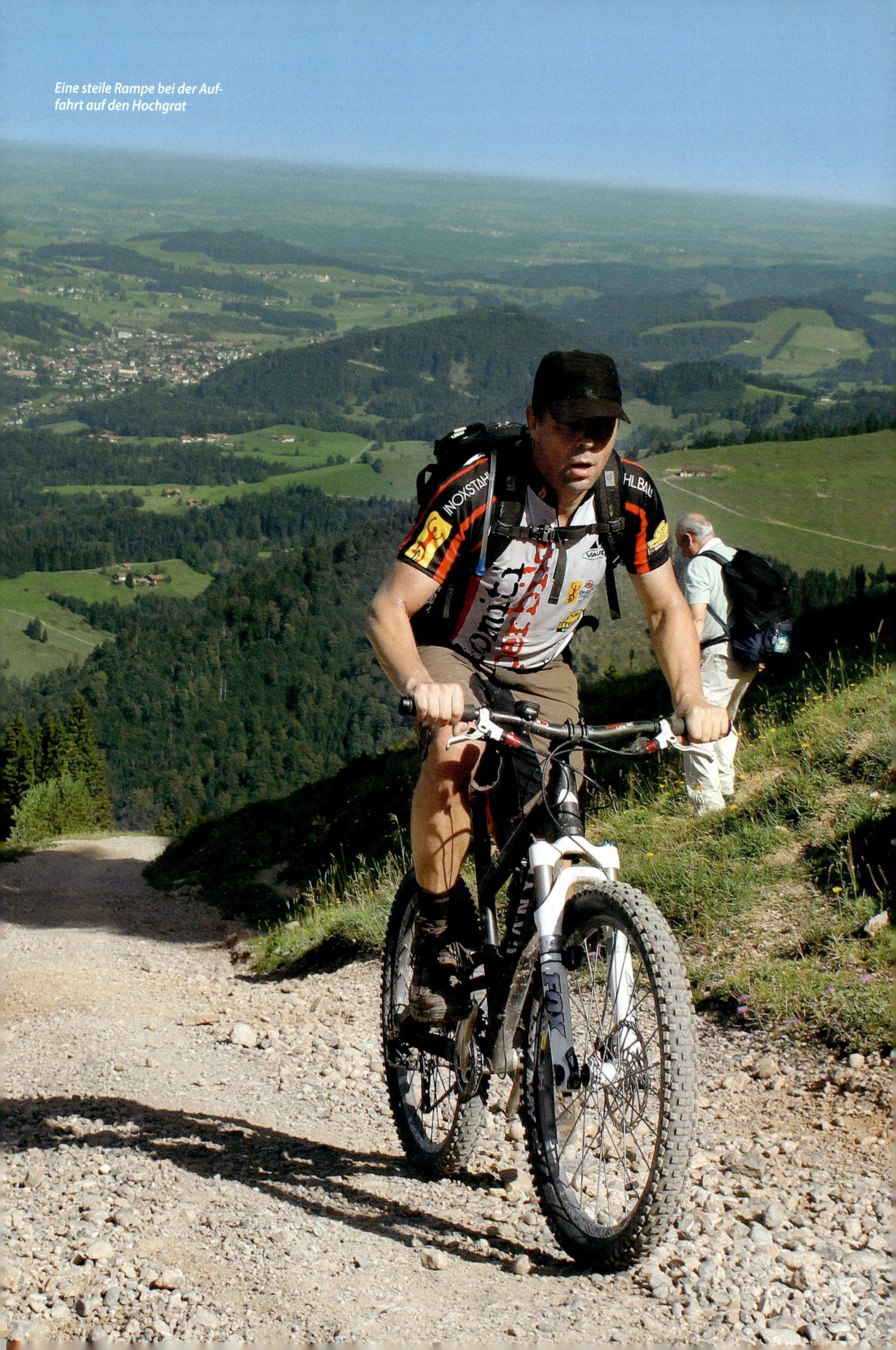

Eine steile Rampe bei der Auffahrt auf den Hochgrat

Tourenregion Oberstaufen und Immenstadt

Eingebettet zwischen den Orten Oberstaufen und Immenstadt liegt in einem breiten Tal der Große Alpsee. Das Bikerevier lockt hier mit mehreren Hügelketten, die teilweise bewaldet sind. Nach Süden hin werden die Berge höher, schroffer und felsiger. Der Nagelfluh bestimmt das Bild dieser Landschaft. Je nach Jahreszeit kann man rund um Oberstaufen mehr oder weniger weit hinauffahren. Auf den höchsten Gipfeln der Nagelfluhkette, wie z. B. dem Hochgrat, kann im Frühjahr durchaus noch Schnee liegen, während man weiter unten schon unbeschwerte Touren in kurzer Bikebekleidung unternehmen kann.

Ein besonderes Naturschauspiel stellen die Buchenegger Wasserfälle dar. Hier hat sich die Weißach tief ins Sedimentgestein der Nagelfluh hineingefressen und eine enge Schlucht mit mehreren großen Wasserfällen und Becken geschaffen. Die Wasserfälle erreicht man entweder von Buchenegg oder von Steibis aus zu Fuß.

INFORMATIONEN

Haus des Gastes Oberstaufen
Hugo-von-Königsegg-Str. 8
87534 Oberstaufen
Tel. 08386/93 00-0
www.oberstaufen.de

Gästeinformation Immenstadt
Marienplatz 12
87509 Immenstadt im Allgäu
Tel. 08323/914-176
www.immenstadt.de

Als die idealen Jahreszeiten zum Biken haben sich das Frühjahr und der Herbst erwiesen. Sobald der Schnee die Südhänge freigibt, können die ersten Touren unternommen werden. Und solange die Wiesen noch nicht im saftigen Grün erstrahlen, sind auch die Kühe noch nicht auf den Alpen und somit viele Zäune und Gatter noch nicht eingehängt.

Im Sommer ist Hochsaison, sowohl auf den Bergpfaden als auch was die Temperaturen angeht. Da nimmt man lieber die höheren Ziele wie den Hochgrat ins Visier.

Im Herbst ist die Region zwischen Immenstadt und Oberstaufen besonders schön: Die Bergspitzen sind bereits angezuckert, das Laub der Bergwälder erstrahlt in prächtigen Farben, und die Kühe sind bereits wieder unten im Tal.

Auch kulinarisch hat die Gegend einiges zu bieten. Neben traditionellen Käsereien findet man in den Ortschaften auch erstklassige Gasthäuser und Restaurants.

Nicht unerwähnt bleiben darf natürlich das umfangreiche Wellness-, Gesundheits- und Kurangebot der Region. Badefreunde finden im Sommer am Großen Alpsee bei Immenstadt zahlreiche Möglichkeiten zur Erfrischung. Zudem bietet die Erlebnisbadewelt Aquaria in Oberstaufen ganzjährig erstklassige Bademöglichkeiten und eine großzügige Saunalandschaft.

Im Sommer gibt es auch ein umfangreiches Angebot an Sommerrodelbahnen, Klettergärten und weiteren interessanten Freizeitmöglichkeiten in der Region.

4 Auf Alptour

Über Wiesen und durch die Wälder von Oberstaufen nach Immenstadt und zurück

2	✪✪✪✪✪	953	33,2	4
Schwierigkeit	Erlebniswert	Höhenmeter	Streckenlänge (in km)	Zeit (in Std.)

TOURENCHARAKTER

AUSGANGS-/ENDPUNKT
Bahnhof Oberstaufen oder Talstation der Hündlebahn

ANFAHRT
A 7 bis Kreuz Allgäu, dann B 12 Richtung Lindau/Oberstdorf bis Ausfahrt »Waltenhofen« und auf der B 19 Richtung Oberstdorf bis Ausfahrt B 19/B 308 Richtung Lindau/Oberstaufen; durchs Zentrum von Immenstadt und auf der B 308 nach Oberstaufen.
Alternativ mit der Bahn direkt nach Oberstaufen.

KONDITION
✪✪✪✪✪

FAHRTECHNIK
✪✪✪✪✪

ERLEBNISWERT
Fahrspaß: ✪✪✪✪✪ – Abfahren allesamt auf meist flowigen und flüssig zu fahrenden Singletrails und Alpwegen
Landschaft: ✪✪✪✪✪ – Abwechslungsreiche Tour über Alpen, durch Bergwälder und vorbei an einzeln stehenden Bergahornen, tolle Ausblicke ins Tal
Kultur und Geschichte: ✪✪✪✪✪ – Zahlreiche Alphütten und ursprüngliche Bauernhöfe am Wegesrand

EINKEHRMÖGLICHKEITEN
Berggaststätte s'Hündle (87537 Oberstaufen, Tel. 08386/17 20, www.huendle.de/huendlebahn/berggaststaette.html)
Hündlealpe (Buchenegg 12, 87534 Oberstaufen, Tel. 08386/96 24 02, www.huendle.de/sommer/alpe-obere-huendle.html)
Sennalpe Kuhschwand (87534 Thalkirchdorf, Tel. 08325/13 13, www.kuhschwand.de)
Bärenfalle (87509 Immenstadt im Allgäu, Tel. 08325/389, www.berghuette-baerenfalle.com)
Alpe Gschwenderberg (www.alpegschwenderberg.de)

STRECKENPROFIL
Auf dieser Tour finden wir Trails mit maximal S3. Zudem müssen wir mit steilen und stellenweise erodierten Alpwegen rechnen. Meist Schotterwege und Naturböden.

Teer:	11 km
Schotter:	15 km
Schieben/Tragen:	–
Trail bergauf:	1 km
Trail bergab:	6 km

HÖCHSTER PUNKT
1200 m, Nähe Gschwender Horn

NIEDRIGSTER PUNKT
740 m, Großer Alpsee

LANDKARTE
Kompass Karte Nr. 3, Allgäuer Alpen–Kleinwalsertal, 1:50 000

GPS/ROADBOOK
Tour 04 Oberstaufen Alpe.gpx mit 38 Wegpunkten

Auf dieser Tour fahren wir von Alpe zu Alpe und genießen zwischendurch immer wieder kurze Abfahrten auf Trails und schmalen Alpwegen. Auf gut ausgebauten Wirtschaftswegen geht es danach immer wieder hinauf. Abschließend gibt es eine lange Abfahrt zum Großen Alpsee, und zurück zum Ausgangspunkt gelangt man ganz bequem auf dem Radweg.

Rund um Oberstaufen gibt es eine Vielzahl von Bergpfaden. Kleine Sessellifte schaffen das bunte Wandervolk in Heerscharen auf den Berg. Doch auch wir Mountainbiker finden auf den Bergen und Hügeln rund um den beschaulichen Kurort zahlreiche Wege und Trails, auf denen wir je nach Tages- oder Jahreszeit auch ganz allein unterwegs sein können. Gutes Timing ist angesagt. Zudem zeigt die Erfahrung: die Fußgängerdichte nimmt exponentiell mit der Entfernung vom nächsten Lift ab, was konkret bedeutet, dass man bereits wenige Hundert Meter von der Bergstation entfernt in der Regel allein unterwegs ist.
Wir starten am Bahnhof von Oberstaufen und fahren zunächst gemütlich auf dem Radweg bis zur Talstation der Hündlebahn. Hier gibt es das volle Programm: Seilbahn, Spielplatz, Sommerrodelbahn und einen Streichelzoo. Dementsprechend voll ist bei schönem Wetter spätestens ab der Mittagszeit der Parkplatz. Ein ganz schöner Trubel kann hier herrschen. All dies passieren wir schnell auf der steilen, aber zunächst geteerten Auffahrt zur Bergstation. Hier sollte man früh dran sein, um nicht in den größten Schwung von Ausflüglern und Bergbesuchern hineinzugeraten.
Hat man die steile Auffahrt bezwungen, geht es gleich weiter zur nahen Hündlealpe. Dort sieht man auch schon das nächste Ziel, den 1112 Meter hohen Hündlekopf. Wir meiden die zahlreichen Trampelpfade auf der Alpwiese und bleiben stattdessen auf dem Weg rechts des Gipfelkreuzes. Auf der Rückseite der kleinen Erhebung erreichen wir dieses somit fast komplett im Sattel

33,2 km	953 Hm	Tagestour

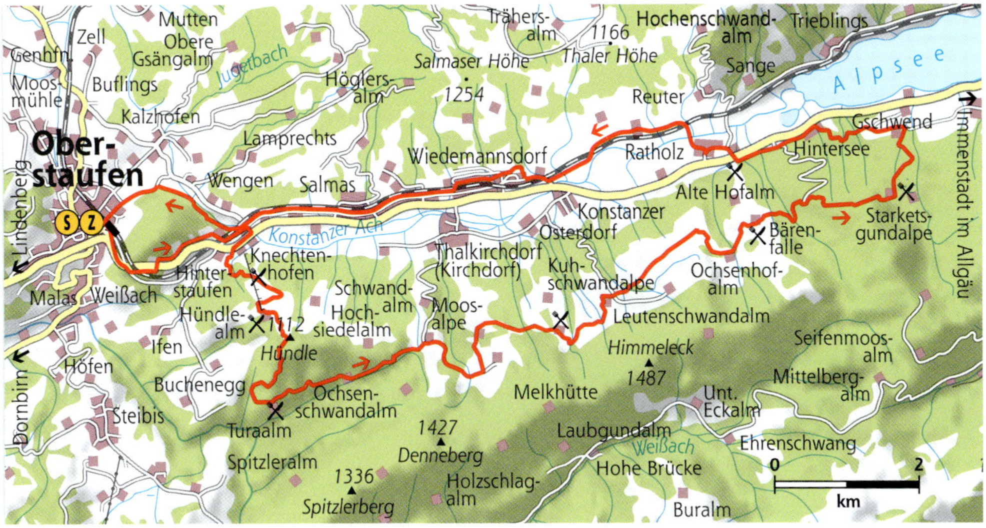

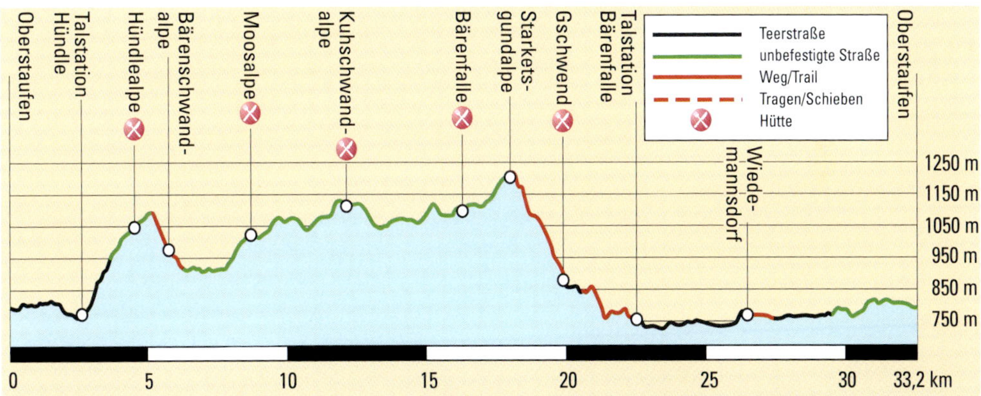

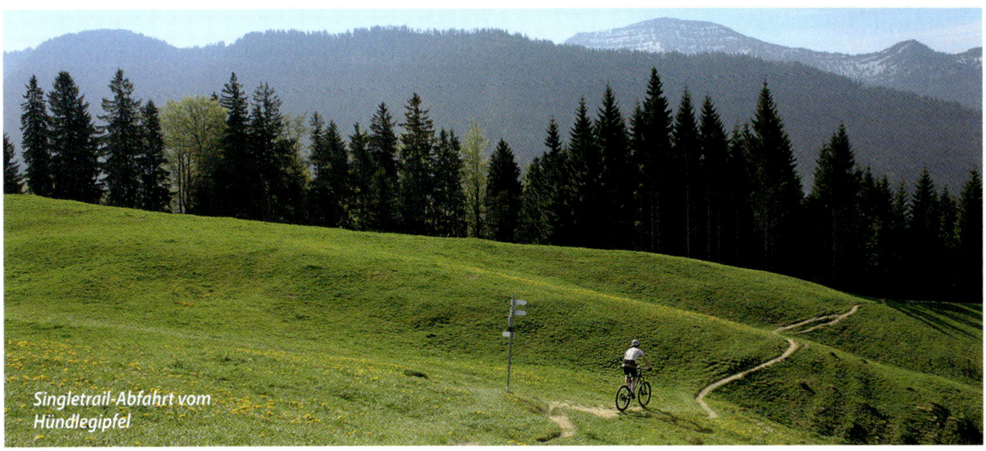
Singletrail-Abfahrt vom Hündlegipfel

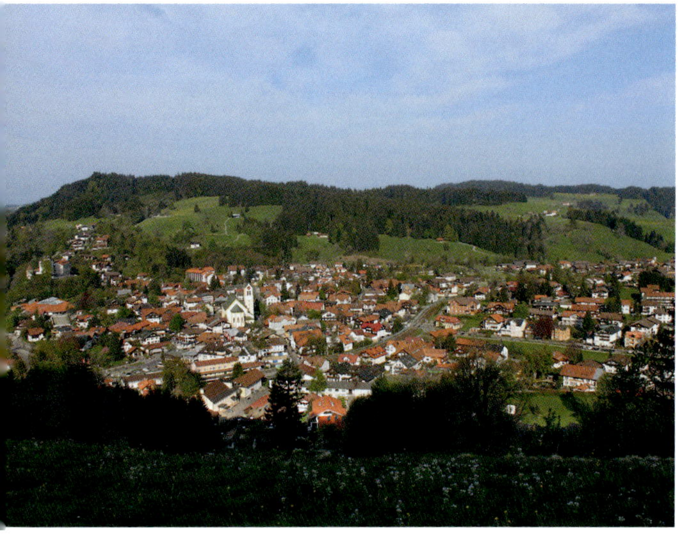

Blick auf Oberstaufen vom Staufener Berg aus

sitzend, nur die allerletzten paar Meter müssen schiebend bewältigt werden.

Ist der Gipfel erreicht, zeigt ein Blick nach Süden sogleich, weshalb wir uns hier eigentlich hinaufgequält haben: Ein traumhafter Singletrail führt über die Wiesen in Richtung Bärenschwandalpe und weiter ins Mittelbachtal. Technische Passagen im Wald wechseln sich ab mit flowigen Abschnitten über satte Alpwiesen. Wie eine riesige, schlafende Schlange windet sich der Trail in sanften Kurven den Berghang hinunter. Abwechslungsreich, mal schnell und flüssig zu fahren, dann wieder etwas technischer und verwurzelter geht's durch den Wald – hier und da eine enge Kehre, ein paar kleine Absätze, aber durchgehend gut zu fahren.

Rast an der Ochsenschwandalpe

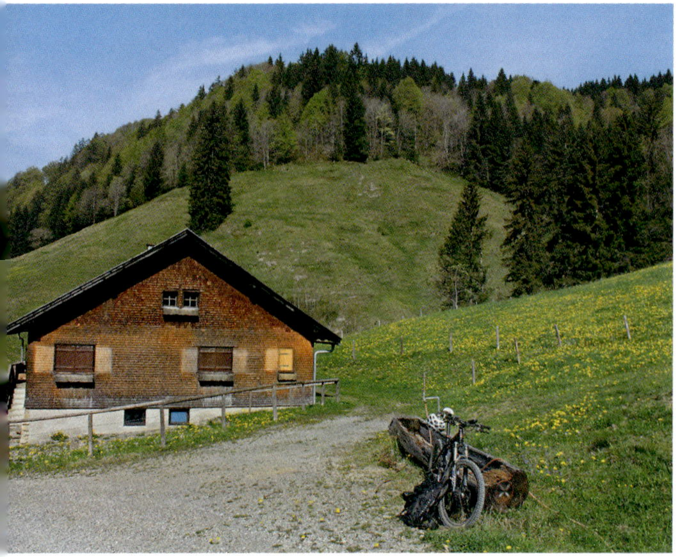

Die Abfahrt wird jedoch immer wieder von den hier allgegenwärtigen Viehgattern unterbrochen. So werden wir immer wieder gebremst, und uns wird klar, dass wir auf diesem Weg nur Gast sind. Daher gilt bei durchaus wahrscheinlichen Begegnungen mit Wanderern: Tempo raus, die Leute passieren lassen und Rücksicht nehmen! Dass wir uns zudem auf dem Trail so verhalten, dass wir keinerlei Spuren hinterlassen, dürfte zudem selbstverständlich sein.

Nach einigen spannenden Metern auf dem Trail erreichen wir schließlich einen Schotterweg. Von hier wären es nur wenige Meter hinab zu den Buchenegger Wasserfällen, eines der imposantesten Naturschauspiele der gesamten Region. Wir aber wollen weiter und fahren daher nach links auf den Schotterweg, der uns vorbei an der Ochsenschwandalpe durch das malerische Fuchsloch und schließlich hinauf zur Moosalpe führt.

Der Weg durch den Bergwald ist zwar geschottert, er ist aber ziemlich schmal und hat eher den Charakter eines Trails. Dieser führt stetig bergauf durch den Wald, neben uns plätschert ein kleiner Bach. Irgendwie fühlt man sich hier gleich richtig wohl. Der Bergwald ist licht, hier und da liegen Baumstämme auf dem Boden oder ein paar Felsen säumen den Wegverlauf.

An der Moosalpe verlassen wir den Bergwald wieder und fahren, vorbei an einer Handvoll Alpen, meist auf Wiesenwegen weiter in Richtung Osten. Hier führen meist Schotterwege, aber immer wieder auch Abschnitte auf lehmigem Untergrund vorbei an etlichen Alpen. Einige Wege befinden sich auf Privatgrund. Da auf ihnen aber auch der beschilderte Bergweg verläuft, kann man getrost davon ausgehen, dass das dort ausgeschilderte Fahrverbot nur für motorisierte Fahrzeuge gilt.

Am Wegesrand lädt die bewirtschaftete Kuhschwandalpe zu einer Rast ein, bevor der Weg dort steil auf einer Alpwiese bergauf führt. Schnell ist auch dieser Anstieg erklommen, und gleich darauf werden wir mit einer schö-

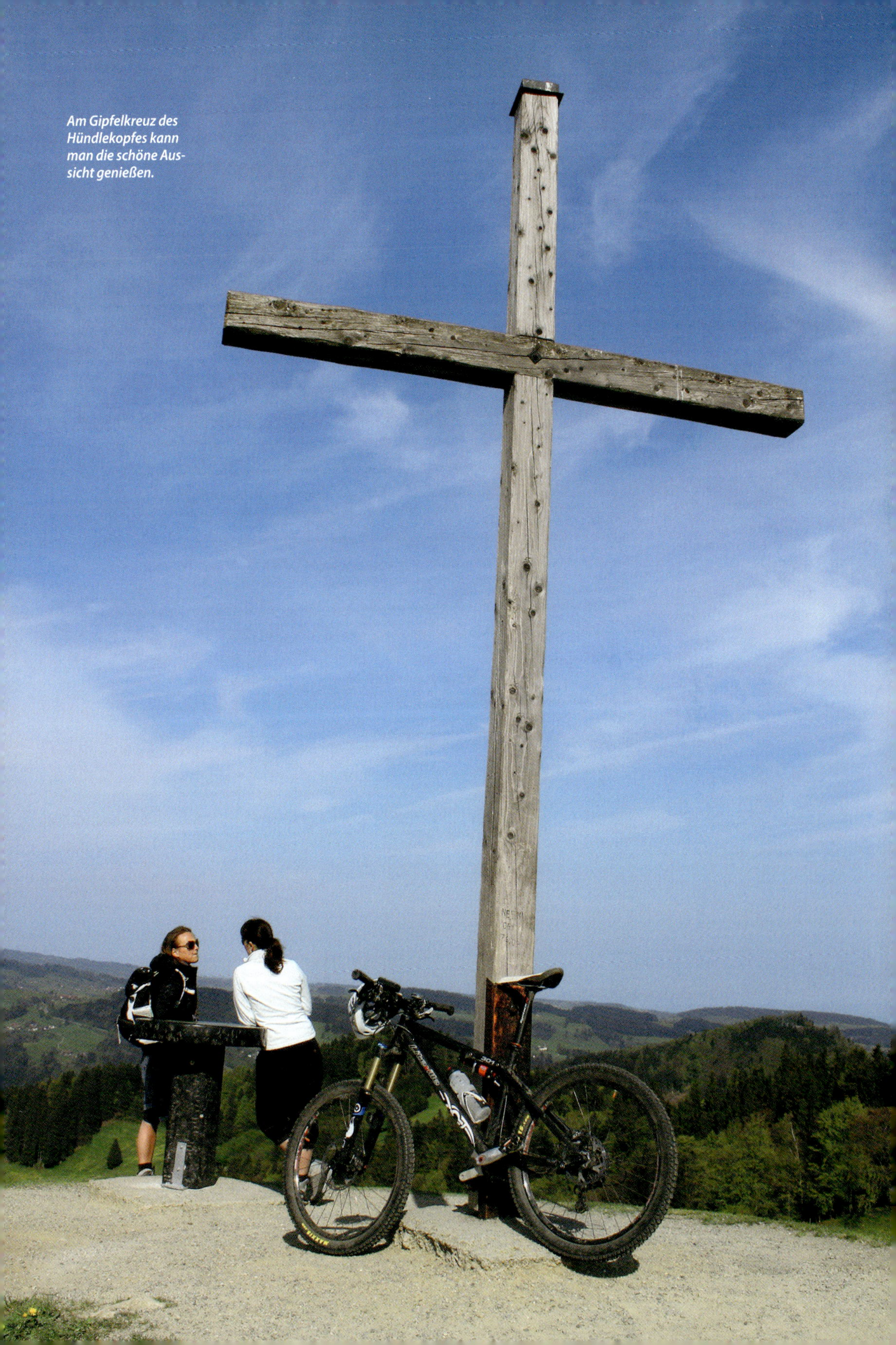

Am Gipfelkreuz des Hündlekopfes kann man die schöne Aussicht genießen.

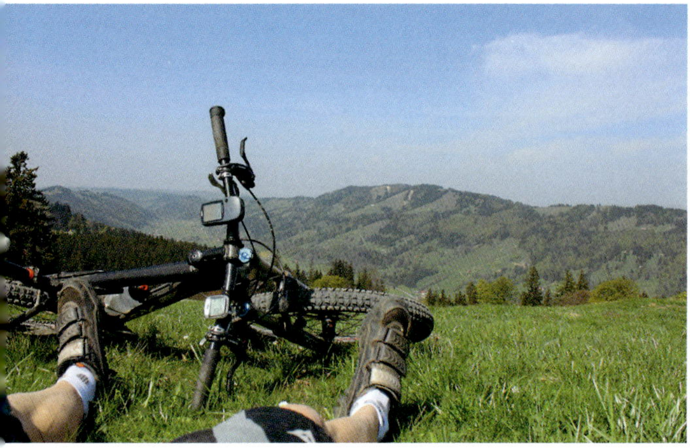

Blick über die Hügelketten rund um Oberstaufen

nen Abfahrt belohnt. Den weiteren Wegverlauf bis zur Bärenfalle säumen wunderschöne, alte Bergahorne.

Schnell lassen wir den Trubel an der Bergstation, dem Klettergarten und dem Alpin-Coaster hinter uns und fahren weiter in Richtung Roßhütte. Dort folgen wir der Ausschilderung »Huberschwändle, Schwingund, Raugund«. Jetzt ist ein letzter steiler Anstieg zu bewältigen: Auf Betonplatten fahren wir hinauf in Richtung Gschwender Horn. Links und rechts der steilen Auffahrt stehen mächtige, alte Bergahorne auf den Alpwiesen – wahrhaft ein schöner und majestätischer Anblick.

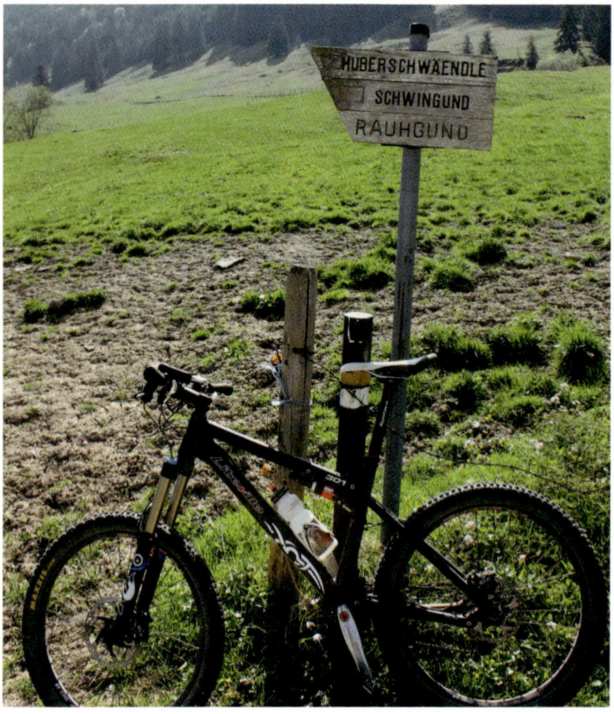

Wegweiser zeigen den weiteren Tourverlauf.

Am Gschwender Berg gab es früher einmal eine Skipiste. Diese wurde aufgegeben und zum Teil renaturiert. Heute ist der Berg im Winter ein beliebtes Ziel der Schneeschuhwanderer und Skitourengeher, die den Berg auf wesentlich ruhigere und umweltschonendere Art und Weise erklimmen, als dies mit einer Liftanlage jemals möglich war. An der Starketsgundalpe biegen wir links ab und fahren auf dem interessanten und abschnittsweise auch fordernden Trail hinab in Richtung Alpe Gschwenderberg. Die rustikale Hütte lädt abermals zu einer Rast ein.

Will man nicht einkehren, kann man bereits 50 Meter vor der Alphütte in den Trail über eine Wiese einbiegen und sich in die Abfahrt zum Alpsee stürzen. Zwar ist der Weg recht breit, aber aufgrund zahlreicher Wasserrinnen, tiefer Fahrspuren und etlicher Felsen durchaus anspruchsvoll. Zudem ist der Weg abschnittsweise ziemlich steil. Daher kann man hier nicht mit hohem Tempo abfahren, auch wenn die Wegbreite stellenweise dazu verleiten mag.

Bald ist der kleine Ort Gschwend erreicht. Hier ist auf die Beschilderung in Richtung »Bärenfalle, Talstation« zu achten. Ein schmaler Trail führt am Hang entlang. Einige Treppen und Absätze, aber auch Bäche und Gegenanstiege sind auf diesem abwechslungsreichen und durchweg gut zu fahrenden Trail zu überwinden. Schließlich erreichen wir die Talstation, überqueren hier die Hauptstraße und fahren im Tal zurück Richtung Oberstaufen.

Da der breite Radweg über Ratholz und Bleichgut schnell langweilig wird, zweigen wir kurz vor Wiedemannsdorf auf den am Waldrand verlaufenden Wanderweg ab. Parallel zu den Bahngleisen führt uns dieser über Salmas wieder bis zur Hündlebahn-Talstation. Dort haben wir die Qual der Wahl, wie herum wir um den Staufner Berg zurück nach Oberstaufen gelangen wollen.

Wen es nach der Tour noch in den Kurort zieht, der kann in einem der gemütlichen Biergärten oder im Kurpark dem quirligen Treiben zusehen.

Routenbeschreibung

Track 4 – Tour 04 Oberstaufen Alpe.gpx

0 km / 800 km / GPS-Wegpunkt 04-01 Start am Bahnhof Oberstaufen. Hier geht es los in Richtung Südosten und am Friedhof vorbei. Der Radweg verläuft parallel zu den Gleisen Richtung Talstation der Hündlebahn.

0,6 km / 800 m / GPS-Wegpunkt 04-02 Nach der Unterführung links abbiegen.

1,0 km / 800 m / GPS-Wegpunkt 04-03 Durch die nächste Unterführung fahren.

1,9 km / 820 m / GPS-Wegpunkt 04-04 Wir passieren Hinterstaufen und biegen rechts ab.

2,5 km / 780 m / GPS-Wegpunkt 04-05 Am Parkplatz der Hündlebahn steuern wir die Talstation an. Ab hier verläuft parallel zur Sommerrodelbahn ein geteerter Weg bergauf.

4,0 km / 980 m / GPS-Wegpunkt 04-06 Rechtsabzweig zur Hündlealpe. Hier abbiegen und weiter bergauf fahren.

4,5 km / 1050 m / GPS-Wegpunkt 04-07 Wir passieren die Bergstation der kleinen Seilbahn.

4,7 km / 1060 m / GPS-Wegpunkt 04-08 An der Hündlealpe fahren wir geradeaus vorbei.

5,2 km / 1112 m / GPS-Wegpunkt 04-09 Hoch auf den Hündlekopf zum Gipfelkreuz. Der Weg führt rechts um den kleinen Hügel herum. Dann Abfahrt auf dem Singletrail Richtung Bärenschwandalpe. Der Trail führt zunächst über eine Wiese, dann durch den Wald.

5,8 km / 980 m / GPS-Wegpunkt 04-10 An der Bärenschwandalpe weiter dem Singletrail folgen. Einige Viehgatter müssen überwunden werden.

6,3 km / 900 m / GPS-Wegpunkt 04-11 Ende des Trails. Links weiter auf dem Schotterweg über die Turaalpe.

7,9 km / 900 m / GPS-Wegpunkt 04-12 Ab der Ochsenschwandalpe auf dem Trail durch den Bergwald hinauffahren.

9,2 km / 1009 m / GPS-Wegpunkt 04-13 An der Moosalpe nach rechts auf dem Schotterweg weiterfahren.

10,3 km / 1060 m / GPS-Wegpunkt 04-14 Kurz vor Untere Klammalpe nach links abzweigen. Vorsicht, geradeaus Sackgasse!

11,7 km / 1080 m / GPS-Wegpunkt 04-15 An der Kuhschwandalpe endet der breite Schotterweg. Ab hier weiter auf dem Trail bergauf fahren.

12,1 km / 1120 m / GPS-Wegpunkt 04-16 An der Schaffneralpe weiter auf dem Trail bleiben.

13,4 km / 1043 m / GPS-Wegpunkt 04-17 Ab der Leutenschwandalpe beginnt wieder ein breiterer Weg. An der Kreuzung geradeaus weiterfahren.

15,0 km / 1060 m / GPS-Wegpunkt 04-18 Wir passieren die Raugundalpe. Weiter auf dem Fahrweg.

16,4 km / 1100 m / GPS-Wegpunkt 04-19 An der Bergstation der Seilbahn Bärenfalle vorbei und auf dem Schotterweg weiterfahren.

17,4 km / 1110 m / GPS-Wegpunkt 04-20 Am Abzweig rechts Richtung Starketsgundalpe abbiegen. Ab hier beginnt der Anstieg. Der Weg führt steil über Betonplatten bergauf.

18,3 km / 1220 m / GPS-Wegpunkt 04-21 An der Starketsgundalpe beginnt die Singletrail-Abfahrt.

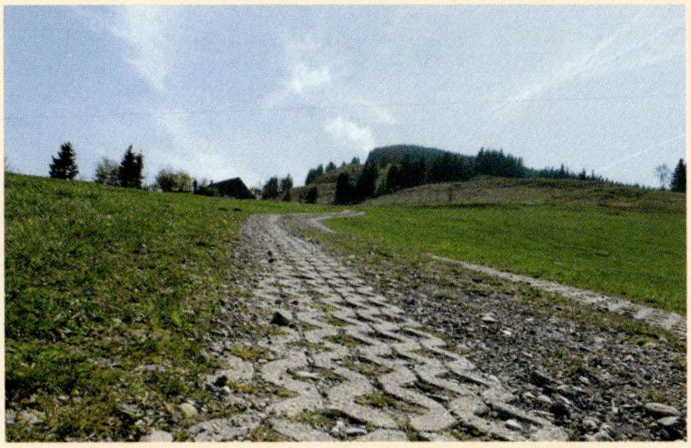

Betonplatten auf der steilen Rampe zum Gschwender Horn

19,1 km / 1075 m / GPS-Wegpunkt 04-22 Wir erreichen die Alpe Gschwenderberg, Abzweig 50 m vor der Alphütte. Ab hier geht es auf einem Trail bergab. Hier gibt's immer wieder tiefe Rinnen, einige Steinplatten und ein paar Kurven zu meistern.

20,2 km / 850 m / GPS-Wegpunkt 04-23 Am Ortseingang von Gschwend links halten und weiter auf der Hauptstraße fahren.

20,8 km / 840 m / GPS-Wegpunkt 04-24 In der Serpentine der Teerstraße geradeaus in den Trail hineinfahren.

21,1 km / 840 m / GPS-Wegpunkt 04-25 Es folgt ein kurzes Schiebestück bergauf um ein Haus herum. Danach beginnt die Singletrail-Abfahrt Richtung Alpsee. Der Weg ist mit »Talstation Bärenfalle« beschildert.

21,8 km / 750 m / GPS-Wegpunkt 04-26 Am Abzweig links auf dem Trail bleiben, z. T. leicht steigend oberhalb der Gebäude am Hang entlangfahren.

22,1 km / 760 m / GPS-Wegpunkt 04-27 Wir erreichen den Schotterweg; hier links ein paar Meter bergauf fahren, dann wieder nach rechts in den Trail einbiegen.

23,0 km / 740 m / GPS-Wegpunkt 04-28 Talstation der Seilbahn Bärenfalle. Wir queren die Straße mit Hilfe der sicheren Unterführung.

23,5 km / 720 m / GPS-Wegpunkt 04-29 In Ratholz an der Kirche rechts halten.

24,1 km / 710 m / GPS-Wegpunkt 30 In Bleichgut nach der Querung der Bahngleise links abzweigen. Dem Radweg Richtung Oberstaufen folgen.

26,5 km / 730 m / GPS-Wegpunkt 04-31 Am Ortseingang von Wiedemannsdorf rechts abzweigen und bis zum Waldrand fahren. Es geht leicht bergauf.

26,8 km / 770 m / GPS-Wegpunkt 04-32 Am Waldrand nach links in den Trail einbiegen und am Waldrand entlangfahren.

27,2 km / 750 m / GPS-Wegpunkt 04-33 Im Wohngebiet zunächst rechts halten, dann die nächste Abzweigung nach links nehmen. Weiter auf dem Weg rechts der Bahngleise fahren.

29,1 km / 740 m / GPS-Wegpunkt 04-34 In Salmas weiter auf der rechten Seite der Gleise bleiben.

30,7 km / 750 m / GPS-Wegpunkt 04-35 Auf dem Weg parallel zu den Gleisen bleiben. Die Straße auf der Brücke überqueren.

31,1 km / 770 m / GPS-Wegpunkt 04-36 Abzweig nach rechts Richtung Oberstaufen.

32,3 km / 794 m / GPS-Wegpunkt 04-37 Straße am Ortseingang, hier links abzweigen.

33,2 km / 800 m / GPS-Wegpunkt 04-38 Tourende am Bahnhof von Oberstaufen.

5 Die Hügeltour

Auf einem Bergrücken von Oberstaufen nach Immenstadt

Schwierigkeit	Erlebniswert	Höhenmeter	Streckenlänge (in km)	Zeit (in Std.)
2	✪✪✪✪✪	913	31,9	3

TOURENCHARAKTER

AUSGANGS-/ENDPUNKT
Bahnhof Oberstaufen oder Talstation der Hündlebahn

ANFAHRT
A 7 bis Kreuz Allgäu, dann B 12 Richtung Lindau/Oberstdorf bis Ausfahrt »Waltenhofen« und auf der B 19 Richtung Oberstdorf bis Ausfahrt B 19/B 308 Richtung Lindau/Oberstaufen; durchs Zentrum von Immenstadt und auf der B 308 nach Oberstaufen.
Alternativ mit der Bahn direkt nach Oberstaufen.

KONDITION
✪✪✪✪✪

FAHRTECHNIK
✪✪✪✪✪

ERLEBNISWERT
Fahrspaß: ✪✪✪✪✪ – Der Gratweg von der Salmaser Höhe ist ein traumhafter, wurzeliger Singletrail. Auch die anderen Abfahrten sind sehr reizvoll.
Landschaft: ✪✪✪✪✪ – Tour auf dem Panoramaberg mit großartigen Ausblicken
Kultur und Geschichte: ✪✪✪✪✪ – Zahlreiche Alpen am Weg

EINKEHRMÖGLICHKEITEN
Alpe Mohr (Kalzhofen 3, 87534 Oberstaufen, Tel. 0171/759 50 81, www.alpe-mohr.de)
Neuschwandalpe
Pfarralpe
Schönsreuthealpe

STRECKENPROFIL
Einfache Alpwege, meist über Schotter und Naturböden, einige Abfahrten auf Trails mit maximal S2.

Teer:	9,5 km
Schotter:	11,5 km
Schieben/Tragen:	0,5 km/100 Hm
Trail bergauf:	1 km
Trail bergab:	9,5 km

HÖCHSTER PUNKT
1254 m, Salmaser Höhe

NIEDRIGSTER PUNKT
740 m, Großer Alpsee

LANDKARTE
Kompass Karte Nr. 3, Allgäuer Alpen–Kleinwalsertal, 1:50 000

GPS/ROADBOOK
Tour 05 Oberstaufen Huegel.gpx mit 36 Wegpunkten

Von der Salmaser Höhe aus führt ein langer Singletrail bis fast nach Immenstadt. Im meist offenen Gelände hat man einen wunderschönen Blick auf den Großen Alpsee und die dahinter aufragenden Berge – ein Touren-Leckerbissen für Singletrail-Liebhaber!

Die Bergketten des Allgäus liegen wie Wellen eines riesigen Ozeans in Ost-West-Richtung. Diese Berge und Hügel haben zunächst nur geringe Höhen aufzuweisen, sie wachsen aber bis zur Hornbachkette zu einer beachtlichen Größe heran. Geologisch handelt es sich bei diesen Wellen um die End- und Seitenmoränen von Eiszeitgletschern sowie Ablagerungen, die Flüsse hinterlassen haben. Heute sind diese bewaldet und mit großen, grünen freien Flächen, die als Alpen dienen, überzogen. Uns Biker erfreuen diese Hügel mit zahlreichen Trails, die je nach Jahreszeit und Schneelage bis auf die höchsten Gipfel bezwungen werden können. Bereits im Frühjahr kann man in den sattgrünen Allgäuer Bergen schöne Touren fahren, während in den größeren Höhenlagen der Alpen noch tiefster Winter herrscht.
Unsere Hügeltour beginnt am Bahnhof von Oberstaufen. Gleich neben dem Ort befindet sich der Staufner Berg. Um dort hinaufzugelangen, fahren wir zunächst auf dem Radweg rechts am Berg vorbei in Richtung Hündlebahn-Talstation. Kurz vor dem Erreichen derselben zweigt nach links ein steiler Schotterweg ab; nach der ersten Rampe verläuft dieser Weg in einigen Wellen. Den ersten Abzweig nach rechts ignorieren wir, da dieser zumindest bergauf in eine Sackgasse führt. Wir fahren wenige Meter bergab und dann die nächste Rampe nach oben. Dann kommt von vorne der Trail vom Gipfel herab, während unser Schotterweg eine enge Kehre nach rechts beschreibt.
Fortan geht es auf dem steilen Weg schnurgerade hinauf zum Gipfel. Hier sollte man sich schon mal den Trailabzweig auf der rechten Seite einprägen, denn über diesen fahren wir später hinab. Aber zunächst einmal gilt es die letzten steilen Meter bergan zu bewältigen. Oben angekommen, erreichen wir einen kleinen Aussichtspunkt mit einer Holzbank. Ganz oben auf der

31,9 km	913 Hm	Tagestour

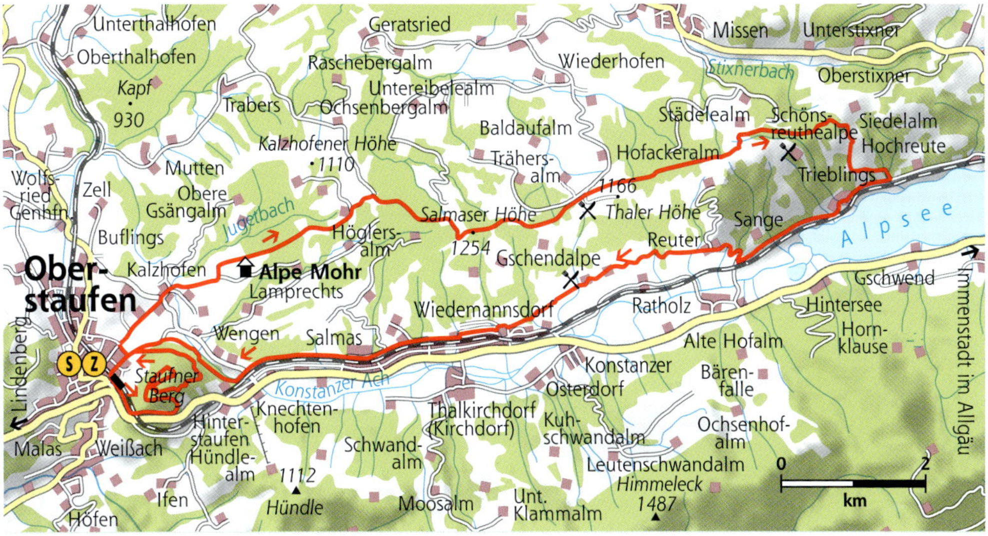

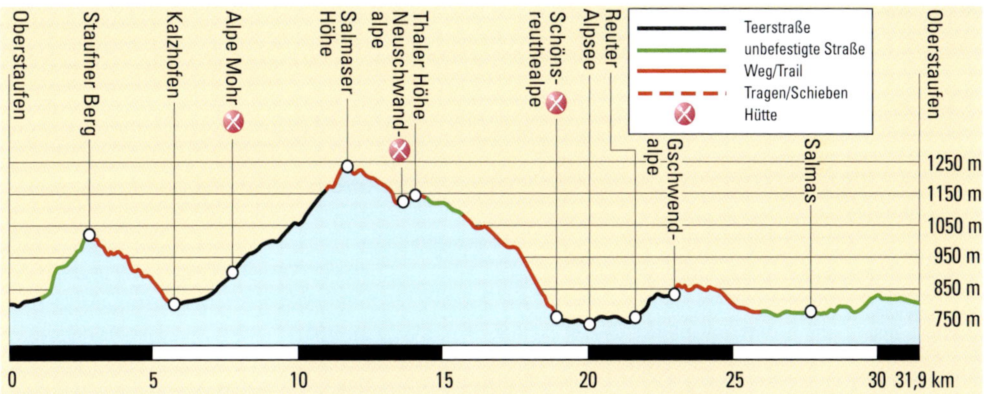

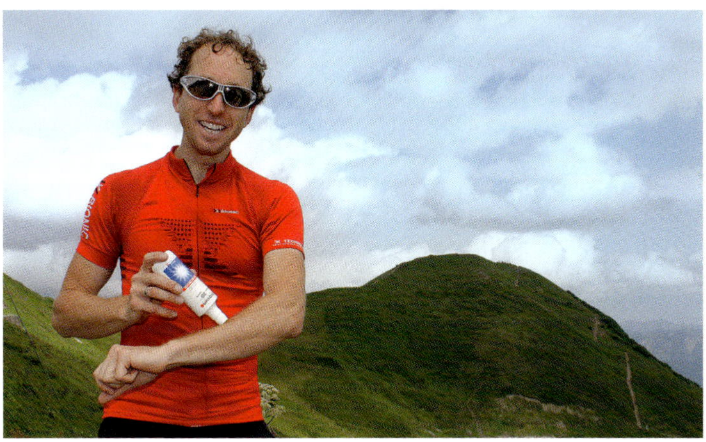

Sonnenschutz ist bei jeder Tour unentbehrlich – vor allem über der Baumgrenze ist man den Strahlen meist schutzlos ausgeliefert.

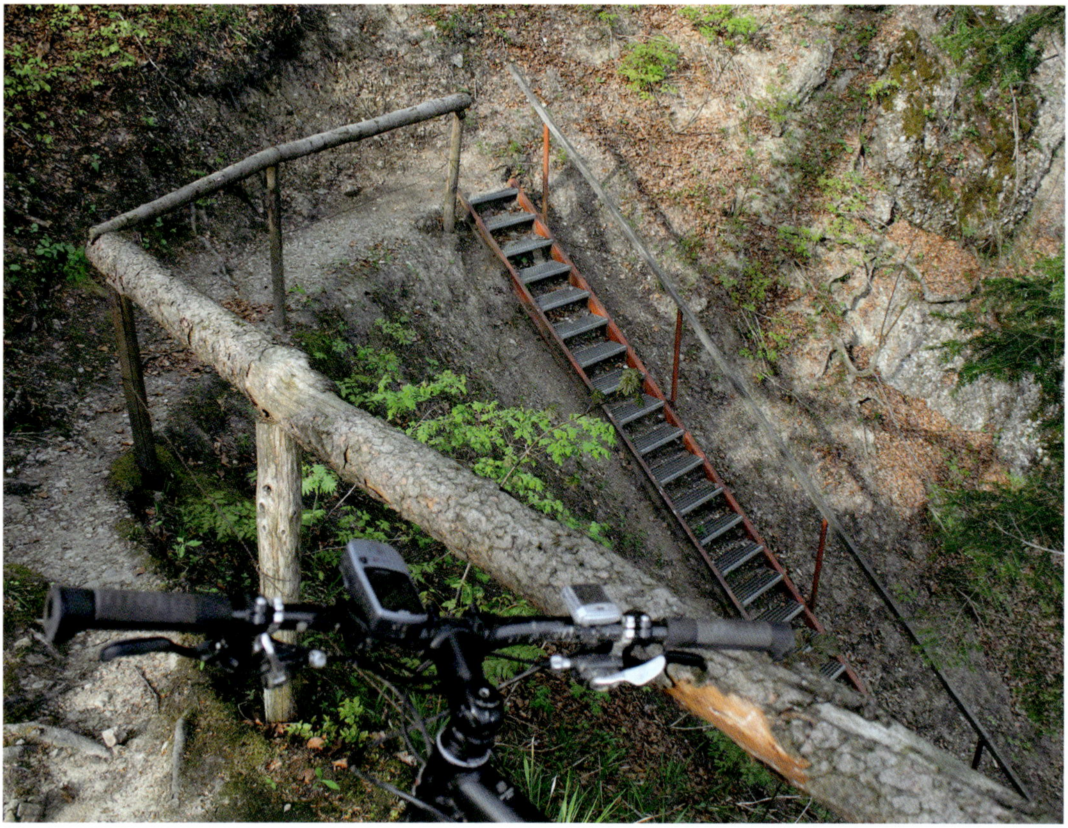

Auf dieser Treppe muss man kurz schieben, dann geht es weiter auf dem Trail.

Spitze des kegelförmigen und bewaldeten Berges steht eine Sendeantenne.

Wenige Meter unterhalb der Bank beginnt dann die Trailabfahrt. Dieser schöne Singletrail stellt eine Besonderheit dar, windet er sich doch wie ein Schneckenhaus fast zweimal um den Staufner Berg herum. Nach den ersten Wurzelpassagen und einigen technischen Abschnitten auf griffigem Konglomerat erreichen wir wieder den Schotterweg, den wir bereits bei der Auffahrt benutzt haben. Inzwischen haben wir den Berg schon fast ein ganzes Mal umrundet.

Gut, dass wir uns vorhin den Wegverlauf eingeprägt haben, denn wir müssen nun zunächst ein paar Meter nach oben fahren, um den Abzweig nach rechts zu finden. Weiter geht es auf dem Trail. An der Gabelung fahren wir auf dem linken Trail um den Berg herum und erreichen nach einigen schönen Spitzkehren eine steile Stahltreppe. Diese muss schiebend überwunden werden, was aber kein Problem darstellen sollte: Man schnappt sich das Bike mit einer Hand, und mit der anderen kann man sich gut am Geländer festhalten. Schnell lassen wir dieses Hindernis hinter uns und fahren weiter auf dem Trail bergab. Er ist ab hier meist recht einfach und lässt sich sehr flüssig fahren. Der Singletrail endet am Waldrand, und wir erreichen bald den Ortsrand von Oberstaufen.

Wir folgen der Hauptstraße in Richtung Ortsmitte und nehmen den ersten Abzweig ins Gewerbegebiet. Dort führt uns der zweite Abzweig nach rechts schließlich in Richtung Sportgelände. Nach dem Überqueren einer Landstraße erreichen wir den Ortsteil Kalzhofen. Hier beginnt eine kleine Mautstraße, welche zu einer ganzen Ansammlung von Alpen und Gehöften hinaufführt. Mit dem Bike können wir die Straße natürlich kostenlos benutzen. Das geringe Verkehrsaufkommen und eine gemächliche Steigung sind geradezu einladend.

Hier sollte man bis hinauf auf den Sattel auf knapp 1050 Metern Höhe auch auf der Mautstraße bleiben, denn das Abfahren ins Tal nach rechts hat eine längere Schiebepassage zur Folge, die wir uns aber ersparen wollen.

Wir folgen der Mautstraße bis zur Hompessenalpe und biegen dann ab in den Wanderweg Nr. 18 in Richtung Salmaser Höhe. Die letzten Meter dort hinauf verlaufen über eine steile Alpwiese, über die das Bike ein kurzes Stück geschoben werden muss. Ein kurzer Abstecher zum Gipfelkreuz der Salmaser Höhe sollte noch drin sein, auch wenn dieses nicht exakt auf unserem Weg liegt. Dafür wird man von dort aber mit einem schönen Panoramablick nach Süden belohnt: Vor uns liegt die gesamte Nagelfluhkette mit der mächtigen Nordwand des 1834 Meter hohen Hochgrats.

Nach einer kurzen Pause fahren wir ein paar Meter zurück und folgen nun dem Bergrücken in Richtung Osten. Ein schmaler Singletrail, der mit einigen Gegenanstiegen immer dem Bergkamm folgt, lässt sich flüssig fahren. Enge Kehren sind hier nicht zu erwarten, dennoch erfordern einige Felspassagen und Wurzeln fahrtechnische Grundkenntnisse auf S2-Niveau.

Auf dem gesamten Höhenweg sind immer wieder Viehgatter zu überwinden. Diese sind außerhalb der Weidesaison glücklicherweise ausgehängt, sodass im Frühjahr und im Herbst ein flüssigeres Befahren des Trails eher möglich ist als in den Sommermonaten.

Schnell ist die Thaler Höhe erreicht. Während hier gleich mehrere Schotterwege abzweigen, bleiben wir auf dem nun kurzzeitig etwas

Am Gipfelkreuz der Salmaser Höhe

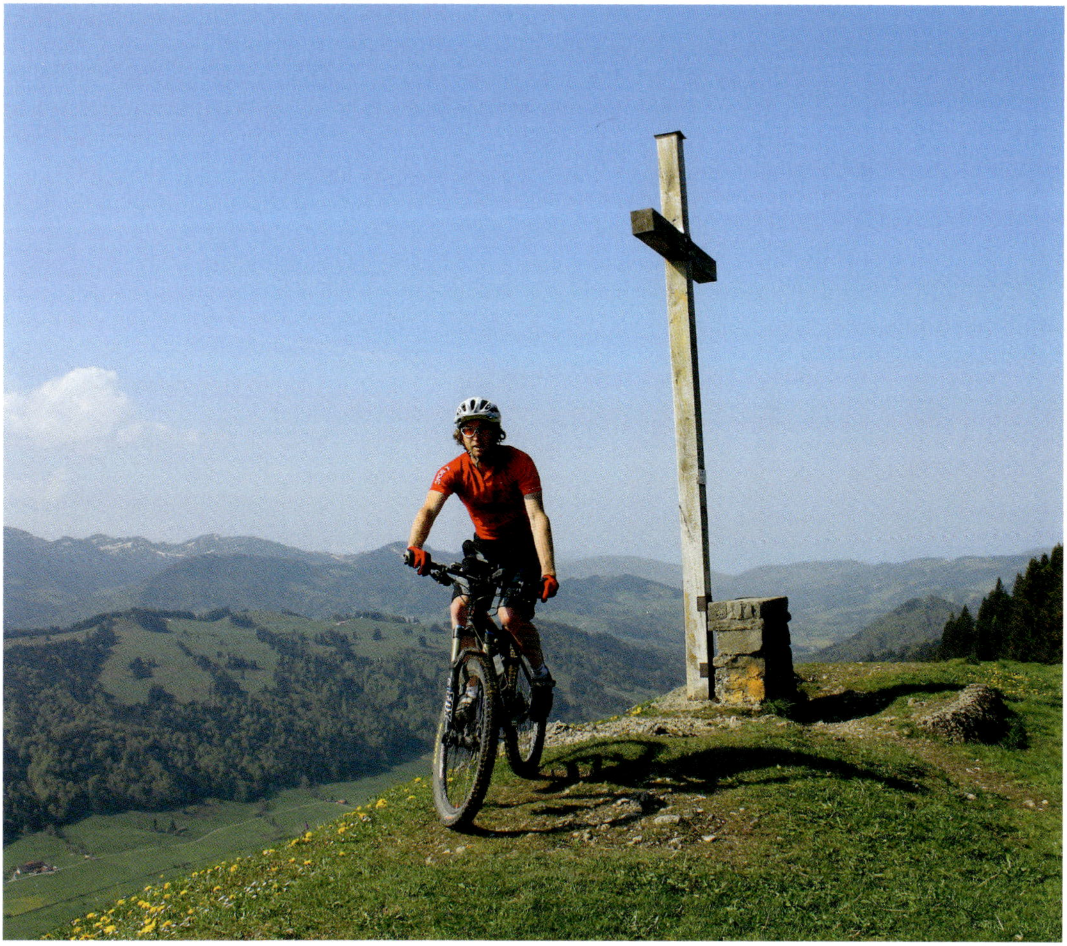

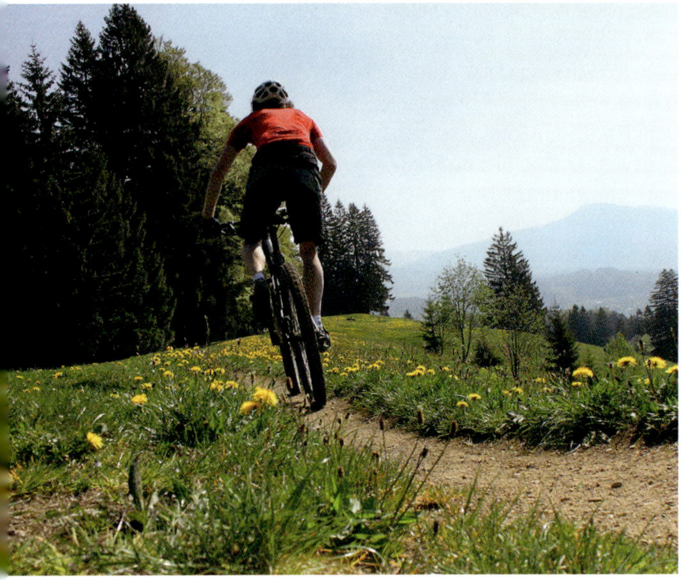

Ein flowiger Trail führt über satte Alpwiesen.

ansteigenden Bergweg in Richtung Alpsee. Kurze Abzweige zur Neuschwandalpe oder später zur Pfarralpe ermöglichen jeweils eine Einkehr. Wer keine Stärkung benötigt, folgt einfach weiter dem Trail bis kurz vor die Siedelalpe. Hier gilt es aufzupassen, denn unser Weg führt kurz vor einem Gegenanstieg nach rechts hinab in Richtung Alpsee.

Das letzte Schiebestück der Tour ist schnell überwunden.

Die nun folgende Abfahrt macht jede Menge Spaß, denn der Trail hinunter zum See verläuft fast komplett über eine baumlose lang gezogene Wiese. Die 300 Höhenmeter sind schnell vernichtet. Dabei laden etliche Bodenwellen dazu ein, mal einen kleinen Hüpfer mit dem Bike zu wagen. Wem nicht danach ist, der rollt den Trail einfach etwas langsamer hinab. Wir passieren die Schönsreuthealpe und rollen weiter bergab in Richtung Hansentobel. Auf den letzten Metern sind hier noch ein paar einfache Spitzkehren im Wald zu meistern, dann ist das Ufer des Großen Alpsees erreicht. Wir folgen dem Radweg nach rechts bis zum Gehöft Bleichgut. Hier geht es auf einer kleinen Teerstraße hinauf nach Reuter. Nach vier Serpentinen fahren wir geradeaus und folgen der Ausschilderung zur Gschwendalpe und weiter nach Thalkirchdorf. Nachdem wir den ersten Bergbauernhof passiert haben, führt der Weg in den Wald. Hier müssen die Bikes nach einer Brücke kurz bergauf geschoben werden.

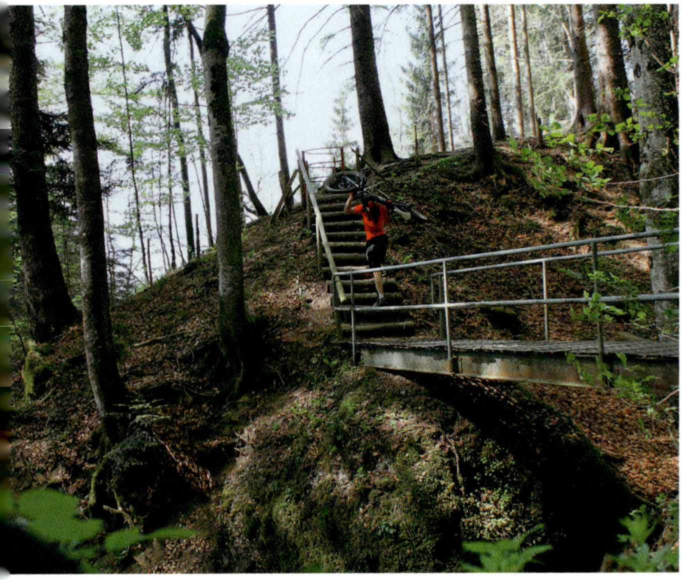

Weiter geht es auf einem Singletrail durch den Wald und später über eine Wiese. Dann ist schnell die Gschwendalpe erreicht. Diese passieren wir oberhalb und fahren weiter auf dem Trail. Die steile Betonrampe direkt hinab ins Tal lassen wir links liegen. Bald mündet der Trail in einen Schotterweg in Richtung Wiedemannsdorf. Direkt am Waldrand gilt es kurz aufzupassen, denn während der breite Weg nach unten führt, ist hier noch ein kurzer Trailabschnitt nach rechts zu finden.

Den Weg zurück nach Oberstaufen legen wir auf dem Radweg zurück. Dieser folgt der Bahnlinie und passiert Salmas. Gegenüber der Hündlebahn-Talstation sollte man sich links parallel zu den Gleisen halten, sonst landet man in einem Betriebsgelände. Oben auf dem Weg neben den Gleisen kann man dagegen die Straße bequem überqueren und danach nach rechts abzweigen. Unterhalb des Staufner Berges gelangen wir leicht wellig auf einem Schotterweg zurück nach Oberstaufen, wo wie unsere Hügeltour beenden.

Als Variante bietet sich an diesem Abzweig noch mal die Möglichkeit, auf der linken Seite auf dem Schotterweg den kleinen, aber feinen Berg hinaufzufahren. Dann können wir die Tour ausklingen lassen, wie sie begonnen hat: steil und Trail!

Routenbeschreibung

Track 5 – Tour 05 Oberstaufen Huegel.gpx

0 km / 800 km / GPS-Wegpunkt 05-01 Start am Bahnhof Oberstaufen. Hier geht es los in Richtung Südosten und am Friedhof vorbei. Der Radweg verläuft parallel zu den Gleisen Richtung Talstation der Hündlebahn.

0,6 km / 800 m / GPS-Wegpunkt 05-02 Nach der Unterführung links abbiegen.

1,0 km / 800 m / GPS-Wegpunkt 05-03 Durch die nächste Unterführung fahren.

1,3 km / 820 m / GPS-Wegpunkt 05-04 Am Abzweig nach links auf dem Schotterweg hochfahren.

2,0 km / 920 m / GPS-Wegpunkt 05-05 Weiter geradeaus auf Schotter, kurz bergab in eine Senke rollen, dann weiter bergan auf dem Schotterweg fahren.

2,3 km / 950 m / GPS-Wegpunkt 05-06 Scharf rechts abzweigen und weiter auf dem Schotterweg. Ab hier geht es sehr steil bergauf.

2,8 km / 1046 m / GPS-Wegpunkt 05-07 Gipfel Staufner Berg. Der Trail beginnt wenige Meter vor dem Gipfel mit dem Sendemast.

3,3 km / 950 m / GPS-Wegpunkt 08 Kreuzung mit dem Auffahrtsweg. Nochmals nach links ein Stück auf Schotter hochfahren, dann nach wenigen Metern rechts abzweigen und auf dem Trail bergab rollen.

3,7 km / 950 m / GPS-Wegpunkt 05-09 Abzweig. Hier geradeaus auf dem Trail weiterfahren.

4,4 km / 900 m / GPS-Wegpunkt 05-10 An der Stahltreppe ein kurzes Schiebestück bergab. Danach weiter auf dem Trail abfahren.

5,5 km / 800 m / GPS-Wegpunkt 05-11 Ende des Singletrails am Ortseingang Oberstaufen. Links in den Ort und dann die nächste Möglichkeit rechts ins Gewerbegebiet einbiegen. Dort die zweite Möglichkeit nach rechts nehmen.

6,6 km / 802 m / GPS-Wegpunkt 05-12 In Kalzhofen gerade über die Hauptstraße und durch den Ortsteil Richtung Mautstraße fahren.

7,6 km / 870 m / GPS-Wegpunkt 05-13 Links auf der Mautstraße bleiben. An der nächsten Gabelung wieder rechts.

9,8 km / 1034 m / GPS-Wegpunkt 05-14 Hompessen-Alpe; an der Gabelung nach rechts abzweigen.

10,1 km / 1060 m / GPS-Wegpunkt 05-15 Am Waldrand nach rechts abbiegen und weiter auf dem Trail Richtung Salmaser Höhe fahren.

11,1 km / 1160 m / GPS-Wegpunkt 05-16 Abzweig nach Salmas. Weiter geradeaus auf dem Wanderweg bis zur Alpwiese.

11,5 km / 1200 m / GPS-Wegpunkt 05-17 Kurzes Schiebestück auf steiler Alpwiese bergauf.

11,8 km / 1254 m / GPS-Wegpunkt 05-18 Gipfelkreuz Salmaser Höhe. Nach Rast kurz auf gleichem Weg zurück bis zum Abzweig. Dann rechts abbiegen und weiter auf dem Höhenweg Richtung Thaler Höhe fahren.

13,6 km / 1121 m / GPS-Wegpunkt 05-19 Kreuzung Schotterweg. Auf dem Bergweg bleiben und den Trail bergauf fahren.

14,2 km / 1166 m / GPS-Wegpunkt 05-20 An der Thaler Höhe weiter auf dem Trail bleiben.

16,3 km / 1060 m / GPS-Wegpunkt 05-21 Nähe Pfarr-Alpe. Am Ende des Trails weiter auf dem Schotterweg nach rechts.

17,7 km / 1050 m / GPS-Wegpunkt 05-22 Kurz vor der Siedel-Alpe Abzweig nach rechts bergab Richtung Alpsee.

18,7 km / 810 m / GPS-Wegpunkt 05-23 In Schönsreuthealpe links halten Richtung Hansentobel. Abfahrt in Serpentinen auf einem Singletrail im Wald.

19,2 km / 705 m / GPS-Wegpunkt 05-24 Am Großen Alpsee endet der Trail. Auf dem Radweg rechts am Seeufer entlangfahren und dann über Trieblings Richtung Oberstaufen.

21,8 km / 700 m / GPS-Wegpunkt 05-25 Abzweig nach Reuter. Auf Teerserpentinen nach oben fahren.

22,6 km / 834 m / GPS-Wegpunkt 05-26 In der Kurve den Hauptweg verlassen und geradeaus Richtung Gschwendalpe fahren.

23,3 km / 820 m / GPS-Wegpunkt 05-27 Gehöft. Rechts auf dem Wanderweg daran vorbei. Über die Brücke, danach kurzes Schiebestück bergauf.

23,7 km / 840 m / GPS-Wegpunkt 05-28 An der Gschwendalpe, geradeaus weiter auf dem Trail Richtung Thalkirchdorf. Nicht auf dem Betonweg ins Tal abfahren!

24,2 km / 840 m / GPS-Wegpunkt 05-29 Ende des Trails, ab hier weiter auf dem Schotterweg fahren.

25,5 km / 770 m / GPS-Wegpunkt 05-30 Rechts abbiegen und auf dem Trail am Waldrand entlang.

25,9 km / 750 m / GPS-Wegpunkt 05-31 Wohngebiet. Rechts, nächste wieder links. Weiter auf dem Weg rechts der Bahngleise bleiben.

27,2 km / 740 m / GPS-Wegpunkt 05-32 In Salmas weiter auf der rechten Seite der Gleise bleiben.

29,5 km / 750 m / GPS-Wegpunkt 05-33 Auf dem Weg parallel zu den Gleisen bleiben, die Straße auf der Brücke überqueren.

29,9 km / 770 m / GPS-Wegpunkt 05-34 Abzweig nach rechts Richtung Oberstaufen.

31,1 km / 794 m / GPS-Wegpunkt 35 Straße am Ortseingang; nach links Richtung Ortsmitte abzweigen.

31,9 km / 800 m / GPS-Wegpunkt 05-36 Tourende am Bahnhof in Oberstaufen.

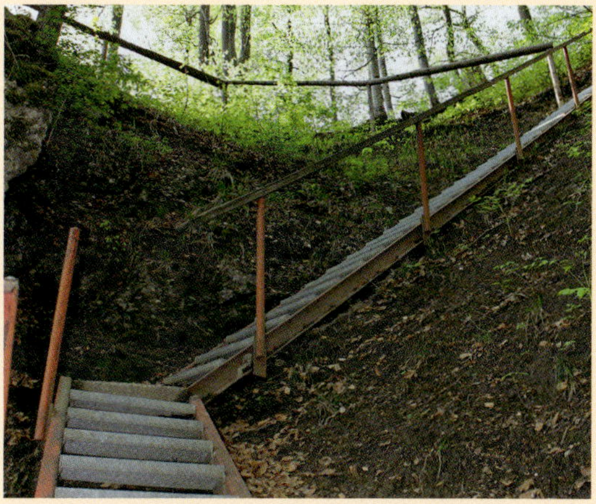

Die Stahltreppe am Staufener Berg

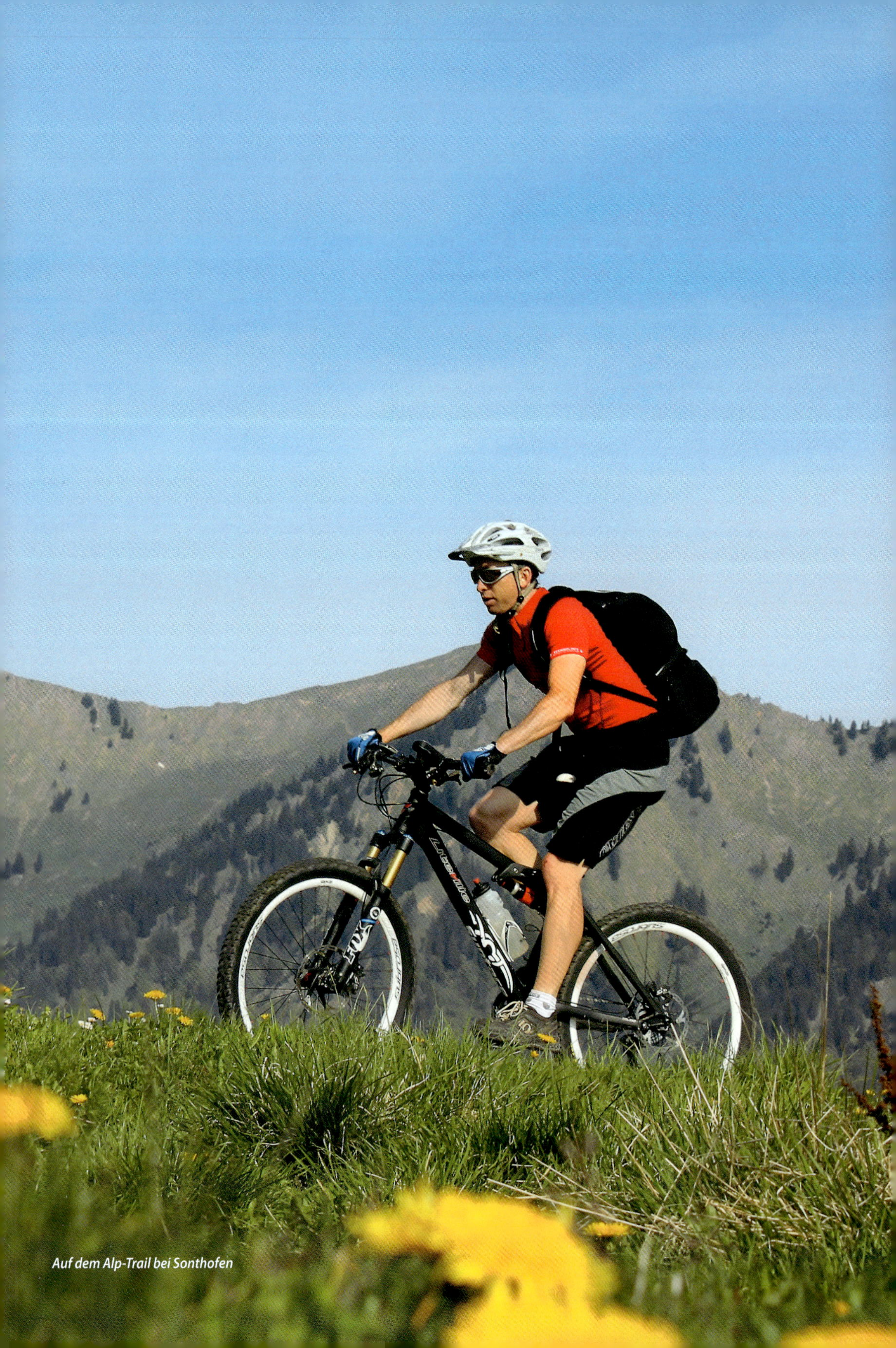

Auf dem Alp-Trail bei Sonthofen

Tourenregion Sonthofen und Gunzesried

Sonthofen bietet mit den Bergen Grünten und Mittag sowie der Hörnergruppe ein breites Betätigungsfeld für Mountainbiker. Zudem locken bei Gunzensried einige einsame Täler, die aufgrund ihrer gemäßigten Steigung gut zu befahren sind. Und wer es etwas bergiger mag, der hat die Möglichkeit, über die Berge von Tal zu Tal zu fahren.

INFORMATIONEN

Gästeamt Sonthofen
Rathausplatz 1
87527 Sonthofen
Tel. 08321/615-291
www.sonthofen.de

An der Nordseite der Nagelfluhkette gelegen, bildet Sonthofen sozusagen das Tor zum Gunzesrieder Tal, in das bis zum Pass Scheidwang ein geteerter Weg hineinführt. Dabei passiert man Mittag, Steineberg, Stuiben, Buralpkopf, Riedalphorn und schließlich den Hochgrat. Hier zweigen auch noch das Ostertal und das Stubenbachtal ab.

Die Berge und Täler rund um Sonthofen gehören zu den Allgäuer Kleinoden. Dichte Bergwälder bedecken die Hänge, auf sattgrünen Alpen weiden prächtige Kühe. Die ganze Gegend ist bestens erschlossen, die Talwege sind meist geteert und die Forststraßen und Alpwege oftmals geschottert. Da hier nur wenige dieser Wege frei mit Autos befahren werden dürfen, gehört diese Gegend praktisch den Radfahrern, den Jägern und den Alpbewohnern.

Zudem gibt es in der Gegend einige malerische Seen, und von den Anhöhen rund um die kleine Stadt hat man immer einen guten Blick auf das Illertal und die großen Berge in Richtung Oberstdorf.

Dominiert wird Sonthofen von dem 1738 Meter hohen Grünten, auf dessen Spitze sich eine markante Sendeanlage befindet. Eine Seilbahn führt auf diesen von allen Seiten gut sichtbaren und markanten Berg. Sie dient allerdings allein der Versorgung der Sendeanlage des Bayerischen Rundfunks und befördert keine Fahrgäste auf den Berg

Die Gegend rund um Sonthofen stellt einen optimalen Ausgangsort für Biketouren in der gesamten Region dar. Auf dem Illertalradweg erreicht man schnell ohne nennenswerte Steigungen Oberstdorf, Immenstadt oder Bad Hindelang. Soll es etwas weiter weg gehen, kann man Bahn oder Auto nutzen. So ist es möglich, von hier aus viele Touren auch als längere Einheit zu planen und abends mit dem Zug zurück zum Ausgangspunkt zu gelangen.

Sonthofen hat weiter eine ganzjährig geöffnete Eislaufhalle und ein großes Freizeitbad zu bieten. Im Winter tobt am benachbarten Ofterschwanger Horn der Skizirkus; hier wird sogar alle zwei Jahre ein Worldcup-Rennen ausgetragen. Bereits im zeitigen Frühjahr können in den schneefreien Tälern und an den Südhängen die ersten Mountainbiketouren unternommen werden. Hoch auf die Berge und Hörner kann man jedoch meist erst ab Mitte Mai, wenn der Schnee die letzten Trails frei gegeben hat. Dafür kann man im Herbst meist noch recht lange in der Gegend um Sonthofen auf Tour gehen. Im Sommer schützen schattige Bergwälder und kühle Talauen vor der allergrößten Hitze.

6 Auf die Hörner gefahren

Von Sonthofen auf die Berge, die hier alle irgendwie Hörner heißen

3	✪✪✪✪✪	1375	33,9	6
Schwierigkeit	Erlebniswert	Höhenmeter	Streckenlänge (in km)	Zeit (in Std.)

TOURENCHARAKTER

AUSGANGSPUNKT
Hüttenberg bei Sonthofen

ENDPUNKT
Hüttenberg bei Sonthofen

ANFAHRT
A 7 bis Kreuz Allgäu, dann B 12 Richtung Lindau/Oberstdorf bis Ausfahrt »Waltenhofen« und auf der B 19 Richtung Oberstdorf bis Ausfahrt Sonthofen, weiter Richtung Reutte in Tirol/Bad Hindelang, dann rechts nach Immenstadt und nach der Illerbrücke in Bihlerdorf links Richtung Hüttenberg. Alternativ mit der Bahn nach Sonthofen und mit dem Bike nach Hüttenberg.

KONDITION
✪✪✪✪✪

FAHRTECHNIK
✪✪✪✪✪

ERLEBNISWERT
Fahrspaß: ✪✪✪✪✪ – Abfahrten auf Schotterwegen und Trails, verwurzelte Trails im Wald
Landschaft: ✪✪✪✪✪ – Fahrt durch einsame Täler, schöne Bergwälder und vorbei an satten Alpwiesen
Kultur und Geschichte: ✪✪✪✪✪ – Alte Bergbauernhöfe und Alpen am Wegesrand

EINKEHRMÖGLICHKEITEN
Hotel Allgäuer Berghof (Alpe Eck über Sonthofen, 87544 Gunzesried-Ofterschwang, Tel. 08321/80 60, www.allgaeuer-berghof.de)
Worldcuphütte (Panoramaweg 7, 87527 Ofterschwang, Tel. 08321/670 30, www.go-ofterschwang.de/weltcup-huette.html)
Berghaus Schwaben (87538 Bolsterlang, Tel. 08326/438, www.berghaus-schwaben.de)
Zunkleitenalpe (Sonderdorf 38, 87538 Bolsterlang, Tel. 08326/382 20, www.bolsterlang.de/alpe-zunkleiten-1)
Gasthof Bergwirt (Hüttenberg 15, 87527 Ofterschwang, Tel. 08321/41 46, http://home.allgaeu.org/adeschle/)

STRECKENPROFIL
Anstrengende Tour über mehrere Berge, Abfahrten auf Schotterwegen und Singletrails maximal bis S2, meist jedoch ohne besondere Schwierigkeiten.

Teer:	14 km
Schotter:	12 km
Schieben/Tragen:	0,5 km/50 Hm
Trail bergauf:	1,5 km
Trail bergab:	6 km

HÖCHSTER PUNKT
1665 m, Weiherkopf

NIEDRIGSTER PUNKT
750 m, am Ettensbach

LANDKARTE
Kompass Karte Nr. 3, Allgäuer Alpen–Kleinwalsertal, 1:50 000

GPS/ROADBOOK
Tour 06 Sonthofen Hoerner.gpx mit 29 Wegpunkten

Die knackige Tour führt uns auf die Hörner. Oberhalb von Sonthofen und Ofterschwang bietet diese Bergkette neben steilen Anstiegen auch einige schöne Abfahrten auf lohnenden Singletrails. Daneben locken einsame Talauen und malerische Alpen.

Die Berge bei Sonthofen heißen alle Horn: Oferschwanger, Rangiswanger, Sigiswanger und so weiter. Einen Ochsenkopf gibt es auch noch. Dazu einsame und menschenleere Täler. Also eine ideale Gegend zum Biken. Die Auffahrten sind steil, wie so oft im Allgäu. Belohnt wird man dafür dann aber mit flowigen Trail-Abfahrten. Die heutige Tour startet im kleinen Weiler Hüttenberg. Direkt gegenüber der Käserei befindet sich ein kleiner Parkplatz; ein paar Meter weiter kann man sein Auto auch noch an einem Gasthof abstellen. Selbstverständlich kann man die Tour aber auch im Zentrum von Sonthofen beginnen, welches nur einen Steinwurf weit entfernt liegt. Unser erstes Ziel ist das Ofterschwanger Horn. Durch den Bergwald und ab dem Allgäuer Berghof durch das Skigebiet führt eine steile Teerstraße nach oben. Der Tacho zeigt nach nur vier Kilometern Strecke exakt 500 gefahrene Höhenmeter an – das spricht für sich. Gut beraten ist hier derjenige, der einen kleinen Berggang zur Verfügung hat.
Bei den letzten Liftanlagen geht es dann aber schon wieder bergab. Den Gipfel des Ofterschwanger Horns lassen wir rechts liegen, auch wenn dieser in nur fünf Minuten zu erklimmen wäre. Aber hier müssten wir die Bikes mühsam hochtragen, und die sensible Bergwiese wurde eh schon von zahlreichen Wanderern arg in Mitleidenschaft gezogen. Daher meiden wir diese ausgetretenen Pfade und ersparen der Bergwiese besser die Berührung mit unseren Stollenreifen.
Wir erreichen den Sattel zwischen dem Ofterschwanger und dem Sigiswanger Horn, wo die Fahnengehrenalpe

33,9 km	1375 Hm	Tagestour

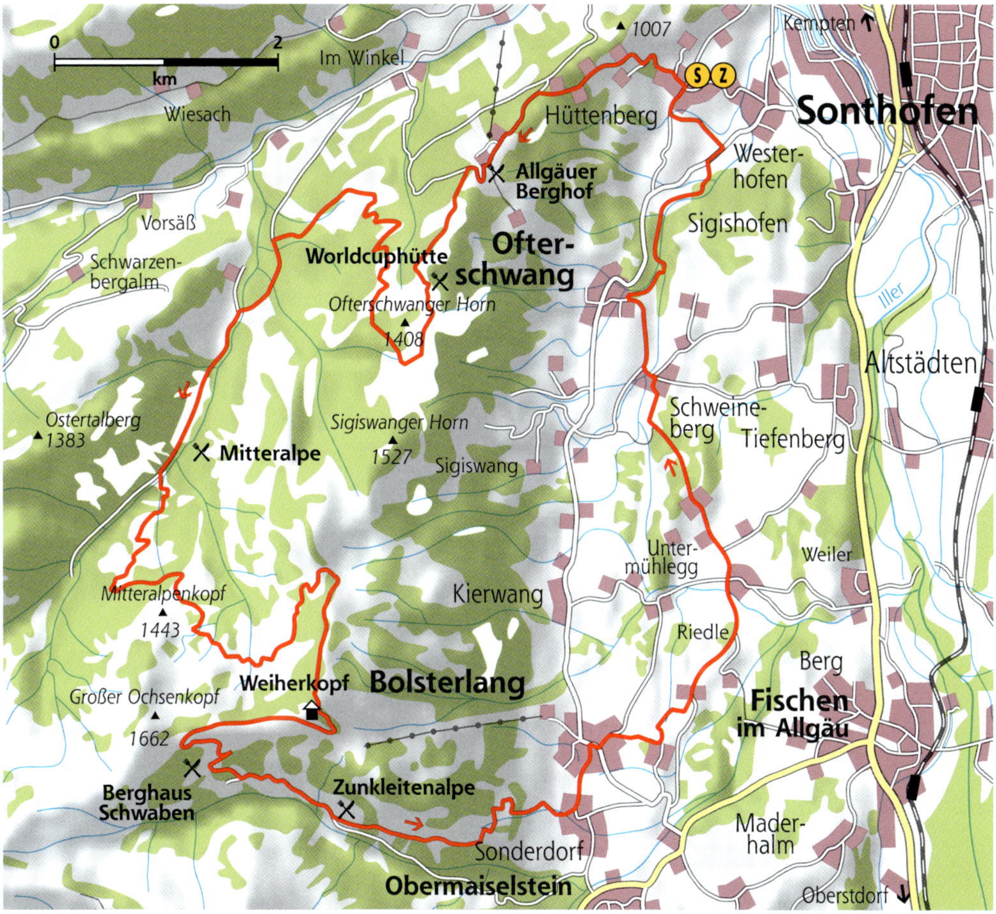

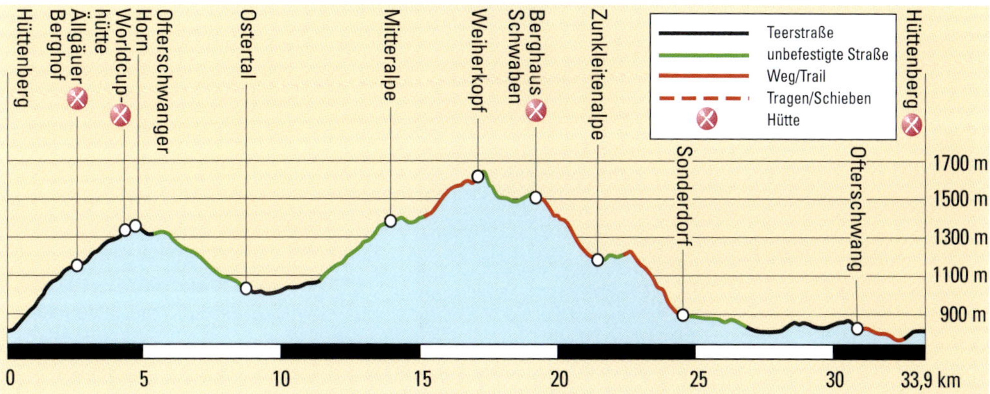

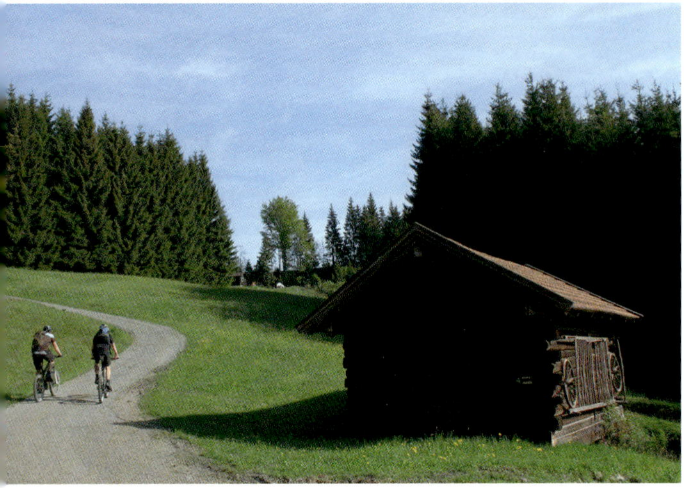

Die steile Auffahrt auf das Ofterschwanger Horn kostet Kraft.

Breite Schotterpiste oberhalb der Geißrückenalpe

steht. Wer noch eine ältere Wanderkarte dabei hat, wird sich vielleicht wundern, dass der dort verzeichnete Wanderweg E5 (Variante) nicht beschildert und irgendwie auch nicht mehr auffindbar ist. Dieser ist irgendwann in den letzten Jahren einer Holzerntemaschine zum Opfer gefallen und wurde daraufhin offensichtlich einfach aufgegeben.

Wir konnten das bei unserer Tour natürlich nicht glauben und haben verzweifelt den auf der Karte eingezeichneten Weg gesucht. Wäre er schlicht verschwunden oder einfach zugewachsen gewesen, hätten wir uns sicher damit abgefunden. Aber die breite Gasse im Bergwald, die tiefen Reifenabdrücke der Rückegeräte, der offensichtliche Weg – wenn auch völlig zerstört –, all das führte uns in die Irre. Und weiter unten dann, irgendwo im Wald, der Bach nur wenige Meter unter uns, suchten wir die Brücke über den Bach – doch die gab es wohl schon lange nicht mehr.

Dann ein Pfad am anderen Ufer. Wir tragen die Bikes den Berg hinab und verlassen die garstigen Spuren der Holzrückegeräte, die sich allesamt als Sackgassen herausstellen. Wir tragen die Radl hinunter zum Bach, überqueren diesen, dann wuchten wir die Bikes am anderen Ufer wieder hoch.

Der Weg entpuppt sich als Trampelpfad von Kühen, die hier am Rand einer Weide am Stacheldrahtzaun auf und ab gelaufen sind. Was von der anderen Seite wie der erhoffte Singletrail ausgesehen hat, ist in Wirklichkeit ein Schlammloch! Spaß hat mittlerweile schon lange keiner mehr bei dieser sinnlosen Wegsuche.

Dann begegnen wir einem einsamen Wanderer. Auch er sucht den E5 aus der Wanderkarte. Sein GPS-Gerät zeigt einen Track – selbst geklickt nach Wanderkarte, versteht sich. Mein GPS hat auch einen solchen gespeichert, aber das Ergebnis kennen wir ja. Wir tauschen unsere Erfahrungen aus, jeder zieht seines Weges, und wir Biker sind froh, am Ende der Kuhweide endlich auf einem Schotterweg zu stehen und unbeschwert ins Tal hinabrollen zu können.

Die Zeit wird die Wunden im Bergwald heilen, die Rückegassen und tiefen Reifenspuren der Maschinen werden in wenigen Jahren von Brombeeren und kleinen Bäumen zugewachsen sein. Hin und wieder wird sich ein Biker oder Fußgänger noch wundern, dass der Weg von der Karte gar nicht mehr existiert. Bis irgendwann einmal der Herausgeber der Wanderkarte diese rote Linie aus dem Datenspeicher löscht und somit nicht mehr druckt. Ein Singletrail weniger, schade drum.

Da unser nächstes Ziel das Ostertal ist, setzen wir die Umrundung des Ofterschwanger Horns auf dem Panoramaweg fort. Vor dem ersten Lift nehmen wir den Linksabzweig in Richtung Geißrückenalpe. Der direkte Bergweg Nr. 5 ins Ostertal bleibt uns Mountainbikern leider verwehrt. Ein Verbotsschild

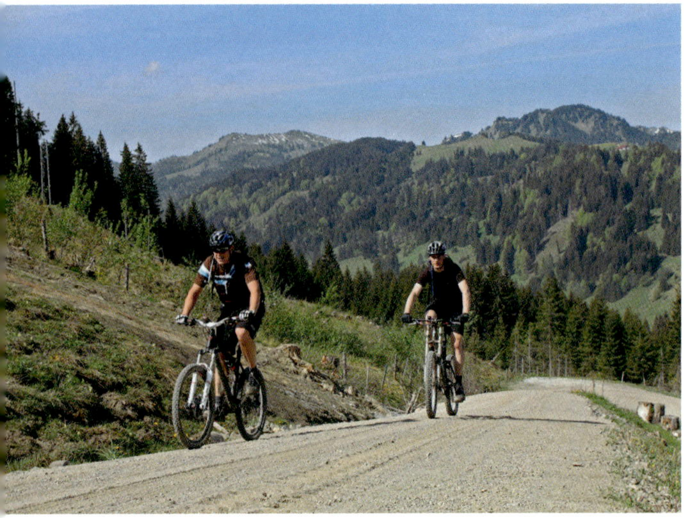

zwingt uns auf den breiten, neu ausgebauten Schotterweg hinab zum neuen Speichersee. Schon etwas fragwürdig, was hier abläuft. Da werden angesichts des Klimawandels Unsummen für Beschneiungsanlangen verbaut, wertvoller Naturraum wird vernichtet – und uns Biker will man aus angeblichen Naturschutzgründen auf die langweiligen Schotterwege verbannen ...

Gut, wir akzeptieren dies und rollen hinab ins Tal. Dort angekommen, wenden wir uns nach links und folgen dem Bachlauf talaufwärts. Etwas schmerzt der Blick noch, als wir am Ende des oben beschriebenen Trails vorbeikommen. Egal, wir wollen weiter. Wir passieren den Abzweig zur Otto-Schwelger-Hütte und folgen dem Ostertalbach. Malerisch windet sich der Bergbach durch satte Bergwiesen und vorbei an kleinen Heuschobern.

Auf 1043 Metern Höhe biegen wir nach links ab und passieren das Gatter des Wildgeheges. Fortan folgen wir der steilen Schotterpiste vorbei an der Unteralpe, der Mitteralpe bis hinauf zur Oberalpe auf 1368 Metern Höhe. Schöne, alte Bergahorne säumen den Weg; einige Bäche sind in flachen Furten zu überwinden.

Jetzt wird der Weg zusehends steiler und unwegsamer. Die Rangiswanger Alpe kann noch von vierrädrigen Fahrzeugen erreicht werden. Dann führt nur noch ein steiler Bergpfad nach oben. Die letzten Meter hinauf zum Joch zwischen Rangiswanger Horn und Weiherkopf werden wohl nur wenige Biker im Sattel sitzend bezwingen. Wer es dennoch versucht, dessen Puls wird rasen und die Schenkel werden brennen. Aber es geht, vorausgesetzt, man wählt die richtige Linie und kommt auch bergauf mit kleinen Hindernissen klar.

Belohnt wird die Mühe mit einem fürstlichen Panoramablick: Vor uns liegen Grünten, das Tal zwischen Sonthofen und Bad Hindelang sowie rechter Hand das Rubihorn und dahinter das bekannte Nebelhorn.

Wer jetzt versucht ist, die Tour hier enden zu lassen und am Rangiswanger Horn vorbei in Richtung Ofterschwang zu fahren, der sei gewarnt: Der Weg ist nur etwas für absolute Trial-Spezialisten und wird für alle anderen zur mühsamen und nicht ganz ungefährlichen Schiebepartie!

Wir setzen daher unseren Weg in Richtung Weiherkopf fort. Nach einer ganz kurzen Abfahrt geht es gleich wieder steil hinauf. Abermals wandelt sich das Panorama, und der Blick wird frei nach Süden auf die hohen Berge rund um Oberstdorf. Nochmals heißt es beißen, drücken und pressen, dann ist nach einer extrem steilen Rampe der 1665 Meter hohe Gipfel des Weiherkopfs erreicht.

Die Abfahrt erfolgt steil auf einem breiten Weg zur Bergstation der Hörnerbahn. Hier gilt es Rücksicht auf die zahlreichen Fußgänger zu nehmen und den Berg nur mit angepasster und behutsamer Geschwindigkeit hinabzufahren!

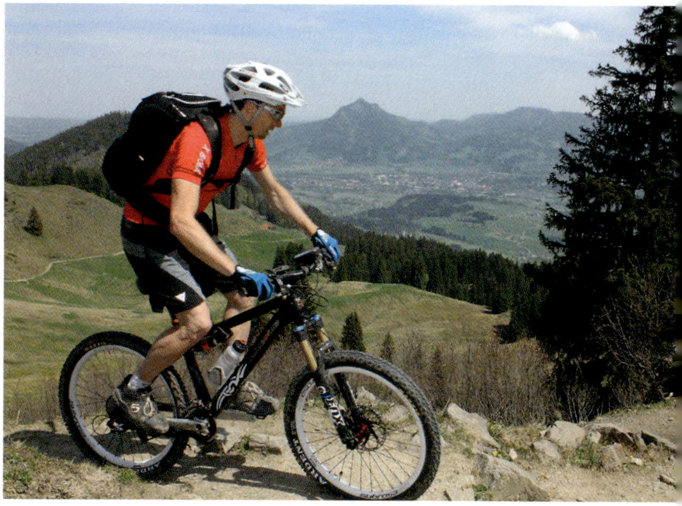

Panoramablick kurz vor dem Weiherkopf

Ganz oben lockt noch ein Trailabzweig in Richtung Ochsenkopf. Diesen sollte man aber getrost links liegen lassen, denn nach einem sehr kurzen, durchaus lohnenden Abschnitt wird der Weg schnell unfahrbar und führt bald darauf auf einem schmalen Grat wieder steil bergan.

Ich konnte auf meiner Tour natürlich an dem steilen, verwurzelten Trail nicht vorbeifahren und musste diesen ausprobieren. Nach den ersten ganz gut fahrbaren Metern und einigen schönen, technischen Wurzelpassagen wird der Trail aber schnell extrem und gefährlich. Die Steilstücke sind bald nicht mehr fahrbar.

Statt umzukehren, sind wir damals natürlich in der Hoffnung, dass der Weg bald besser würde, weitergefahren. Dem war leider nicht so. Es folgt zwar zunächst nochmals ein schöner Abschnitt auf einem Grat, von dem man nochmals nach rechts hinunter zur Rangiswanger Alpe und nach links zum nur wenige Meter unter uns verlaufendem Schotterweg zum Berghaus Schwaben blickt. Bald darauf steigt der Pfad aber steil bergan und führt zum 1662 Meter hohen Großen Ochsenkopf. An Fahren ist hier nicht mehr zu denken, und auch das Schieben und Tragen des Bikes ist mühsam, denn der Wald ist dicht, und der Steig führt meist über sehr hohe Wurzelstöcke. Leider war die Schwierigkeit dieses Abschnitts anhand der Karte absolut nicht zu erahnen. Wir haben es ausprobiert und mussten dies als absolute Fehlentscheidung abhaken!

Kurz bevor man schließlich den Großen Ochsenkopf erreicht, zweigt ein steiler Trail in Richtung Berghaus Schwaben nach links ab. Ich konnte hier zwar das meiste irgendwie hinabfahren, dennoch ist mir dieser Weg nicht als wirklich fahrenswert im Gedächtnis geblieben. Zu steil, zu verwurzelt und viel zu schwer zu fahren – also abgehakt! Reine Zeitverschwendung, bedenkt man, dass wir das Berghaus Schwaben und die wohlverdiente Rast in knapp fünf Minuten viel bequemer hätten erreichen können ... So haben wir fast 45 Minuten Zeit vergeudet.

Das Illertal ist am Ende einer schönen Tour erreicht.

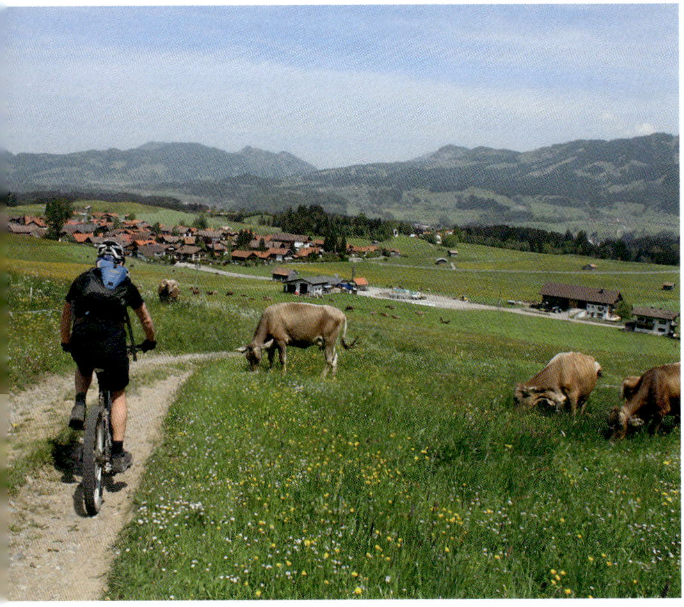

Wir wenden uns daher auf dem direkten Weg dem Berghaus Schwaben zu, wo die gemütliche Terrasse zur Rast einlädt. Wer diese auslassen will, kann sich hier den kurzen Gegenanstieg ersparen und gleich in die Abfahrt abbiegen. Alle anderen genießen die wohlverdiente Rast und stürzen sich dann ins Abfahrtsvergnügen.

Wir fahren hinter dem Berghaus Schwaben den Talkessel in einem Bogen aus und dann auf einem geschotterten Weg ins Tal hinab zur Zunkleitenalpe zu gelangen.

Dort zweigt ein schmaler Schotterweg ab, der zwar bergauf führt, aber völlig unverständlicherweise mit einem Bikeverbotsschild versehen ist. Wir schwingen uns wieder in den Sattel und rollen weiter auf dem Schotterweg in Richtung Sonderdorf hinab. Rücksicht und Toleranz ist hier oberstes Gebot – daher wird das Tempo bei etwaigen Begegnungen mit Fußgängern reduziert, und es wird freundlich gegrüßt. Denn ein vernünftiges Miteinander und etwas weniger Tempo, das bringt mehr als Verbote und das Aussperren der Biker aus den Bergen!

Schließlich erreichen wir nach einer schönen, flowigen Abfahrt bei Sonderdorf den Talgrund. Den Rückweg in Richtung Sonthofen genießen wir auf kleinen Nebenstraßen und durchqueren dabei auch einen Golfplatz. Zwischendurch führt der Weg auf schmalen Pfaden über satte Wiesen. Wir passieren dabei die Ortschaften Bolsterlang, Obermühlegg, Dietrichs.

Auf dem Radweg geht es vorbei an Munderbolz und dann hinauf nach Ofterschwang. Hier sollte man den Abzweig an der Kirche auf keinen Fall verpassen! Vorbei an den letzen Häusern des Orts führt ein sehr interessanter Trail steil hinab ins Tal des Ettersbachs – ein echtes Schmankerl zum Schluss. Noch ein paar Meter bergauf auf einem Feldweg, dann haben wir auch schon wieder den Ausgangspunkt erreicht und können zum Abschluss der Tour im gemütlichen Biergarten des Bergwirts entspannen.

Auch ein Besuch in der Bergkäserei in Hüttenberg lohnt sich, wo wir die Produkte der umliegenden Alpen probieren und mit nach Hause nehmen können (Infos unter www.bergbauern-sennerei.de).

Routenbeschreibung

Track 6 – Tour 06 Sonthofen Hoerner.gpx

0 km / 804 m / GPS-Wegpunkt 06-01 In Hüttenberg Start Richtung Westen, gleich steil bergauf fahren.

0,5 km / 900 m / GPS-Wegpunkt 06-02 Mehrere Abzweigungen. Immer weiter auf der Teerstraße bergauf fahren.

1,6 km / 1040 m / GPS-Wegpunkt 06-03 An einer Hütte Abzweig nach rechts, danach wieder links weiter bergauf fahren.

2,9 km / 1163 m / GPS-Wegpunkt 06-04 Am Allgäuer Berghof weiter bergauf auf der Teerstraße Richtung Ofterschwanger Horn fahren.

5,1 km / 1329 m / GPS-Wegpunkt 06-05 Fahnengehren Alpe. Direkt unterhalb Gipfel Ofterschwanger Horn. Rechts abzweigen in Schotterpiste auf Panoramaweg.

6,7 km / 1215 m / GPS-Wegpunkt 06-06 Trailabzweig. Hier steht unverständlicherweise ein Bikeverbotsschild. Daher hier weiter geradeaus auf dem Schotterweg fahren. Abfahrt in Serpentinen auf dem Schotterweg.

7,9 km / 1102 m / GPS-Wegpunkt 06-07 An der Geißrücken Alpe nach links abbiegen Richtung Gunzesrieder Säge.

8,8 km / 900 m / GPS-Wegpunkt 06-08 Am Abzweig Schotterweg nach links abzweigen.

9,6 km / 996 m / GPS-Wegpunkt 06-09 Nach der Brücke links abbiegen. Den Abzweig Richtung Otto-Schwelger-Haus passieren.

11,3 km / 1043 m / GPS-Wegpunkt 06-10 Abzweig Richtung Ostertal. Dem Bachlauf aufwärts folgen. Auffahrt auf einem Schotterweg im Wald über Unter-, Mittel- und Oberalpe.

16,0 km / 1500 m / GPS-Wegpunkt 09-11 An der Rangiswanger Alpe ist das Ende des Fahrweges. Weiter auf dem Trail bergauf fahren. Es wird steil. Ggf. muss hier geschoben werden.

16,3 km / 1560 m / GPS-Wegpunkt 06-12 Auf dem Sattel nach rechts Richtung Weiherkopf fahren. Kurze Fahrt auf einem Singletrail. Erst flach dann immer steiler bergauf

17,6 km / 1665 m / GPS-Wegpunkt 06-13 Am Gipfel des Weiherkopfes kurze Abfahrt auf einem Trail. Nicht nach rechts in den Singletrail zum Ochsenkopf abzweigen, sondern steil runter zum Schotterweg fahren.

18,1 km / 1520 m / GPS-Wegpunkt 06-14 Auf dem Schotterweg nach rechts in Richtung Berghaus Schwaben fahren.

19,7 km / 1500 m / GPS-Wegpunkt 06-15 Am Berghaus Schwaben finden wir eine gemütliche Rastmöglichkeit. Danach weiter dem Schotterweg folgen.

20,4 km / 1529 m / GPS-Wegpunkt 06-16 An der Weggabelung nach links Richtung obere Bolgenalpe fahren

23,5 km / 1179 m / GPS-Wegpunkt 06-18 An der Zunkleiten Alpe weiter auf dem Schotterweg bergab fahren. Der Trail bergauf hat leider ein Bikeverbotsschild.

25,0 km / 1100 m / GPS-Wegpunkt 06-19 An der Wegegabelung rechts, dann auf dem Schotterweg bergab rollen.

26,6 km / 882 m / GPS-Wegpunkt 06-20 Am Ende der Abfahrt nach links auf die Straße Richtung Sonderdorf einbiegen.

21,5 km / 1381 m / GPS-Wegpunkt 06-17 An der Bolgen Alpe weiter dem Schotterwege bergab folgen

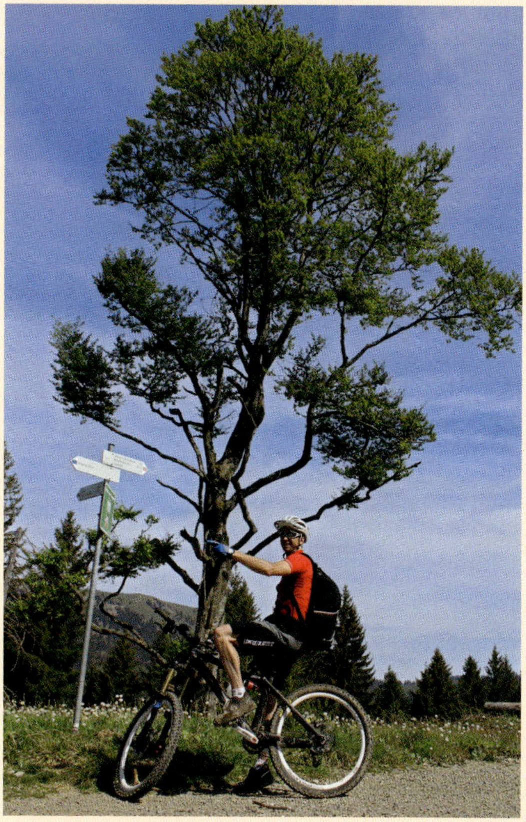

Uralte Bäume und Wegweiser

27,2 km / 884 m / GPS-Wegpunkt 06-21 In Sonderdorf weiter in Richtung Bolsterlang fahren.

28,8 km / 871 m / GPS-Wegpunkt 06-22 Am Ortsende Bolsterlang nach rechts abzweigen und weiter auf dem Schotterweg fahren.

29,0 km / 849 m / GPS-Wegpunkt 06-23 In Obermühlegg auf der Straße nach Untermühlegg fahren.

31,2 km / 821 m / GPS-Wegpunkt 06-24 Am Ortsende von Dietrichs nach rechts durch das Golfplatzgelände fahren.

32,4 km / 882 m / GPS-Wegpunkt 06-25 In Muderbolz auf Straße bergauf nach Ofterschwang fahren.

33,3 km / 849 m / GPS-Wegpunkt 06-26 An der Kirche in Ofterschwang scharf rechts abbiegen und am Waldrand entlang rollen. Auf einer Singletrail-Abfahrt runter zum Ettersbach fahren. Hier sind ein paar Holzstufen zu überwinden.

33,9 km / 831 m / GPS-Wegpunkt 06-27 Über die Brücke und weiter am Bach entlang abwärts auf dem Schotterweg fahren.

35,3 km / 754 m / GPS-Wegpunkt 06-28 Auf der Straße nach rechts, dann gleich bei der nächsten Gelegenheit wieder nach links abbiegen. Bergauf nach Hüttendorf fahren.

36,2 km/ 799 m / GPS-Wegpunkt 06-29 Tourende. Einkehrmöglichkeit beim Bergwirt.

7 Auf den Falken

Kleine Singletrail-Runde über dem Illertal

Schwierigkeit	Erlebniswert	Höhenmeter	Streckenlänge (in km)	Zeit (in Std.)
2	✪✪✪✪✪	342	7	2

TOURENCHARAKTER

AUSGANGS-/ENDPUNKT
Ortskern von Rettenberg

ANFAHRT
A 7 bis Kreuz Allgäu, dann B 12 Richtung Lindau/Oberstdorf bis Ausfahrt Waltenhofen und auf der B 19 Richtung Oberstdorf bis Ausfahrt Sonthofen, dann nach Rettenberg

KONDITION
✪✪✪✪✪

FAHRTECHNIK
✪✪✪✪✪

ERLEBNISWERT
Fahrspaß: ✪✪✪✪✪ – Schöne Singletrail-Abfahrt
Landschaft: ✪✪✪✪✪ – Tour durch den Wald mit Blick hinunter ins Illertal
Kultur und Geschichte: ✪✪✪✪✪ – Kleine Ortschaften und Konglomeratgestein

EINKEHRMÖGLICHKEITEN
Brauereigasthof Engel, Burgberger Str. 9, 87549 Rettenberg, Tel. 08327/206, info@brauereigasthof-engel.de, www.brauereigasthof-engel.de

STRECKENPROFIL
Auffahrt auf asphaltierten Nebenstraßen. Kurzes Schiebestück im Wald und Abfahrt auf einem schönen Singletrail.

Teer:	1,5 km
Schotter:	1 km
Schieben/Tragen:	0,5 km/50 Hm
Trail bergauf:	1 km
Trail bergab:	3 km

HÖCHSTER PUNKT
1115 m, Auf dem Falken

NIEDRIGSTER PUNKT
814 m, Rettenberg

LANDKARTE
Kompass Karte Nr. 3, Allgäuer Alpen–Kleinwalsertal, 1:50 000

GPS/ROADBOOK
Tour 07 Falken.gpx mit 11 Wegpunkten

Eine kleine, aber feine Singletrail-Runde findet man über dem Brauereidorf Rettenberg auf dem Falken. Der kleine Bergrücken über dem Illertal hat neben griffigen Konglomeratgestein auch eine schöne Singletrail-Abfahrt zu bieten. Daher ist die kurze Runde eine der beliebtesten Mountainbike-Touren in der Region.

Unsere kleine Tour startet im auf 807 Meter Höhe am Fuß des Grünten gelegenen Ort Rettenberg. Ziel ist der auf der nördlichen Seite des Ortes gelegene lang gestreckte, 1115 Meter hohe Rottachberg. Seine höchste Erhebung, der Falkenstein, ist mit einem Gipfelkreuz markiert. Während der Bergrücken von Osten her relativ flach ausläuft und mit Wiesen und Wäldern besetzt ist, fällt er über dem kleinen Ort Humbach steil und schroff ab.

Nachdem wir Rettenberg, dessen Namen sich vom Gestein Nagelfluh ableitet, in nördlicher Richtung verlassen haben, fahren wir in Serpentinen zum Gehöft Vorderberg auf einer asphaltierten Nebenstraße bergauf. Die Nagelfluh ist das in dieser Region typische Gestein, welches durch Eisenoxid rötlich verfärbt wird. Rettenberg hieß daher einst Rötenberg, was »Roter Berg« bedeutet.

Kurz vor Hinterberg verlassen wir die Straße und biegen nach links in einen Wiesenweg ein, welcher uns rasch an den Waldrand führt. Ab jetzt geht es auf einem Singletrail bergauf. Dieser ist meist fahrbar. Die von ihrer Optik her an Beton erinnernde Nagelfluh bietet für unsere Stollenreifen exzellenten Grip. Wer bei Biketouren normalerweise rutschigen Kalkstein oder nasse Baumwurzeln gewohnt ist, wird hier echt erstaunt sein, wie viel auf diesem Untergrund doch fahrbar ist. Letztlich wird man dann aber doch vom pochenden Pulsschlag dazu gezwungen, vom Rad zu steigen und einige der steilsten Stellen zu schieben. An der Weggabelung halten wir uns links, um schließlich zum Gipfel zu gelangen. Wir stehen nun »Auf dem Falken«, wie der Falkenstein in einigen Karten verzeichnet ist.

Nach einer kurzen Pause beginnt unsere Abfahrt. Auf einem schönen Trail fahren wir in südlicher Richtung zurück nach Rettenberg. Obwohl der Trail meist gut und flüssig zu fahren ist, sollte man sich nicht dazu verleiten lassen, allzu schnell bergab zu fahren. Immer wieder wird der Fahrfluss von Wurzeln, Steinen und einigen Kurven abgebremst. Am Waldrand erreichen wir schließlich eine Kuhweide. Nachdem wir am Gatter

7 km	342 Hm	Tagestour

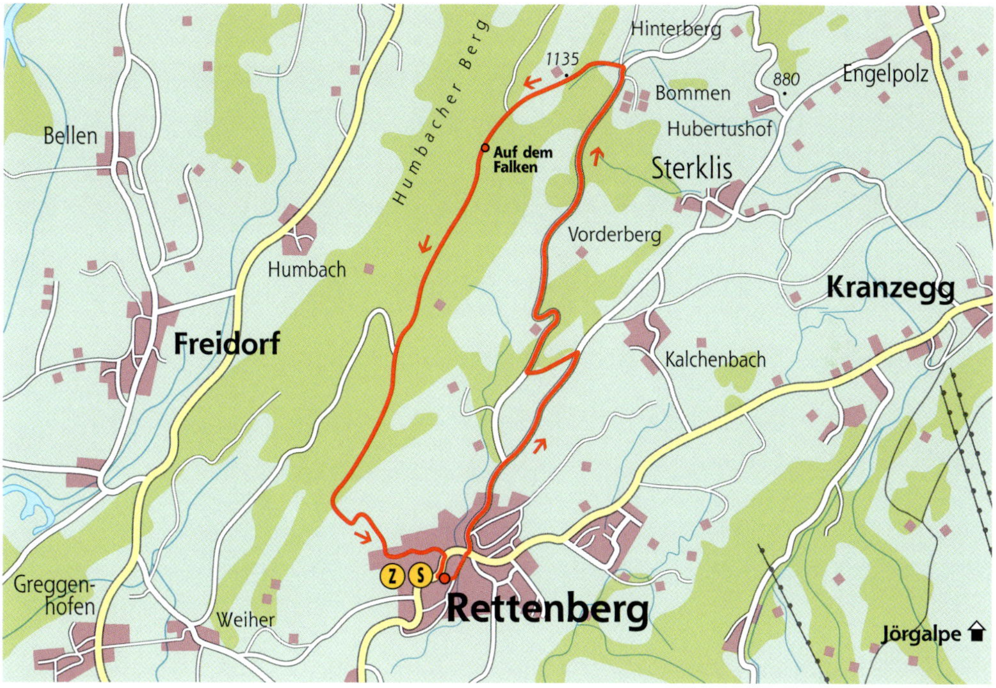

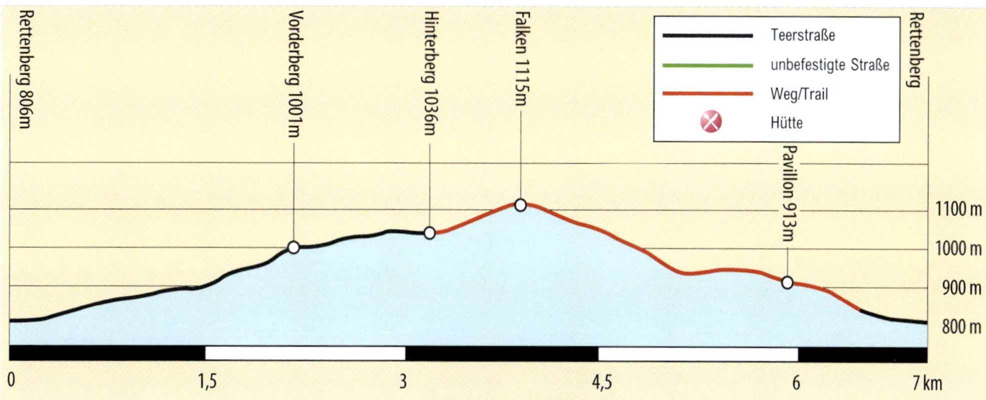

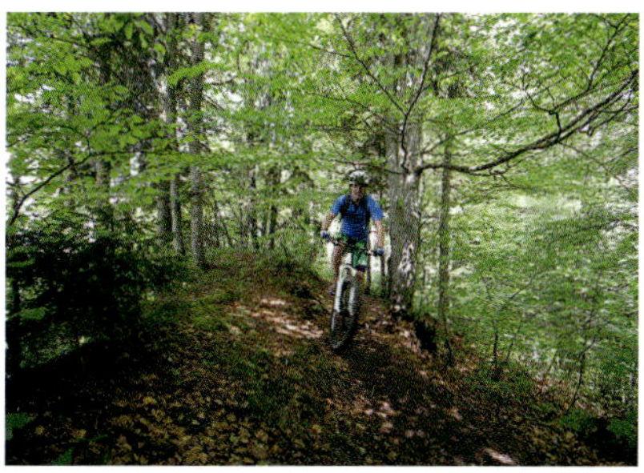

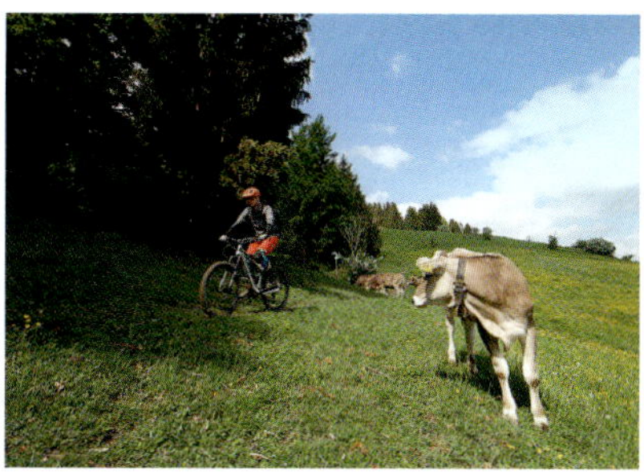

Nach einer Singletrail-Abfahrt durch den Bergwald kommt es zur unerwarteten Begegnung der »besonderen Art«…

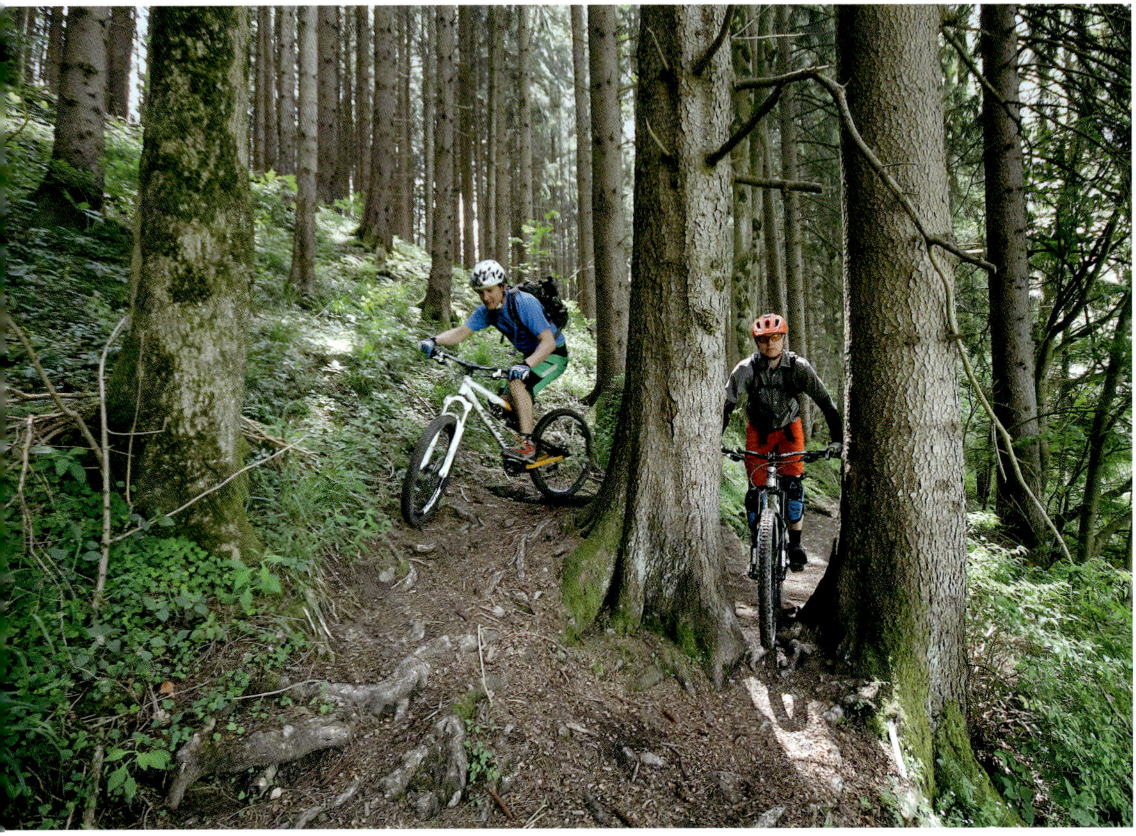

Durch geht's hier nur mit ganz schmalem Lenker

abgestiegen sind und unsere Bikes darübergehoben haben, rollen wir bis zu einem kleinen Pavillon vor. Hier lassen wir nochmal unsern Blick über die Berge am Horizont und das vor uns liegende Tal der Iller schweifen. Jetzt ist es nur noch ein kurzes Stück zurück ins

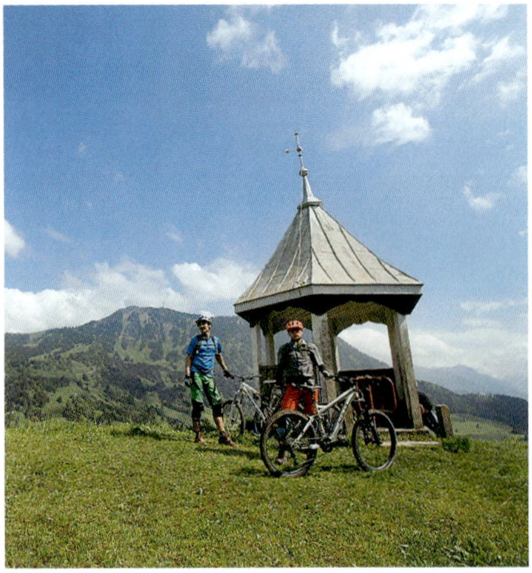

Der kleine Pavillon oberhalb von Rettenberg

»Brauereidorf« Rettenberg. Dort sind mit der Brauerei Engelbräu sowie mit der Privatbrauerei Zötler zwei traditionelle Brauereien ansässig. Diese fungieren als große Arbeitgeber im Gemeindegebiet. Die Gemeinde wirbt mit dem Titel »Südlichstes Brauereidorf Deutschlands«. So wird dort auch die Rettenberger Bierkönigin gekrönt. Die dritte Brauerei ist Bernardi-Bräu, sie gilt als die höchstgelegene Brauerei in Deutschland. Diese findet sich südlich von Rettenberg am Nordhang des Grünten.

Nach unserer kleinen Tour rollen wir zum gemütlichen Biergarten des Brauerei-Gasthofes Engel und genießen hoffentlich bei strahlendem Sonnenschein eine der preisgekrönten Bierspezialitäten. Auch die Speisekarte ist nicht zu verachten und bietet einige eher ungewöhnliche Gaumenfreuden. Diese sind – wer hätte es gedacht – meistens eine leckere Komposition aus einem Fleischgericht und einer köstlichen Biersoße.

Routenbeschreibung

Track 7 – Tour 07 Falken.gpx

0 km / 814 m/ GPS-Wegpunkt 07-01 Start im Ortskern von Rettenberg. Auf der Hauptstraße in Richtung Norden fahren

0,2 km / 810 m/ GPS-Wegpunkt 07-02 Nach der Volksbank links in die Kirchbichlstraße einbiegen

1,3 km / 885 m/ GPS-Wegpunkt 07-03 Am Abzweig nach links Richtung Vorderberg abbiegen. Auf Asphaltstraße bergauf fahren

2,2 km / 1001 m/ GPS-Wegpunkt 07-04 In Vorderberg weiter geradeaus Richtung Hinterberg fahren

3,2 km / 1036 m/ GPS-Wegpunkt 07-05 Kurz vor Hinterberg nach links in den Wiesenweg einbiegen und zum Waldrad fahren. Danach im Wald auf Singletrail steil bergauf fahren

3,7 km / 1112 m/ GPS-Wegpunkt 07-06 Am Abzweig weiter geradeaus zum Gipfel fahren

4,0 km / 1115 m/ GPS-Wegpunkt 07-07 Gipfelkreuz »Auf dem Falken«. Nach Süden auf Singletrail abfahren

5,1 km / 926 m/ GPS-Wegpunkt 07-08 An der Einmündung in den Schotterweg diesem nach links folgen

5,4 km / 948 m/ GPS-Wegpunkt 07-09 Am Waldrand nach rechts abbiegen und dem Singletrail folgen

6,0 km / 913 m/ GPS-Wegpunkt 07-10 Am Pavillon links abbiegen und zurück nach Rettenberg rollen

7,0 km / 814 m/ GPS-Wegpunkt 07-11 Tourende am Biergarten des Brauereigasthofes Engel

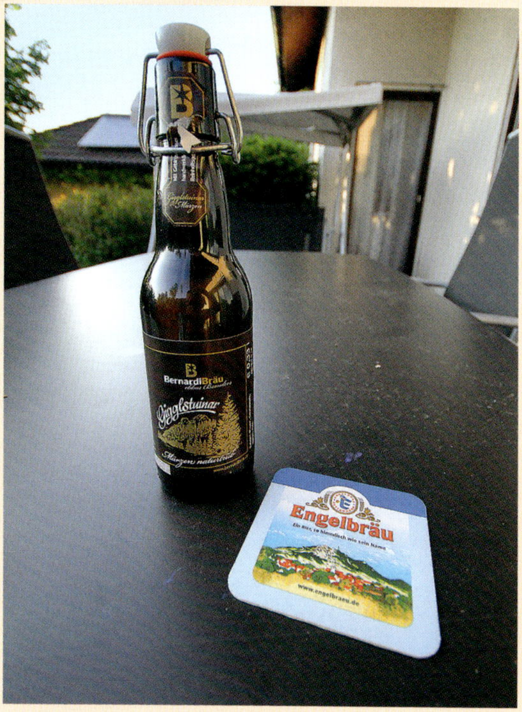

Einer der vielen Bierspezialitäten aus Rettenberg

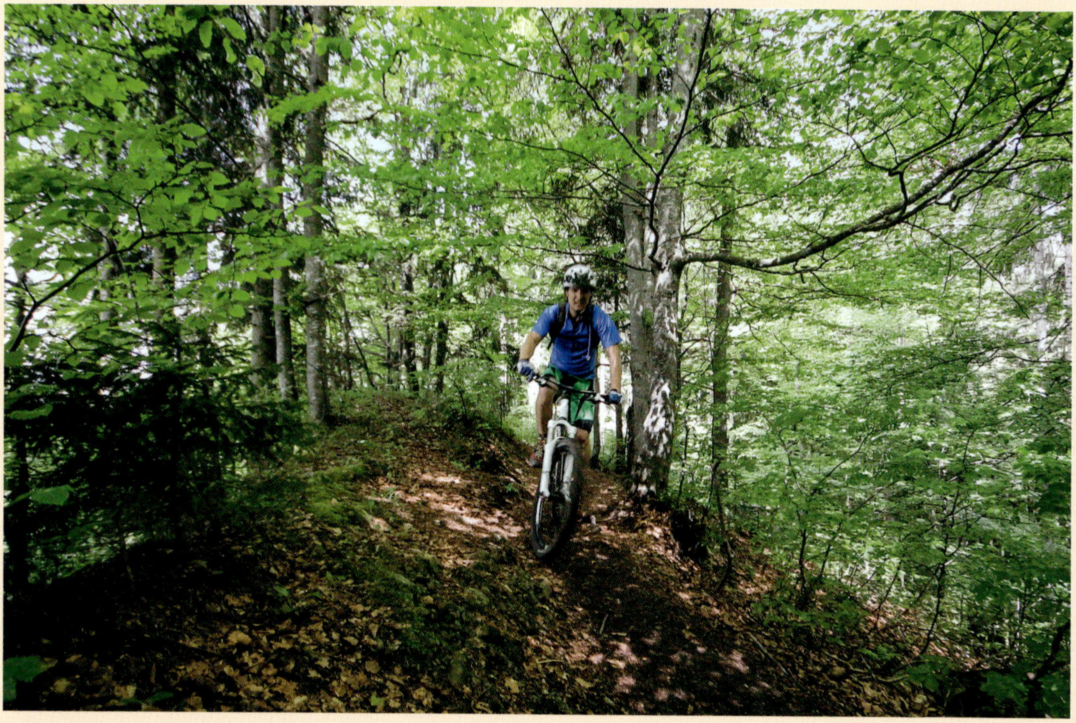

Singletrailabfahrt vom Falken

8 Zur Grüntenhütte

Tour zum Wächter der Allgäuer Alpen

Schwierigkeit	Erlebniswert	Höhenmeter	Streckenlänge (in km)	Zeit (in Std.)
2	1 von 5	749	21,2	4

TOURENCHARAKTER

AUSGANGS-/ENDPUNKT
Parkplatz Steinbruch an der Schranz bei Sonthofen

ANFAHRT
A 7 bis Kreuz Allgäu, dann B 12 Richtung Lindau/Oberstdorf bis Ausfahrt Waltenhofen und auf der B 19 Richtung Oberstdorf bis Ausfahrt Sonthofen, dann Richtung Reutte . Parkplatz Steinbruch an der Schranz

KONDITION
2 von 5

FAHRTECHNIK
1 von 5

ERLEBNISWERT
Fahrspaß: 2 von 5 – Auf- und Abfahrt auf asphaltierter Zufahrt zur Grüntenhütte. Teilweise sehr steil
Landschaft: 3 von 5 – Schöne Ausblicke in die Voralpenlandschaft
Kultur und Geschichte: 3 von 5 – Bergbaumuseum Erlebniswelt am Grünten

EINKEHRMÖGLICHKEITEN
Grüntenhütte, Norbert Zeberle, Kammeregger Weg 17, 87549 Rettenberg, Tel. 0 83 27/74 74, gruentenhuette@gmx.de, www.gruentenhuette.de

Erzgruben Burgberg e.V., Erlebniswelt am Grünten, Grüntenstraße 2, 87545 Burgberg, Tel. 0 83 21/788 46 46 , info@erzgruben.de, www.erzgruben.de

STRECKENPROFIL
Zunächst relativ flach auf dem Radweg, danach steil auf dem Zufahrtsweg bergauf bis zum Ziel. Zurück auf derselben Strecke, E-Bike-tauglich

Ashalt:	10,6 km
Schotter:	0 km
Schieben/Tragen:	0 km/ 0 Hm
Trail bergauf:	0 km
Trail bergab:	0 km

HÖCHSTER PUNKT
1478 m, an der Grüntenhütte

NIEDRIGSTER PUNKT
744 m, am Parkplatz

LANDKARTE
Kompass Karte Nr. 3, Allgäuer Alpen– Kleinwalsertal, 1:50 000

GPS/ROADBOOK
Tour 08 Gruentenhuette.gpx mit 11 Wegpunkten

Bei dieser Tour erkunden wir die Nordseite des Grünten. Die teilweise sehr steile Auffahrt auf einer asphaltierten Zufahrtsstraße ist eine echte Herausforderung für konditionsstarke Biker. Als Belohnung wartet oben die Grüntenhütte, von der aus man einen schönen Blick auf das Alpenvorland genießen kann.

Nähert man sich von Norden her den Allgäuer Alpen, sticht einem sofort eine markante Erhebung ins Auge – der 1737 Meter hohe Grünten. Aufgrund seiner Lage direkt am Alpenrand trägt der Grünten den Beinamen »Wächter des Allgäus«. Der Gipfelaufbau wird von mehreren Erhebungen geprägt, der Hauptgipfel trägt den Namen Übelhorn. In der Gipfelregion findet man mehrere Bauwerke, darunter ein Gebirgsjägerdenkmal und der weithin sichtbare der Turm des Senders Grünten. Dieser 94,5 Meter hohe Sendeturm des Bayerischen Rundfunks wurde im Jahre 1951 errichtet. Der Stahlgitterturm mit aufgesetztem Antennenzylinder versorgt die Region mit Radio und Fernsehen. Zur Versorgung der Sendeanlage betreibt der BR die Grüntenbahn. Einen öffentlichen Fahrbetrieb auf den Grünten gibt es jedoch seit vielen Jahren nicht mehr. Für Mountainbiketouren eignen sich am Grünten vor allem die zahlreichen Forststraßen und Zufahrten zu den Almen. An der Nordseite des Grünten befindet sich das Skigebiet der Grüntenlifte, welches das Ziel unserer Tour sein wird. Der eigentliche Gipfel ist fahrend nicht zu erreichen. Auch die bergab führenden Bergwege sind eher etwas für eine Handvoll sehr versierter Fahrer. Daher werden sie hier nicht empfohlen oder gar im Detail beschrieben.

Unsere Tour startet an der Westseite des Grünten bei Burgberg an einem Parkplatz in der Nähe eines alten Steinbruchs. Hier befindet sich heute ein kleines Naturschutzgebiet mit einem See. Wir fahren zunächst auf einem Waldpfad in nordöstlicher Richtung und erreichen schon bald die Ortschaft Wagneritz. Von dort führt eine kleine Nebenstraße nach Rettenberg. Schnell lassen wir das Brauereidorf hinter uns und fahren auf dem Radweg bis kurz vor Kranzeck. Dort beginnt die Auffahrt

21,2 km | **749 Hm** | **Tagestour**

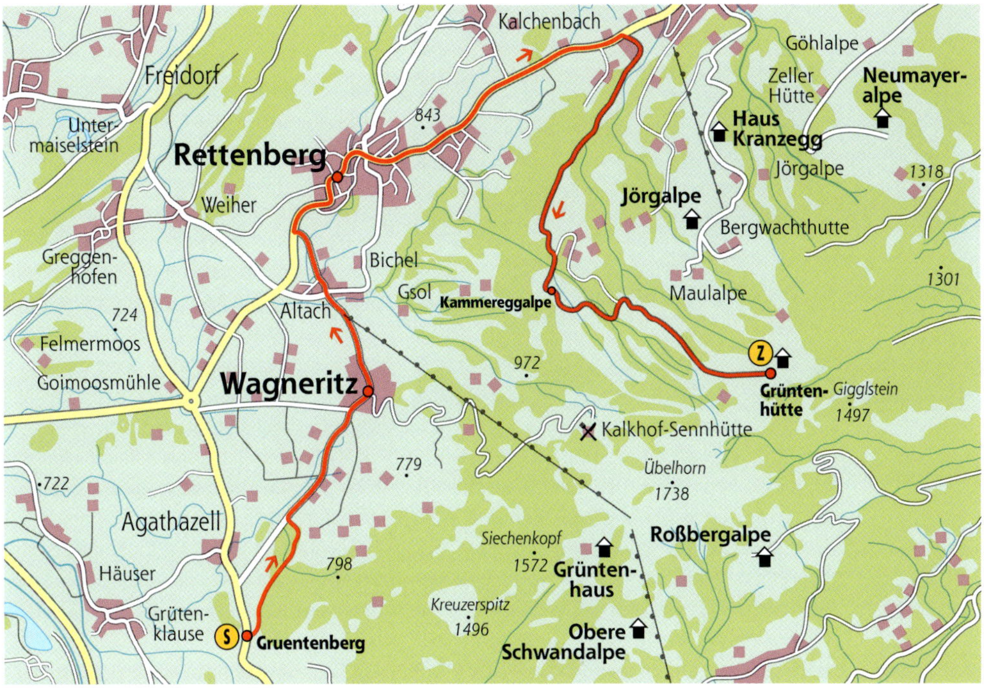

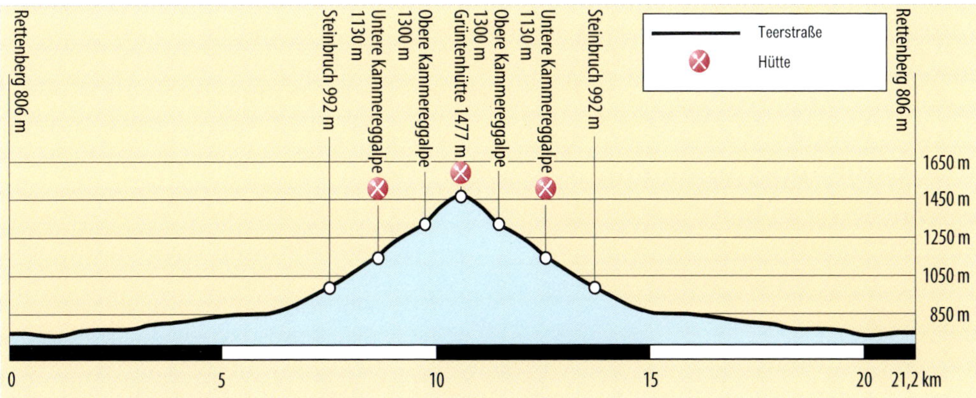

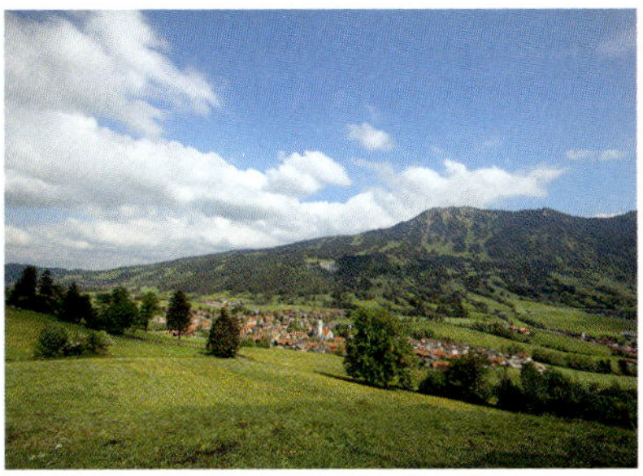

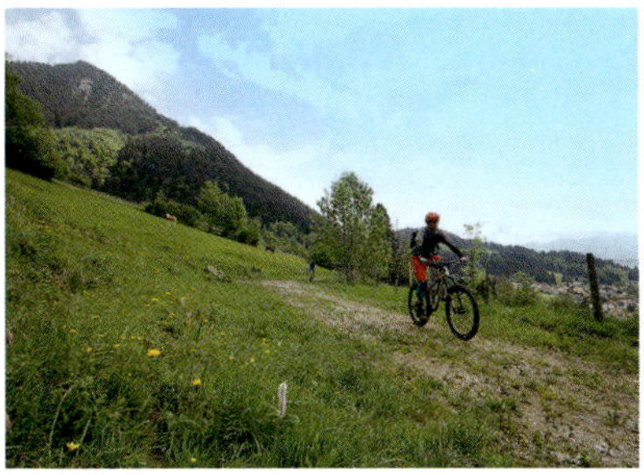

Der Grünten mit seiner markanten Antennenanlage am Gipfel (links) gilt als der Wächter vor den Allgäuer Bergen.

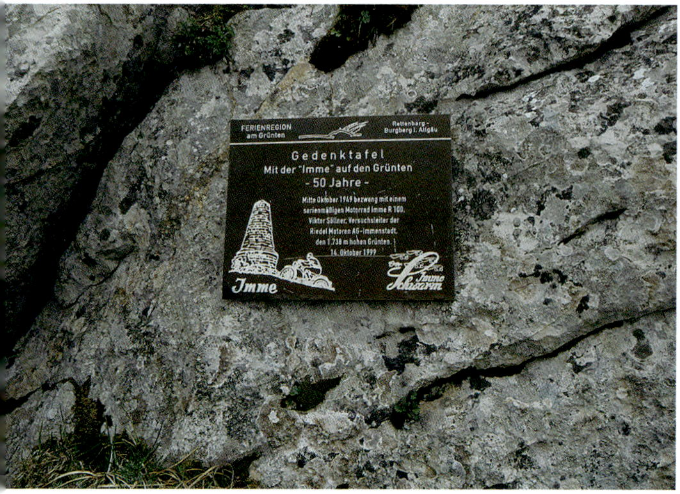

Gedenktafel am Grüntengipfel

auf einer asphaltierten Straße. Wir passieren einen großen Steinbruch und Deutschlands höchstgelegene Brauerei, die Bernardi-Bräu. Hier im schönen Oberallgäu am Fuße des Grüntens befindet sich der wohl außergewöhnlichste Brauort für deutsches Bier. Eine ehemalige, zur Kleinbrauerei umgebaute Seilbahnstation dient unserem Braumeister Berni als Werkstatt. In kleinen Mengen von 500 Litern pro Sud werden charaktervolle Biere entwickelt und in Deutschlands höchstgelegener Privatbrauerei streng nach bayerischem Reinheitsgebot von 1516 und alter Handwerkstradition gebraut. Verwendet werden ausschließlich Rohstoffe aus regionalen Anbaugebieten, wie zum Beispiel die Malze aus bayerischen Anbaugebieten, der Hopfen aus der Hallertau oder aus der Tettnanger Gegend und, was ganz wichtig ist, das Wasser – Gebirgswasser, das direkt vom Berg quellfrisch in die Brauerei kommt.

Weg an der Flanke des Grünten

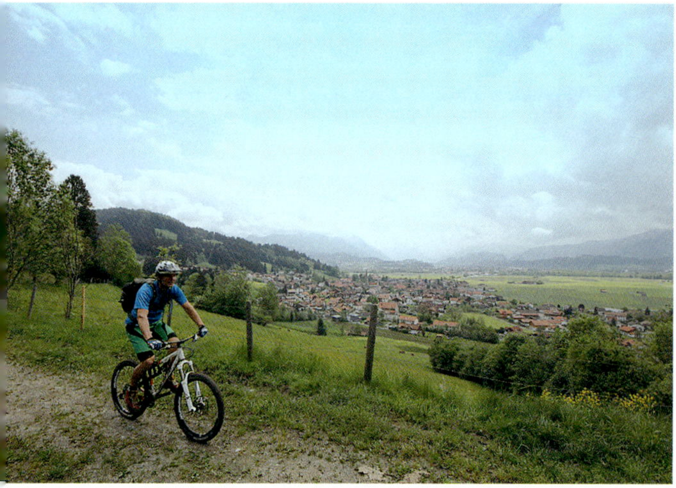

Wir kurbeln weiter nach oben, passieren die untere und die obere Alpe Kammeregg und nehmen den letzten steilen Anstieg ins Visier. Die Zufahrt zur Grüntenhütte ist stellenweise derart steil, dass man gezwungen ist, auf der Asphaltstraße Mikroserpentinen zu fahren. Wir nutzen also die ganze Fahrbahnbreite, um irgendwie im Sattel sitzend nach oben zu kommen. Wem dies zu anstrengend ist, der kann natürlich sein Bike auch einfach nach oben schieben. Endlich erscheint das Ziel am Horizont. Auf der großen Panoramaterrasse der Grüntenhütte genießen wir eine ausgiebige Stärkung mit dem Blick auf den Gipfel des Grünten

Dann machen wir uns auf den Rückweg. Dieser erfolgt auf der gleichen Route wie die Auffahrt. Gemütlich rollen wir zurück nach Rettenberg.

Am Grünten befinden wir uns übrigens in einer ehemaligen Bergbauregion. Hier wurde von 1471 bis ins späte 19. Jahrhundert Erz abgebaut. Die Stollen sind aber wegen Einsturzgefahr schon lange nicht mehr begehbar. Seit 2006 sind mehrere Schaustollen mit Führung zur Begehung freigegeben. Das Schaubergwerk ist von Burgberg aus zu Fuß, mit dem Rad oder bequem mit dem Erzgrubenbähnle erreichbar.

In den Südhängen des Grünten sind reiche und mächtige Erzadern vorhanden. Allerdings sind die Vorkommen bereits ausgebeutet und die Reste nicht mehr von abbauwürdiger Qualität. Die Erze haben sich im Laufe von Jahrmillionen in einem großen Meer abgelagert. Aufgrund der Auffaltung der Alpen kamen Erzadern ans Tageslicht . Daher war es möglich, sie abzubauen. Zum Schmelzen des Eisenerzes waren große Mengen von Holzkohle notwendig. Aus diesem Grund gab es früher im ganzen Allgäu einen Holzmangel, was sich auch im Erscheinungsbild des Grünten und seinem Namen widerspiegelt – Grünten, was im Dialekt »Glatzkopf« (Grind) bedeutete.

Routenbeschreibung

Track 8 – Tour 08 Gruentenhuette.gpx

0 km / 744 m / GPS-Wegpunkt 08-01 Start am Parkplatz Steinbruch an der Schranz. Fahrt in nordöstliche Richtung. Singletrail am Waldrand entlang

0,5 km / 754 m / GPS-Wegpunkt 08-02 An der Kreuzung geradeaus dem Singletrail folgen

1,0 km / 742 m / GPS-Wegpunkt 08-03 Am Ende des Trails rechts auf Straße abbiegen und dieser nach Wangeritz folgen

2,0 km / 772 m / GPS-Wegpunkt 08-04 In Wagneritz weiter der Straße nach Rettenberg folgen

3,3 km / 776 m / GPS-Wegpunkt 08-05 Kurz vor Rettenberg nach rechts abbiegen und der Hauptstraße den ganzen Ort hindurch folgen

6,3 km / 852 m / GPS-Wegpunkt 08-06 Kurz vor Kranzegg rechts abbiegen und ab jetzt bergauf Richtung Grüntenhütte fahren

7,6 km / 989 m / GPS-Wegpunkt 08-07 Am Steinbruch weiter der Straße bergauf folgen

8,4 km / 1112 m / GPS-Wegpunkt 08-08 Nach dem Parkplatz in einer Linkskehre weiter bergauf fahren

8,6 km / 1130 m / GPS-Wegpunkt 08-09 An der unteren Kammereggalpe weiter bergauf fahren

9,7 km / 1300 m / GPS-Wegpunkt 08-10 An der oberen Kammereggalpe weiter bergauf fahren

10,6 km / 1478 m / GPS-Wegpunkt 08-11 An der unteren Grüntenhütte ist das Ziel erreicht. Rückfahrt auf derselben Strecke

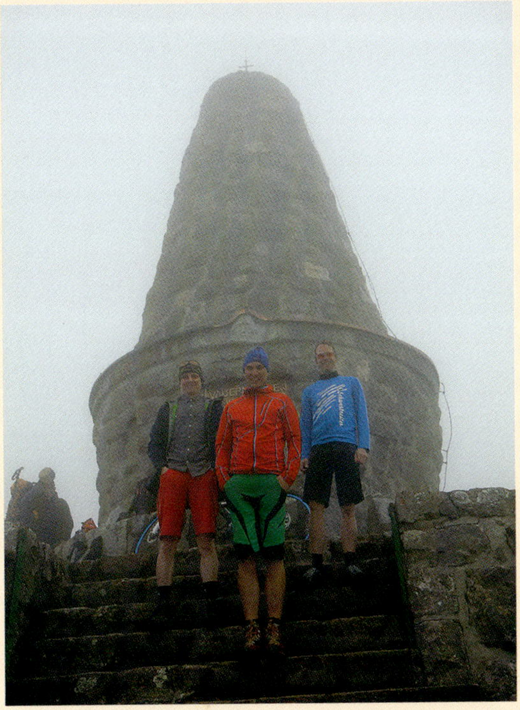

Denkmal auf dem Gipfel des Grünten

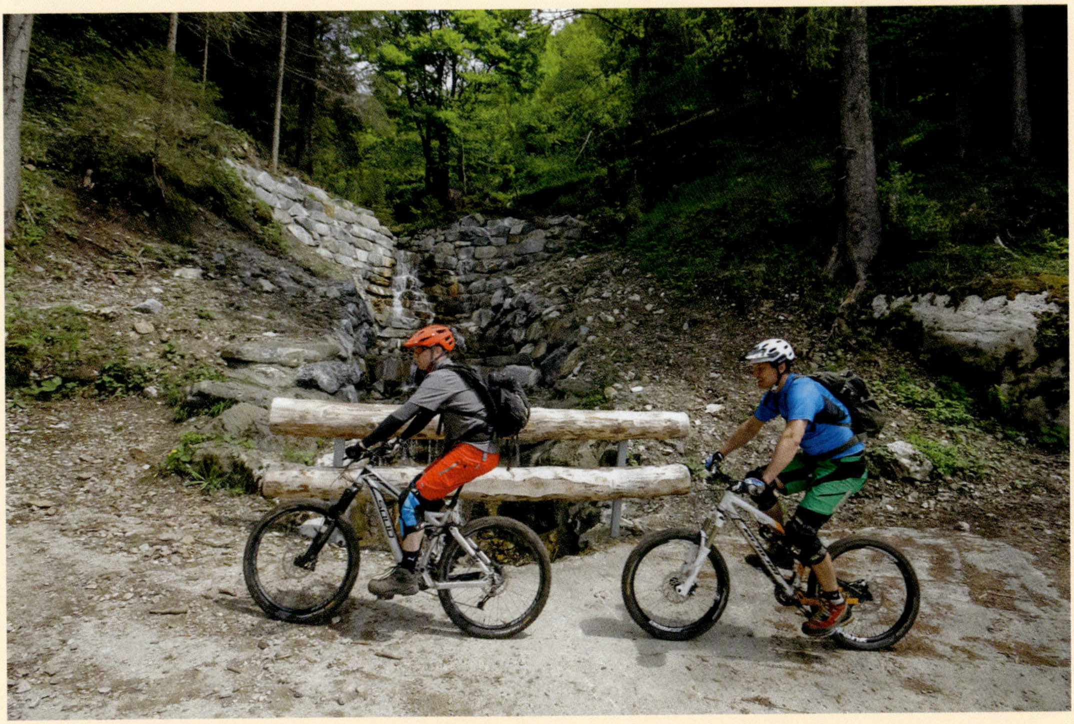

Auffahrt auf einem Forstweg

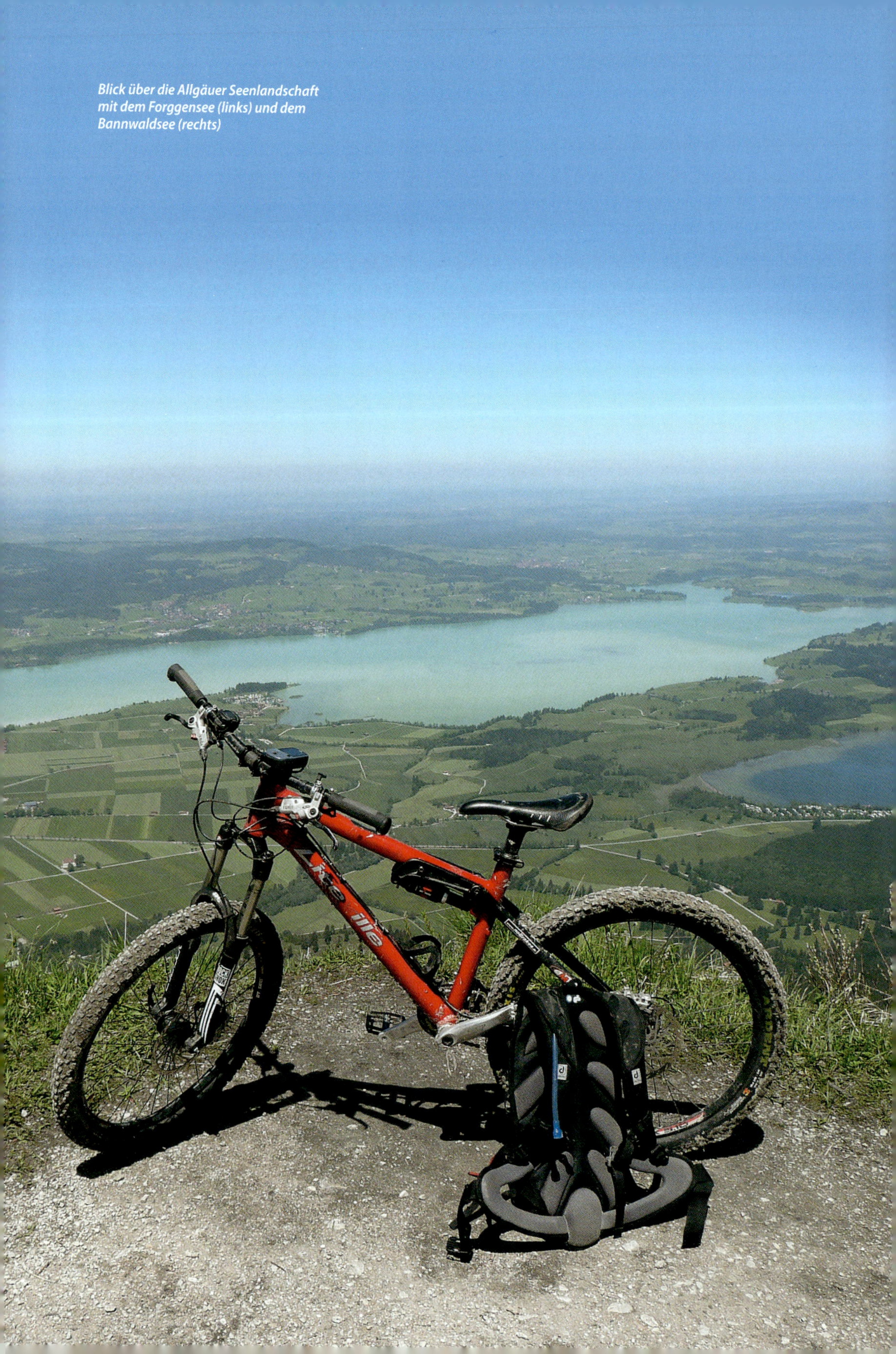

Blick über die Allgäuer Seenlandschaft mit dem Forggensee (links) und dem Bannwaldsee (rechts)

Tourenregion Allgäuer Seen

Im Osten wird das Allgäu vom Lech begrenzt, und rund um Füssen liegen einige sehr schöne Seen wie der Forggen-, der Weißen- und der Hopfensee. Diese werden umrahmt von sanften Hügeln, die auch für Mountainbiker ein reizvolles Ziel darstellen. Neben recht einfachen Touren durch Wälder und Wiesen bieten sich die befestigten Uferwege an, um dort leichte Touren ohne nennenswerte Anstiege zu unternehmen. Daher ist die Region mit ihren traumhaften Panoramablicken ein ideales Ziel für Einsteiger und für Familien mit Kindern. Die Region um Füssen mit ihrem insgesamt 1500 Kilometer umfassenden, perfekt ausgeschilderten Streckennetz und den 65 Rundwegen, gilt als Paradies für Radler. Ob sportlich ambitioniert oder lieber genussvoll, in der voralpinen Landschaft ist für jeden etwas dabei.

INFORMATIONEN

Füssen Tourismus und Marketing
Kaiser-Maximilian-Platz 1
87629 Füssen
Tel. 08362/93 85-0
www.fuessen.de

Der Forggensee ist mit 15,2 Quadratkilometern Fläche der fünftgrößte See Bayerns und der größte Stausee Deutschlands. Seit 1954 wird hier der Lech aufgestaut. Dem malerischen See sieht man seinen unnatürlichen Ursprung überhaupt nicht an. An seinen Ufern locken zahlreiche Freizeiteinrichtungen, und von den Badestränden hat man meist einen schönen Blick auf die Königschlösser rund um Neuschwanstein. Der gesamte Forggensee kann auf einem 32 Kilometer langen Radweg umrundet werden.

Ein weiteres attraktives Ziel in der Region ist die Altstadt von Füssen. Der Ort gilt als die Wiege des europäischen Lauten- und Geigenbaus: Hunderte von Meistern aus der Füssener Region wanderten in die europäischen Kulturzentren aus und gründeten dort ihre Werkstätten. Diese Bedeutung Füssens für die abendländische Musikgeschichte wird beim Rundgang durch das Museum der Stadt Füssen deutlich.

Unbedingt besuchen sollte man auch die nahe gelegenen Lechfälle direkt an der Staatsgrenze zu Österreich sowie den gleich nebenan befindlichen Auwald. Gerade mit Kindern ist die Besichtigung des Walderlebnis-Zentrums gleich nebenan sehr zu empfehlen. Hier wird auf spielerische Art und Weise die ökologische Bedeutung von Berg- und Auwäldern vermittelt.

Da die Region weitestgehend flach ist, eignet sie sich durchaus ganzjährig zum Biken – wenn andere Regionen des Allgäus noch unter einer dicken Schneedecke liegen, kann man rund um Füssen schon gut Biketouren unternehmen.

9 Familientour am Hopfensee

Einfache Einsteigertour durch die Hügellandschaft mit Panoramablick auf die Allgäuer Alpen

1	✪✪✪✪✪	650	19,1	2
Schwierigkeit	Erlebniswert	Höhenmeter	Streckenlänge (in km)	Zeit (in Std.)

TOURENCHARAKTER

AUSGANGSPUNKT
Hopfen am See

ENDPUNKT
Hopfen am See

ANFAHRT
A 7 bis nach Füssen, bei Ausfahrt 139-Füssen auf die B 310 Richtung Schwangau/Rieden am Forggensee/Hopferau, dann auf der Kemptener Straße/B 310 bis zum Forggensee und der Ausschilderung »Hopfen am See« folgen. Alternativ bis zum Bahnhof Füssen und auf dem Radweg bis nach Hopfen.

KONDITION
✪✪✪✪✪

FAHRTECHNIK
✪✪✪✪✪

ERLEBNISWERT
Fahrspaß: ✪✪✪✪✪ – Einfaches Streckenprofil, moderate Steigungen, einfache und ungefährliche Abfahrten.
Landschaft: ✪✪✪✪✪ – Man hat das gesamte Allgäu-Panorama auf dem Präsentierteller.
Kultur und Geschichte: ✪✪✪✪✪ – Das kulturhistorische Denkmal Burgruine Hopfen

EINKEHRMÖGLICHKEITEN
Gaststätten an der Uferpromenade des Hopfensees
Kiosk am Faulensee
(Tel. 08362/94 11 25)

STRECKENPROFIL
Einfache Einsteigertour meist auf Schotterwegen, auch für Kinder geeignet.

E-Bike-tauglich

Teer:	4 km
Schotter:	12,5 km
Schieben/Tragen:	–
Trail bergauf:	–
Trail bergab:	2,5 km

HÖCHSTER PUNKT
906 m, Enzensberg

NIEDRIGSTER PUNKT
770 m, Hopfensee

LANDKARTE
Kompass Karte Nr. 4, Füssen–Außerfern, 1:50 000

GPS/ROADBOOK
Tour 09 Hopfensee.gpx mit 28 Wegpunkten

Malerisch breiten sich die Allgäuer Seen, die rund um Füssen liegen, vor den hohen Bergen aus. Am Hopfensee führt uns ein flacher Weg am Ufer entlang. Danach locken noch eine Burgruine und ein versteckter kleiner Badesee im Wald – gerade für junge Mountainbiker gibt es auf dieser Tour also viel Spannendes zu entdecken.

Zahlreiche Seen sind im Allgäuer Voralpenland zu finden. Besonders schön ist der Hopfensee, bietet er doch eine gelungene Mischung aus intakter Natur und mondäner Seepromenade. Am Ufer des Hopfensees startet unsere einfache Familientour. Diese verläuft zunächst einmal ohne nennenswerte Steigungen gegen den Uhrzeigersinn um den gesamten Hopfensee herum. Auf den sieben Kilometern Strecke durchqueren wir immer wieder den breiten Schilfgürtel und fahren dann am Südufer durch einen kleinen Wald. Für die einfache Strecke kann man selbst kleine Kinder begeistern, die einen Riesenspaß dabei haben, um die Pfützen herumzuzirkeln oder diese mit voller Absicht im Frontalangriff zu nehmen. Im Wald können die Kleinsten ihr Fahrkönnen dann auch mal an der einen oder anderen Wurzel unter Beweis stellen.

Nach dem Überqueren einiger Brücken nähern wir uns wieder dem Ort Hopfen am See. Hier müssen wir die Seepromenade, auf der das Radfahren untersagt ist, verlassen und kurz auf die Straße ausweichen. Dies sollte allerdings kein Problem darstellen, da hier durchweg langsam gefahren bzw. flaniert wird. Nebenbei locken hier natürlich Spielplätze, ein Badestrand und eine Kneippanlange.

Nach einer Stärkung in der Eisdiele widmen wir uns nun dem zweiten Teil der Tour. Am westlichen Ortsende beginnt am großen Parkplatz hinter dem Campingplatz der kurze Aufstieg zur Burgruine von Hopfen. Während die ganz Kleinen hier schon streiken werden, kommen ältere und etwas trainierte Kinder schon mal in den Genuss einer »richtigen« Mountainbiketour. Belohnt wird man an der Ruine durch einen grandiosen Ausblick, der auf Schloss Neuschwanstein (links) und bis zum Grünten (rechts) reicht. Quasi das gesamte Allgäu breitet sich vor uns aus, und der schön gelegene Hopfensee wird von den angrenzenden Bergen wunderbar eingerahmt. Die Burgruine Hopfen ist vermutlich die älteste Steinburg im Allgäu. Sie wurde fachmännisch saniert und be-

19,1 km	650 Hm	Tagestour

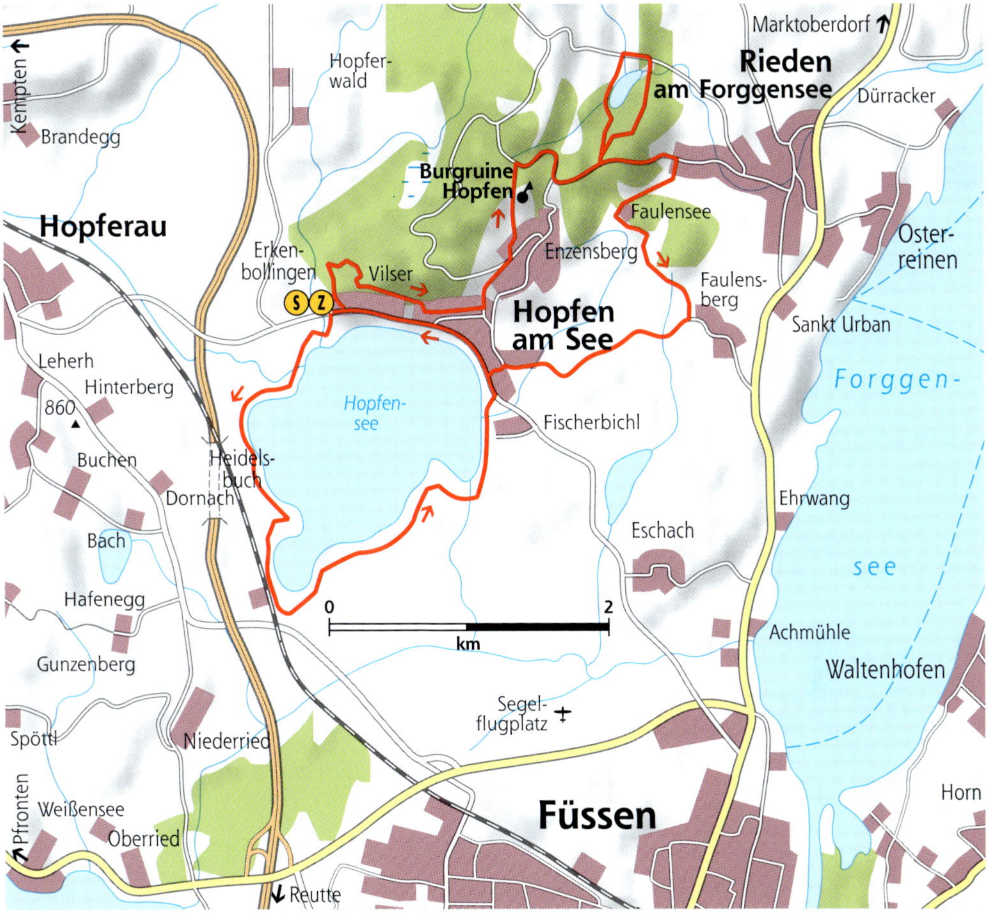

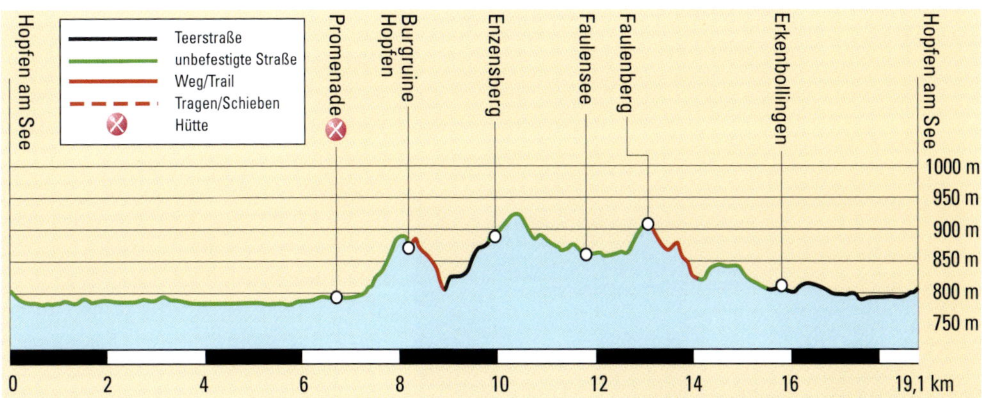

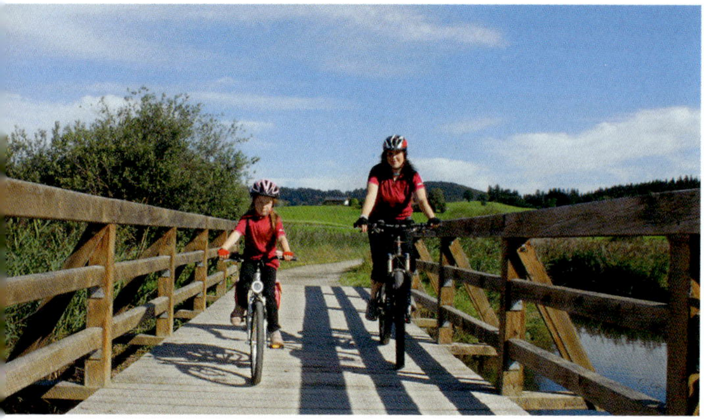

Brücke am Hopfensee

kam damit wieder viel von ihrem alten Glanz zurück. Die Burg wird erstmals um 1172 ausdrücklich erwähnt; das genaue Erbauungsdatum ist allerdings nicht bekannt. Sie diente als Sitz der Herren von Hopfen, welfischen Dienstmannen, die auch dem Hochstift von Augsburg verpflichtet waren. Die Burg kam nach 1191 gänzlich in den Besitz der Augsburger, und die Herren von Hopfen verschwanden plötzlich aus der Geschichtsschreibung.

Die Burg war Sitz des Propstamtes Füssen. Als 1322 mit dem Bau des Hohen Schlosses in Füssen begonnen wurde, läutete dies den baulichen Niedergang der Burg ein. In den darauffolgenden Jahren wurde sie als Steinbruch missbraucht. So wurden z. B. die Burgsteine zum Umbau des Kloster St. Mang in Füssen in den Jahren 1701/02 verwendet.

Die Spuren der zweigeteilten Hauptburg lassen sich trotzdem noch gut erkennen. Der niedriger gelegene Vorhof sowie eine etwas erhöht stehende Kernburg sind als Grundmauern gut erhalten. Daneben findet man noch die Fundamente des turmartigen Hauptgebäudes. Das ausgedehnte Gipfelplateau, das nach drei Seiten hin steil abfällt, wurde von einer Ringmauer umfriedet.

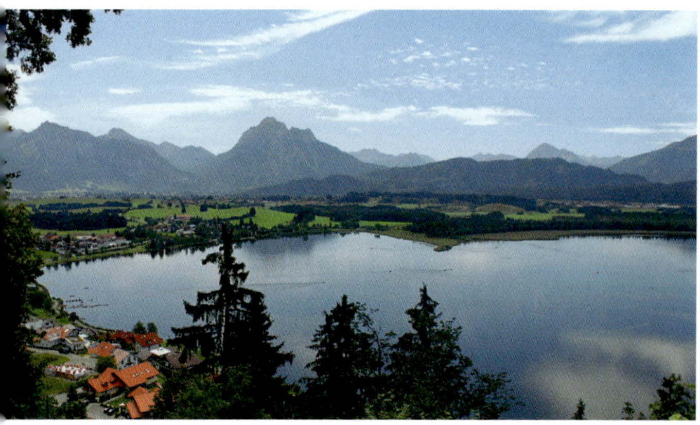

An der Ruine Hopfen hat man einen traumhaften Blick über den Hopfensee.

Auf einem Singletrail geht es danach zurück nach Hopfen. Der Weg ist nicht allzu schwer zu befahren und auch breit genug, um hier gefahrlos bergab zu rollen. Im Ort angekommen, folgen wir fortan der Beschilderung in Richtung Enzensberg und dann zum Faulensee.

Der Wald bedeckt eine hügelige Kieslandschaft, welche von zahlreichen kleinen Bächen durchzogen ist. Diese Kieshügel sind die Hinterlassenschaften von eiszeitlichen Gletschern, die das Material aus den Bergen hierher transportiert haben. Die Steigungen sind hier alle nur kurz und somit schnell absolviert.

Wir folgen auf den Schotterwegen stets der Beschilderung in Richtung Faulensee und erreichen schließlich den kleinen Badesee mitten im Wald. Dieser kann auf einem Singletrail umrundet werden.

Der Riedener Faulensee ist ein sehr idyllischer, schilfumstandener Moorweiher, der besonders durch die schöne, fast unberührte Natur in der Umgebung einen Besuch wert ist. Auf der kreuzförmigen Badeinsel haben auch Jugendliche und Kinder ihren Spaß. Der Zugang zum Badesee ist kostenfrei, genauso wie die Liegewiesen.

Natürlich darf bei so einem schönen Badesee auch der seeeigene Kiosk nicht fehlen. Hier können sich die erschöpften Radfahrer und Badegäste mit einem kühlen Getränk erfrischen oder eine zünftige Mahlzeit zu sich nehmen.

Wer also Lust dazu hat, kann hier eine Pause einlegen, ansonsten geht es gleich wieder zurück in Richtung Rieden. Wir fahren noch schnell auf den Faulenberg, der in Wirklichkeit nur einer kleiner Hügel im Wald ist. Dennoch lohnt sich der Weg dort hinauf, denn auf seiner Nordseite erwarten uns noch mal ein paar Meter Singletrail. Auch dieser ist einfach und ohne technische Schwierigkeiten zu befahren. Auf schmalen Wald- und Feldwegen streifen wir auf unserer Tour noch die Orte Rieden, Erkenbolingen und Heidelsbuch. Danach erreichen wir abermals den Hopfensee, wo wir unsere kleine Tour im Alpenvorland beenden.

Routenbeschreibung

Track 9 – Tour 09 Hopfensee.gpx

0 km / 780 km / GPS-Wegpunkt 09-01 Start in Hopfen am See, am Parkplatz hinter dem Campingplatz. Wir fahren in Richtung See.

0,2 km / 770 m / GPS-Wegpunkt 09-02 Auf der Hauptstraße nach rechts abzweigen Richtung Hopferau und dann links bei der ersten Möglichkeit in Richtung See fahren.

0,4 km / 770 m / GPS-Wegpunkt 09-03 Am Seeufer rechts herum dem Uferweg folgen.

2,5 km / 770 m / GPS-Wegpunkt 09-04 Am Abzweig nach rechts.

3,4 km / 770 m / GPS-Wegpunkt 09-05 Am nächsten Abzweig nach links und dem Uferweg folgen.

5,2 km / 770 m / GPS-Wegpunkt 09-06 Über die Brücke fahren und weiter geradeaus, dann am Abzweig nach links biegen.

6,0 km / 770 m / GPS-Wegpunkt 09-07 Nach dem großen Campingplatz auf die Straße wechseln, denn der Promenadenweg ist nur für Fußgänger erlaubt.

7,4 km / 770 m / GPS-Wegpunkt 09-08 Zurück am Ausgangpunkt auf dem Wanderparkplatz. Dort nach rechts abzweigen und im Wald auf einem Schotterweg bergauf fahren.

7,8 km / 820 m / GPS-Wegpunkt 09-09 Nach rechts abzweigen und Richtung Ruine fahren.

8,2 km / 880 m / GPS-Wegpunkt 09-10 An der Ruine angekommen, dem Trail Richtung Burgmauer hoch folgen. Kurzes Schiebestück.

8,5 km / 897 m / GPS-Wegpunkt 09-11 An der Burgruine hat man einen schönen Blick über den Hopfensee und die Allgäuer Alpen. Nach der Ruine nach rechts abzweigen und den Trail bergab nach Hopfen hinunterrollen.

9,1 km / 790 m / GPS-Wegpunkt 09-12 Am Ortseingang von Hopfen bei der ersten Gelegenheit nach links abbiegen.

9,6 km / 810 m / GPS-Wegpunkt 09-13 Im Wohngebiet dem Ringweg folgen und dann nach links Richtung Enzensberg in die Enzensberger Straße einbiegen. Es folgt ein kurzer Anstieg.

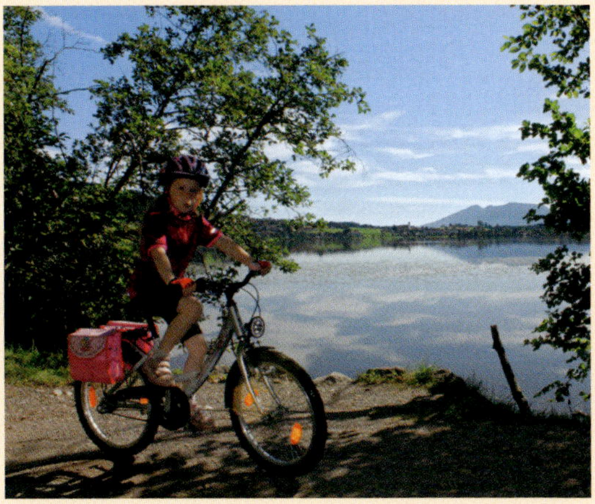

Der flache Radweg direkt am Ufer des Hopfensees ist auch für Kinder gut geeignet.

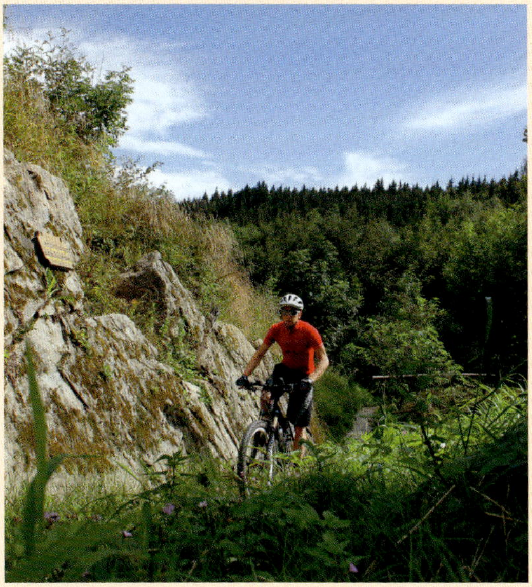

Auffahrt zur Burgruine

10,1 km / 900 m / GPS-Wegpunkt 09-14 Vor der Klinik Enzensberg links in den Wald einbiegen. Hier der Ausschilderung Richtung Faulensee folgen.

10,7 km / 906 m / GPS-Wegpunkt 09-15 Am Schotterabzweig nach rechts Richtung Faulensee fahren.

11,6 km / 880 m / GPS-Wegpunkt 09-16 Abzweig nach links. Von rechts kommt ein Trail vom Faulenberg herunter; diesen werden wir später befahren.

12,0 km / 870 m / GPS-Wegpunkt 09-17 Faulensee. Vor dem See links abbiegen und auf dem Trail am Ufer entlangfahren.

12,6 km / 870 m / GPS-Wegpunkt 09-18 Am Strandbad Faulensee Rast- und Einkehrmöglichkeit. Auf der Teerstraße nach rechts abzweigen.

12,9 km / 870 m / GPS-Wegpunkt 09-19 Am Abzweig rechts auf den Faulenberg hinauffahren.

13,2 km / 903 m / GPS-Wegpunkt 09-20 Auf dem Faulenberg weiter dem Trail folgen. Es folgt eine kurze Abfahrt.

13,8 km / 880 m / GPS-Wegpunkt 09-21 Ende des Trails. Abzweig nach links Richtung Rieden.

14,4 km / 850 m / GPS-Wegpunkt 09-22 Am Ortseingang von Rieden gleich rechts auf Schotter Richtung Erkenbollingen abbiegen.

15,0 km / 840 m / GPS-Wegpunkt 09-23 Abzweig nach links.

15,3 km / 840 m / GPS-Wegpunkt 09-24 Am Feldkreuz nach rechts und über das Wiesengelände rollen.

16,1 km / 816 m / GPS-Wegpunkt 09-25 In Erkenbollingen auf der Teerstraße nach rechts.

17,0 km / 816 m / GPS-Wegpunkt 09-26 In Heidelsbuch weiter geradeaus nach Hopfen fahren.

17,8 km / 780 m / GPS-Wegpunkt 09-27 In Hopfen auf der Uferstraße nach rechts.

19,1 km / 780 m / GPS-Wegpunkt 09-28 Tourende am Wanderparkplatz.

10 Zur Ruine Eisenberg

Zwei Burgruinen über Nesselwang

Schwierigkeit	Erlebniswert	Höhenmeter	Streckenlänge (in km)	Zeit (in Std.)
1	✪✪✪✪✪	332	22,2	4

TOURENCHARAKTER

AUSGANGS-/ENDPUNKT
Nesselwang/Hopfen am See

ANFAHRT
A 7 bis Ausfahrt 137 Oy-Mittelberg, auf der B 310 Richtung Bad Hindelang-Oberjoch/Pfronten, abzweigen Richtung Nesselwang. Start der Tour ist am Bahnhof in Nesselwang.
Alternativ mit der Bahn nach Nesselwang

KONDITION
✪✪✪✪✪

FAHRTECHNIK
✪✪✪✪✪

ERLEBNISWERT
Fahrspaß: ✪✪✪✪✪ – Kurze Abfahrten auf einfachen Singletrails und Wiesenwegen
Landschaft: ✪✪✪✪✪ – Allgäuer Seenlandschaft mit Feldern, Wiesen und Wäldern
Kultur und Geschichte: ✪✪✪✪✪ – Historische Burgruinen

EINKEHRMÖGLICHKEITEN
Schloßbergalm, Burgweg 50, 87637 Eisenberg, Tel. 0 83 63/17 48, www.schlossbergalm.de

STRECKENPROFIL
Ein ständiger Wechsel zwischen Forst- und Feldwegen. Kurze Trailabschnitte und Radwege runden diese Tour ab. Ab und zu muss man ein Stück auf kaum befahrenen Nebenstraßen zurücklegen. Die Anstiege sind kurz und, bis auf eine Ausnahme direkt an den Burgruinen, auch nicht steil.

Teer:	8 km
Schotter:	10,2 km
Schieben/Tragen:	0,5 km/80 Hm
Trail bergauf:	1 km
Trail bergab:	2,5 km

HÖCHSTER PUNKT
1018 m, Ruine Eisenberg

NIEDRIGSTER PUNKT
787 m, Hopfensee

LANDKARTE
Kompass-Karte Nr. 4, Füssen – Außerfern, 1:50 000

GPS/ROADBOOK
Tour 08 Eisenberg.gpx mit 27 Wegpunkten

Touren, die man mit der ganzen Familie fahren kann, sind von ihrem Charakter und Anspruch her völlig anders aufgebaut als »normale« Mountainbike-Touren. Attraktionen am Wegesrand und lohnende Zwischenziele sind ein wichtiger Bestandteil. Zudem dürfen die Anstiege nicht zu lang und nicht zu steil sein, und die Abfahren sollten nur geringe Schwierigkeiten und Risiken beinhalten. Auf dieser Tour von Nesselwang zum Hopfensee gibt es einiges zu entdecken, und die Route fernab von stark befahrenen Straßen kann gefahrlos bewältigt werden.

Wir starten am Bahnhof von Nesselwang. Unser erstes Zwischenziel sind die Burgruinen Eisenberg und Hohenfreyberg. Doch zunächst gilt es, den einen oder andern kurzen Anstieg zu überwinden. Die Landschaft ist abwechslungsreich und bietet neben Wiesen und Feldern auch ein paar schattige Wälder und einige kleinere Naturschutzgebiete am Wegesrand.
Bei Hertingen kommen wir an einem Gehege mit Damwild vorbei. Nach einer kurzen Pause geht es weiter in Richtung Kögelweiher. Der idyllisch im Wald gelegene See lockt zahlreiche Angler an. Der weitere Wegverlauf führt uns an ein paar einsamen Bauernhöfen vorbei. In Oberreiten biegen wir nach rechts nach Schweinegg ab. Dann müssen einen kurzen Anstieg überwinden. Ist dieser geschafft, ist endlich die Burgruine in Sicht. Hier verläuft der Weg kurzeitig auf einem Singletrail, bevor sich uns der steile Schlussanstieg hinauf zum Sattel zwischen den beiden Ruinen entgegenstellt. Die Kinder werden die Steigung hier nicht fahren können, aber die Aussicht, bald die Burgen erreicht zu haben, mobilisiert ungeahnte Kräfte. Notfalls muss man hier halt etwas nachhelfen und die Bikes der Kinder den Berg hinaufschieben. Auf dem Sattel müssen wir uns entscheiden, welche der Burgruinen wir zuerst besichtigen wollen. Man kann jeweils bis zum Burgtor hinauffahren, wo man die Bikes am besten abstellt, um die Mauern und Türme zu Fuß zu erkunden. Von der Ruine aus erblickt man bereits den Hopfensee und im Süden die oberhalb von Pfronten gelegene Ruine Falkenstein. Der Baubeginn für die Burg Eisenberg war um das

22,2 km	332 Hm	Tagestour

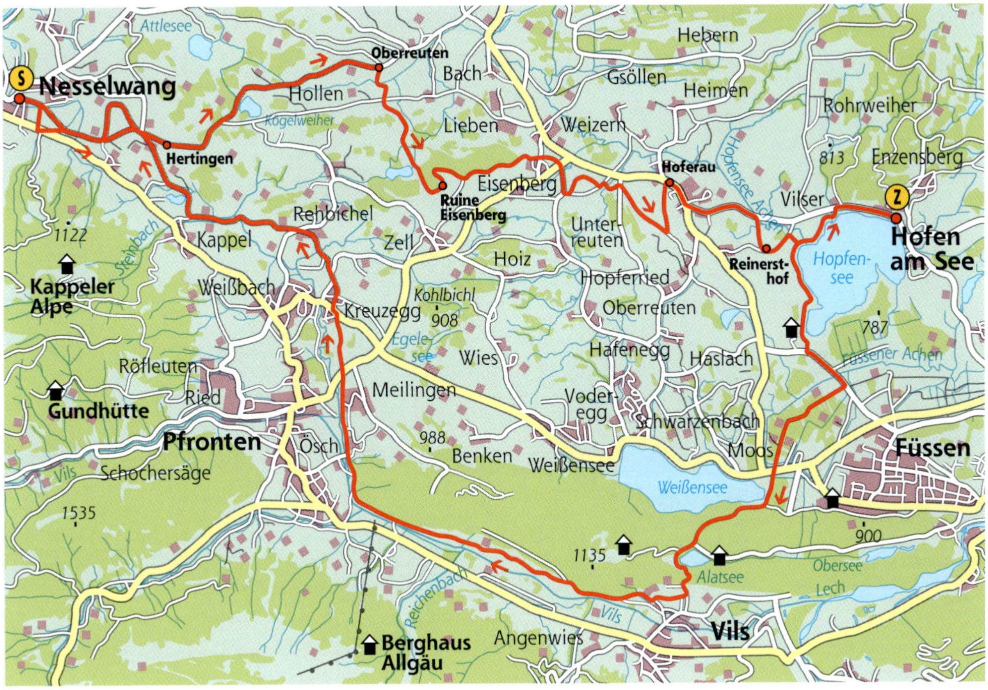

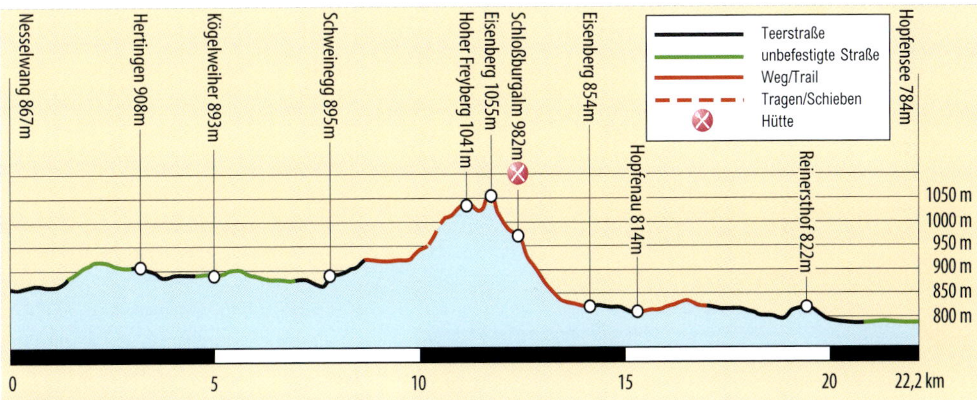

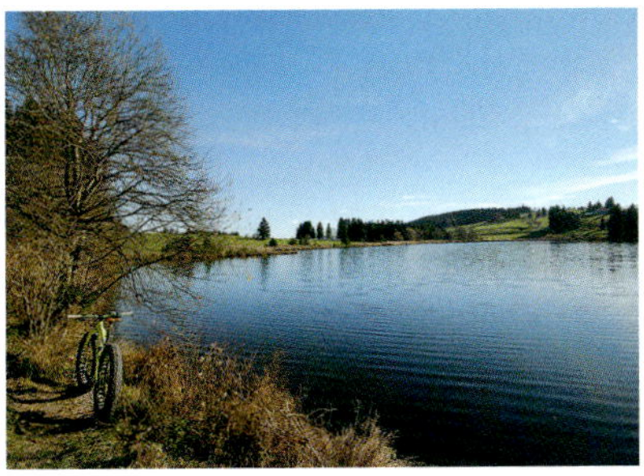

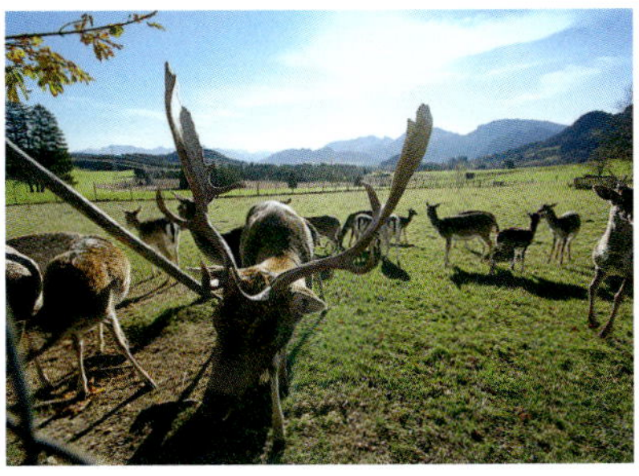

Burgen, Tiergehege und Seen sind die Attraktionen dieser Tour

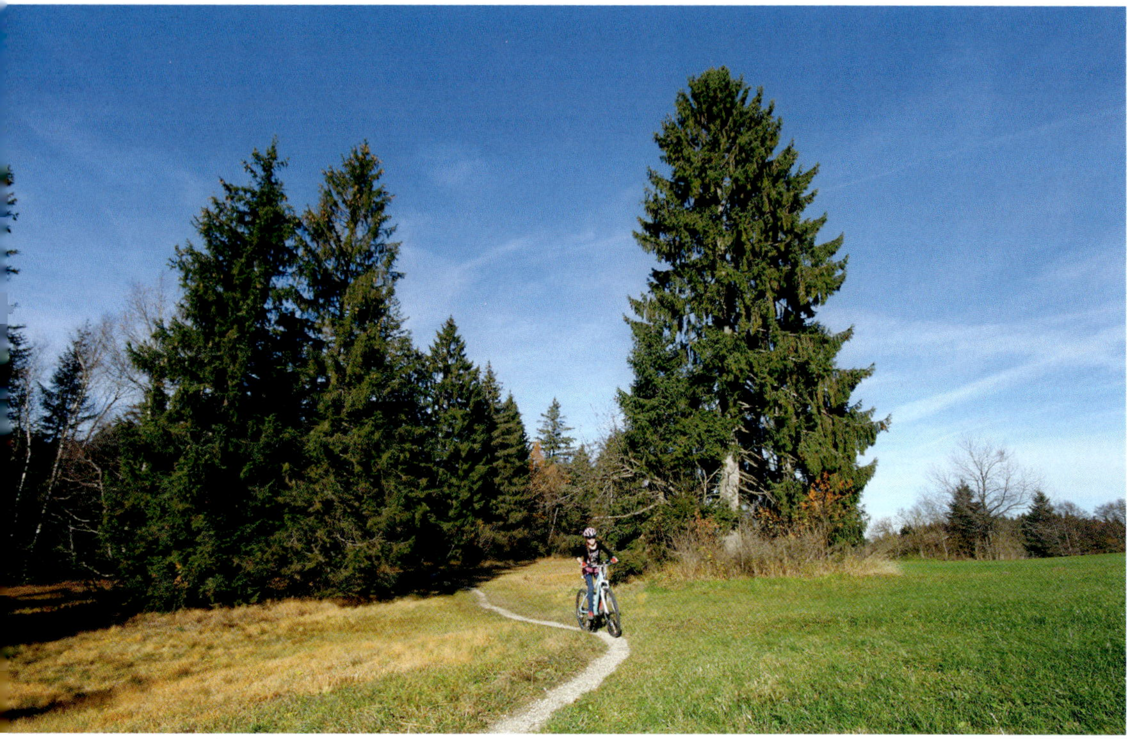

Singletrail zum Schloßweiher

Von der Burgruine aus hat man einen schönen Blick ins umliegende Voralpenland.

Jahr 1315. Sie wurde durch die Edelfreien von Hohenegg angelegt. Erstmals wird die Burg Eisenberg im Jahre 1340 urkundlich erwähnt. Im Jahre 1382 mussten die Hohenegger die Veste an den österreichischen Erzherzog Leopold verkaufen. Dieser vergab die Burg und die Herrschaft bald danach als Lehen an Friedrich von Freyberg. Die Veste Hohenfreyberg wurde ab 1418 durch Friedrich von Freyberg zu Eisenberg errichtet. Sie gehört damit zu einer der letzten großen Burgneubauten des deutschen Mittelalters

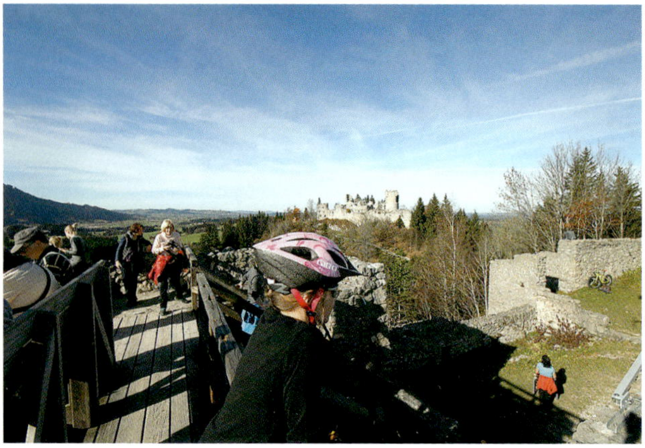

Das Ende der Burgen wurde am 15. September 1646 besiegelt: Gegen Ende des Dreißigjährigen Krieges wurden die österreichischen Vorposten Hohenfreyberg, Eisenberg und Falkenstein auf Befehl der Tiroler Landesregierung in Brand gesetzt. Damit sollte verhindert werden, dass die Burganlagen den näher rückenden Protestanten in die Hände fallen. Die Aufgabe der Burgen war allerdings sinnlos, da die Angreifer ihre Marschroute geändert hatten. Seitdem sind die Burgen unbewohnte Ruinen und gingen im Jahre 1980 in den Besitz der umliegenden Gemeinden über. Ab diesem Zeitpunkt wurden sie aufwendig saniert und bleiben somit als historisches Zeugnis für die Nachwelt erhalten. Eine Sonderrolle hat hierbei noch die Ruine Falkenstein, auf deren Grundmauern der Bayerische König Ludwig II. im Jahre 1883 neben dem nahe liegenden Schloss Neuschwanstein ein weiteres imposantes Märchenschloss errichten lassen wollte. Geldmangel und sein früher Tod führten je-

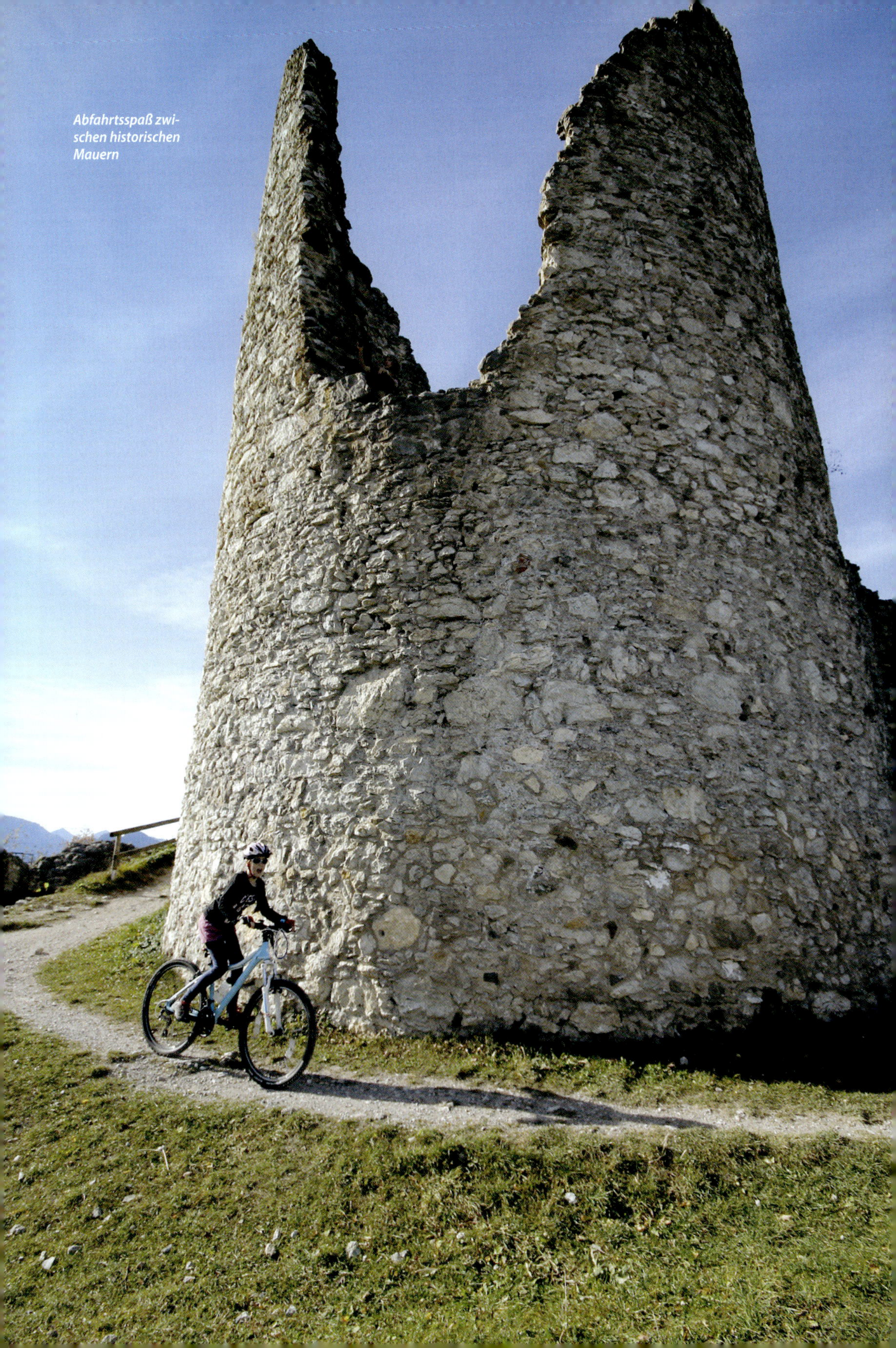

Abfahrtsspaß zwischen historischen Mauern

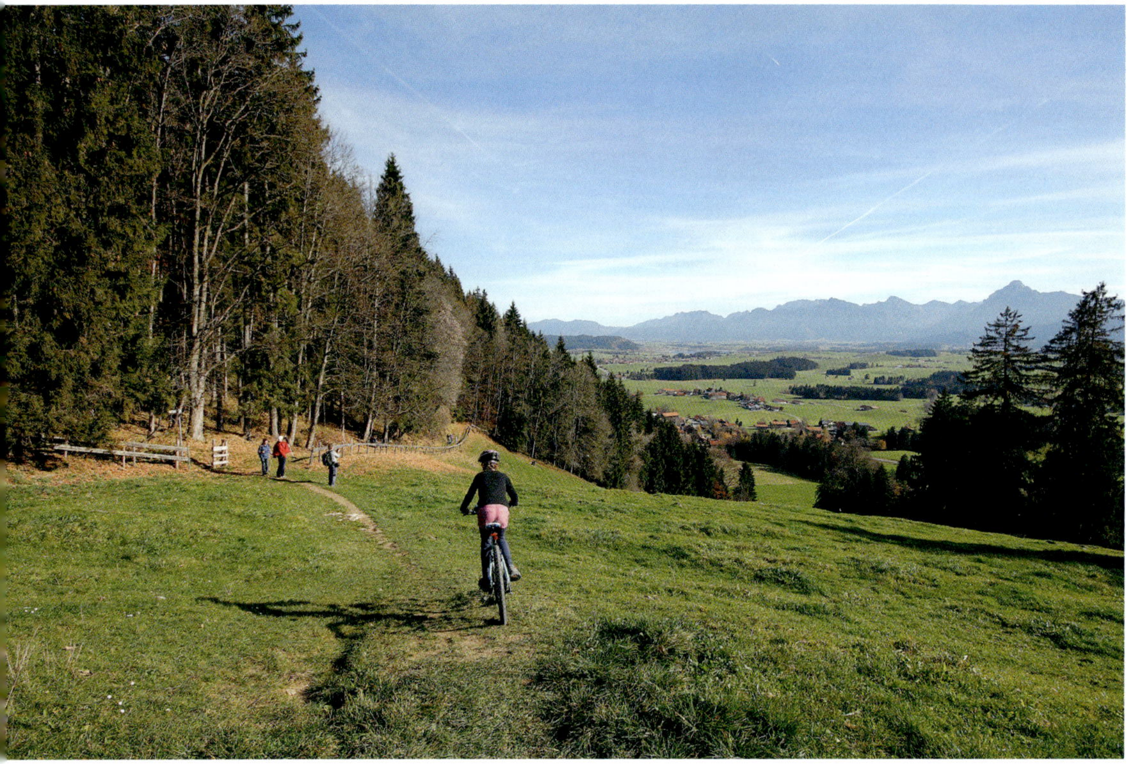

Singletrail-Abfahrt nach Eisenberg

doch dazu, dass diese Pläne niemals vollendet werden konnten.

Nach diesem Ausflug in die Geschichte haben wir uns nun erst einmal eine Stärkung verdient. Glücklicherweise befindet sich direkt unterhalb der beiden Burgruinen die Schlossbergalm. Nach einer kurzen steilen Abfahrt können wir uns hier auf der sonnigen Panoramaterrasse erst einmal einen Apfelstrudel und etwas zu trinken gönnen.

Danach geht es weiter auf einem schönen Pfad bergab in Richtung der Ortschaft Eisenberg. Selbstverständlich nehmen wir hierbei Rücksicht auf die zahlreichen Fußgänger, die diesen Weg ebenfalls benutzen. Der weitere Tourverlauf in Richtung Hopfensee führt nochmals über Felder, an Wiesen entlang und durch ein paar kleine Wälder. In Hopferau müssen wir ein paar Meter auf der Straße fahren, können aber am Ortsausgang gleich wieder auf einen gut ausgebauten Radweg wechseln.

Abschließend fahren wir nochmals einen kleinen Berg hinauf, um zum Reinersthof zu gelangen. Hier wartet eine Besonderheit auf uns. Die im Allgäu allgegenwärtigen Kühe sehen hier doch etwas merkwürdig aus. Die Kinder erkennen schnell, dass es sich hier um die einhöckerigen Dromedare und um zweihöckerige Kamele handelt. Nach diesem kurzen Ausflug zu den exotischen Tieren folgt die letzte kurze Abfahrt, die uns direkt zum Ufer des Hopfensees führt. An der Strandpromenade haben sich die Kinder nun wirklich ein Eis verdient, und der sportliche Papa darf am Hopfensee auch mal eine Hopfenlimonade genießen.

Ergänzend zu dieser Tour besteht nun die Möglichkeit, über den Alatsee nach Vils und von dort aus auf dem Radweg über Pfronten zurück nach Nesselwang zu fahren. Je nach Kondition und Motivation der Kinder kann diese Tour gemeinsam verlängert werden. Alternativ empfiehlt es sich, dass ein Elternteil das in Tannheim geparkte Auto holt, während die Kinder den Nachmittag am Hopfensee verbringen. Zudem gibt es eine Zugverbindung von Vils über Pfronten nach Nesselwang.

Routenbeschreibung

Track 10 – Tour 10 Eisenberg.gpx

0 km / 855 m / GPS-Wegpunkt 10-01 Bahnhof Nesselwang. Abfahrt in Richtung Pfronten

0,2 km / 856 m / GPS-Wegpunkt 10-02 Bahnübergang. Hier die Gleise überqueren und dem Weg durch den Park folgen

0,6 km / 871 m / GPS-Wegpunkt 10-03 Am V-Markt links abbiegen in den Hertinger Weg

0,9 km / 864 m / GPS-Wegpunkt 10-04 Am Bahnübergang geradeaus weiterfahren

1,6 km / 887 m / GPS-Wegpunkt 10-05 An der Kreuzung links abbiegen, leicht bergauf fahren

2,2 km / 918 m / GPS-Wegpunkt 10-06 In Rindegg rechts abbiegen und auf dem Wiesenweg abfahren

3,3 km / 901 m / GPS-Wegpunkt 10-07 In Hertingen auf der Straße durch den Ort fahren bis zum Wildgehege. Danach weiter dem Straßenverlauf folgen

4,6 km / 889 m / GPS-Wegpunkt 10-08 Nach links auf Schottweg Richtung Kögelweiher

7,4 km 873 m / GPS-Wegpunkt 10-09 In Oberreuten rechts abbiegen nach Schweinegg

8,0 km / 895 m / GPS-Wegpunkt 10-10 In Schweinegg geradeaus und dann bergauf auf Teer

9,1 km / 919 m / GPS-Wegpunkt 10-11 Am Abzweig links und dann gleich rechts in den Trail einbiegen. Diesem dann Richtung Burgruine folgen

10,0 km / 944 m / GPS-Wegpunkt 10-12 Nach dem Schlossweiher an der Kreuzung nach links abbiegen. Ab hier steil bergauf (schieben)

10,4 km / 981 m / GPS-Wegpunkt 10-13 Am Abzweig links abbiegen und weiter hoch zur Burg fahren

11,5 km / 1018 m / GPS-Wegpunkt 10-14 Auf dem Sattel zwischen den beiden Burgruinen entweder zuerst zur Ruine Eisenberg oder zur Ruine Hohenfreyberg hinauffahren. Danach zurück zum Sattel und Abfahrt zur Schlossbergalm

12,2 km / 982 m / GPS-Wegpunkt 10-15 Rast an der Schlossbergalm. Danach Abfahrt auf dem Weg Richtung Eisenberg

12,9 km / 888 m / GPS-Wegpunkt 10-16 An der Gabelung links abbiegen

14,0 km / 824 m / GPS-Wegpunkt 10-17 In Eisenberg zum östlichen Ortsrand fahren und Straße an der Fußgängerampel überqueren

14,3 km / 824 m / GPS-Wegpunkt 10-18 An der Von-Freiberg-Volksschule links abbiegen und dem Wiesenweg folgen

14,8 km / 820 m / GPS-Wegpunkt 10-19 Kurz vor den Häusern rechts abbiegen und weiter dem Wiesenweg folgen

15,0 km / 817 m / GPS-Wegpunkt 10-20 An der Straße rechts und gleich wieder zweimal links abbiegen

15,6 km / 811 m / GPS-Wegpunkt 10-20 Am asphaltierten Weg rechts und bei der nächsten Gelegenheit wieder links abbiegen

15,8 km / 815 m / GPS-Wegpunkt 10-21 Am Abzweig rechts abbiegen

16,5 km / 837 m / GPS-Wegpunkt 10-22 An der Kreuzung links abbiegen und dem Wiesenweg bis nach Hopferau folgen

17,2 km / 818 m / GPS-Wegpunkt 10 -23 In Hopferau an der Kirche rechts der Hauptstraße bis zum Ortsende folgen. Dort den parallel verlaufenden Radweg Richtung Hopfen am See nutzen

18,4 km / 804 m / GPS-Wegpunkt 10-24 Rechts abbiegen und auf Wirtschaftsweg bergauf bis zur Kamelfarm

19,5 km / 822 m / GPS-Wegpunkt 10-25 Nach der Kamelfarm links abbiegen und bergab zum Hopfensee hinunterfahren

20,1 km / 789 m / GPS-Wegpunkt 10-26 Am Hopfensee links auf Uferweg Richtung Seepromenade

22,2 km / 787 m / GPS-Wegpunkt 10-27 Ende der Tour in Hopfen am See

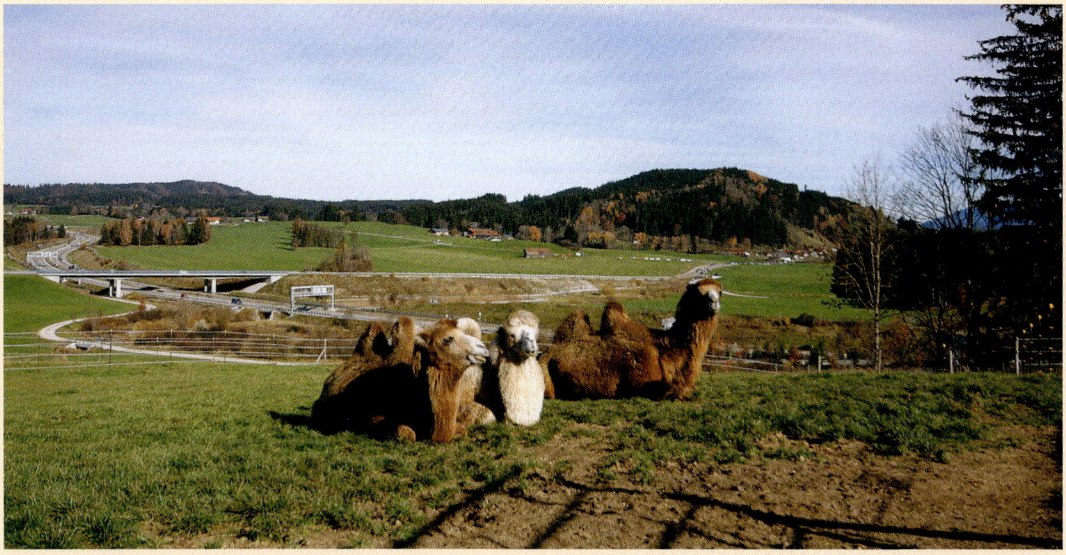

Merkwürdige »Kühe« findet man auch im Allgäu

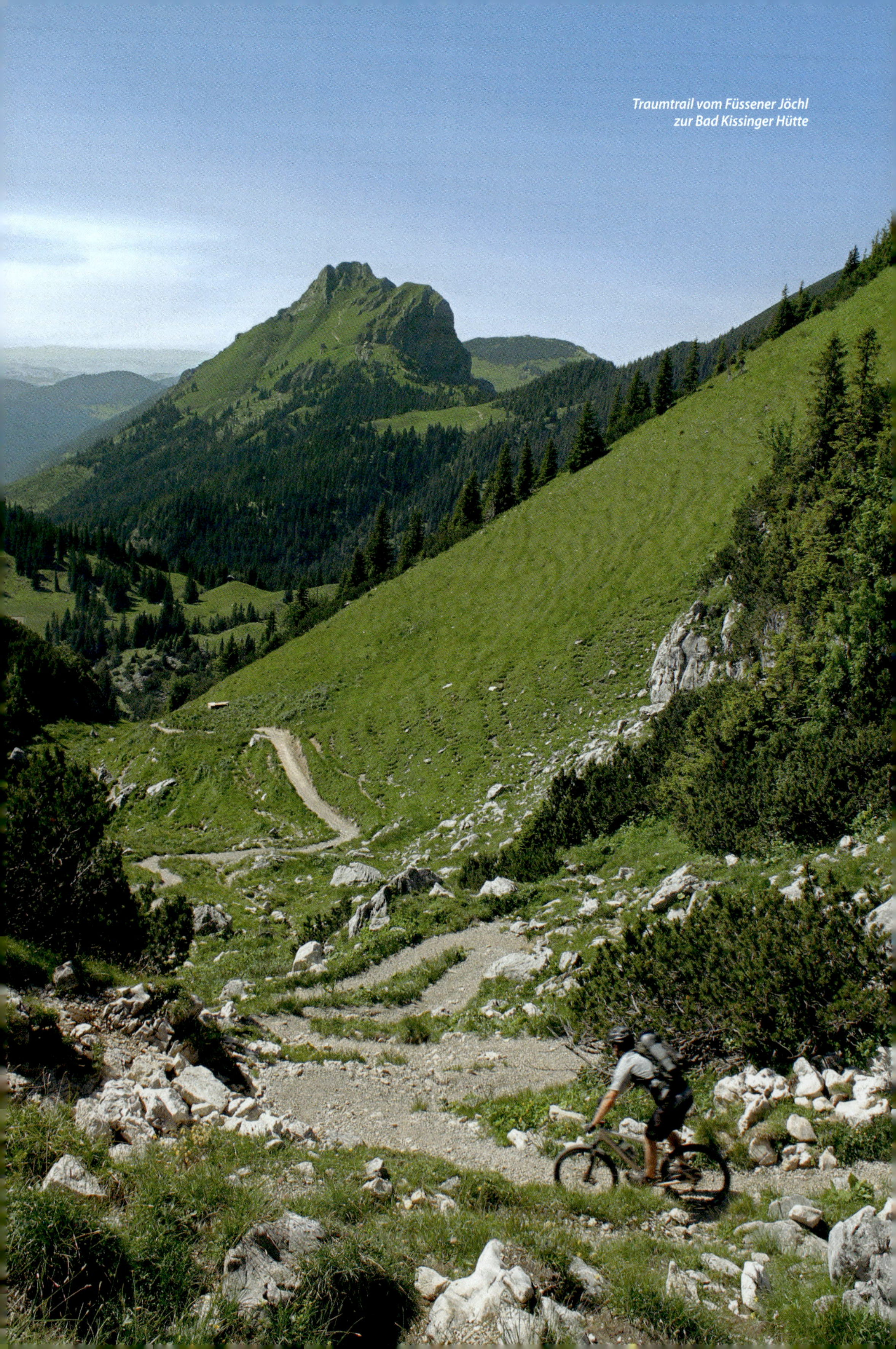

Traumtrail vom Füssener Jöchl
zur Bad Kissinger Hütte

Tourenregion Tannheimer Tal

Das Tannheimer Tal ist eine der schönsten Mountainbike-Urlaubsregionen an der Nordseite der Alpen. Verbunden durch ein fast eben verlaufendes Tal zwischen Schattwald und Gaicht, erheben sich auf beiden Seiten interessante Berge mit vielen Tourenmöglichkeiten. Die meisten davon lassen sich bequem auf gut ausgebauten Schotterwegen erreichen. Selbst einige Gipfel sind so mit überschaubarem Aufwand mit dem Bike erreichbar. Zudem locken nach der Tour überall schöne Seen zu einem erfrischenden Bad.

INFORMATIONEN

Tourismusverband Tannheimer Tal
Oberhöfen 110
A-6675 Tannheim
Tel. +43/(0)5675/62 20-0
www.tannheimertal.com
Tannheimer Bergbahnen
A-6675 Tannheim
Tel. +43/(0)5675/62 60
www.tannheimer-bergbahnen.at

Früher war das Tannheimer Tal eine wichtige Handelsroute. Der 1093 Meter hohe Gaichtpass wurde bis ins 6. Jahrhundert von den Römern als Wegverbindung zur Garnison Brigantium, dem heutigen Bregenz, genutzt. Im Mittelalter wurde der Weg als Saumpfad zu einer wichtigen Handelsroute, auf der in erster Linie Salz und Wein transportiert wurden. Im Ort Gaicht steht noch heute ein auf das 12. Jahrhundert zurückgehender Salzstadel.

Die alte, imposant in den Fels gehauene Straße, die vom Lechtal hinaufführt, kann heute mit dem Bike befahren werden. Für den modernen Autoverkehr wurden 1979 eine neue, breitere Straße sowie das große Gemstobel-Viadukt errichtet.

Auf die Berge fahren zahlreiche Seilbahnen, die neben ihrer Hauptbestimmung für den Wintersport auch im Sommer den Besuchern des Tannheimer Tals so manchen Auf- oder Abstieg erleichtern. Auch der Biketransport ist bei einigen Anlagen möglich.

Für anspruchsvolle Biker gibt es elf Bikestrecken von insgesamt 150 Kilometern Länge, die vom Land Tirol freigegeben und einheitlich beschildert worden sind. Zudem ist das Tannheimer Tal Ausgangspunkt für die neu konzipierte Strecke »Bike Trail Tirol«. Die große Rundtour mit über 800 Kilometern Länge und die vielen Verbindungsetappen mit weiteren 500 Kilometern Strecke sind so angelegt, dass die Biker sich ihre persönliche Strecke selbst zusammenstellen können.

Die Berge der Tannheimer Gruppe sind aus schroffem, grauem Kalkstein und bieten von allen Seiten ein imposantes Bild. Gimpel, Gaishorn und Aggenstein sind nur einige der markanten Spitzen, die rund um das Tannheimer Tal aufragen. Sie werden auf den vorgestellten Touren in diesem Bergtal unsere ständigen Begleiter und Beobachter sein.

11 Panoramatour über dem Tannheimer Tal

Fahrt auf eine Aussichtsterrasse

Schwierigkeit	Erlebniswert	Höhenmeter	Streckenlänge (in km)	Zeit (in Std.)
2	✪✪✪✪✪	443	12,2	2

TOURENCHARAKTER

AUSGANGS-/ENDPUNKT
Zöblen im Tannheimer Tal

ANFAHRT
A 7 bis Ausfahrt 137-Oy-Mittelberg, dann Richtung Bad Hindelang/Pfronten/B 310 und über Wertach, Jungholz und Unterjoch nach Oberjoch, vorbei an Schattwald nach Zöblen.

KONDITION
✪✪✪✪✪

FAHRTECHNIK
✪✪✪✪✪

ERLEBNISWERT
Fahrspaß: ✪✪✪✪✪ – Auffahrt auf asphaltierter Nebenstraße und weiter auf Schotter. Abfahrt in Serpentinen auf einem Schotterweg und zurück auf dem Radwegs durchs Tannheimer Tal. E-Bike-tauglich
Landschaft: ✪✪✪✪✪ – fantastische Panoramabilcke aufs Tal und die Berge bis zur Zugspitze
Kultur und Geschichte: ✪✪✪✪✪ – Bergwälder und Ortschaften

EINKEHRMÖGLICHKEITEN
Greither Weiher-Fischteich, Unterschwend 13 , A-6675 Tannheim, Tel. +43/(0)676/424 79 33, kochandreas@gmx.at, www.tannheimertal.com
Berghotel Zugspitzblick, Familie Burkert, Obere Halde 42a, A- 6677 Zöblen, Tel. +43/(0)5675/676 90, post@zugspitzblick-tirol.com, www.zugspitzblick-tirol.com

STRECKENPROFIL
Einfache Auffahrt auf Teer und Schotter mit Abfahrt auf einem Schotterweg durch den Wald, Tour ist auch in der Gegenrichtung befahrbar.
E-Bike tauglich

Teer:	4 km
Schotter:	8,2 km
Schieben/Tragen:	0 km/ 0 Hm
Trail bergauf:	0 km
Trail bergab:	0 km

HÖCHSTER PUNKT
1468 m, unterhalb des Einstein

NIEDRIGSTER PUNKT
1090 m, in Zöblen am Start und Endpunkt der Tour

LANDKARTE
Kompass Karte Nr. 4, Tannheimer Tal, 1:35 000

GPS/ROADBOOK
Tour 11 einstein.gpx mit 9 Wegpunkten

Das Tannheimer Tal bietet an seinen Rändern schroffe und senkrechte Felswände, die vor allem Kletterer und Klettersteiggeher anlocken. Für das Mountainbike ist dieses Terrain jedoch in der Regel zu steil und unwegsam. Dennoch kann man die faszinierende Landschaft des malerischen Tals auch auf dem Bike wunderbar genießen und sozusagen auf einer Panoramaterrasse erfahren. Ganz besonders bieten sich hierfür die Forstwege auf der Südseite des Tals an.

Eine dieser Touren führt uns von Zöblen aus an den Fuß des mächtigen Einsteins. Obwohl der Gipfel des Einsteins nicht das Ziel unserer Tour ist, hier ein paar Informationen zu diesem Berg: Dieser 1866 Meter hohe Kalksteinblock flankiert das Tannheimer Tal an seinem nordwestlichen Ende. Die solitäre Lage des Berges findet sich in seinem Namen mit dem »Ein« wieder. Die tief eingeschnittenen Täler Vilstal und Engetal trennen den Einstein von den benachbarten Erhebungen. Der auffallend viereckige Gipfel erhebt sich hoch über das Tannheimer Tal. Der zweite Teil des Namens »Stein« weist auf den felsigen Gipfelaufbau aus Kalkstein hin. Die Schartenhöhe des Einsteins beträgt übrigens 718 Meter. Das bedeutet, dass man von seinem Gipfel um 718 Meter absteigen muss, um den Aufstieg zum nächsten Gipfel zu erreichen. Seine Dominanz, also die Luftlinie zum nächsten höheren Gipfel, zum Aggenstein, beträgt zudem 3,5 Kilometer.

Schnell lassen wir den Talort Zöblen hinter uns und kurbeln die asphaltierten Serpentinen bis zum Gasthof Zugspitzblick hinauf. Obwohl wir uns nach den nur knapp 200 Höhenmetern nun wirklich noch keine Rast verdient haben, lädt die Panoramaterrasse des Berggasthofes zu einer kurzen Erfrischung ein, hat man doch hier oben den besten Blick über das ganze Tal. Vor allem an lauen Sommerabenden kann man hier oben wunderbar beobachten, wie die Sonne die umliegenden Berge und natürlich auch die in der Ferne leuchtende Zugspitze langsam in Rot- und Orangetönen einfärbt. Doch allzu lange sollten wir mit dem Aufbruch

12,2 km	443 Hm	Tagestour

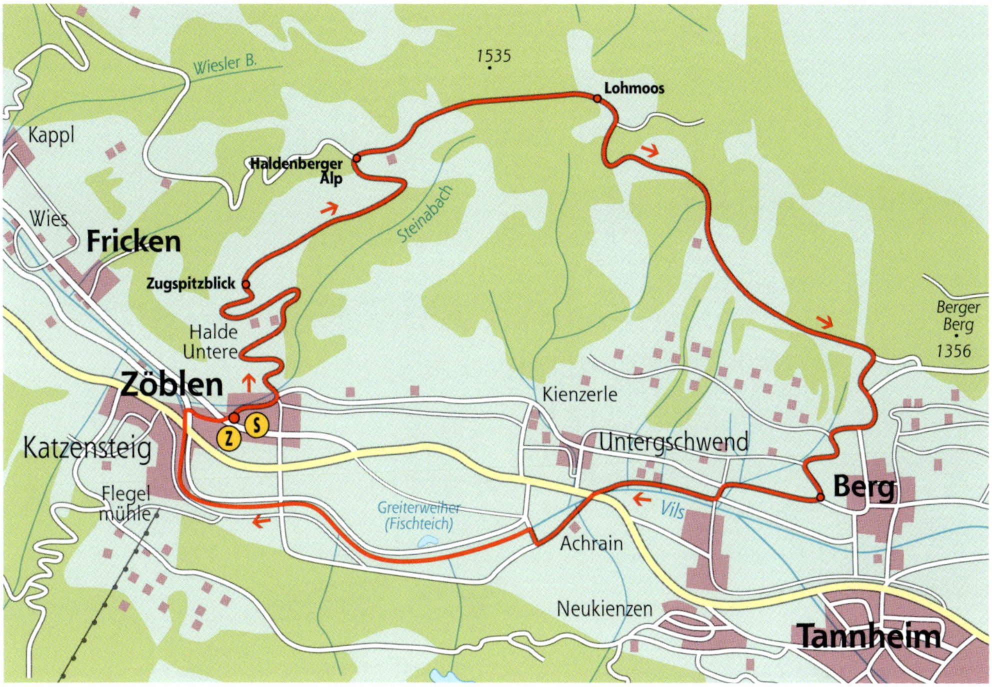

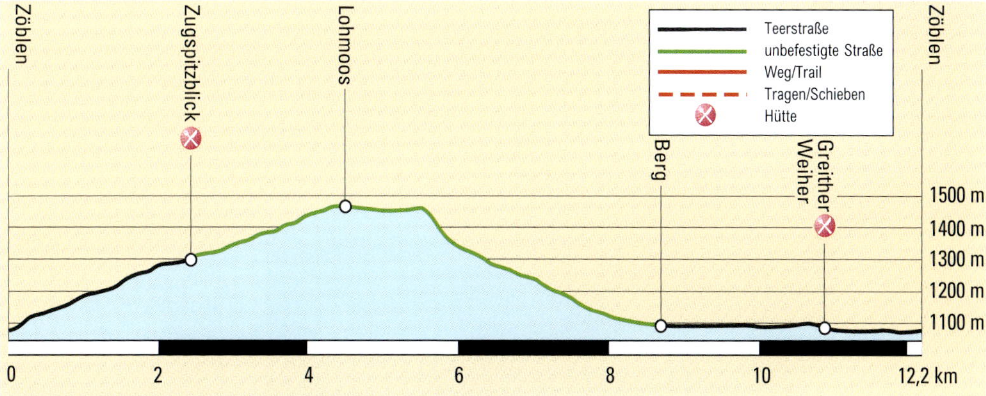

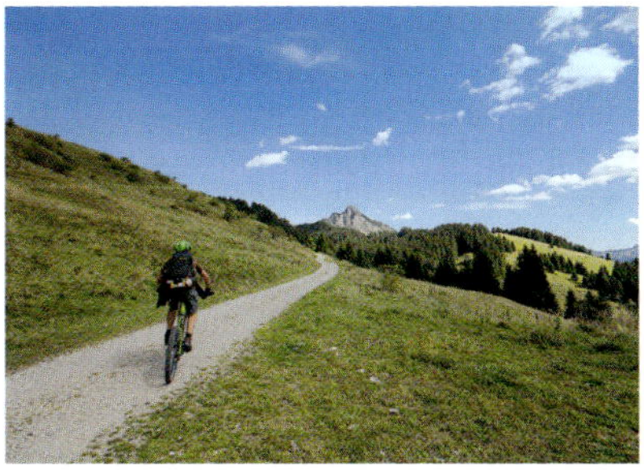

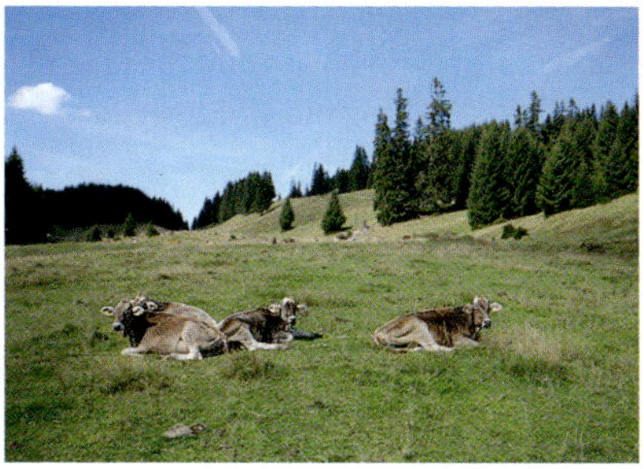

Die südlichen Tannheimer Berge sind ein Paradies für Mountainbiker.

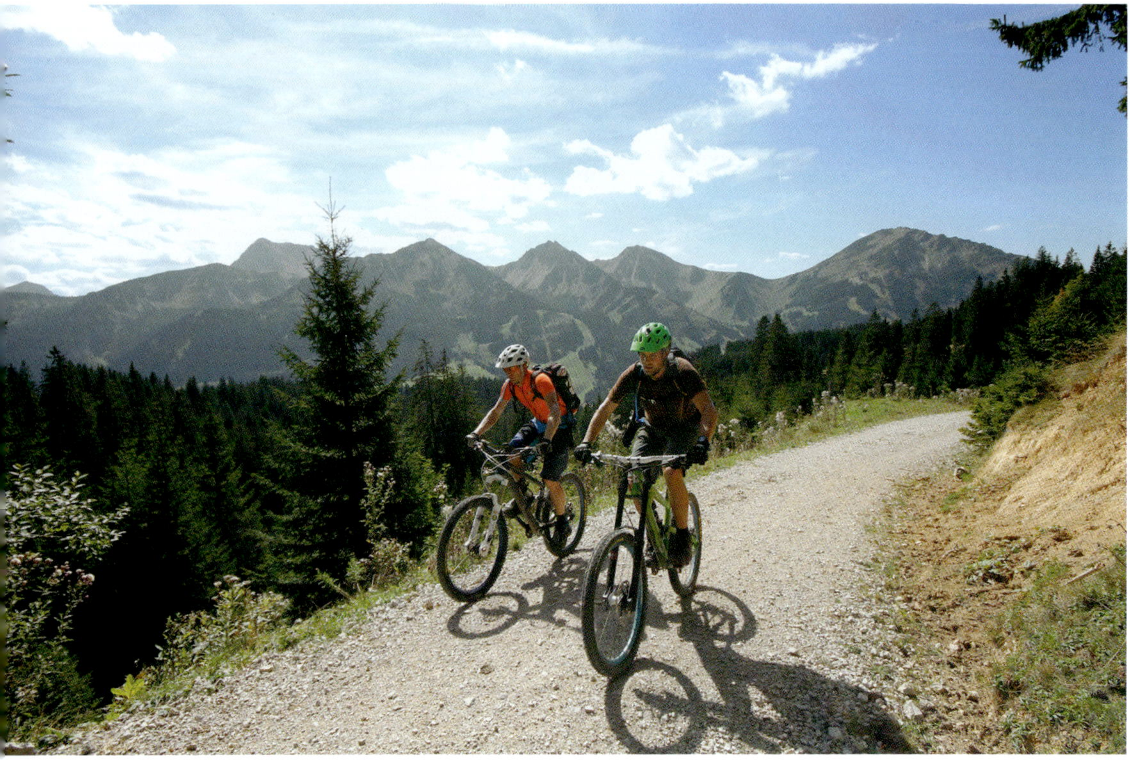

Weite Panoramablicke bei der Auffahrt

nicht warten, denn bis zur Abfahrt nach T annheim sind noch ein paar Höhenmeter zu absolvieren.

In knapp 20 Minuten sind die restlichen Kilometer auf der fortan geschotterten Strecke gemeistert. Unterhalb der steilen Kalkwand des Einsteins rollen wir auf dem Schotterweg zurück nach Tannheim. In ein paar Serpentinen geht es rasant zurück ins Tal. Dort angekommen nutzen wir nach dieser kurzen Runde den im Talgrund verlaufenden Radweg, um zurück zum Ausgangspunkt zu gelangen. Am Greither Weiher lockt ein kleiner Kiosk, den zu jeder Tageszeit zahlreiche Radfahrer für eine kurze Rast besuchen. Hier besteht die Möglichkeit zum Sportangeln auf Forellen für jedermann mit örtlicher Tageskarte, welche beim Hüttenwirt erhältlich ist. Zudem kann man dort täglich frisch geräucherte Forellen kaufen oder sich gleich vor Ort servieren lassen. Diese kleine Runde im Tannheimer Tal kann alternativ auch in der Gegenrichtung befahren werden.

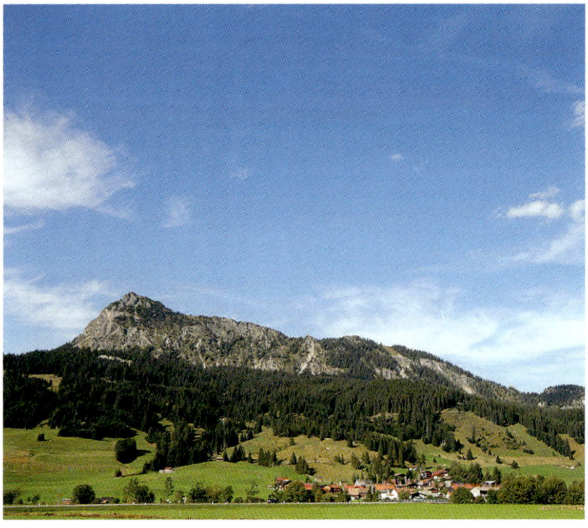

Der markante Felsgipfel des Einsteins

Routenbeschreibung

Track 11 – Tour 11 Einstein.gpx

0,0 km / 1090 m / GPS-Wegpunkt 11-01 Start am Parkplatz am Ortseingang von Zöblen. In den Ort hineinfahren und der Berschilderung »Gasthof Zugspitzblick« folgen. Am Ortsende in Serpentinen bergauf fahren

2,1 km / 1289 m / GPS-Wegpunkt 11-02 Am Gasthof Zugspitzblick Rastmöglichkeit. Danach weiter bergauf auf dem Schotterweg fahren

3,1 km / 346 m / GPS-Wegpunkt 11-03 Weggabelung. Hier links weiter bergauf fahren

3,4 km / 1383 m / GPS-Wegpunkt 11-04 An der Weggabelung rechts weiterfahren

4,7 km / 1468 m / GPS-Wegpunkt 11-05 Am höchsten Punkt der Tour weiter auf Schotter und an der gleich folgenden Weggabelung rechts. Ab jetzt auf dem Schotterweg bergab rollen

8,3 km / 1100 m / GPS-Wegpunkt 11-06 Im Tannheimer Ortsteil Berg endet die Abfahrt. Hier rechts abbiegen und dem Radweg Richtung Zöblen folgen

9,5 km / 1091 m / GPS-Wegpunkt 11-07 In Untergschwend die Unterführung unter der Hauptstraße nutzen und Weiter Richtung Zöblen fahren

10,6 km / 1098 m / GPS-Wegpunkt 11-08 Greither Weiher. Hier Rastmöglichkeit am Fischteich. Danach weiter dem Radweg nach Zöblen folgen

12,2 km / 1090 m / GPS-Wegpunkt 11-09 Am Sportgeschäft Müller rechts abbiegen und Tourende am Parkplatz

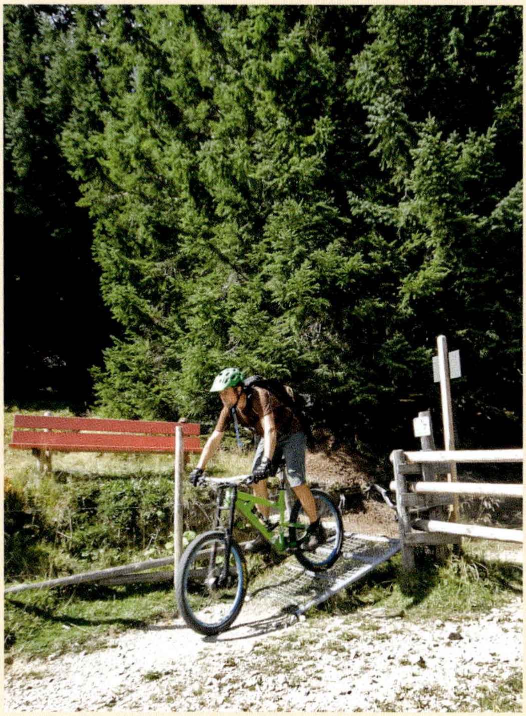

Der Weidezaun ist vorbildlich mit einer Überfahrung für Mountainbiker versehen.

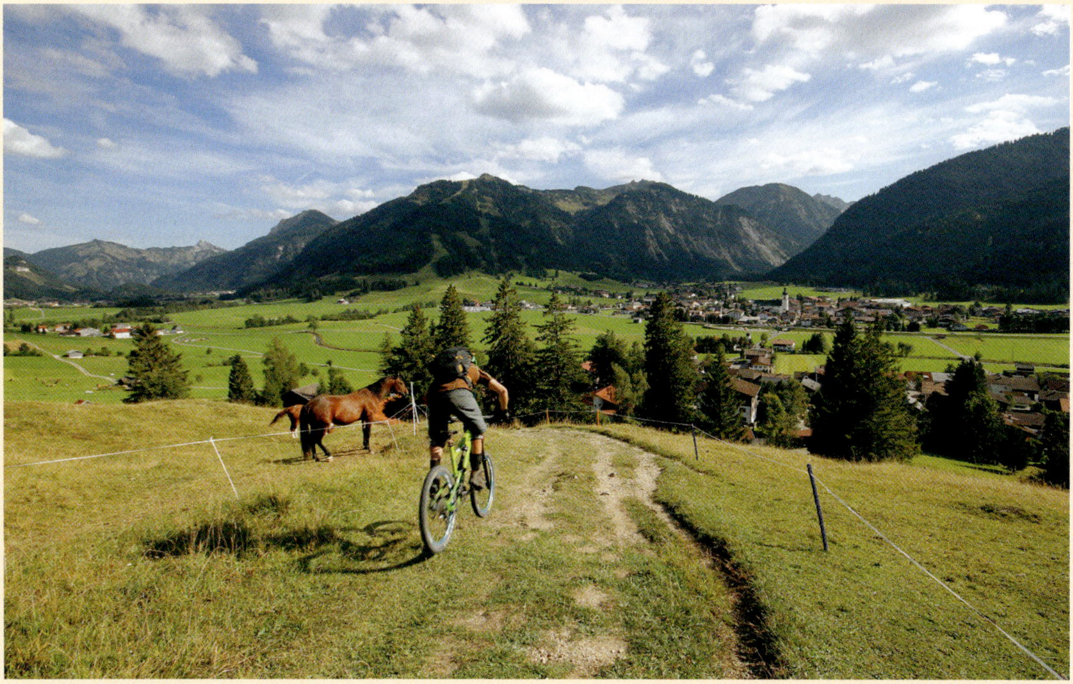

Auf der Abfahrt nach Zöblen

12 Zum Älpele

Knackige Tour im Tannheimer Tal mit Alp-Auffahrt und optionaler Singletrail-Abfahrt

3	✪✪✪✪✪	450	10,3	2
Schwierigkeit	Erlebniswert	Höhenmeter	Streckenlänge (in km)	Zeit (in Std.)

TOURENCHARAKTER

AUSGANGS-/ENDPUNKT

Talstation der Neunerköpfle-Seilbahn in Tannheim

ANFAHRT

A 7 bis Ausfahrt 137-Oy-Mittelberg, dann Richtung Bad Hindelang/Pfronten/B 310 und über Wertach, Jungholz und Unterjoch nach Oberjoch, nach Schattwald vorbei an Zöblen und nach Tannheim; auf der Umgehungsstraße am Ort vorbei bis zur Talstation der Neunerköpfle-Seilbahn. Alternativ mit der Bahn nach Pfronten, dann mit dem Bus oder dem Bike durchs Tal nach Grän.

KONDITION

✪✪✪✪✪

FAHRTECHNIK

✪✪✪✪✪

ERLEBNISWERT

Fahrspaß: ✪✪✪✪✪ – Singletrail-Abfahrt mit vielen technischen Herausforderungen
Landschaft: ✪✪✪✪✪ – Die von steilen Kalksteinwänden eingerahmte, malerische Alpe; toller Blick über das gesamte Tannheimer Tal
Kultur und Geschichte: ✪✪✪✪✪ – Besuch einer Bergbauern-Alpe

EINKEHRMÖGLICHKEITEN

Älpele (Innergschwend 4, A-6675 Tannheim, Tel. +43/(0)676/780 48 88, www.zoller-tirol.at/aelpele.html)

STRECKENPROFIL

Einfache Auffahrt auf Schotter. Abfahrt wahlweise auf Schotterweg oder auf parallel verlaufendem Singletrail. Auf dem Trail oft S3, einige wenige S4-Sektionen, im unteren Teil einfacher. E-Bike-tauglich

Teer:	2 km
Schotter:	5,5 km
Schieben/Tragen:	–
Trail bergauf:	–
Trail bergab:	2,5 km

HÖCHSTER PUNKT

1560 m, Alpwiese oberhalb Älpele

NIEDRIGESTER PUNKT

1097 m, Tannheim

LANDKARTE

Kompass Karte Nr. 04, Tannheimer Tal, 1:35 000

GPS/ROADBOOK

Tour 12 Aelpele.gpx mit 10 Wegpunkten

Diese kurze Tour eignet sich optimal für den Einstieg in die Gebirgsregion des Tannheimer Tals. Man kann auf dem Schotterweg nach oben die ersten Höhenmeter erklimmen und auf der Abfahrt seine Fertigkeiten im Gelände unter Beweis stellen. Zudem locken die Einkehr auf der malerisch gelegenen Alpe, der Panoramablick über das gesamte Tal sowie eine technisch anspruchsvolle Singletrail-Abfahrt zurück nach Tannheim.

Eine kurze, aber sehr lohnende Tour ist westlich von Tannheim zu finden. Malerisch eingebettet zwischen der mächtigen Nordwand des 2247 Meter hohen Gaishorns und der 1990 Meter hohen Rohnenspitze liegt diese Alpe in einem Hochtal.

Start der Tour ist die Talstation der Neunerköpfle-Seilbahn, wo sich ein großer Parkplatz befindet. Alternativ besteht auch die Möglichkeit, die Tour im Ortsteil Kienzen zu starten. In Wiesle beginnt der Schotterweg hinauf ins Älpeletal. Die Steigung auf dem Weg durch den Bergwald ist zwar moderat, dennoch zieht sich die Auffahrt auf dem Schotterweg etwas in die Länge. Die imposanten Felswände der umliegenden Berge rücken näher und näher, je weiter wir nach oben fahren. Ebenso wird der Blick zurück immer beeindruckender: Das breite Tannheimer Tal weitet sich nach und nach, und man überblickt von hier oben fast das gesamte Tal mit seinen satten Wiesen und den schroffen Berggipfeln dahinter. Bei der Auffahrt achten wir schon mal auf die Abzweige rechts und links des Wegs, denn auf der folgenden Abfahrt werden wir diese nutzen.

Bereits nach 450 Höhenmetern ist die Alpe erreicht. Am Brunnen bietet sich nochmals die Möglichkeit, die Trinkflaschen zu füllen. Zudem kann man in der Alpe auch einkehren und die hausgemachten Alpprodukte probieren. Dann geht es weiter. Der Weg ist noch ein Stück weit fahrbar, wird aber bald zu steil und unwegsam. Im Süden baut sich nun das Gaishorn auf; seine Nordflanke ist im Winter ein beliebter Skitourenhang. Für uns ist es aber an der Zeit, umzukehren und uns der Abfahrt zu widmen. Hier dürfen wir uns nun je nach Fahrkönnen und Anspruch an eine Mountainbiketour entweder für den technisch anspruchsvollen Singletrail oder für die schnelle Schotterwegsabfahrt entscheiden.

10,3 km	450 Hm	Tagestour

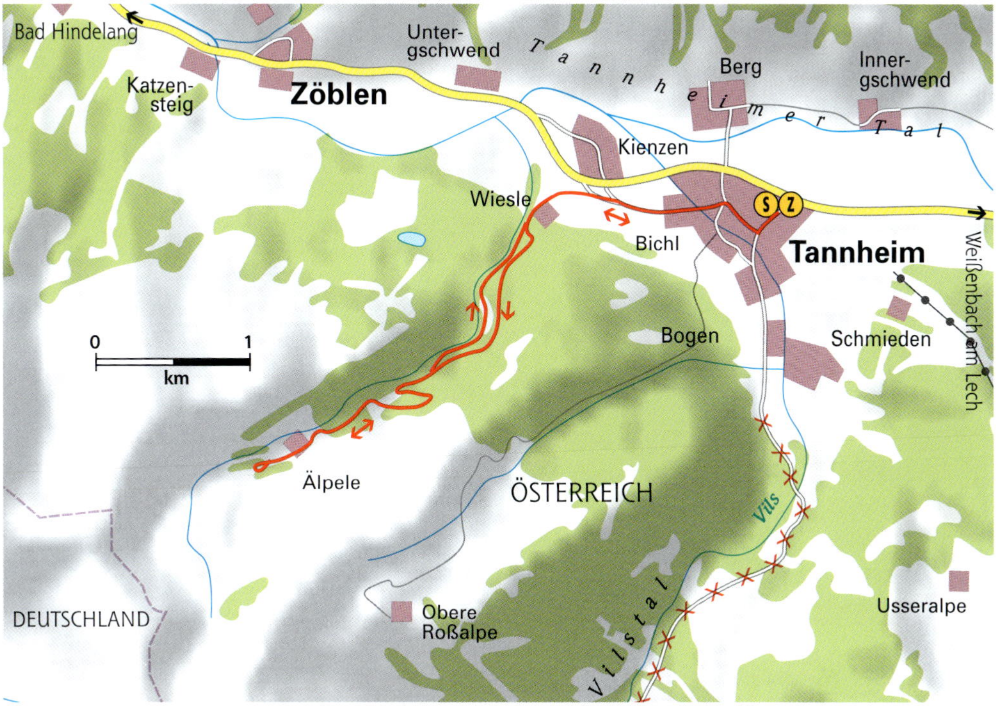

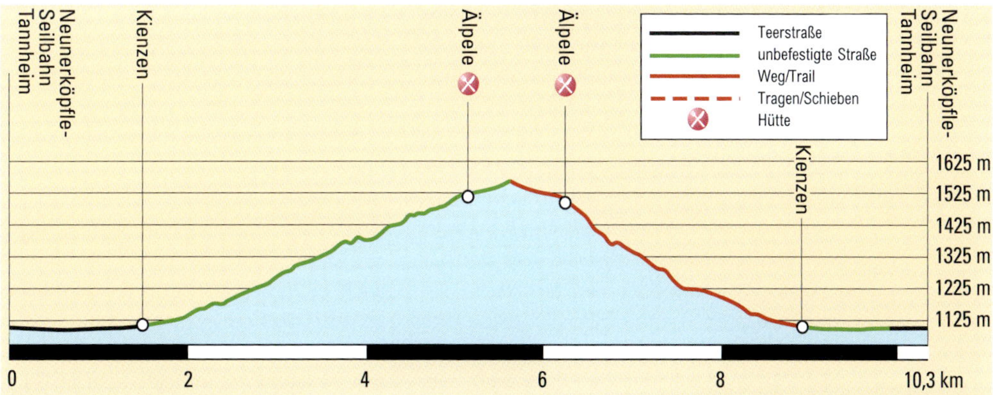

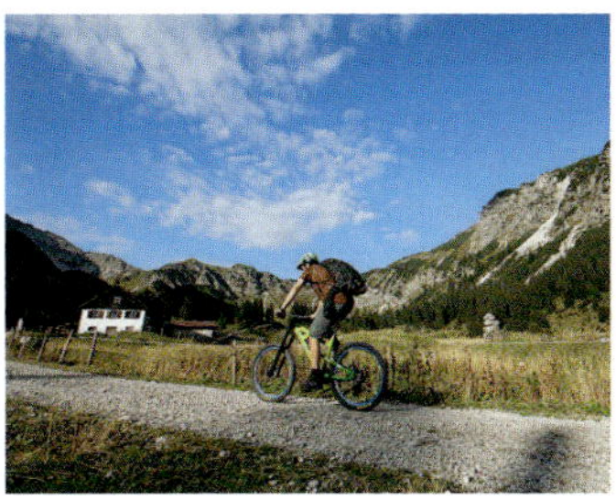
Anfahrt auf breiter Schotterstraße

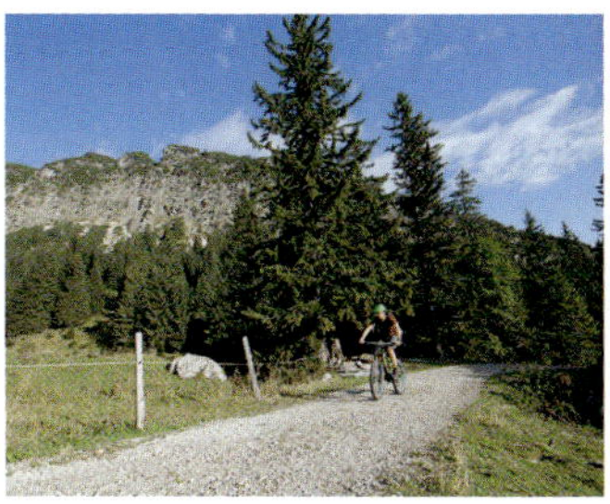
Nicht mehr weit bis zur Alm

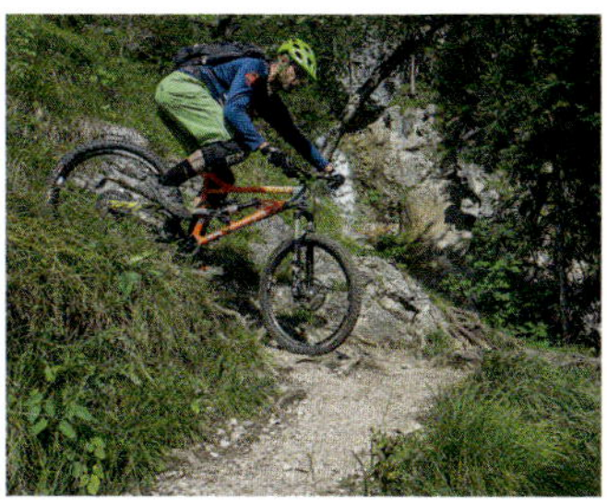
Optional: anspruchsvoller Singletrail

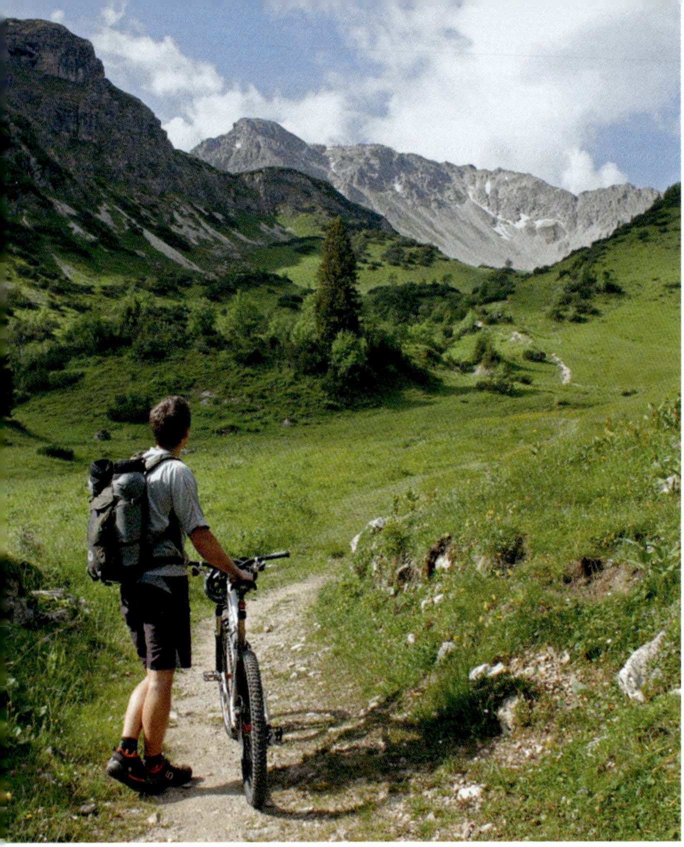

Kurz hinter Älpele endet der Weg.

Wer den Trail probieren will, ist hier gut beraten, zumindest für die Schienbeine und die Knie Protektoren dabei zu haben. Der Sattel wird abgesenkt und die Federgabel ausgefahren, dann starten wir auf dem Singletrail, der oberhalb der Alpe rechter Hand der Auffahrt beginnt und gleich mit einer felsigen und zum Teil auch wurzeligen Passage auf S3-Niveau aufwartet. An der Alpe und bis zur ersten Serpentine verläuft auch die Abfahrt wieder auf dem Schotterweg, dann zweigt der Trail links ab. Immer wieder sind technische verblockte Passagen, enge Spitzkehren und auch einige Absätze zu überwinden. Wir fahren von oben her wieder auf den Schotterweg zu. Hier gilt es die Balance zu halten, denn der Singletrail ist hier nur eine Hand breit, und eine Serpentine des Schotterweges verläuft gut drei Meter unter uns.

Nochmals fahren wir ein paar Meter auf dem Kiesweg ab, dann biegt der Singletrail wieder links ab und verläuft zunächst parallel zur Auffahrt, bevor er nach links im Bergwald verschwindet. Der Untergrund wechselt zwischen verblockt-felsig und ruppig-verwurzelt. Fahrtechnikspezialisten kommen hier voll auf ihre Kosten. Der richtige Einsatz der Bremsen, präzises Lenken und die korrekte Gewichtsverlagerung auf dem Bike sind die Voraussetzungen, um diesen Trail sicher fahren zu können. Stellenweise kann man ab hier einige Sektionen der Abfahrt mit S4 einstufen, was bedeutet, dass Trial-Techniken zum Einsatz kommen. Dabei muss man zudem immer darauf achten, dass die Räder in Bewegung bleiben und so die Hindernisse aus Steinen und Wurzeln überrollt werden können.

Dann wird das Gelände flacher und der Weg breiter. An einer Alpwiese müssen wir zweimal kurz stoppen, um einen Weidezaun zu übersteigen. Danach geht es schnell und flowig auf dem Waldboden und über Wurzeln weiter, ehe wir wieder auf den Schotterweg treffen. Dieser wird aber nur überquert, denn gegenüber geht der Singletrail noch ein paar Meter weiter. Schließlich haben wir den Talgrund wieder erreicht und rollen zurück nach Tannheim.

Der Ort Tannheim hat knapp über 1000 Einwohner. Noch heute ist der Ort hauptsächlich von der Landwirtschaft geprägt: Hier überwiegt – wie fast überall in der Region – die Viehwirtschaft. In den Tallagen befinden sich große Wiesenflächen, die vor allem für die Heuernte genutzt werden. Während die Kühe in den Sommermonaten auf den hoch in den Bergen gelegenen Alpen gehütet werden, befinden sich unten im Tal die großen Stallungen, in denen die Tiere im Winter stehen.

Eine zusätzliche Erwerbsquelle stellt natürlich der Tourismus dar, der sowohl im Sommer als auch im Winter Gäste in den Ort lockt. Bereits im Jahr 1059 erhielt der Augsburger Bischof von Kaiser Heinrich IV. das Recht auf Rodung und Anlegung von Siedlungen im Tannheimer Tal. Zunächst wurde das Tal vornehmlich noch als Alpe genutzt, doch nach und nach entstanden größere Siedlungen. Adelige wie die Grafen von Montfort und die Herren von Rettenberg erhielten damals vom Bischof Ländereien als Lehen. Sie hatten natürlich ein wirtschaftliches Interesse daran, die Wälder zu roden und stattdessen dort Landwirtschaft betreiben zu lassen. Zudem wurde das Tannheimer Tal mehr und mehr zu einer wichtigen Handelsroute.

Routenbeschreibung

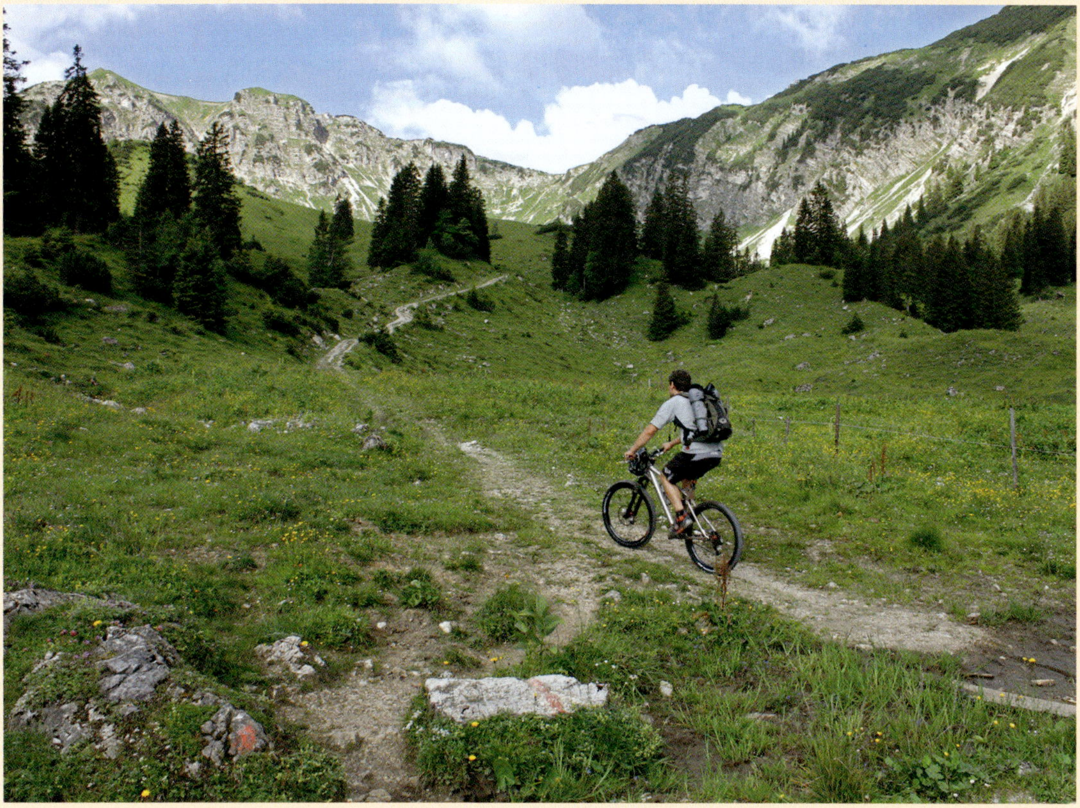

Die letzten fahrbaren Meter auf dem Älpele-Trail

Track 12 – Tour 12 Aelpele.gpx

0 km / 1097 m / GPS-Wegpunkt 12-01 Start an der Talstation der Neunerköpfle-Seilbahn in Tannheim. Rechts Richtung Ortskern fahren und dann geradeaus durch den Ort.

1,9 km / 1100 m / GPS-Wegpunkt 12-02 Im Ortsteil Wiesle ist der Beginn der Forststraße Richtung Älpele. Auf Schotter geht's bergauf. Die MTB-Strecke ist beschildert, kann aber auch so nicht verfehlt werden, denn es gibt keine Abzweige.

5,1 km / 1526 m / GPS-Wegpunkt 12-03 An der Alphütte Älpele noch ein Stück weiter auf dem Schotterweg bergauf fahren.

5,3 km / 1560 m / GPS-Wegpunkt 12-04 Ende des Schotterwegs. Hier befindet sich der Umkehrpunkt. Der Trail zweigt links ab und führt zurück zur Alpe.

5,5 km / 1526 m / GPS-Wegpunkt 12-05 Rastmöglichkeit an der Alphütte Älpele. Danach geht es weiter auf dem Schotterweg bergab.

6,4 km / 1420 m / GPS-Wegpunkt 12-06 Am Abzweig in den Trail nach links einbiegen.

6,7 km / 1340 m / GPS-Wegpunkt 12-07 Der Singletrail mündet wieder in den Schotterweg.

7,0 km / 1300 m / GPS-Wegpunkt 12-08 Der Trail zweigt wieder nach links ab.

8,4 km / 1100 m / GPS-Wegpunkt 12-09 Der Trail endet am Waldrand. Auf der Straße zurück nach Tannheim, durch den Ortskern und in Richtung Talstation fahren.

10,3 km / 1097 m / GPS-Wegpunkt 12-10 Tourende an der Talstation der Seilbahn.

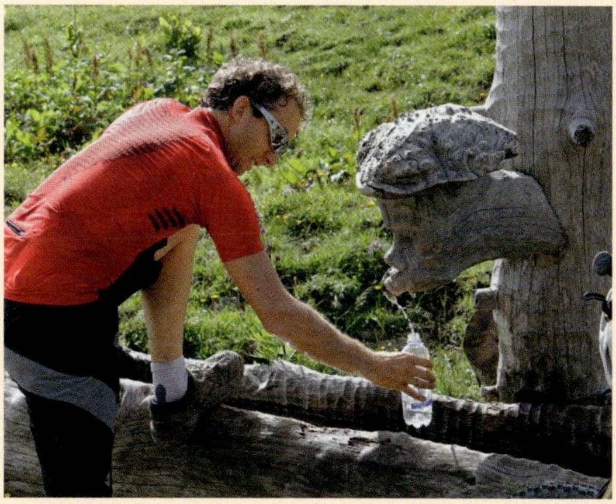

Der Brunnen an der Alm bietet die Möglichkeit, seine Trinkflasche noch einmal zu füllen.

13 Alpine Singletrail-Tour zur Bad Kissinger Hütte

Mit Seilbahnunterstützung zu einer anspruchsvollen Abfahrt

4	✪✪✪✪✪	913 (615 m Seilbahn)	12,9 (2,5 km Seilbahn)	3 (bei Seilbahnbenutzung)
Schwierigkeit	Erlebniswert	Höhenmeter	Streckenlänge (in km)	Zeit (in Std.)

TOURENCHARAKTER

ANFAHRT

A 7 bis Ausfahrt 137-Oy-Mittelberg, dann Richtung Bad Hindelang-Oberjoch/Pfronten/B 310 und über Wertach, Jungholz und Unterjoch nach Oberjoch, nach Schattwald vorbei an Zöblen und nach Tannheim; auf der Umgehungsstraße an Tannheim vorbei bis Grän, dort Richtung Pfronten und zur Talstation der Seilbahn aufs Füssener Jöchl.
Alternativ mit der Bahn nach Pfronten, dann mit dem Bus oder dem Bike durchs Tal nach Grän.

KONDITION

✪✪✪✪✪

FAHRTECHNIK

✪✪✪✪✪

ERLEBNISWERT

Fahrspaß: ✪✪✪✪✪ – Für fahrtechnisch versierte Biker ist diese Tour ein absolutes Highlight: Jede Kurve, jeder Wurzel und jeder Absatz wird zur Herausforderung!
Landschaft: ✪✪✪✪✪ – Panorama-Traumtour der Extraklasse hoch über dem Tannheimer Tal
Kultur und Geschichte: ✪✪✪✪✪ – Einsame Alphütten am Wegesrand

EINKEHRMÖGLICHKEITEN

Sonnenalm (Haldensee 7, A-6673 Grän, Tel. +43/(0)5675/51 29, www.tannheimertal.at/sonnenalm)
Seebenalpe
Bad Kissinger Hütte (Am Aggenstein, A-6673 Grän, Tel. +43/(0)676/373 11 66, www.dav-kg.de)

STRECKENPROFIL

Hochalpine Tour mit schwerer Abfahrt und mehreren Tragestücken bergauf. Trail durchgehend auf S3-Niveau, einige Schlüsselstellen S4 sowie ein kurzer Gegenanstieg. Die Tour verlangt eine exzellente Bikebeherrschung und eine fundierte Fahrtechnik im alpinen Gelände! Bei Nässe wird der Trail wegen hölzerner Stufen und zahlreicher Wurzeln extrem anspruchsvoll!

Teer:	0,5 km
Seilbahn:	2,5 km
Schotter:	1,5 km
Schieben/Tragen:	1,5 km/250 Hm
Trail bergauf:	1 km
Trail bergab:	6 km

HÖCHSTER PUNKT

1910 m, kurz hinter der Sonnenalm

NIEDRIGSTER PUNKT

1138 m, Grän

LANDKARTE

Kompass Karte Nr. 04, Tannheimer Tal, 1:35 000

GPS/ROADBOOK

Tour 13 Bad Kissinger Huette.gpx mit 25 Wegpunkten

An dieser Tour ist alles top: erstens die Lage, verläuft sie doch sehr hoch über dem Tannheimer Tal, dann die tolle Aussicht sowie die fantastische Trail-Abfahrt, die fahrtechnisches Können auf allerhöchstem Niveau erfordert. Toppen kann man das Ganze eigentlich nur noch mit einer Rast auf der Panoramaterrasse der Bad Kissinger Hütte.

Die wohl schönste Tour im Tannheimer Tal ist der traumhafte Panoramaweg zur Bad Kissinger Hütte. Eine Mischung aus Flowtrail und alpinen Steigen ist die richtige Herausforderung für ambitionierte Biker. Die Auffahrt führt über den Adlerhorst und die Gessewangalpe hinauf zum Füssener Jöchl.
Bei dieser Tour sollte man immer bedenken, dass der Höhenweg gern auch von Wanderern genutzt wird. Daher empfiehlt sich ein Befahren in Randzeiten, z. B. am späten Abend, wenn die Seilbahn den Betrieb bereits eingestellt hat. Dann hat man den wirklich lohnenden Singletrail fast für sich allein und kann die Abfahrt im herrlichen Abendlicht genießen. Wer die Bergstation der Seilbahn erreicht hat, der muss bis zum Einstieg in die erste Abfahrt nur wenige steile Höhenmeter zum Sefensattel hinauf bewältigen. Hier beginnt der Trail, der zunächst waagerecht am Hang entlangführt. Die östlich liegenden Berggipfel der Roten Flüh, des Gimpels und der Köllenspitze leuchten imposant im Abendlicht. Hier sollte man durchaus ein paar Minuten verweilen und den Augenblick genießen.
Ein Genuss ganz anderer Art folgt dann sogleich, wenn man sich der Abfahrt widmet. Der Trail ist breit, aber bestens ausgebaut und gut zu befahren. Eigentlich ist man ständig dazu geneigt, zu schnell zu fahren, aber der durchgehend lockere Untergrund erfordert doch etwas Fahrtechnik und eine angepasste Geschwindigkeit. Das Gelände ist sehr gut einsehbar und ermöglicht es, bei Begegnungen mit anderen Wegenutzern

12,9 km	913 Hm	Tagestour

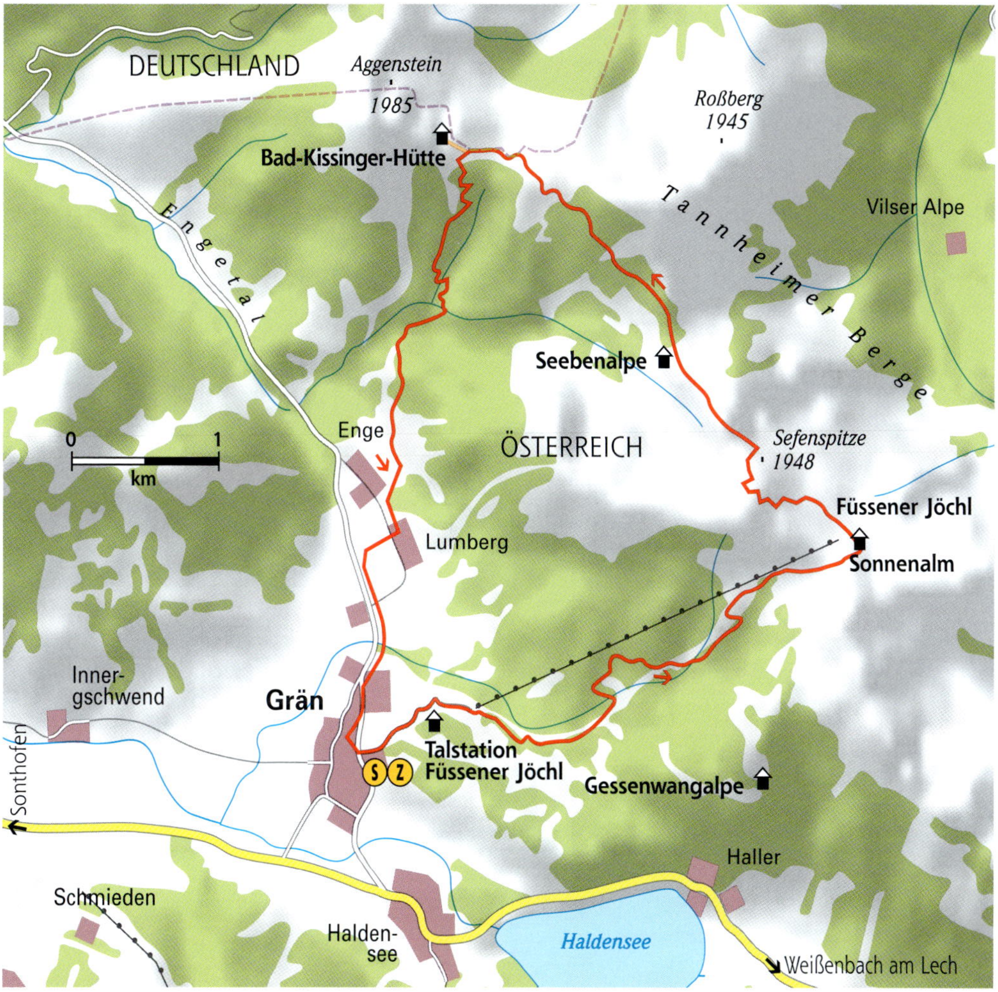

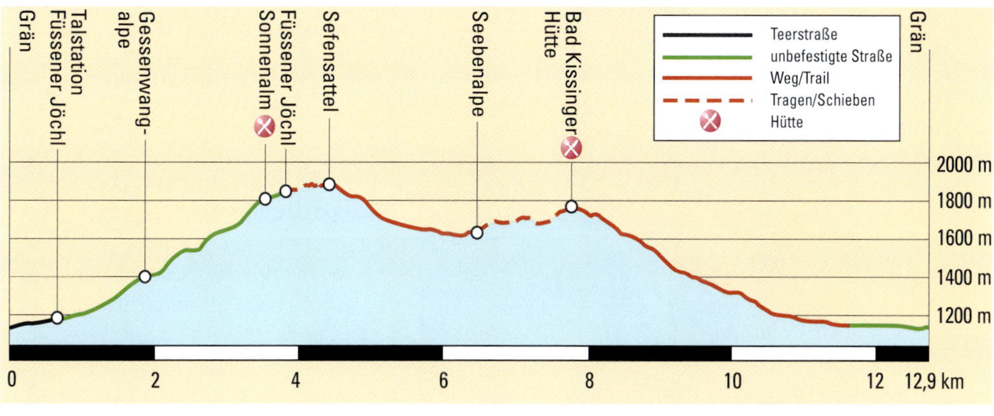

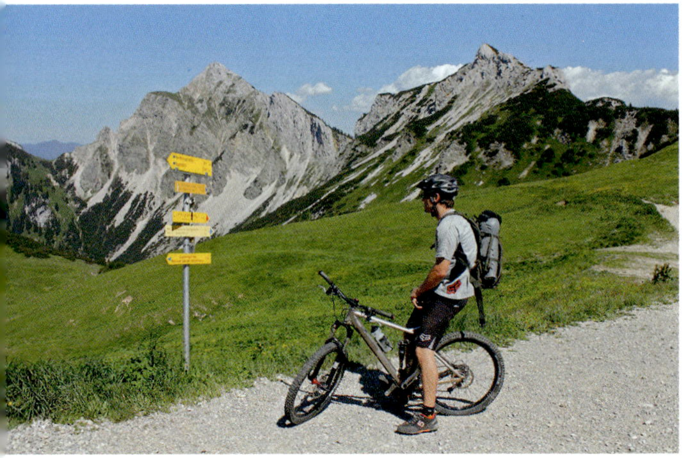

Blick auf die Berge am Füssener Jöchl

Bild rechte Seite: Traumtrail vor Traumkulisse

rechtzeitig die Geschwindigkeit drastisch zu reduzieren und die gebührende Rücksicht zu nehmen. Immer wieder sind ein paar kurze fahrtechnisch anspruchsvollere Abschnitte über Stufen, felsigen Untergrund oder durch enge Spitzkehren zu meistern, bevor wir schließlich die Sebenalpe erreichen.

Ab hier endet auch erst einmal der Abfahrtsspaß, und es gilt, sich fortan die nächsten Höhenmeter wieder selbst zu erarbeiten. Auch wenn einige kurze Abschnitte des Trails fahrbar sind, ist der Weg hinauf zur Bad Kissiger Hütte meist schiebend und an einigen Stellen sogar tragend zu absolvieren. Das kann gerade im Sommer eine schweißtreibende Angelegenheit sein. Gut beraten ist man daher, wenn man diese Tour erst am späten Nachmittag beginnt, sodass während der anstrengenden Schiebepassage die Hitze bereits am Abklingen ist.

Die ersten zwei Abzweige in Richtung Grän lassen wir links liegen und passieren schließlich nach einigem Auf und Ab unseren Abzweig in Richtung Tal. Hier werden wir nach der Einkehr auf der Bad Kissinger Hütte ins Tal abfahren. Doch zunächst nehmen wir den kurzen Anstieg hinauf zur Hütte noch gern in Kauf, wurde diese doch wie ein Adlerhorst auf einem Felsen hoch über dem Tannheimer Tal in malerischer Lage erbaut. Hier die Nachmittagsstunden zu genießen, in Ruhe noch mal etwas zu trinken und etwas Kraft für die Abfahrt zu tanken, rundet diese Tour vortrefflich ab. Hier kann man getrost auch einige Zeit damit verbringen, den Dohlen bei ihren Flugkunststücken zuzusehen oder zu versuchen, auf einer der Wiesen unterhalb der Hütte ein Murmeltier zu erspähen.

Nach der Rast auf der Hütte erwartet uns nun eine sehr anspruchsvolle, stellenweise auch extreme Abfahrt. Wer sich hier hinunter wagt, der sollte sein Bike perfekt beherrschen, das Hinterrad sicher versetzen können und auch vor hohen Stufen und losem Untergrund nicht zurückschrecken! Für alle anderen wird das hier sicher ein unangenehmes Schiebestück werden.

Wir wissen aber, was uns erwartet, denn genau deshalb sind wir auch hergekommen. Nun gilt es die Schlüsselstellen zu knacken. Wenn dies nicht gleich gelingt, dann probieren wir es wieder und wieder, heißt: Wer absteigt, trägt sein Bike wieder nach oben und probiert die Schlüsselstelle noch einmal. Das Risiko ist überschaubar, das Gelände ist nicht ausgesetzt, und der Trail verläuft durchgehend im steilen Bergwald. Dennoch ist es bei dieser Tour ratsam, über die entsprechende Ausrüstung zu verfügen. Die Beine und auch die Ellenbogen sind mit Protektoren geschützt, und Bergstiefel und Plattformpedale sind angesagt – Klickpedalschuhe sind auf dieser Tour eher fehl am Platz. Auch das Bike sollte für schwere technische Trails geeignet sein: Hierzu gehören ein breiter Lenker, gute Bremsen, eine tief

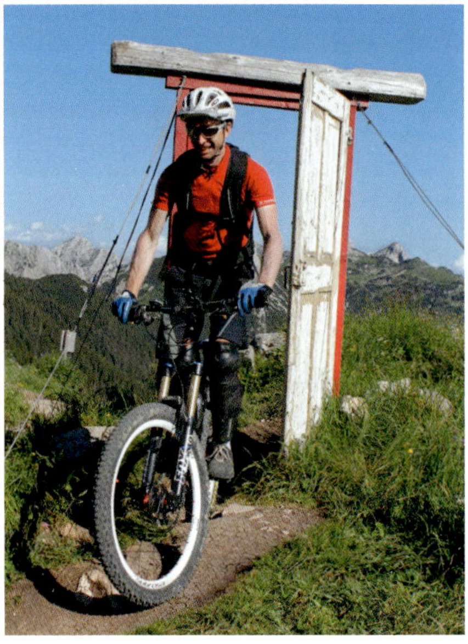

Die Tür zur Bad Kissinger Hütte

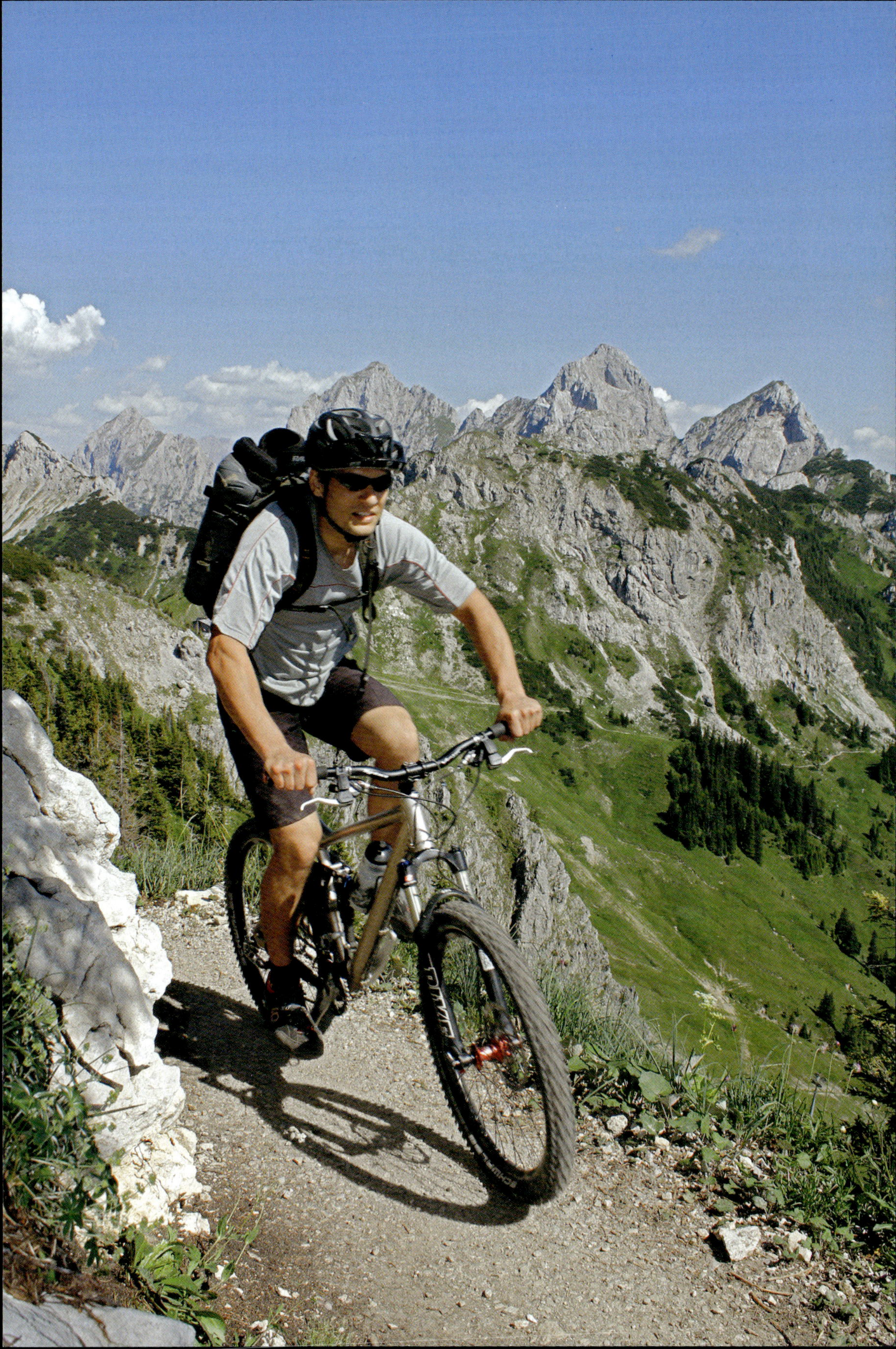

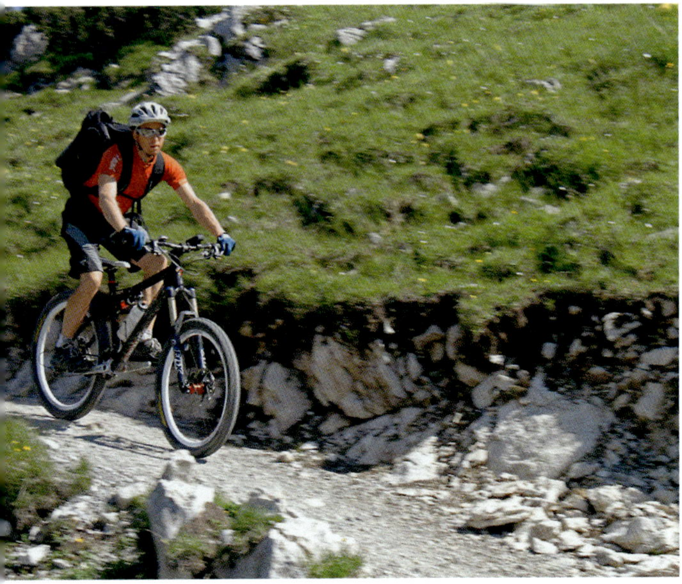

Spitzkehrenspaß auf der Abfahrt vom Füssener Jöchl

versenkbare Sattelstütze und natürlich die geeignete Bereifung zur Grundausstattung.
Weiter geht die Abfahrt. Vor vielen der engen Kehren wurde der Weg mit Holzbalken befestigt. Diese überfährt man idealerweise immer im rechten Winkel. Dazu ist es an den meisten Stellen sehr gut, wenn man sein Hinterrad anheben und versetzen kann. So ist man in der Lage, den Balken, die folgende Kehre und das nächste Steilstück immer im idealen Winkel anzufahren.

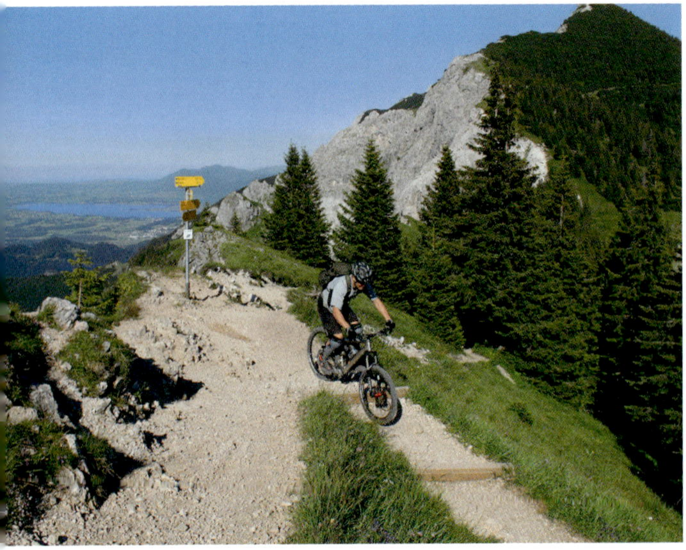

Trailabzweig in Richtung Grän

Auf der Abfahrt folgt Kehre auf Kehre, Absatz auf Absatz, und auch zahlreiche Wurzelpassagen gilt es zu überwinden. Die ganze Zeit über sind volle Konzentration und Körperspannung erforderlich. Ausruhen kann man sich auf dieser Abfahrt nur, wenn man anhält. Dies sollte man allerdings nicht allzu oft tun, denn richtig gut und flüssig fahren kann man meist nur, wenn man dranbleibt an der Sache.
Die Herausforderung besteht auf diesem Trail darin, alle Passagen richtig einzuschätzen und die richtige Linie zu wählen. Wem das gelingt, der kann es schaffen, den größten Teil des Weges »no foot« zu fahren, also den ganzen Trail durchzufahren, ohne den Fuß auch nur ein einziges Mal abzusetzen. Eine echte Herausforderung auf dieser Abfahrt, aber eine lohnendes Ziel!
Denn wer dieses Ziel erreicht, der wird den Zustand »Flow« erreichen, wo man eins wird mit seinem Bike, wo es einfach läuft. Fehler passieren nicht, man gleitet durch diesen technischen Trail. Die Entscheidungen für den Einsatz der Bremsen, die Gewichtsverlagerung, die richtige Technik werden im Gehirn in Millisekunden getroffen, die Muskulatur reagiert reflexartig auf dessen Befehle, das Bike setzt die perfekten Impulse und Bewegungen des Bikers optimal um. Federung und Bremsen arbeiten perfekt, der Gummi des Reifens überträgt alles auf den Untergrund. So macht Mountainbiken Spaß!
Dann kreuzen wir noch zweimal einen Bachlauf, meistern einen ganz kurzen Gegenanstieg und erreichen schließlich das erste Mal einen Schotterweg. Diesen kreuzen wir natürlich nur und stellen uns weiter den fahrtechnischen Herausforderungen auf dem folgenden Trailabschnitt. Der Charakter des Wegs ändert sich, tiefe Rinnen und loses Material erfordern eine vorausschauende Fahrweise und eine geschickte Linienwahl.
Nachdem wir den Schotterweg ein zweites Mal gekreuzt haben, sind noch einige Wurzelpassagen zu meistern. Danach führt uns ein leicht fallender Weg bequem zurück nach Grän. Noch einmal halten wir an und blicken zurück auf den Berg und die Hütte oben am Fels. Was für ein Ritt!

Routenbeschreibung

Track 13 – Tour 13 Bad Kissinger Huette.gpx

0 km / 1138 m / GPS Wegpunkt 13-01 Start in der Ortsmitte von Grän. Auf der Hauptstraße Richtung Pfronten fahren

0,6 km / 1152 m / GPS Wegpunkt 13-02 Am Ortsende von Grän gegenüber dem Almhotel Told nach dem Bach rechts bergauf fahren. Der Ausschilderung »Adlerhorst« folgen

2,2 km / 1305 m / GPS Wegpunkt 13-03 Die Seilbahn wird gekreuzt; weiter bergan auf dem Schotterweg fahren

2,8 km / 1336 m / GPS Wegpunkt 13-04 Am Abzweig weiter geradeaus Richtung Adlerhorst bergauf fahren

3,9 km / 1401 m / GPS Wegpunkt 13-05 An der Schotterkreuzung kurz vor dem Adlerhorst nach links bergauf Richtung Gessewangalpe fahren

4,6 km / 1489 m / GPS Wegpunkt 13-06 An der Schotterweggabelung rechts halten – der linke Abzweig ist eine Sackgasse

5,2 km / 1581 m / GPS Wegpunkt 13-07 Gessewangalpe. Links auf dem Trail bergauf schieben – der Schotterweg geradeaus ist eine Sackgasse. Das Schiebestück ist relativ kurz, der Trail wird bald wieder fahrbar und führt später dann z. T. auf Holzbrücken über sumpfiges Gelände

6,5 km / 1723 m / GPS Wegpunkt 13-08 Am Trail-Abzweig nach links Richtung Seilbahn-Bergstation fahren

7,3 km / 1818 m/ GPS Wegpunkt 13-09 Das Füssener Jöchl ist erreicht.

7,5 km / 1820 / GPS Wegpunkt 13-10 Bergstation der Seilbahn; nach links steil bergauf fahren

8,1 km / 1910 m / GPS Wegpunkt 13-11 Der höchste Punkt ist unterhalb der Sefenspitze erreicht. Weiter geht es auf dem Trail Richtung Sebenalpe. Es folgt eine Abfahrt mit Kehren. Loser Untergrund erfordert eine gute Bikebeherrschung und eine angepasste Geschwindigkeit.

9,5 km / 1700 m / GPS Wegpunkt 13-12 An der Sebenalpe weiter geradeaus Richtung Bad Kissinger Hütte fahren

10,1 km / 1650 m / GPS Wegpunkt 13-13 Abzweig nach Grän. Weiter geradeaus bergauf. Schiebestück auf dem Trail

11,3 km / 1720 m / GPS Wegpunkt 13-14 Abzweig nach Grän. Hier geht es später hinunter. Weiter geradeaus zur Bad Kissinger Hütte hinaufschieben

11,6 km / 1788 m / GPS Wegpunkt 13-15 Rast an der Bad Kissinger Hütte. Dann zurück zum Abzweig auf dem Trail abfahren

11,9 km / 1720 m / GPS Wegpunkt 13-16 Abzweig nach rechts. Es folgt der technisch anspruchsvolle Trail Richtung Grän: In Serpentinen und über viele hohe Stufen geht's bergab.

13,1 km / 1400 m / GPS Wegpunkt 13-17 Nach der Bachdurchquerung folgt ein kurzer Gegenanstieg.

13,6 km / 1350 m / GPS Wegpunkt 13-18 Zweite Bachdurchquerung, weiter auf dem Trail abfahren

13,9 km / 1300 m / GPS Wegpunkt 13-19 Der Schotterweg wird gekreuzt, weiter geradeaus auf dem Trail bleiben; beschilderter und markierter Wanderweg

14,3 km / 1250 m / GPS Wegpunkt 13-20 Zweites Kreuzen des Schotterwegs, auch hier weiter geradeaus auf dem Trail bleiben. Auf die Markierung achten!

14,9 km / 1180 m / GPS Wegpunkt 13-21 Ende des Singletrails. Weiter bergab auf dem Schotterweg Richtung Grän rollen

16,6 km / 1138 m / GPS Wegpunkt 13-22 Tourende in Grän

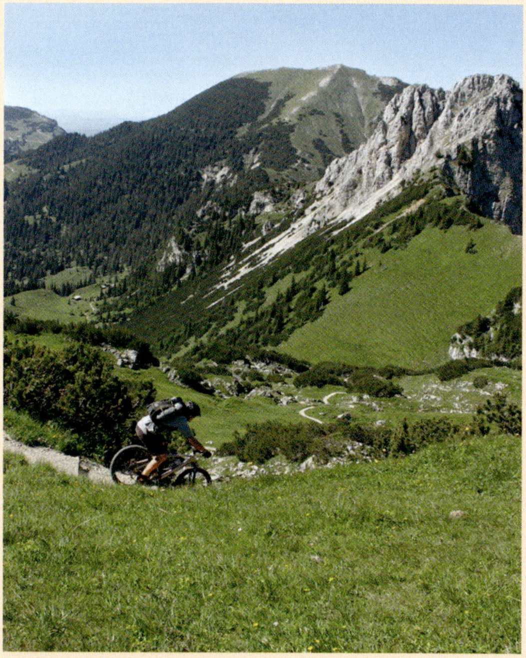

Auf dem Trail zur Sebenalpe

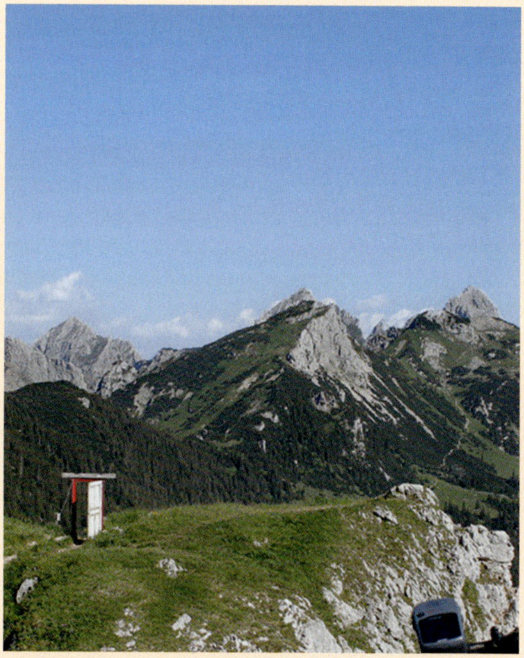

Auf der Terrasse der Bad Kissinger Hütte

14 Zur Gappenfeldalpe

Hoch hinaus zu den Almen und auf die Berge im Tannheimer Tal

2	✪✪✪✪✪	945	20	3
Schwierigkeit	Erlebniswert	Höhenmeter	Streckenlänge (in km)	Zeit (in Std.)

TOURENCHARAKTER

AUSGANGS-/ENDPUNKT
Parkplatz am Strandbad Haldensee

ANFAHRT
A 7 bis Ausfahrt 137-Oy-Mittelberg, weiter Richtung Bad Hindelang-Oberjoch/Pfronten/B 310 und über Wertach, Jungholz, Unterjoch nach Oberjoch, nach Schattwald vorbei an Zöblen und nach Tannheim; auf der Umgehungsstraße an Tannheim und Grän vorbei bis zum Haldensee.
Alternativ mit der Bahn nach Pfronten, dann mit dem Bus oder dem Bike durchs Tal nach Grän und zum Haldensee.

KONDITION
✪✪✪✪✪

FAHRTECHNIK
✪✪✪✪✪

ERLEBNISWERT
Fahrspaß: ✪✪✪✪✪ – Schöne Rückfahrt auf dem Schotterweg
Landschaft: ✪✪✪✪✪ – Tolle Serpentinenstrecke zur Strindenscharte direkt vor der Wand des 2068 m hohen Litnisschrofen
Kultur und Geschichte: ✪✪✪✪✪ – Wir passieren auf dieser Tour eine Vielzahl von Alpen.

EINKEHRMÖGLICHKEITEN
Edenbachalpe
Oberere Strindenalpe
Gappenfeldalpe (A-6673 Grän 67, Tel. +43/(0)5675/63 90)

STRECKENPROFIL
Lange Auffahrt auf Schotterwegen rund um die Tannheimer Berge zu mehreren Alpen. Die Abfahrt auf demselben Weg erfordert keine besonderen fahrtechnischen Kenntnisse. Optional kann man noch zu Fuß auf den Gipfel der Schochenspitze steigen. E-Bike-tauglich

Teer:	–
Schotter:	18,5 km
Fußweg ohne Bike:	1,5 km/200 Hm
Trail bergauf:	–
Trail bergab:	–

HÖCHSTER PUNKT
1860 m, Gappenfeldalpe; evtl. 2069 m, Schochenspitze (zu Fuß erreichbar)

NIEDRIGSTER PUNKT
1124 m, Haldensee

LANDKARTE
Kompass Karte Nr. 04, Tannheimer Tal, 1:35 000

GPS/ROADBOOK
Tour 14 Gappenfeldalpe.gpx mit 15 Wegpunkten

HINWEIS
In Tirol ist es leider nicht selbstverständlich, dass alle vorhandenen Alm- und Forstwege mit dem Fahrrad befahren werden dürfen. In vielen Gemeinden übernimmt der Tourismusverband die Versicherung und ermöglicht es so dem Wegehalter, die Zufahrt zu Almen und Bergen zu gestatten. Ist dies nicht der Fall, kann es durchaus vorkommen, dass selbst an breiten Forstwegen Radfahrverbotsschilder aufgehängt werden. Dies ist leider auch bei der Tour zur Gappenfeldalpe der Fall. Alternativ kann man die Gappenfeldalpe über das Neunerköpfle (Tour 16) auf einem Panaoramaweg erreichen. Dieser führt über einen schmalen Pfad, auf dem die Mountainbikes teilweise geschoben werden müssen.

Die Panoramatour führt zu den schönsten Almen des Tannheimer Tals. Bizarre Kalksteinwände und einsame Bergtäler machen diese Tour zu einem echten Erlebnis. Nach dem Deponieren der Bikes ist zudem in einem kurzen Fußmarsch der Gipfel der Schochenspitze erreichbar, von wo aus man einen grandiosen Blick auf die umliegende Bergwelt genießen kann.

Das Tannheimer Tal ist ein wahres Eldorado für Mountainbiker. Zahlreiche Skigebiete und viele Alpen sind durch gut ausgebaute und somit bestens fahrbare Schotterwege erschlossen. Das weite Tal bietet an allen Punkten ein beeindruckendes Panorama auf die umliegende Bergwelt. Dieses wird natürlich umso besser, je weiter man sich nach oben begibt. Dann wird auch der Blick frei auf die malerisch gelegenen Bergseeen, die hier in allen Höhenlagen anzutreffen sind.
Die heutige Tour startet am größten See im Tannheimer Tal, dem Haldensee. Ausgangspunkt ist der große Parkplatz am Strandbad. Ein Schotterweg führt am Südufer des Sees entlang. Hier gilt es kurz aufzupassen, denn der beschilderte Wanderweg schneidet einige der Serpentinen ab und ist somit zu steil zum Fahren. Wir bleiben also auf dem Schotterweg und biegen bereits nach wenigen Metern nach rechts ins Strindenbachtal ab. Nachdem wir die bewirtschaftete Edenbachalpe auf 1405 Metern Höhe passiert haben, windet sich die Schotterpiste in zahlreichen Serpentinen nach oben. Unser Blick schweift dabei immer wieder über die imposante Wand des 2068 Meter hohen Litnisschrofen direkt vor uns.
Bei der Auffahrt begegnen wir hier ganz sicher weidenden Kühen. Oft stehen die großen Tiere aber auch auf

20 km	945 Hm	Tagestour

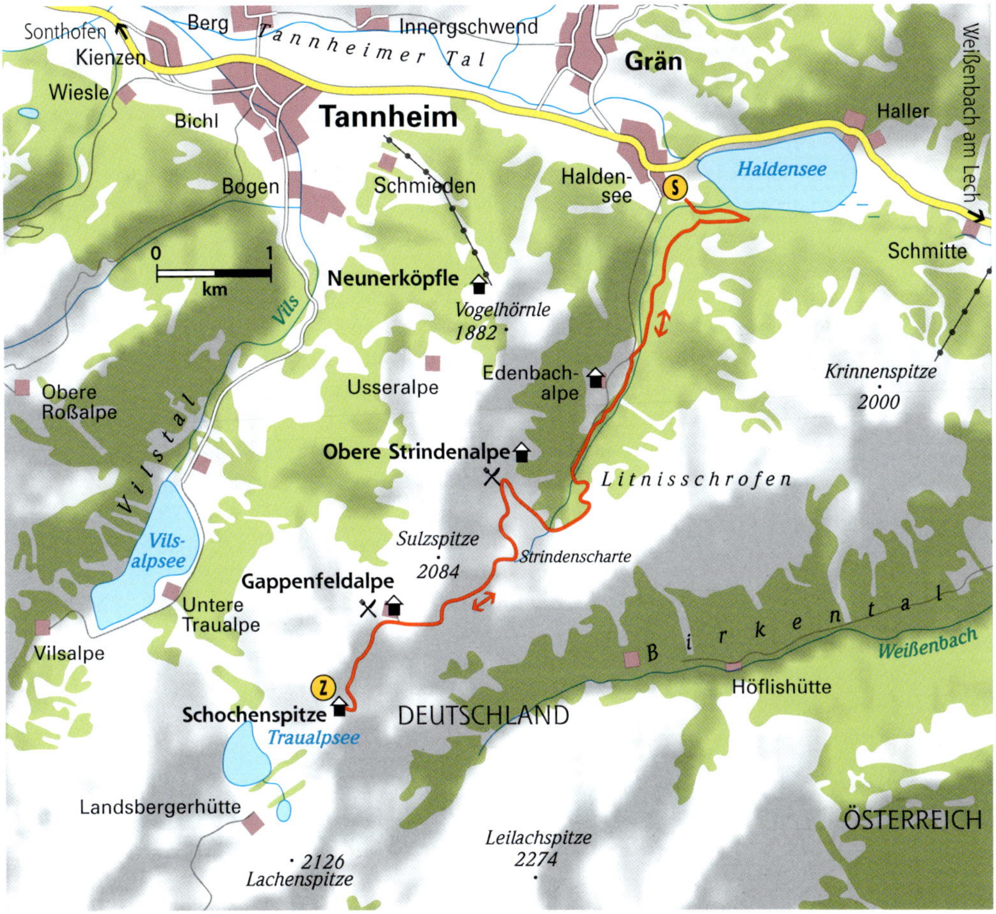

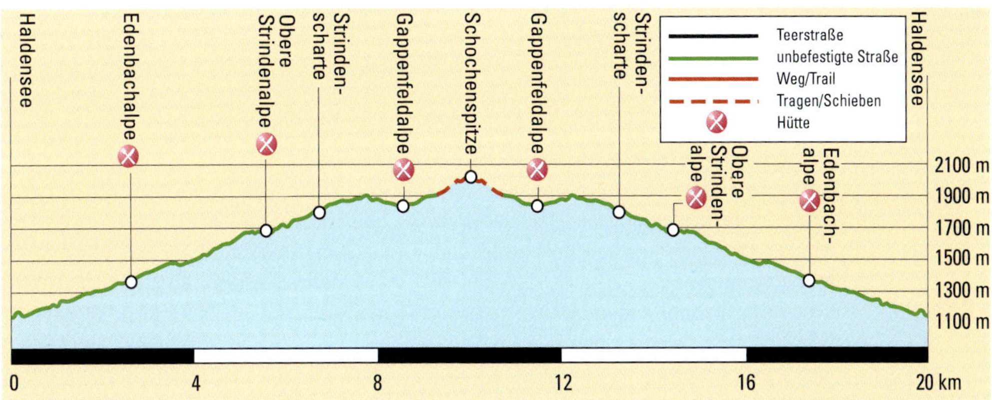

dem Weg herum und zwingen uns zum Slalomfahren. Ab und zu zwingen sie uns aber auch dazu, abzusteigen und das Bike an ihnen vorbeizuschieben. Besonders aufpassen muss man, wenn man an ein Viehgatter kommt und dieses öffnen muss, um weiterfahren zu können. Manche Kühe erwecken nämlich den Eindruck, dass sie geradezu darauf warten, dass ihnen jemand das Gatter öffnet ... In solchen Situationen muss man sich als Biker ziemlich geschickt anstellen, das Gatter nur einen schmalen Spalt weit öffnen, das sperrige Bike durchschieben und dabei darauf achten, dass keine Kuh mit hindurchschlüpft.

Nachdem die Serpentinenpassage absolviert ist, wird der Weg kurz vor der Oberen Strindenalpe wieder etwas flacher. Wer hier schon reif für eine Stärkung ist, kann eine Rast einlegen und die hausgemachten Produkte dieser Alpe probieren. Alle anderen fahren weiter und machen sich bereit für den Schlussanstieg. Unterhalb der Sulzspitze sind nochmals 200 Höhenmeter zu absolvieren. Dann passieren wir auf einer Höhe von 1879 Metern die Strindenscharte.

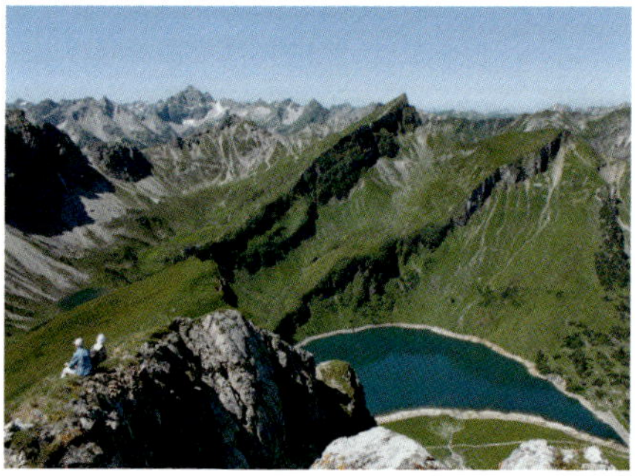

Blick von der Schochenspitze auf den Traualpsee

Nach einer längeren Flachpassage öffnet sich der Blick auf die Nordwand der Leilachspitze und schweift hinab ins wilde Birkental. Wenig später erreichen wir die Gappenfeldscharte, und kurz darauf endet an der Gappenfeldalpe auf 1860 Metern Höhe der ausgebaute Schotterweg. Am Brunnen sollte man die Gelegenheit nutzen, seine Trinkflasche wieder zu füllen. Nach einer kurzen Rast auf der Alpe bietet sich noch die Besteigung der Schochenspitze an. Hier ist es ratsam, den bald nicht mehr fahrbaren Bergweg zu Fuß zurückzulegen. Die Bikes kann man mit einem Schloss gesichert hier oben bedenkenlos eine Weile am Wegesrand stehen lassen.

In steilen Serpentinen erreichen wir bald den felsigen Aufstieg Richtung Gipfel. Zwar wird man hier mit Klickpedalschuhen auf dem felsigen Untergrund Schwierigkeiten haben, sicher zu gehen, aber mit der gebotenen Vorsicht ist das kurze Stück zum Gipfel durchaus zu bewältigen.

Das Panorama gewinnt mit jedem zurückgelegten Meter nochmals an Qualität und erlebt oben auf dem 2069 Metern hohen Gipfel seinen absoluten Höhepunkt: Wie Perlenschnüre reihen sich drei Bergseen auf unterschiedlichen Höhen aneinander – die Lache, der Traualpsee und schließlich der unten im Tal liegende Vilsalpsee. Dazwischen steht auf 1805 Metern Höhe die Landsberger Hütte, welche von beeindruckenden Felsgipfeln umgeben ist.

Nach diesem landschaftlichen Highlight begeben wir uns auf den Rückweg zu unseren Bikes. Die Bergwege, die von hier oben ins Tal führen, sind allesamt sehr steil und mit losem Geröll bedeckt. Daher eignen sie sich nur bedingt zum Biken. Somit fahren wir auf demselben Weg zurück zum Haldensee, auf dem wir nach oben gekommen sind.

Die Schotterwege verleiten schnell dazu, das Bike ordentlich laufen zu lassen. Dennoch sollten wir stets bremsbereit sein, denn schon hinter der nächsten Kehre könnte ein Fußgänger unterwegs sein oder eine Kuh mitten auf dem Schotterweg stehen. Wenn wir Kühe am Wegesrand oder gar auf dem Weg passieren müssen, drosseln wir unsere Geschwindigkeit stark, damit wir die scheuen Tiere nicht in Panik versetzen, vor uns hertreiben und womöglich eine Verletzung des Tieres riskieren.

Als einzige Alternative zum Schotterweg bietet sich noch die Querung hinüber zum Neunerköpfle an. Diese zweigt an der oberen Strindenalpe ab und erfordert nochmals eine gewisse Anstrengung, um abermals 180 Höhenmeter Anstieg zu bezwingen.

Wir fahren jedoch heute über die schönen Serpentinen des Schotterwegs zurück ins Tal. Ganz unten kann man noch eine Serpentine auf dem Bergweg abschneiden. Wer dies nicht möchte, bleibt einfach auf dem Schotterweg. Unten angekommen, bietet sich noch ein Abstecher ins Strandbad des Haldensees an. Dort kann man sich nach einer anstrengenden Biketour mit einem Bad im schönen Bergsee erfrischen.

Routenbeschreibung

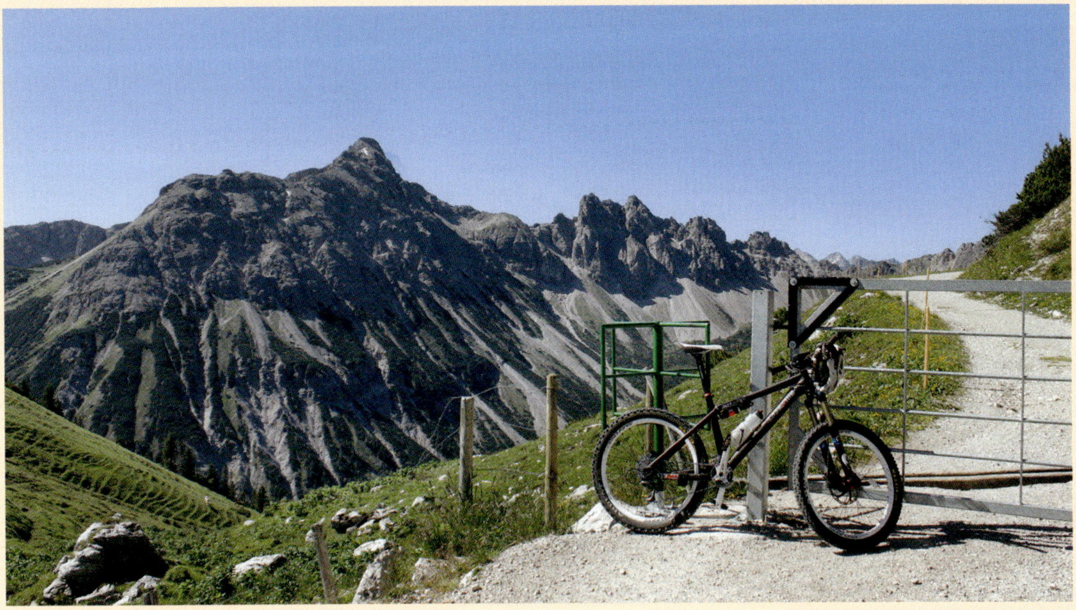

Gatter an der Strindenscharte

Track 14 – Tour 14 Gappenfeldalpe.gpx

0 km / 1124 km / GPS-Wegpunkt 14-01 Startpunkt der Tour ist der Parkplatz am Strandbad Haldensee. Hier geht es zunächst nach Süden und über die Brücke, dann folgen wir dem Uferweg.

0,3 km / 1150 m / GPS-Wegpunkt 14-02 Schotterwegabzweig; rechts Richtung Strindenalpe fahren. Auf dem Schotterweg bleiben und nicht den Trail hochschieben.

1,7 km / 1312 m / GPS-Wegpunkt 14-03 An der Weggabelung rechts halten.

2,8 km / 1400 m / GPS-Wegpunkt 14-04 Am Abzweig zur Edenbachalpe weiter geradeaus auf dem Schotterweg bergauf fahren.

3,2 km / 1500 m / GPS-Wegpunkt 14-05 Abzweig des Bergwegs Richtung Strindenalpe. Hier weiter geradeaus auf dem Schotterweg bleiben. In Serpentinen nach oben fahren.

5,7 km / 1660 m / GPS-Wegpunkt 14-06 Am Abzweig an der Oberen Strindenalpe nach links abbiegen und weiter auf dem Schotterweg fahren.

7,3 km / 1870 m / GPS-Wegpunkt 14-07 Strindenscharte. Weiter auf dem Schotterweg bleiben und leicht bergab rollen.

8,5 km / 1860 m / GPS-Wegpunkt 14-08 Gappenfeldalpe. Hier Rastmöglichkeit und Umkehrpunkt. Wer will, kann noch ein Stück weiterfahren, sein Bike am Wegende deponieren und zu Fuß den Gipfel der Schochenspitze erklimmen.

9,1 km / 1900 m / GPS-Wegpunkt 14-09 Am Wegende kurz nach der Gappenfeldalpe Bikedepot. Weiter auf steinigem Pfad zu Fuß bis zur Schochenspitze.

10,0 km / 2069 m / GPS-Wegpunkt 14-10 Gipfel der Schochenspitze. Toller Blick auf den Vilsalpsee. Zurück zum Rad laufen und Abfahrt wie Auffahrt auf dem Schotterweg.

12,7 km / 1870 m / GPS-Wegpunkt 14-11 An der Strindenscharte weiter geradeaus auf dem Schotterweg abfahren.

14,3 km / 1660 m / GPS-Wegpunkt 14-12 An der Oberen Strindenalpe nach rechts abbiegen und in Serpentinen bergab rollen.

18,5 km / 1312 m / GPS-Wegpunkt 14-13 Den Abzweig zum Materiallift und Wanderweg zur Nesselwänger Ödenalpe passieren und geradeaus weiter bergab fahren.

18,8 km / 1290 m / GPS-Wegpunkt 14-14 Optional nach links in den Singletrail abzweigen und eine Serpentine abschneiden. Ansonsten rechts weiter auf dem Schotterweg bergab fahren.

20,0 km / 1124 m / GPS-Wegpunkt 14-15 Tourende beim Parkplatz am Strandbad Haldensee.

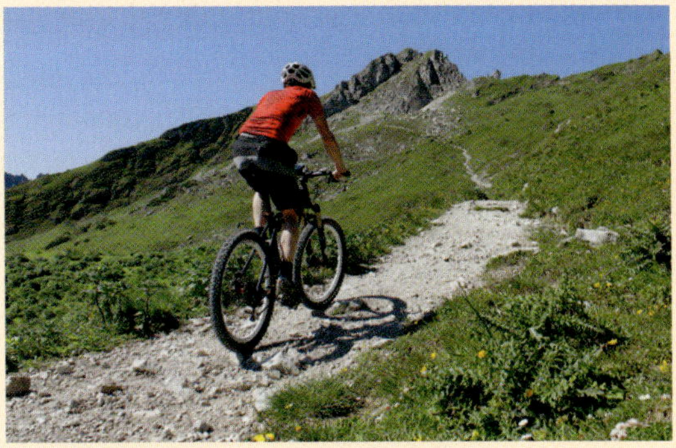

Die letzten fahrbaren Meter zur Schochenspitze

15 Über die Krinnenalpe zur Gräner Ödenalpe

Singletrail-Tour an den Hängen der Krinnenspitze

3	✪✪✪✪✪	630/633	20,2/14,4	3/2
Schwierigkeit	Erlebniswert	Höhenmeter	Streckenlänge (in km)	Zeit (in Std.)

TOURENCHARAKTER

ANFAHRT

A 7 bis Ausfahrt 137-Oy-Mittelberg, weiter Richtung Bad Hindelang-Oberjoch/Pfronten/B 310 und über Wertach, Jungholz, Unterjoch nach Oberjoch, nach Schattwald vorbei an Zöblen und nach Tannheim; auf der Umgehungsstraße an Tannheim und an Grän vorbei bis zur Talstation der Krinnenalpbahn. Oder noch ein paar Kilometer weiter zum Wanderparkplatz bei der Maria-Hilf-Kapelle.

Alternativ mit der Bahn nach Pfronten, dann mit dem Bus oder dem Bike durchs Tal nach Grän und zum Startpunkt.

KONDITION

✪✪✪✪✪

FAHRTECHNIK

✪✪✪✪✪

ERLEBNISWERT

Fahrspaß: ✪✪✪✪✪ – Schöne Trail-Abfahrt auf dem Meraner Steig möglich, der allerlei technische Herausforderungen bietet

Landschaft: ✪✪✪✪✪ – Die ganze Gegend rund um die Krinnenspitze ist landschaftlich ein absolutes Highlight; die Tour bietet ständig tolle Blicke auf die Vilser Gruppe gegenüber.

Kultur und Geschichte: ✪✪✪✪✪ – Ein paar Alpen säumen unseren Weg.

EINKEHRMÖGLICHKEITEN

Nesselwängler Edenalpe (Alpenbadstr. 20a/4, A-6600 Reutte/Tirol, Tel. +43/(0)676/492 01 84, www.edenalpe.at)

Krinnenalpe (Tel. +43/(0)5675/81 89, www.krinnenalpe-tirol.at)

Gräner Ödenalpe

Klein Meran in Rauth

Talstation Krinnenalpbahn

STRECKENPROFIL

Einfache Schotterweg-Auffahrt über den Meraner Steig und bergab wahlweise auf anspruchsvollem Singletrail oder auf dem Schotterweg.

Auf dem Trail von der Öden- zur Krinnenalpe S0 bis S1. Später auf dem Bergweg Nr. 13 durchgehend S2 mit einigen S3-Sektionen. E-Bike-tauglich

Variante 1:

Teer:	3,5 km
Schotter:	10,5 km
Schieben/Tragen:	–
Trail bergauf:	3 km
Trail bergab:	3 km

Variante 2:

Teer:	3,5 km
Schotter:	8,5 km
Schieben/Tragen:	–
Trail bergauf:	–
Trail bergab:	3 km

HÖCHSTER PUNKT

1726 m, Gräner Ödenalpe

NIEDRIGSTER PUNKT

1110 m, Wanderparkplatz bei der Maria-Hilf-Kapelle

LANDKARTE

Kompass Karte Nr. 04, Tannheimer Tal, 1:35 000

GPS/ROADBOOK

Variante 1: Tour 15 Oedenalpe.gpx mit 11 Wegpunkten; Variante 2: Tour 15 Krinnenalpe.gpx mit 11 Wegpunkten

Rund um die Krinnenspitze kann man auf dieser Tour von Alp zu Alp fahren. Dafür stehen zwei Varianten zur Auswahl. Danach findet man am Alpenrosenweg und am Meraner Steig schöne Singletrails, auf denen man zurück ins Tal fährt.

Auf dem Sattel zwischen Krinnenspitze und Litnisschrofen liegt die Gräner Ödenalpe. Auf dem Weg dorthin werden wir auf unserer heutigen Tour noch eine ganze Reihe von Alpen passieren.

Variante 1: Startpunkt dieser Tourenvariante ist der kleine Wanderparkplatz an der Maria-Hilf-Kapelle zwischen Nesselwängle und Gaicht. Bereits nach wenigen Höhenmetern passieren wir den kleinen Ort Rauth. Am Dorfbrunnen erinnert eine Gedenktafel an Frau Birgit Eckert, die hier angeblich ihre Schwimmprüfung abgelegt haben soll. Na ja, eine besondere Herausforderung scheint dies nicht gewesen zu sein, ganz im Gegensatz zu dem was uns jetzt noch bevorsteht ... Besonders an heißen Sommertagen empfiehlt es sich, an diesem Brunnen alle Trinkflaschen voll zu machen, verläuft der folgende Anstieg doch meist an einem sonnigen und somit heißen Südhang.

Wir stellen uns den Serpentinen hinauf zum Meraner Steig. Kurve um Kurve windet sich der Schotterweg nach oben, und mit zunehmender Höhe öffnet sich der Blick ins Lechtal. Wir passieren die verfallene Ruthger Alpe. Mehrmals kreuzt ein Singletrail, der auf der Wanderkarte als Nr. 13 eingezeichnet ist, unsere Auffahrt. Ein paar Serpentinen weiter oben ist der Meraner Steig erreicht. Wer schon mal in Meran beim Biken war, der kennt das: Tiefblicke, meist parallel zu den Höhenlinien verlaufende Wege – und hohe Temperaturen. Gut, ganz so tief nach unten können wir hier im Tannheimer Tal

20,2/14,4 km	630/633 Hm	Tagestour

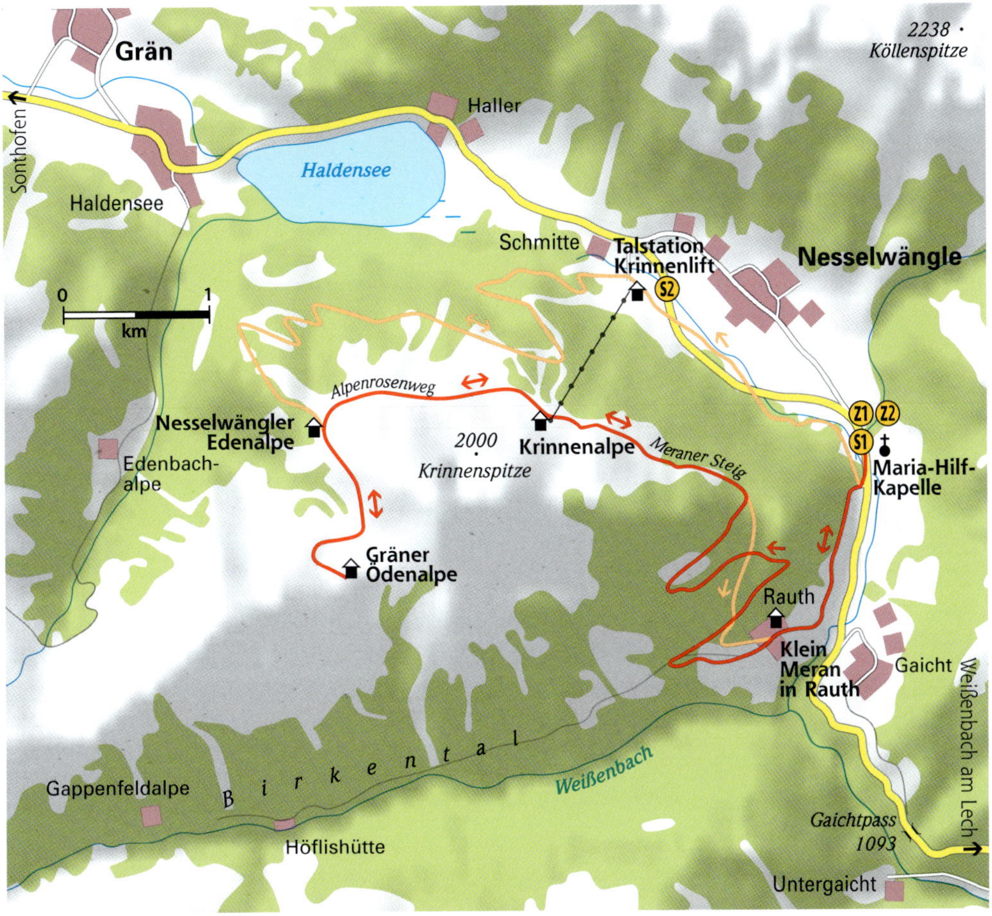

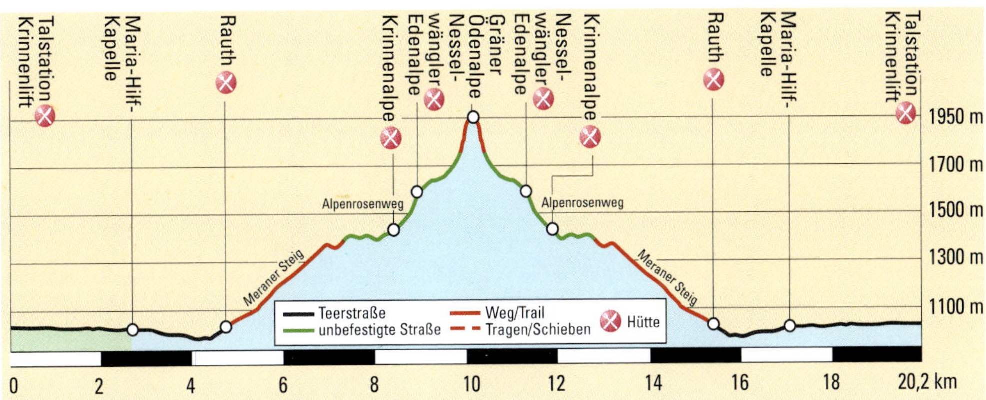

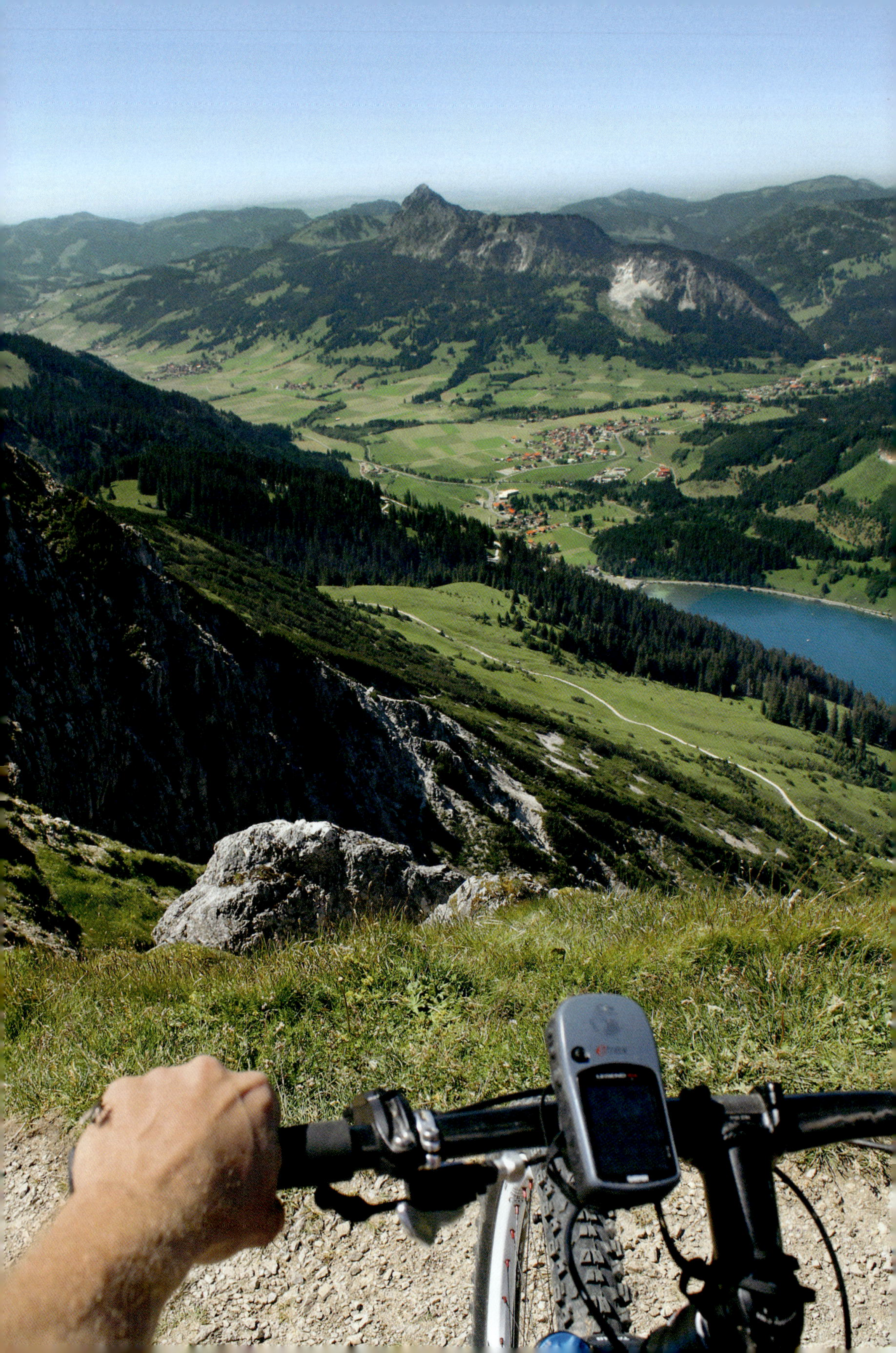

nicht schauen, aber vom Charakter des Weges her mag das schon übereinstimmen.
Der Weg ist bestens ausgebaut und breit genug, sodass ihn Biker und Wanderer ohne Konflikte zugleich benutzen können. Die kurzen Zwischenanstiege sind zwar steil, aber durchweg bezwingbar. Inzwischen haben wir die Nordflanke der Krinnenspitze erreicht, und irgendwann lugen dann auch schon die weißen Sonnensschirme der Krinnenalpe zwischen den Bäumen hervor. Hier bietet sich natürlich die Gelegenheit, an der wunderbar gegenüber von Gimpel und Köllenspitze gelegenen Alpe eine Rast einzulegen und für eine Weile das Panorama zu genießen.
Diese Rast hatte ich bei meinem ersten Besuch auf der Krinnenalpe auch bitter nötig. Ich war schon einige Stunden mit dem Bike im Tannheimer Tal unterwegs, und gerade bei der Auffahrt von Rauth zur Krinnenalpe kam ich voll in die Mittagszeit ... Das Thermometer auf dem Tacho stieg bis auf 36 °C – ein wahrer Glutofen! Da ist schnell auch die zweite Trinkflasche aufgebraucht.
Auf dem Meraner Steig hat es mir dann fast die Lichter ausgeknipst – kurzzeitig wurde mir schwarz vor Augen, und ich bin fast vom Bike gekippt. Eine kurze Rast am Brunnen füllte zwar die Trinkflasche wieder, und auch das Wasser kühlte Kopf und Arme, aber bei der Hitze braucht der Körper schnell Ersatz für die ausgeschwitzten Mineralien. Also weiter bergauf, weiter in der Hitze.
Was für eine Erleichterung, als endlich die Sonnenschirme der Krinnenalpe zwischen den Bäumen durchschimmern! Ich fühlte mich wie ein Verirrter in der Wüste, der endlich eine Oase am Horizont entdeckt. Trotz der Hitze bestellte ich mir eine heiße Speckknödelsuppe – denn sie enthält das Salz, das der Körper bei einer solchen Hitze dringend benötigt. Für Energie, Flüssigkeit und Zucker sorgte eine Zitronenlimonade – zugegeben, etwas verdünnt mit Hopfensaft, aber schmecken soll es ja schließlich auch ...
Frisch gestärkt widmen wir uns nach der Rast der nächsten Herausforderung: Gleich hinter der Alpe erwartet uns eine Steilrampe, die es wirklich in sich hat! Aber hier darf man ruhig mal die Zähne zusammenbeißen und hochdrücken, denn bereits nach wenigen Metern ist der Abschnitt passiert, und die Steigung wird wieder moderater.
Auf dem Alpenrosenweg erreichen wir die Nesselwängler Ödenalpe auf 1680 Metern Höhe. Vor dem Schlussanstieg durchrollen wir auf dem Schotterweg noch eine kurze Senke, dann ist das Ziel, die Gräner Ödenalpe, erreicht. Wer bisher noch keine Rast eingelegt hat, kann dies ja an dieser Stelle tun.
Knapp 300 Meter über uns ragt der Gipfel der 2000 Meter hohen Krinnenspitze in den Himmel. Während ihre felsige Nordwand fast 500 Meter senkrecht abfällt, ist die Südseite vergleichsweise zahm. Der Bergwald reicht hier bis fast ganz nach oben, und der Gipfelaufbau gleicht von dieser Seite her gesehen eher einem sanften Hügel statt einem richti-

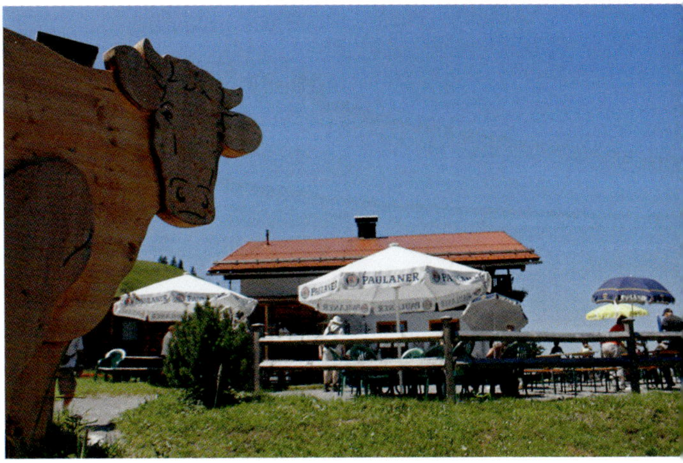

Ankunft an der Krinnenalpe

Linke Seite: Blick ins Tannheimer Tal und auf den Haldensee

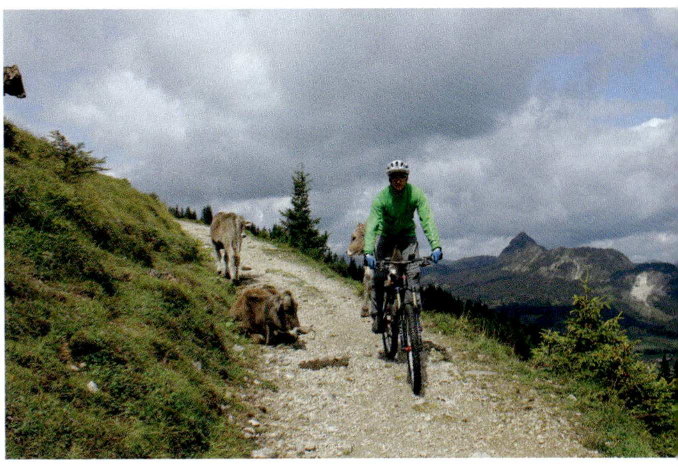

Auf dem Alpenrosenweg – wieder in Begleitung vieler Kühe

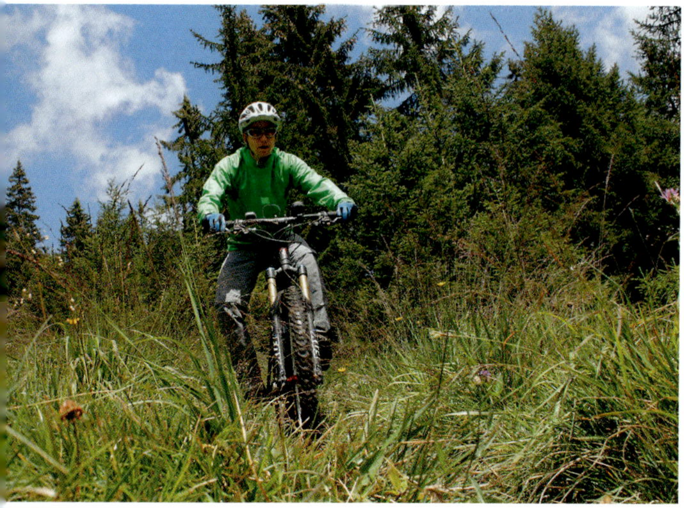

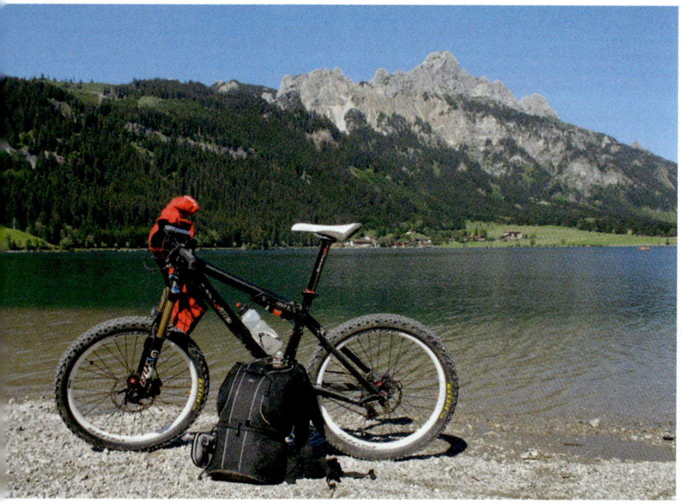

Oben: Singletrail-Abfahrt auf dem Bergweg Nr. 13

Unten: Pause am Haldensee

gen Berg. Dafür ist der Gipfelaufbau des 2068 Meter hohen Litnisschrofen in unserem Rücken umso schroffer und felsiger.

Die Rückfahrt erfolgt auf demselben Weg, den wir nach oben gekommen sind. Selbstverständlich fahren wir hier mit angepasster Geschwindigkeit und nehmen Rücksicht auf die anderen Bergbesucher. An der Nesselwängler Ödenalpe bietet sich zudem die Möglichkeit, direkt nach Nesselwängle abzufahren. Auf der breiten Schotterpiste gelangt man ohne fahrtechnische Anforderungen schnell ins Tal. Einige Serpentinen können über einen Trail auf der Skipiste abgeschnitten werden.

Wesentlich reizvoller ist jedoch der Weg zurück bis zur Krinnenalpe und weiter zum Meraner Steig. Wer will, kann zudem auf der Abfahrt die Augen offen halten und einige der Serpentinen auf dem Wanderweg Nr. 13 abschneiden. Dieser Trail erfordert aber eine sichere Beherrschung des Bikes und sollte daher nur von Fahrern mit dem entsprechenden Können angegangen werden.

Der Weg führt abwechselnd durch einen lichten Bergwald und über offene Lichtungen. Der Untergrund ist durchgehend verwurzelt oder felsig. Stellenweise schwappt das Wasser eines kleinen Bergbachs über den Weg und erhöht durch die Nässe den fahrtechnischen Anspruch auf den folgenden Trail-Abschnitten nochmals. Dennoch ist der schöne Singletrail eine willkommene Alternative zu dem doch etwas langweiligen Schotterweg.

In Rauth treffen Trail und Schotterpiste wieder zusammen. Auf der kleinen asphaltierten Straße geht es zurück zum Wanderparkplatz.

Variante 2: Eine alternative Auffahrt zur Gräner Ödenalpe beginnt unten an der Talstation der Seilbahn zur Krinnenalpe. Auch hier kann man relativ einfach und ohne nennenswerte Schwierigkeiten auf einem Schotterweg zur Nesselwängler Ödenalpe und dann weiter nach oben fahren. Diese zweite Variante der Tour ist im Anstieg wesentlich einfacher als die erste über die Krinnenalpe, da hier die steile Passage nach der Krinnenalpe geschickt umfahren wird. Dennoch ermöglicht auch diese Variante die schöne und lohnende Abfahrt über den Alpenrosenweg, den Meraner Steig und auf dem Bergweg Nr. 13 hinunter nach Rauth. An der Maria-Hilf-Kapelle ist der Talgrund erreicht. Auf dem Radweg gelangt man zurück zur Talstation der Krinnenalpbahn.

Wer möchte kann im Anschluss an die Tour noch den Haldensee ansteuern. Dieser ist nur wenige Kilometer entfernt und lädt zum Baden oder zur Einkehr in der gemütlichen Gaststätte am Ufer ein. Der Weg dorthin verläuft auf einem ausgeschilderten Radweg fernab der stark befahrenen Straße.

Hinweis: Die Seilbahn zur Krinnenalpe transportiert gegen einen kleinen Aufpreis auch Bikes auf den Berg. Dadurch stellt sie eine kräfteschonende Alternative zur Auffahrt aus eigener Kraft dar.

Routenbeschreibung

Variante 1: Track 15 – Tour 15 Oedenalpe.gpx

0 km / 1110 km / GPS-Wegpunkt 15-01 Wanderparkplatz bei der Maria-Hilf-Kapelle. Ein Stück auf der Straße Richtung Lechtal fahren.

0,3 km / 1110 m / GPS-Wegpunkt 15-02 An der Maria-Hilf-Kapelle rechts bergauf Richtung Rauth abzweigen.

1,5 km / 1140 m / GPS-Wegpunkt 15-03 In Rauth weiter bergan auf der Teerstraße fahren.

2,3 km / 1210 m / GPS-Wegpunkt 15-04 Am Schotterabzweig rechts bergauf Richtung Meraner Steig abbiegen.

4,6 km / 1462 m / GPS-Wegpunkt 15-05 An der verfallenen Ruthger Alpe weiter bergan auf dem Schotterweg fahren.

5,2 km / 1470 m / GPS-Wegpunkt 15-06 Am Meraner Steig wird der Schotterweg schmäler. Hier weiter bergauf fahren.

7,0 km / 1527 m / GPS-Wegpunkt 15-07 An der Krinnenalpe erste Rastmöglichkeit. Danach weiter steil bergauf auf dem Alpenrosenweg Richtung Nesselwängler Ödenalpe fahren.

8,7 km / 1680 m / GPS-Wegpunkt 15-08 Nesselwängler Ödenalpe; weiter bergan auf dem Schotterweg fahren. Hier trifft Variante 2 hinzu.

10,1 km / 1726 m / GPS-Wegpunkt 15-09 An der Gräner Ödenalpe ist das Tourenziel erreicht. Zurück geht es auf dem Schotterweg zur Nesselwängler Ödenalpe.

11,5 km / 1680 m / GPS-Wegpunkt 15-10 An der Nesselwängler Ödenalpe weiter auf demselben Weg wie bei der Auffahrt zurück oder auf dem Trail wie in Variante 2 beschrieben abfahren.

20,2 km / 1110 m / GPS-Wegpunkt 15-11 Tourende am Wanderparkplatz bei der Maria-Hilf-Kapelle.

Variante 2: Track 15 – Tour 15 Krinnenalpe.gpx

0 km / 1129 m / GPS-Wegpunkt 15-01A Talstation der Krinnenalpbahn. Bergan auf dem Schotterweg unter der Seilbahn fahren.

2,3 km / 1319 m / GPS-Wegpunkt 15-02A Am Abzweig direkt zur Krinnenalpe weiter geradeaus auf dem Schotterweg bergauf fahren.

5,8 km / 1527 m / GPS-Wegpunkt 15-03A An der Nesselwängler Ödenalpe nach links abzweigen und auf dem Alpenrosenweg bergab in Richtung Krinnenalpe fahren. Alternativ kann man hier auch noch ein Stück weiter bergauf bis zur Gräner Ödenalpe fahren und dort umkehren.

7,3 km / 1680 m / GPS-Wegpunkt 15-04 An der Krinnenalpe weiter auf dem oberen Weg und geradeaus auf dem Meraner Steig am Hang entlang abfahren.

9,5 km / 1470 m / GPS-Wegpunkt 15-05A Beginn des breiten Schotterwegs; hier nach links abbiegen in den Singletrail. Technisch anspruchsvolle Abfahrt durch den lichten Bergwald.

9,7 km / 1365 m / GPS-Wegpunkt 15-06A An der Kreuzung mit dem Schotterweg weiter geradeaus auf dem Singletrail bergab fahren.

10,3 km / 1260 m / GPS-Wegpunkt 15-07A An der zweiten Kreuzung mit dem Schotterweg weiter geradeaus auf dem Singletrail bergab fahren.

10,9 km / 1140 m / GPS-Wegpunkt 15-08A Rauth. In den Ort hineinfahren, dann in den Wanderweg nach rechts abzweigen und über die Wiese Richtung Gaicht rollen.

11,3 km / 1050 m / GPS-Wegpunkt 15-09A Ende des Trails. Nach links wieder auf der Straße hochfahren.

12,3 km / 1110 m / GPS-Wegpunkt 15-10A An der Maria-Hilf-Kapelle nach links in den Radweg einbiegen und ihm Richtung Nesselwängle folgen.

14,4 km / 1110 m / GPS-Wegpunkt 15-11A Tourende an der Talstation der Krinnenalpbahn.

Die mächtige Krinnenspitze und darunter die Krinnenalpe

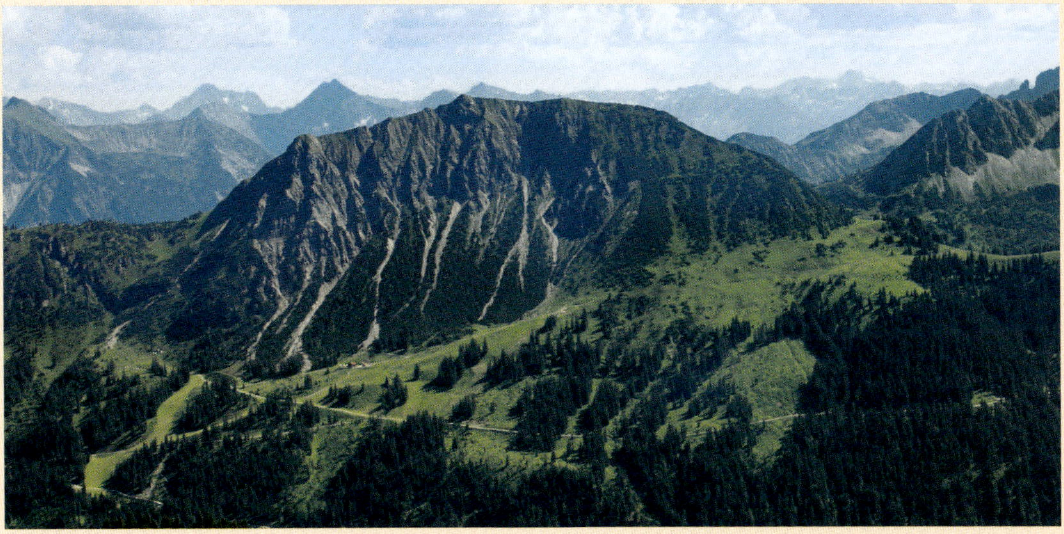

16 Auf den Gipfel des Neunerköpfles

Konditionsstark und schnell auf den Berg im Skigebiet

2	✪✪✪✪✪	739	13,3	2
Schwierigkeit	Erlebniswert	Höhenmeter	Streckenlänge (in km)	Zeit (in Std.)

TOURENCHARAKTER

AUSGANGS-/ENDPUNKT
Talstation der Neunerköpfle-Seilbahn in Tannheim

ANFAHRT
A 7 bis Ausfahrt 137-Oy-Mittelberg, weiter Richtung Bad Hindelang-Oberjoch/Pfronten/B 310 und über Wertach, Jungholz, Unterjoch nach Oberjoch, nach Schattwald vorbei an Zöblen und nach Tannheim; auf der Umgehungsstraße an Tannheim vorbei bis zur Talstation der Neunerköpfle-Seilbahn.
Alternativ mit der Bahn nach Pfronten, dann mit dem Bus oder dem Bike durchs Tal nach Grän.

KONDITION
✪✪✪✪✪

FAHRTECHNIK
✪✪✪✪✪

ERLEBNISWERT
Fahrspaß: ✪✪✪✪✪ – Abfahrt auf der Schotterpiste mit kurzer Singletrail-Einlage
Landschaft: ✪✪✪✪✪ – Tolle Panoramablicke auf das schöne Tannheimer Tal und die umliegenden Gipfel
Kultur und Geschichte: –

EINKEHRMÖGLICHKEITEN
Usseralpe (Unterhöfen 24, A-6675 Tannheim, Tel. +43/(0)67654/278 20, www.tannheimertal.at/usseralpe)
Gundhütte
Hubertushütte

STRECKENPROFIL
Steile Schotterpiste mit vielen Serpentinen bis zum Gipfel des Neunerköpfle. Abfahrt alternativ auf einfachen Schotterwegen oder auf steiler Skipiste und auf Singletrail mit kurzen S2-Passagen. E-Bike-tauglich

Teer:	1,5 km
Schotter:	8,5 km
Schieben/Tragen:	–
Trail bergauf:	0,5 km
Trail bergab:	2,5 km

HÖCHSTER PUNKT
1864 m, Neunerköpfle

NIEDRIGSTER PUNKT
1097 m, Talstation des Neunerköpfle-Lifts

LANDKARTE
Kompass Karte Nr. 04, Tannheimer Tal, 1:35 000

GPS/ROADBOOK
Tour 16 Neunerkoepfle.gpx mit 15 Wegpunkten

Die Tour auf den zentral gelegenen Berg des Tannheimer Tals führt uns bis zum Gipfelkreuz. Als Abfahrt dient der Schotterweg, den wir heraufgekommen sind, oder wir wagen die steile Abfahrt über die Skipiste, um zu einem versteckten Singletrail zu gelangen.

Hoch über Tannheim liegt das Skigebiet am Neunerköpfle. Mächtige Schneisen wurden in den Bergwald geschlagen, um den Wintersportlern eine breite Piste bieten zu können. Auch für uns Biker ist dieser Berg ein lohnendes Ziel, vor allem wenn man auf einem langen Schotterweg seine Ausdauer trainieren will. Zudem wird man oben mit einem echten Gipfelerlebnis belohnt, und man genießt eine Rundumsicht auf die schöne Bergwelt des Tannheimer Tals.
Startpunkt der Tour ist die Talstation der Neunerköpfle-Seilbahn. Von hier aus fahren wir zunächst in den Ort Tannheim hinein und folgen hier ganz einfach der Ausschilderung in Richtung Vilsalpsee. Die kleine Nebenstraße ist tagsüber für den Autoverkehr gesperrt; bis zum Rand des Ortsteils Schmieden darf aber noch gefahren werden. An der Sperre angekommen, zweigen wir nach links ab und folgen der Ausschilderung in Richtung Usseralpe. Bald ist der Waldrand erreicht, wo der Serpentinenweg nach oben beginnt.
Nach den ersten Kehren passieren wir linker Hand einen abzweigenden Trail; diese Stelle merken wir uns schon einmal für die Abfahrt. Etliche steile Kehren weiter oben schwenkt unser Auffahrtsweg gen Süden, wird für kurze Zeit etwas flacher, dann kreuzt der Kesselbach unsere Route. Nach ein paar weiteren Serpentinen wird die Usseralpe auf 1633 Metern Höhe sichtbar. Ab der Alpe beginnt der Schlussanstieg zur Gundhütte. Der Weg wird schmaler und steiler, der Untergrund gröber. Jetzt gilt es nochmals alle Kräfte zu mobilisieren und kräftig in die Pedale zu treten. Die richtige Bergauf-Technik ist gefordert, und es gilt, die Balance zwischen dem Grip am Hinterrad und einem Vorderrad, das am Boden bleibt, zu finden und auch ständig zu behalten.
Kurz vor der 1784 Meter hoch gelegenen Hütte queren wir die Skipiste. Panorama genießen oder durchdrücken bis ganz nach oben? Diese Frage muss jeder für sich selbst beantworten – beides zugleich ist nicht zu

13,3 km	739 Hm	Tagestour

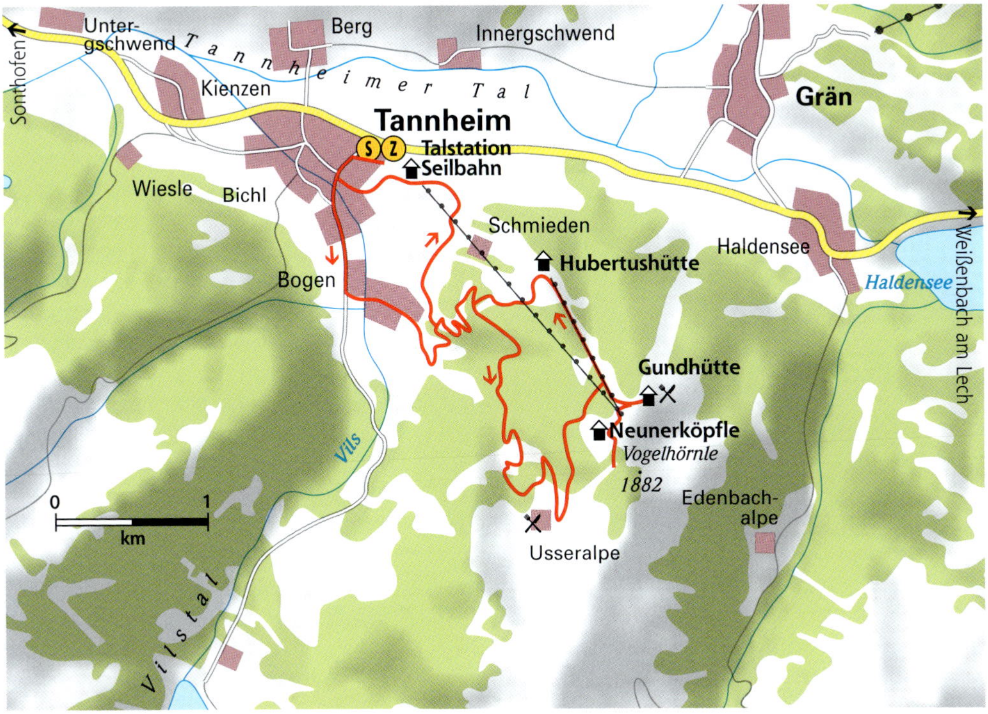

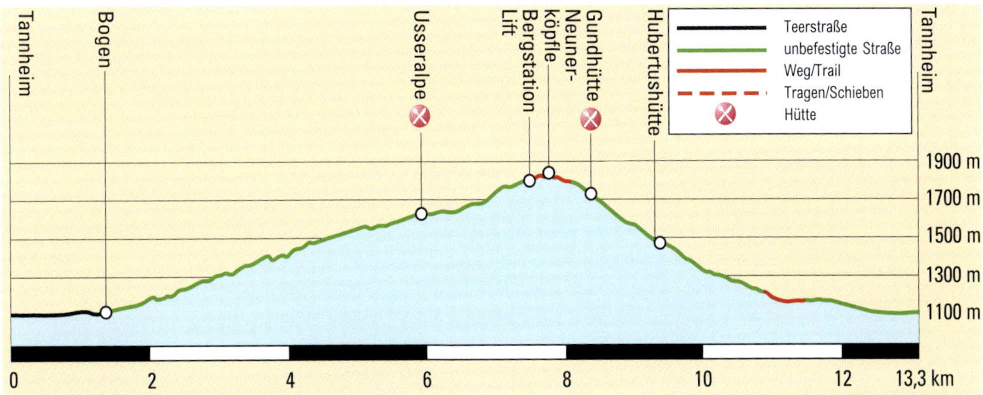

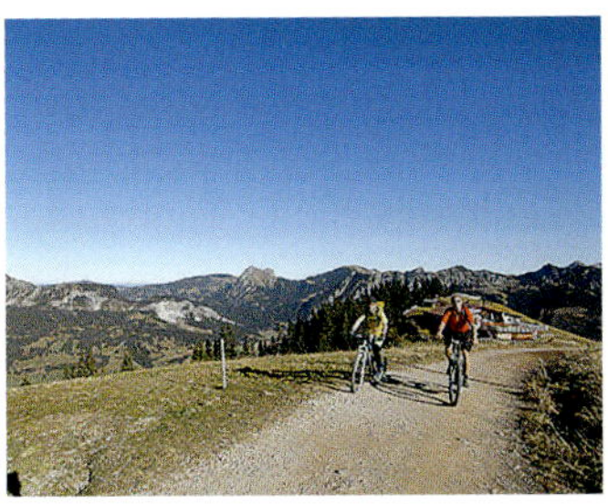

Panoramablick an der Gundhütte

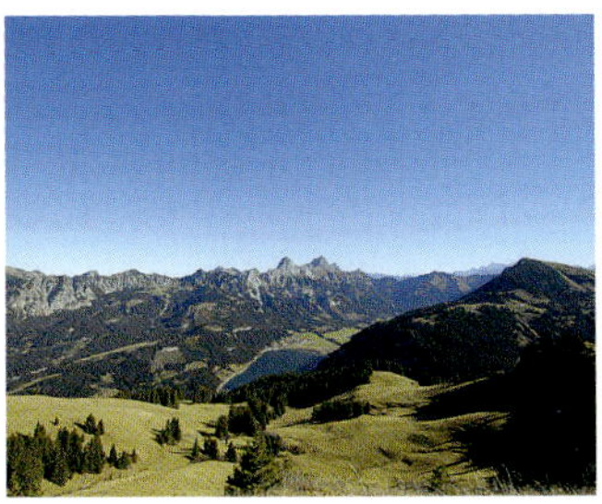

Blick ins Tal

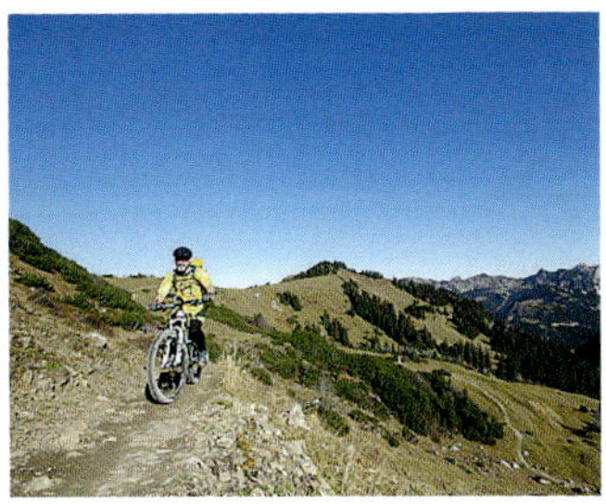

Höhenweg am Neunerköpfle

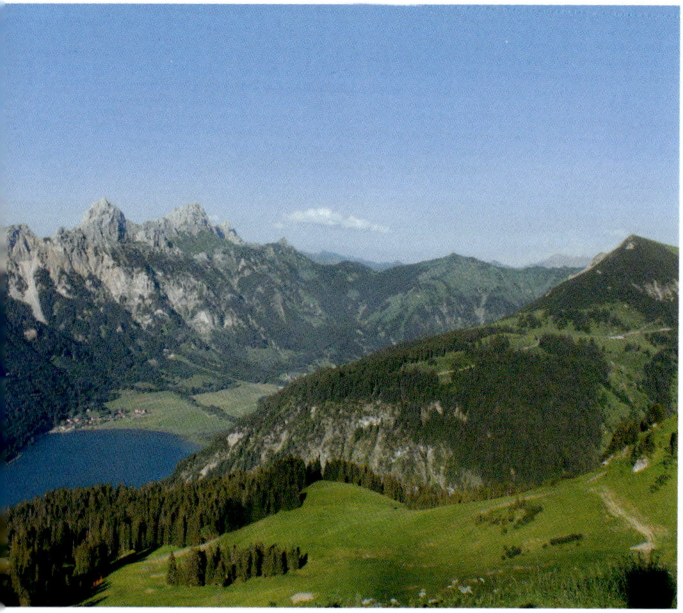

Das Tannheimer Tal mit dem leuchtenden Haldensee

schaffen. Dann haben wir die Gundhütte erreicht. Hier zeigt sich, was uns noch bevorsteht: der in den Fels gehauene Weg hinauf zum Gipfel. Gut beraten ist hier der Biker, der bei der Tourplanung die richtige Tageszeit ausgesucht hat – während die Seilbahn tagsüber viele Leute nach oben befördert, hat man abends den Berg für sich allein. Und besonders in den Abendstunden ist es hier oben am schönsten, taucht doch die untergehende Sonne die Kalksteinwände der Berge in ein wunderbares Licht.

Ab der letzten Liftstation geht es steil aufwärts, aber der Weg bleibt im Sattel sitzend bezwingbar bis hinauf zum Gipfelkreuz auf 1864 Metern Höhe – wo man zudem noch die Möglichkeit hat, sich im größten Gipfelbuch der Alpen zu verewigen. Ansonsten ist es ganz nett hier oben, allerdings bemerkt man recht bald, dass dieser Gipfel nicht wirklich »ganz oben« ist. Zudem trüben die zahlreichen Anlagen des Skizirkus' das Gipfelerlebnis ein klein wenig.

Auch ich bin bei dieser Tour erst spät am Nachmittag aufgebrochen. Die Auffahrt auf der Schotterpiste durch den Bergwald war allerdings recht angenehm zu bewältigen, denn die Hitze des Sommertags hatte sich bereits in eine wohltuende Abendwärme verwandelt. Als ich oben ankam, war der Betrieb der Seilbahn längst eingestellt und am Gipfel selbst keine Menschenseele mehr anzutreffen. Ich konnte die Abendsonne und das schöne Panorama über das Tannheimer Tal ganz für mich allein genießen. Dann streifte mich plötzlich ein Schatten, und ich schaute nach oben: Wenige Meter über mir schwebte fast lautlos ein Paraglider vorbei. Ich grüßte, der Gruß wurde erwidert. Dann schwang ich mich wieder in den Sattel und fuhr den Trail bis zur Bergstation hinab, während der Paraglider über mir seine Kreise zog und bald nach rechts in Richtung Nesselwängle davonglitt.

Wer will, kann ein paar Meter unterhalb des Gipfels in Richtung Obere Strindenalpe fahren.

Unsere Tour führt jedoch zurück nach Tannheim. Zunächst fahren wir auf demselben Weg, den wir hochgekommen sind, bis zur Gundhütte zurück. Dort müssen wir uns entscheiden zwischen Auffahrtsrampe und Skipiste. Der schmale Schotterweg zur Usseralpe ist hier zu empfehlen, denn die schnurgerade Abfahrt auf der Skipiste ist nicht wirklich das, was man als Biker in den Bergen sucht.

Es ist schon bedauerlich, dass es hier scheinbar trotz gewaltiger Eingriffe in die Natur nicht möglich ist, einen schönen Berg- und Bikeweg hinab ins Tal anzulegen. Das Neunerköpfle wäre gut geeignet, um für Mountainbiker ein lohnendes Ziel mit lohnender Abfahrt darzustellen. Leider ist dem nicht so.

Wer dennoch die 300 Höhenmeter auf der Skipiste vernichtet, findet wenigstens ab der Hubertushütte eine paar Meter Singletrail mit ein paar schönen Spitzkehren. Im Zickzack geht es durch den Wald. Leider endet auch dieser Weg schnell wieder auf der Schotterpiste, auf der wir uns vorhin nach oben gearbeitet haben. Hier geht es in Serpentinen wieder abwärts. Früher führte weiter unten ein kurzer, aber schöner Singletrail bis zum Waldrand hinab. Leider wurde dieser mit einer breiten Forststraße überbaut.

Auf einem Alpweg gelangen wir schließlich bis oberhalb der Talstation und mit einem kleinen Schlenker durch den Ort wieder zurück zum Ausgangspunkt unserer Tour.

Routenbeschreibung

Track 16 – Tour 16 Neunerkoepfle.gpx

0 km / 1097 km / GPS-Wegpunkt 16-01 Talstation der Neunerköpfle-Seilbahn in Tannheim. In Richtung Ortskern fahren.
0,7 km / 1100 m / GPS-Wegpunkt 16-02 Auf der Straße der Ausschilderung zum Vilsalpsee folgen.
1,2 km / 1000 m / GPS-Wegpunkt 16-03 Beginn der eingeschränkten Zufahrt für Pkws. Hier links abzweigen und auf der Teerstraße bergauf fahren.
1,9 km / 1158 m / GPS-Wegpunkt 16-04 Am Waldrand geradeaus auf dem Forstweg bergauf Richtung Usseralpe fahren.
6,0 km / 1633 m / GPS-Wegpunkt 16-05 Die Usseralpe ist erreicht. Nach zahlreichen Serpentinen links abzweigen Richtung Gundhütte und auf steilem Schotterweg bergauf.
7,3 km / 1784 m / GPS-Wegpunkt 16-06 Vorbei an der Gundhütte, dann die Bergstation der Seilbahn ansteuern.
7,9 km / 1864 m / GPS-Wegpunkt 16-07 Neunerköpfle; bis zum Gipfel auf einem Trail fahrbar. Danach zurück zur Gundhütte rollen.
8,5 km / 1784 m / GPS-Wegpunkt 16-08 Kurz nach der Gundhütte rechts hinunter und auf der Skipiste steil bergab fahren. Die bessere Alternative ist es, zurück über die Usseralpe zu fahren und auf demselben Schotterweg wie bei der Auffahrt ins Tal zu rollen.
9,5 km / 1486 m / GPS-Wegpunkt 16-09 Hubertushütte. Hier fehlt definitiv ein Trail, deshalb leider nur Abfahrt auf der Skipiste bis hierher. Nach der Hütte an der Seilbahnstation entlang und dann rechts in den Trail einbiegen. Ein paar schöne Kehren auf dem Trail im Wald.
10,1 km / 1340 m / GPS-Wegpunkt 16-10 Ende des Singletrails. Wieder auf der Schotterpiste wie bei der Auffahrt weiter. Über sieben Serpentinen bergab fahren.
11,2 km / 1190 m / GPS-Wegpunkt 16-11 Abzweig Singletrail; zunächst schwer, nach wenigen Metern einfacher und flowig.
11,5 km / 1130 m / GPS-Wegpunkt 16-12 Ende des Trails; weiter auf dem Schotterweg am Waldrand entlang. Der Beschilderung Richtung Seilbahnstation folgen.
12,0 km / 1130 m / GPS-Wegpunkt 16-13 Nach dem zweiten Viehgatter oberhalb der Seilbahnstation nach links Richtung Ortsmitte Tannheim abbiegen.
12,9 km / 1097 m / GPS-Wegpunkt v14 Tannheim, Ortseingang. Rechts und im Kreisverkehr Richtung Talstation fahren.
13,3 km / 1097 m / GPS-Wegpunkt 16-15 Tourende an der Talstation der Seilbahn.

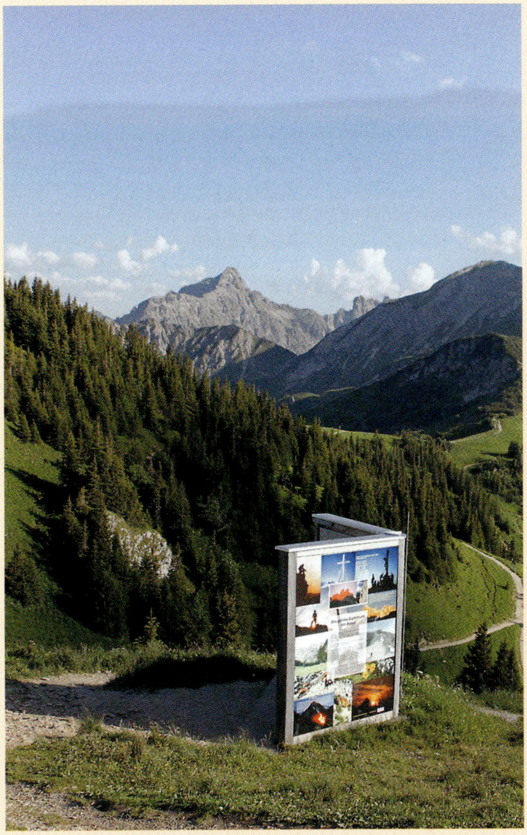

Das Gipfelbuch am Neunerköpfle

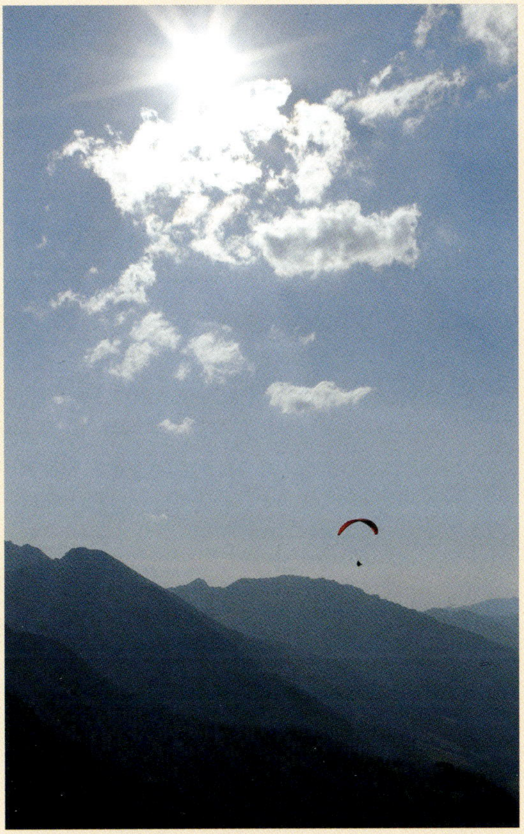

Paraglider in der Abendsonne

Postkartenpanorama im Kleinwalsertal

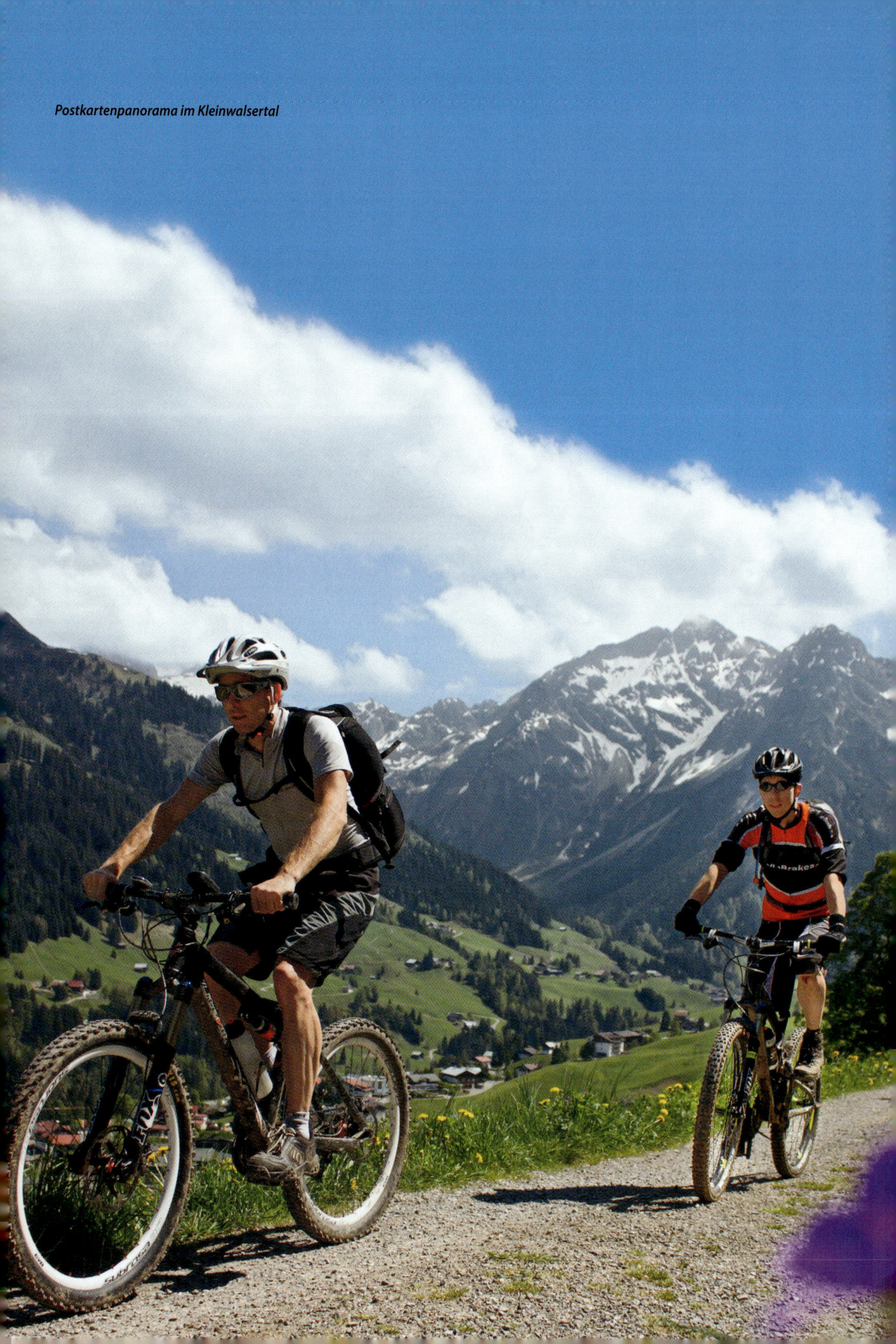

Tourenregion Kleinwalsertal

Das Kleinwalsertal ist eine österreichische Enklave und kann mit dem Auto nur von Deutschland aus angefahren werden. In dem malerischen Tal hat man bereits vor vielen Jahren erkannt, dass Mountainbiker willkommene Gäste sind. Daher verwundert es kaum, dass auf der offiziellen Internetseite des Tourismusverbands ganz offensiv um uns Biker geworben wird. Und Kenner des Kleinwalsertals werden es bestätigen: An den Hängen von Kanzelwand und Walmendinger Horn locken unzählige schöne Singletrails, und eine ganze Reihe unberührter Seitentäler wartet darauf, erkundet zu werden.

INFORMATIONEN

Kleinwalsertal Tourismus
Im Walserhaus
A-6992 / D-87568 Hirschegg
Tel: +43/(0)5517/511 40
www.kleinwalsertal.com

Als besondere Sehenswürdigkeiten gibt es im Kleinwalsertal z. B. direkt neben dem markanten Ifen das Gottesacker-Plateau, eine Kalksteinformation, in die das Regenwasser seit Jahrtausenden metertiefe Risse und Spalten gefressen hat. Nicht verpassen sollte man zudem den Besuch der (kostenpflichtigen) Breitachklamm, wo die Breitach, ziemlich genau auf Höhe der Staatsgrenze, eine tiefe Schlucht in den felsigen Untergrund gegraben hat. Von der Walserschanze aus erreicht man auf einem Fußweg den Eingang zu dem mit Stegen und Brücken zugänglich gemachten Naturschauspiel.

Das gesamte Kleinwalsertal ist touristisch bestens erschlossen. Zahlreiche Gasthöfe, Pensionen und Hotels stehen den Gästen zur Verfügung, Seilbahnen bringen Besucher auf Fellhorn, Walmendinger Horn und zum Ifen, und an der Mieminger Hütte wartet ein anspruchsvoller Klettersteig darauf, bezwungen zu werden. Zudem locken die Talorte Riezlern, Hirschegg und Baad mit vielen Sportgeschäften und Einkaufsmöglichkeiten sowie einem Casino. Trotzdem hat sich das Tal einen sehr ursprünglichen und natürlichen Charakter bewahrt.

Die Berge sind hier hoch und steil, und so muss man für fast jede Biketour erst mal einen mehrstündigen, steilen Anstieg einplanen. Dafür wird man aber auch in jedem Fall mit einer langen, lohnenden Abfahrt entschädigt.

Am Sportplatz in Hirschegg-Au befindet sich zudem ein Bikepark im Sinne eines Übungsgeländes mit 4X, zwei Tables, einer Wippe und Skinis.

Aufgrund seiner Lage beginnt die Bikesaison im Kleinwalsertal erst recht spät. Meist herrscht bis Ostern Skibetrieb, und auf den Touren in höhere Regionen liegt auf einigen der Trails oft noch bis Mitte Juni Schnee. Dafür kann man hier im Sommer und ganz besonders im Herbst schöne Touren bis hinauf in alpine Regionen oberhalb der Baumgrenze unternehmen.

17 Aufs Fellhorn mit Abfahrt über die Riezler Alpe

Technisch anspruchsvolle Singletrail-Abfahrt im Kleinwalsertal

4	✪✪✪✪✪	1440	31,6	5
Schwierigkeit	Erlebniswert	Höhenmeter	Streckenlänge (in km)	Zeit (in Std.)

TOURENCHARAKTER

AUSGANGS-/ENDPUNKT

Parkplatz an der Söllereckbahn

ANFAHRT

A 7 bis Kreuz Allgäu, dann B 12 Richtung Lindau/Oberstdorf bis Ausfahrt Waltenhofen und auf der B 19 Richtung Oberstdorf, vorbei an Sonthofen und im Kreisverkehr kurz vor Oberstdorf Richtung Kleinwalsertal abbiegen; Parkplatz rechts neben der Söllereckbahn.
Alternativ bis Bahnhof Oberstdorf und von dort mit dem Bike zum Ausgangspunkt.

KONDITION

✪✪✪✪✪

FAHRTECHNIK

✪✪✪✪✪

ERLEBNISWERT

Fahrspaß: ✪✪✪✪✪ – Für Könner ist dieser Trail eine echte Herausforderung, weniger versierte Biker werden auf dem verwurzelten, steilen Waldtrail sicher einige Meter schieben müssen.
Landschaft: ✪✪✪✪✪ – Das Fellhorn befindet sich oberhalb der Baumgrenze und bietet somit freie Blicke weit hinaus in die Bergwelt.
Kultur und Geschichte: ✪✪✪✪✪ – Die Tour verläuft zunächst im Skigebiet, die Abfahrt führt durch ein einsames Bergtal und an einer Alpe vorbei.

EINKEHRMÖGLICHKEITEN

Berggasthaus Laiter (Laiter 5, 87561 Oberstdorf, Tel. 08322/48 60, www.laiter.de)
Obere Bierenwangalpe (Weststr. 14, 87561 Oberstdorf, Tel. 08322/96 19 21, http://home.mnet-online.de/Bierenwang)
Mahdtalhaus (Innerschwende 39, A-6991 Riezlern, Tel. +43/(0)5517/64 23, www.mahdtalhaus.de)
Gasthof Bergblick (Außerschwende 36, D-87561 Oberstdorf / A-6991 Riezlern, Tel. +43/(0)5517/526 10, www.gasthof-bergblick.de)

STRECKENPROFIL

Lange und teils steile Auffahrt aufs Fellhorn, Abfahrt auf sehr anspruchsvollen Singletrails. Auf dem Trail vom Fellhorn zum Gundsattel zahlreiche Holzstufen, maximal S2. Der Trail zur Riezler Alpe ist zunächst auch gut auf S2-Niveau zu fahren, wird aber bald sehr steil und technisch bis S3. Einige Schlüsselstellen auf dem verwurzelten Pfad erfordern Fahrkönnen S4. Bei Nässe nicht befahrbar!

Teer:	8,5 km
Schotter:	14,5 km
Schieben/Tragen:	1 km/100 Hm
Trail bergauf:	2 km
Trail bergab:	5 km

HÖCHSTER PUNKT

1967 m, Fellhorn Gipfelstation

NIEDRIGSTER PUNKT

905 m, Zwingsteg an der Breitach

LANDKARTE

Kompass Karte Nr. 3, Allgäuer Alpen–Kleinwalsertal, 1:50 000

GPS/ROADBOOK

Tour 17 Fellhorn.gpx mit 35 Wegpunkten

Das Skigebiet rund um Fellhorn und Kanzelwand ermöglicht es dem Biker, durch mehrere gut ausgebaute Schotterwege und Teerstraßen schnell weit nach oben zu radeln. Dort angekommen, findet der versierte Abfahrer einen schwereren Singletrail, auf dem er seine Fahrkünste unter Beweis stellen kann.

Das Fellhorn ist einer der vielen Berge im Allgäu, auf den eine Seilbahn führt. Da diese in der Regel aber keine Bikes transportiert, bleibt uns nur der giftig steile Anstieg auf einer kleinen Teerstraße unterhalb der Liftmasten. Aber genau dieser Umstand ermöglicht es uns, diese Tour geschickt zu timen. Während innerhalb der Betriebszeiten der Seilbahn auf dem Berg ganze Hundertschaften von Besuchern anzutreffen sind, gehört uns Bikern davor und danach der Berg ganz allein. Geeignet sind die Betriebsruhen im Frühjahr oder im Herbst, aber auch die frühen Morgen- bzw. die späten Abendstunden. Etwas Planung, ein geschicktes Timing – und schon steht dem ungetrübten Bikeabenteuer nichts mehr im Wege. Außer der Berg, aber dieser will ja erklommen werden.

Als Ausgangspunkt für unsere Tour wählen wir den großen und kostenlosen Parkplatz der Söllereckbahn, der schnell und einfach zu erreichen ist. (Alternativ kann die Tour selbstverständlich auch im Zentrum von Oberstdorf gestartet werden.) Nach wenigen Metern bergauf geht's auf einem schmalen Schotterweg leicht fallend durch den uralten Bergwald in Richtung Freibergsee. Lediglich den Abzweig nach links dürfen wir nicht verpassen, sonst würden wir aufs Söllereck hinauffahren, und da wollen wir heute gar nicht hin.

31,6 km	1440 Hm	Tagestour

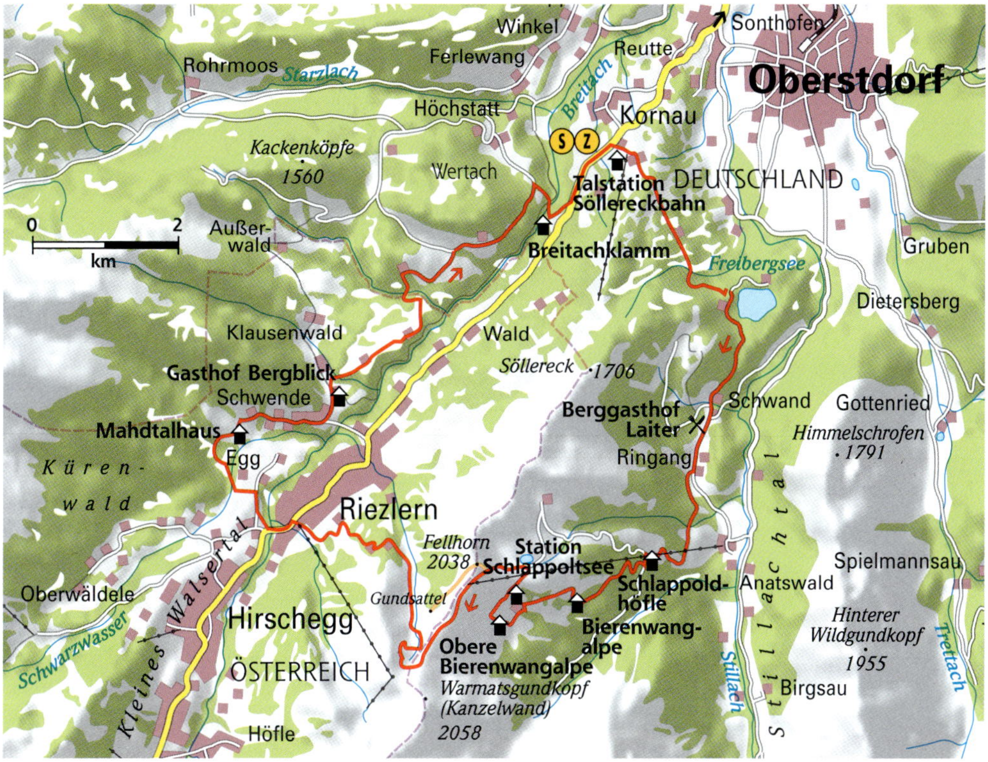

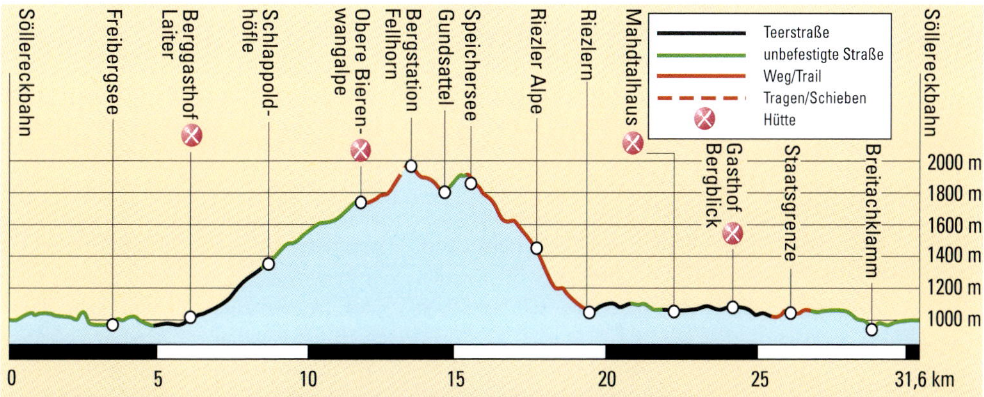

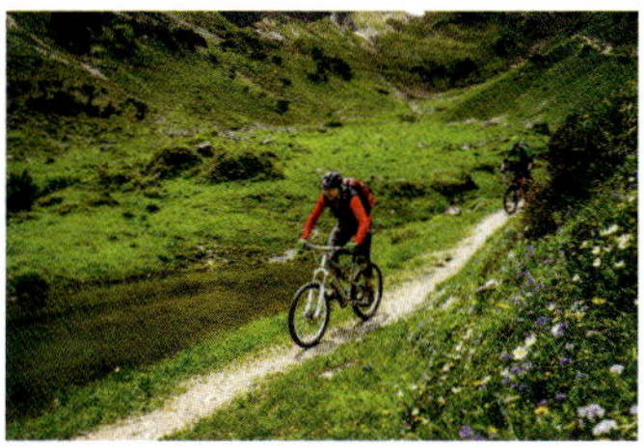

Ein Sigletrail-Intermezzo

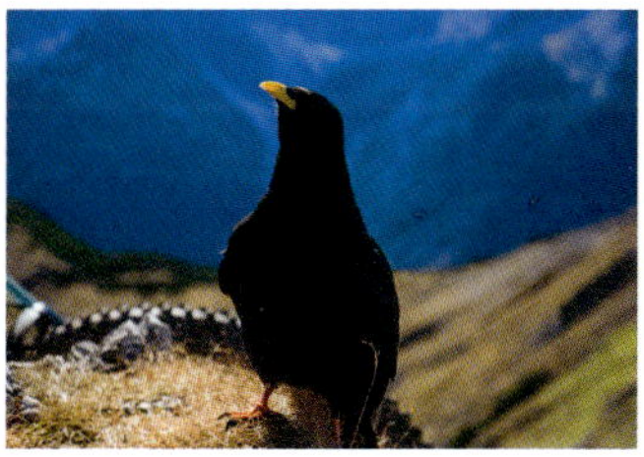

Ich will was zum Fressen!

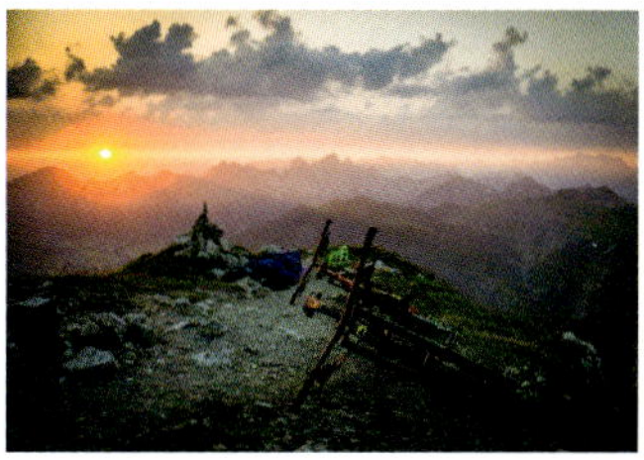

Ein Gipfelbiwak gefällig?

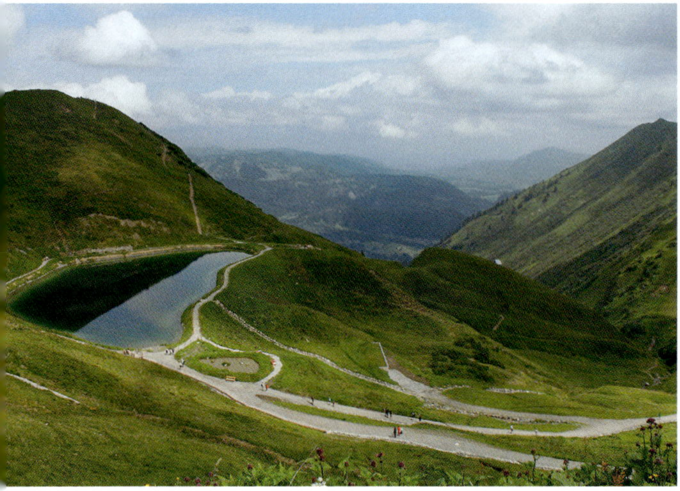

Der Speichersee für das große Skigebiet zwischen Fellhorn und Kanzelwand

Nachdem wir das Naturfreundehaus und den Freibergsee passiert haben, geht es weiter am Hang entlang über Schwand bis nach Ringang. Hier befindet sich der Abzweig in Richtung Fellhorn. Ab sofort führt die steile Straße nach oben. Hier sollte man seine Kräfte gut einteilen, denn der Anstieg zieht sich doch ganz schön in die Länge. An den Schlappoldhöfen auf 1298 Metern Höhe dreiteilt sich die Auffahrt: Während die ersten beiden Abzweige nach oben in Richtung Fellhorn führen, ist der ganz links gelegene Abzweig eine Sackgasse – der Weg endet an der verfallenen Wankalpe.

Wir wählen heute den mittleren Weg, der hinauf zur Bierenwangalpe führt. Die Untere Bierenwangalpe passieren wir auf 1548 Metern Höhe und erreichen dann die Obere Bierenwangalpe (1737 m). Hier müssen wir uns entscheiden, ob wir von links direkt zum Gundsattel hinüberqueren oder ob wir den Fellhorngipfel noch mit dem Bike erreichen wollen.

Während die erste Variante sicher die einfachere und wohl auch komplett fahrbare sein dürfte, führt der Weg zum Gipfel zunächst mal auf einem schönen Trail parallel am Hang entlang. Nachdem wir die Seilbahnstation Schlappoldsee passiert haben, müssen die letzten 200 Höhenmeter nach oben schiebend bewältigt werden. Von der Steigung her wäre der Weg eigentlich fahrbar, aber unzählige Treppenstufen zwingen uns aus dem Sattel.

Rechte Seite: Der Singletrail ins Schmiedebachtal schlängelt sich vom Gipfel bis nach unten.

Nachdem diese Passage überwunden ist, erreicht man die Gipfelstation. Der eigentliche Gipfel des Fellhorns liegt nochmals 80 Höhenmeter über uns. Bei schönem Wetter und guter Sicht kann auch dieser noch erklommen werden, ansonsten kann man sich gleich der Abfahrt in Richtung Gundsattel zuwenden.

Wer diese Passage von der Oberen Bierenwangalpe über die Station Schlappoldsee zum Fellhorngipfel mit der anschließenden Abfahrt fahren will, sollte sich gut überlegen, ob es sich wirklich lohnt – denn dazu sollte nicht nur das Wetter passen, sondern auch idealerweise auf den Bergwegen hier oben sehr wenig los sein. Es bietet sich wirklich an, den Abschnitt außerhalb der Betriebszeiten der Seilbahnen zu fahren!

Dennoch muss man betonen, dass dieser Abschnitt einen hohen Schiebanteil aufweist und die Abfahrt auf dem mit zahlreichen Holzbalken versehenen Singletrail auch nicht zu den absoluten Highlights zählt. Wer hier aber neben der vollen Konzentration auf die unzähligen Treppenstufen noch Zeit findet, einen Blick nach rechts zu riskieren, der wird am gegenüberliegenden Hang einen Trail ins Schmiedebachtal entdecken. Dieser schreit förmlich danach, mit dem Bike erkundet zu werden. Und genau deshalb sind wir hier.

Schnell ist der Gundsattel erreicht, und wir fahren noch ein Stück in Richtung Bergstation Kanzelwand hinauf. Auf halber Höhe befindet sich ein Speichersee für die Beschneiung der Skipisten im Winter, und an seinem Ufer beginnt unsere Trail-Abfahrt. Diese sollten allerdings nur fahrtechnisch versierte Biker wagen, denn der Trail ist im mittleren Teil extrem anspruchsvoll. Zunächst sind abermals ein paar Treppenstufen zu umzirkeln, dann beginnt der Flowtrail. Es geht schnell und einfach ins Tal, nur eine ausgesetzte Passage ist zwischendurch zu queren. Hier ist Schwindelfreiheit und Trittsicherheit gefragt, doch gleich danach geht's wieder flowig am Bach entlang.

Dann erreichen wir den Bergwald. Hier ändert sich der Charakter der Abfahrt: Sie wird nun schwierig und anspruchsvoll. Enge Spitzkehren, steile Felsstufen und unzählige Baumwurzeln erfordern fahrtechnisches Können auf S3-Niveau. Beherrscht man diese Techniken nicht

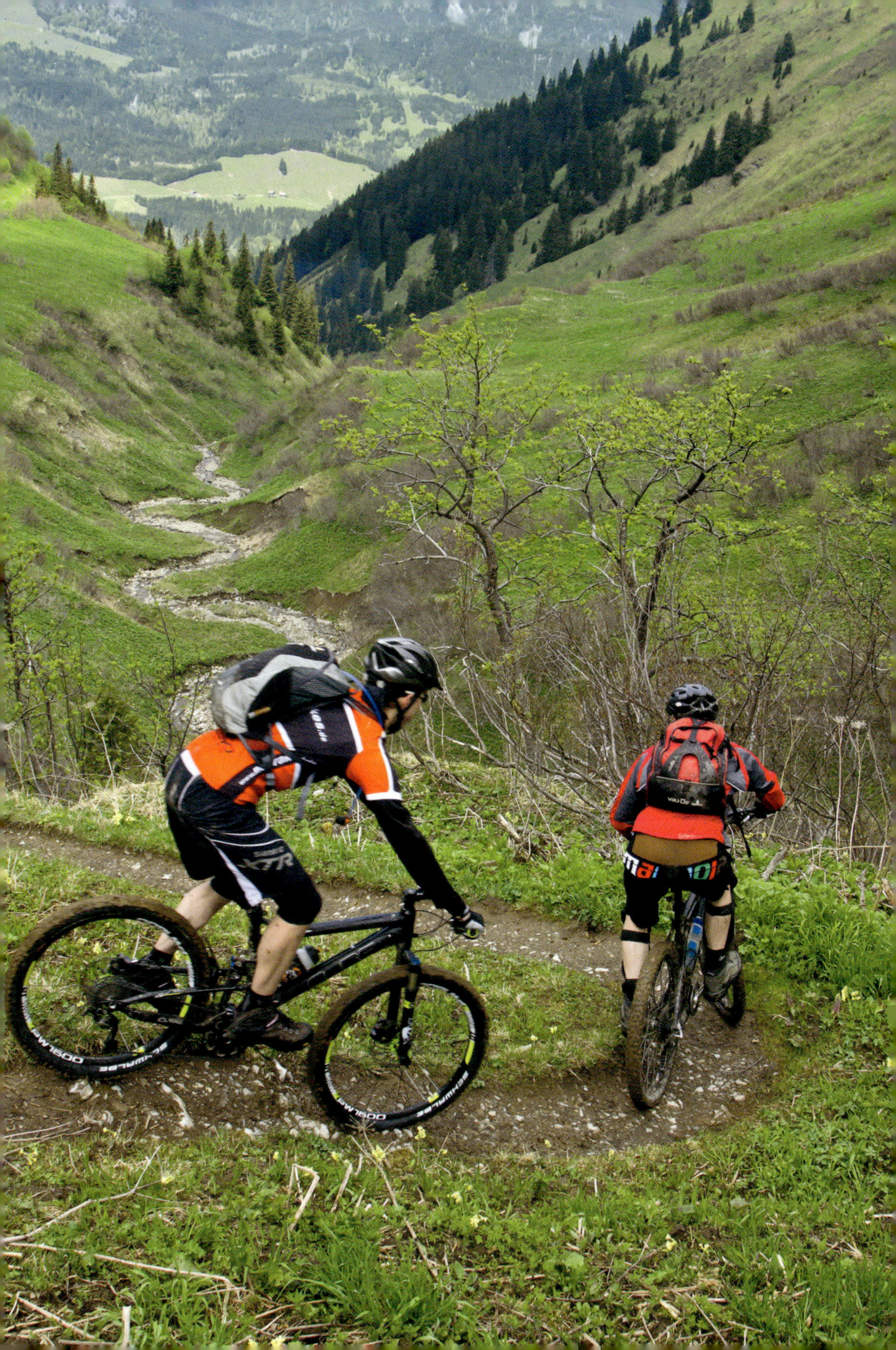

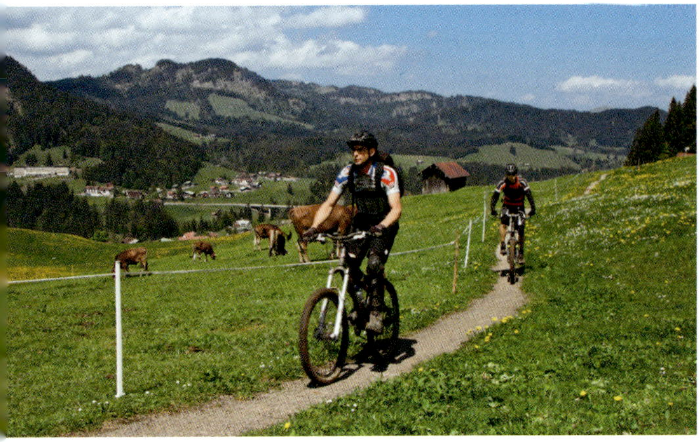

Auf dem Riezler Höhenweg

einwandfrei bzw. ist der Weg nass und somit rutschig, sollte man diese Abfahrt meiden und lieber auf dem Schotterweg nach Riezlern abfahren. Dieser startet oben am Adlerhorst und weist keinerlei technische Schwierigkeiten auf. Um dorthin zu gelangen, muss man am Speichersee noch zwei Serpentinen auf dem Schotterweg nach oben kurbeln.

Die Singletrail-Spezialisten passieren auf 1526 Metern Höhe die Riezler Alpe und verschwinden gleich darauf wieder im Wald, um nochmals einige fahrtechnische Herausforderungen zu bewältigen. Einige Schlüsselstellen sind deutlich schwerer und erfordern sogar Trial-Techniken.

Wir erreichen schließlich den Riezler Höhenweg, fahren dort noch ein paar Meter nach links und rollen dann auf einem Schotterweg hinab in den Ort Riezlern.

Der Rückweg durchs Kleinwalsertal ist bequem und einfach.

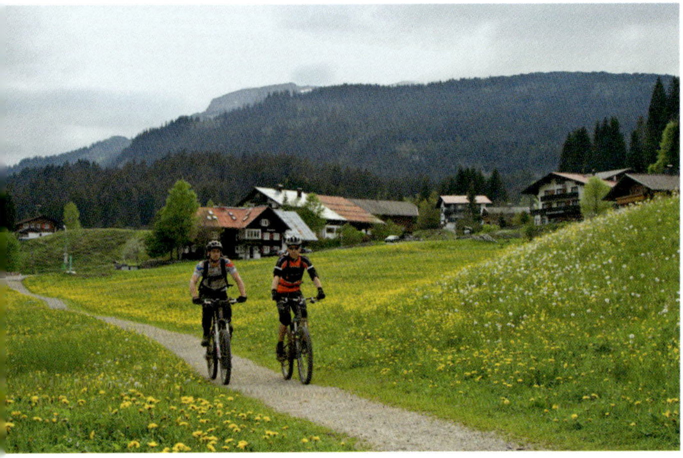

Dort angekommen, passieren wir die Talstation der Seilbahn, welche hoch zur Kanzelwand führt. Auf der Hauptstraße geht es wenige Meter in Richtung Mittelberg. Nach dem Überqueren der Brücke über die Breitach nehmen wir den Abzweig nach rechts in Richtung Wäldele und biegen am Berggasthof Hammerer in den Radweg auf der linken Talseite ein. Dieser führt uns über das Mahdtalhaus und Maria Denk nach Außerschwende.

Hier gilt es am Gasthof Bergblick kurz aufzupassen. Den ersten Abzweig in Richtung Waldhaus vor dem Gasthof passieren wir noch, dann teilt sich nach dem Gasthof der Weg abermals: Geradeaus geht es hinauf zum Hörnlepass, während unser Weg nach rechts abzweigt.

Auf dem nun folgenden Strausbergweg lassen wir alle Abzweige unbeachtet und halten uns stets links. Die grüne Grenze im Bächteletobel nach Deutschland müssen wir schiebend überschreiten, denn der verwurzelte Singletrail führt leider steil bergauf. Aber bereits nach wenigen Metern ist der Engenkopfweg erreicht, der schnell bergab führt. Hier ist Vorsicht geboten, denn sonst ist der kleine Abzweig nach rechts schnell übersehen. Wir folgen dem Wegweiser »Zwingsteg/Breitachklamm«, und nochmals geht es in steilen Serpentinen auf einem breiten Weg hinunter in die Schlucht.

Unten passieren wir das Kassenhäuschen am Eingang zur Klamm. Diese sollte man unbedingt mal besuchen, denn die Breitach hat sich hier tief in Fels hineingegraben und eine imposante, enge Klamm geschaffen, die man auf schmalen Stegen und Brücken bequem zu Fuß erkunden kann. Wer mit dem Bike zum Einstieg kommt, sollte allerdings ein Schloss dabeihaben, denn in die Klamm dürfen die Bikes verständlicherweise nicht mit hineingenommen werden.

Da wir das Bett der Breitach wieder verlassen müssen, erklimmen wir also hier auf der anderen Talseite einen steilen, geteerten Weg. Die immense Steigung wird wohl jeden aus dem Sattel auf die Füße zwingen, sie ist aber schnell überwunden. Noch ein paar Meter auf dem Schotterweg, und schon ist der Ausgangspunkt der Tour wieder erreicht.

Routenbeschreibung

Track 17 – Tour 17 Fellhorn.gpx; Abkürzung: Track 17 – Tour 17 Fellhorn Alternative Abfahrt.gpx

0 km / 997 m / GPS-Wegpunkt 17-01 Startpunkt ist der Parkplatz an der Söllereckbahn. Wir müssen die Straße überqueren und danach rechts Richtung Seilbahnstation abzweigen.

0,6 km / 1032 m / GPS-Wegpunkt 17-02 An der Weggabelung links Richtung Freibergsee abbiegen.

1,7 km / 1009 m / GPS-Wegpunkt 17-03 Wir passieren das Naturfreundehaus Freibergsee. Auf dem Schotterweg weiter geradeaus fahren.

3,1 km / 960 m / GPS-Wegpunkt 17-04 Am Freibergsee rechts vorbei und weiter auf dem Schotterweg.

5,0 km / 968 m / GPS-Wegpunkt 17-05 In Schwand gibt es mehrere Abzweigungen. Weiter geradeaus in Richtung Talstation der Fellhornbahn fahren.

5,8 km / 955 m / GPS-Wegpunkt 17-06 Bei Ringang an der Weggabelung rechts bergauf Richtung Schlappold. Weiter nach Laiter. Dort findet man die erste Einkehrmöglichkeit dieser Tour.

7,0 km / 1052 m / GPS-Wegpunkt 17-07 Die Seilbahn zum Fellhorn kreuzt die Teerstraße. Weiter steil in Serpentinen bergauf.

8,6 km / 1300 m / GPS-Wegpunkt 17-08 Am Schlappoldhöfle an der Weggabelung links fahren.

8,7 km / 1310 m / GPS-Wegpunkt 17-09 Nach der Kreuzung der Seilbahn mit unserem Weg rechts bergauf Richtung Bierenwanghöfle fahren.

10,4 km / 1548 m / GPS-Wegpunkt 17-10 An der Unteren Bierenwangalpe weiter auf dem Schotterweg bergauf fahren.

12,0 km / 1715 m / GPS-Wegpunkt 17-11 Obere Bierenwangalpe. Wer will, kann hier links abzweigen und auf einem breiten Trail direkt zum Gundsattel hochkurbeln. Ansonsten rechts und nach der Alpe weiter auf dem Trail bergauf Richtung Mittelstation der Fellhornbahn (Schlappoldsee).

12,9 km / 1766 m / GPS-Wegpunkt 17-12 Nach einem kurzen, steilen Trail (gerade noch fahrbar) erreicht man die Mittelstation der Fellhornbahn. Links vorbeifahren und auf dem Trail über Stufen weiter hoch zum Fellhorn. Es folgt ein längeres Schiebestück.

14,0 km / 1956 m / GPS-Wegpunkt 17-13 Höchster Punkt der Tour an der Bergstation der Fellhornbahn. Zum Gipfel optional weitere 80 Hm schieben; ansonsten nach links abzweigen und auf dem Wanderweg Richtung Gundsattel abfahren (viele Holzstufen).

15,2 km / 1808 m / GPS-Wegpunkt 17-14 Am Gundsattel endet die Stufenstrecke. Hier trifft auch die Abkürzung von der Oberen Bierenwangalpe wieder auf diese Route. Weiter auf dem Schotterweg bergauf Richtung Kanzelwand.

15,6 km / 1873 m / GPS-Wegpunkt 17-15 Am Speichersee nach rechts abzweigen und am Seeufer entlangfahren. Ab hier einfache Alternative weiter bergauf auf Schotter über den Adlerhorst und auf Schotter direkt hinunter nach Riezlern (breiter Fahrweg, aber steil!).

16,0 km / 1873 m / GPS-Wegpunkt 17-16 Ende des Speichersees. Weiter auf dem Trail über einige Holzstufen bergab fahren.

16,3 km / 1821 m / GPS-Wegpunkt 17-17 Linksabzweig Richtung Riezler Alpe. Hier beginnt die eigentliche Singletrail-Abfahrt.

17,5 km / 1676 m / GPS-Wegpunkt 17-18 Nach dem ersten gut zu fahrenden Trail-Abschnitt beginnt nun der steile Bergwald, und der Trail wird anspruchsvoller. Über Wurzeln und Stufen geht's bergab.

18,1 km / 1526 m / GPS-Wegpunkt 17-19 An der Riezler Alpe zwischen den Häusern durchfahren und links halten. Weiter Richtung Riezlern.

19,1 km / 1190 m / GPS-Wegpunkt 17-20 Ende der Trail-Abfahrt. In den Wiesentrail nach links abzweigen.

19,3 km / 1205 m / GPS-Wegpunkt 17-21 Einmündung in den Schotterweg von der Kanzelwand. Rechts abzweigen und hinunter ins Tal fahren.

20,0 km / 1086 m / GPS-Wegpunkt 17-22 An der Talstation in Riezlern nach links in die Hauptstraße einbiegen.

20,5 km / 1080 m / GPS-Wegpunkt 17-23 Nach der Breitachbrücke rechts Richtung Egg abbiegen.

21,0 km / 1100 m / GPS-Wegpunkt 17-24 In Egg links abzweigen Richtung Mahdtalhaus.

22,3 km / 1072 m / GPS-Wegpunkt 17-25 Am Mahdtalhaus weiter geradeaus auf dem Schotterweg fahren.

23,8 km / 1062 m / GPS-Wegpunkt 17-26 In Schwende nach der Kirche links abzweigen.

24,3 km / 1071 m / GPS-Wegpunkt 17-27 Nach dem Gasthof Bergblick rechts Richtung Strausberg abbiegen.

26,3 km / 1016 m / GPS-Wegpunkt 17-28 Oberhalb der Fuchslochalpe links abbiegen in einen Trail.

26,6 km / 1000 m / GPS-Wegpunkt 17-29 Staatsgrenze im Bächteletobel. Kurzes Schiebestück auf dem Trail bergauf.

26,9 km / 1044 m / GPS-Wegpunkt 17-30 Beginn des Schotterwegs. Hier rechts dem Fahrweg folgen.

29,5 km / 980 m / GPS-Wegpunkt 17-31 Scharfer Rechtsabzweig im Gefällestück auf Teer. Rechts abzweigen in den Fußweg und hinunter in die Breitachklamm.

30,0 km / 905 m / GPS-Wegpunkt 17-32 Zwingsteg; über die Brücke unten am Bach fahren und geradeaus, dann gegenüber wieder steil hochschieben.

30,3 km / 971 m / GPS-Wegpunkt 17-33 Auf dem Schotterweg zweimal links abbiegen.

30,8 km / 986 m / GPS-Wegpunkt 17-34 Der Schotterweg tangiert die Hauptstraße. Auf die Straße wechseln und dieser Richtung Oberstdorf folgen.

31,6 km / 997 m / GPS-Wegpunkt 17-35 Tourende am Parkplatz an der Söllereckbahn.

18 Alte Walserwege

Auf alten Handelswegen in den Bregenzerwald

4	✪✪✪✪✪	2419	18,6	6
Schwierigkeit	Erlebniswert	Höhenmeter	Streckenlänge (in km)	Zeit (in Std.)

TOURENCHARAKTER

AUSGANGS-/ENDPUNKT
Baad im Kleinwalsertal

ANFAHRT
A 7 bis Kreuz Allgäu, auf B 12 Richtung Lindau/Oberstdorf bis Ausfahrt Waltenhofen und auf B 19 Richtung Oberstdorf, vorbei an Sonthofen und im Kreisverkehr kurz vor Oberstdorf Richtung Kleinwalsertal abbiegen, durch Riezlern bis nach Baad
Alternativ bis zum Bahnhof Oberstdorf und von dort mit dem Bike oder dem Linienbus zum Ausgangspunkt in Baad

KONDITION
✪✪✪✪✪

FAHRTECHNIK
✪✪✪✪✪

ERLEBNISWERT
Fahrspaß: ✪✪✪✪✪ – Abfahrten auf zum Teil anspruchsvollen, aber meist flüssig zu fahrenden Singletrails. Lange, zum Teil steile Auffahrten mit kurzen Tragepassagen
Landschaft: ✪✪✪✪✪ – Traumhafter Panoramaweg und zwei spektakuläre Passübergänge
Kultur und Geschichte: ✪✪✪✪✪ – Auf alten Handelswegen passiert man auf dieser Tour zahlreiche Alpen.

EINKEHRMÖGLICHKEITEN
Obere Lüchlealpe (Tel. +43/(0)55 17/32 12, www.das-hoechste.de/partner/obere-luechlealpe
Starzelalpe/Starzelhaus, Starzelweg 12, A-6993 Mittelberg-Baad, Tel. +43/(0)55 17/206 62, www.starzelhaus.de

STRECKENPROFIL
Steile Auffahrten auf Schotterwegen und Trails führen zu einem schönen Panoramaweg. Die letzen Meter zum ersten Pass muss das Bike getragen werden. Danach erfolgt eine Abfahrt auf einem Singletrail und einem Schotterweg. Nochmals geht es bergauf, wobei auch hier gegen Ende zum Derrenjoch hinauf geschoben werden muss. Die Tour endet mit einer langen Singletrail-Abfahrt zurück zum Ausgangspunkt.

Teer:	2 km
Schotter:	4,6 km
Schieben/Tragen:	2 km/400 Hm
Trail bergauf:	2 km
Trail bergab:	8 km

HÖCHSTER PUNKT
1880 m, Derrenjoch

NIEDRIGSTER PUNKT
1244 m, Baad

LANDKARTE
Kompass Karte Nr. 3, Allgäuer Alpen – Kleinwalsertal, 1:50 000

GPS/ROADBOOK
Tour 18 Starzel-Derrenjoch.gpx mit 18 Wegpunkten

Auf dieser Tour im Kleinwalsertal befahren wir alte Handelswege hinüber in den angrenzenden Bregenzerwald. Die Pässe sind allerdings nicht komplett fahrend zu bewältigen. Um diese Übergänge zu erreichen, muss das Bike mehrmals kurz geschoben oder getragen werden. Dafür wird man mit spannenden Singletrail-Abfahrten und schönen Panoramablicken belohnt.

Die Straße endet heute in Baad im Kleinwalsertal. Früher war das alles jedoch einmal anders. Da gab es hier gar keine Straße, und die Täler wurden von den Walsern von oben her besiedelt. Das bedeutet, dass diese über die Pässe in die Täler gekommen sind und diese Pässe später dann auch als Handelsrouten genutzt und ausgebaut haben. Wer heute vom Kleinwalsertal in den südlich gelegenen Bregenzerwald gelangen möchte, kann diese alten Handelsrouten nutzen. Allerdings sind diese Wege steil und mit dem Mountainbike bergauf meistens nicht fahrbar. Neue Forstwege und Zufahrten zu Almen und Skigebieten ermöglichen es uns aber, uns den Pässen zumindest bis auf wenige Höhenmeter zu nähern.

Auf dieser Tour werden wir gleich zwei der alten Walserwege nutzen und einen kurzen Abstecher in den Bregenzerwald machen. Die Tour beginnt auf dem Parkplatz in Baad. Schon nach wenigen Metern lassen wir den kleinen Ort hinter uns und bewältigen einen garstigen Anstieg in Richtung Wald. Der weitere Wegverlauf in Richtung Walmendinger Horn wird nur auf wenigen kurzen Abschnitten etwas flacher. Die moderateste Steigung hat der Forstweg, der sich in Serpentinen nach oben windet. Doch schon bald trifft dieser auf die Skipiste, die derart steil ist, dass es nur sehr wenigen Bikern gelingen wird, diese im Sattel sitzend zu bezwingen. Wir ersparen uns diese Tortur heute und nehmen statt der Skipiste den parallel verlaufenden

18,6 km	2419 Hm	Tagestour

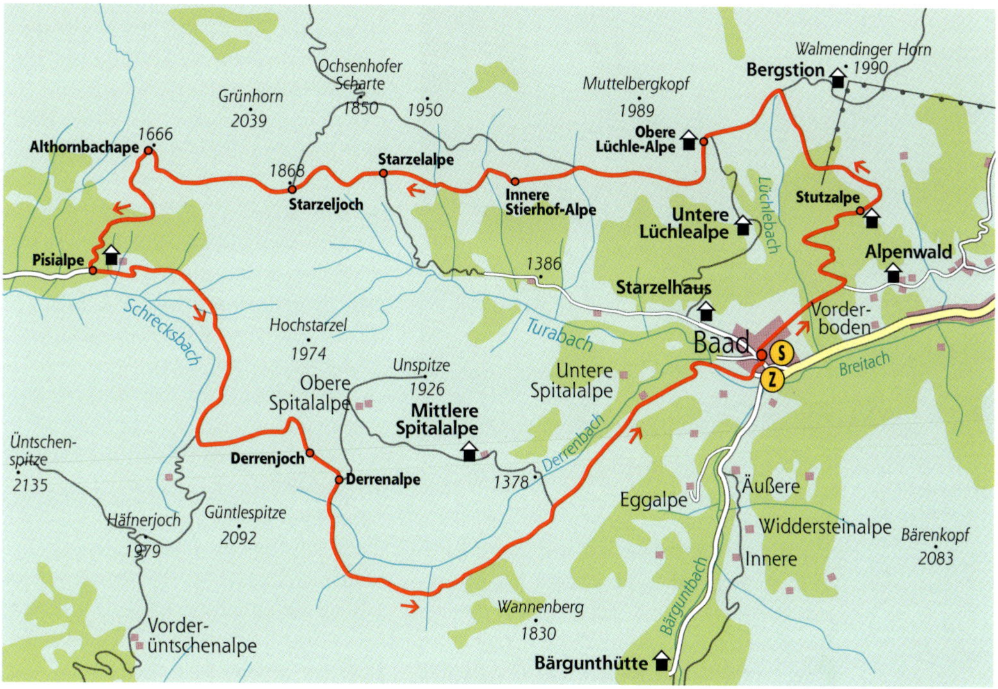

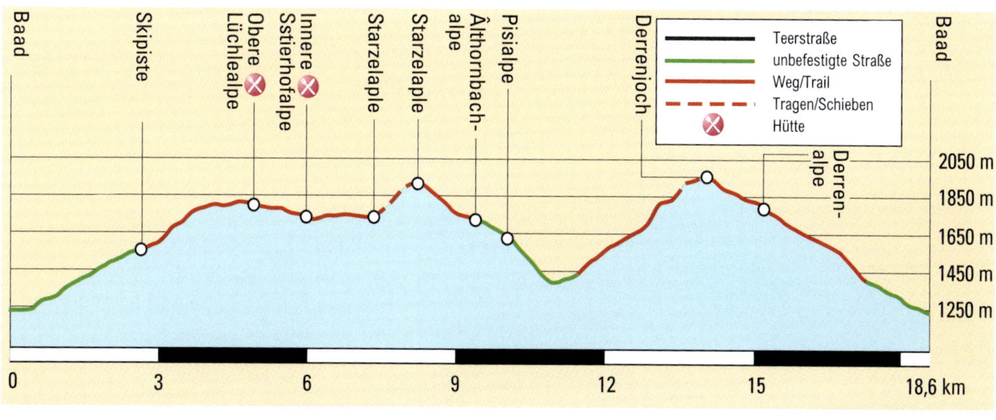

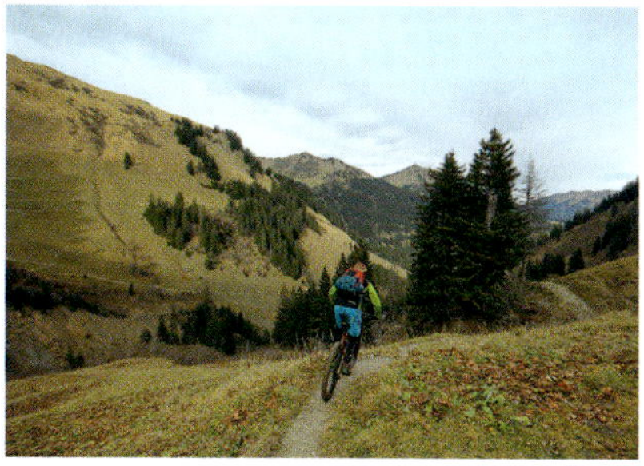

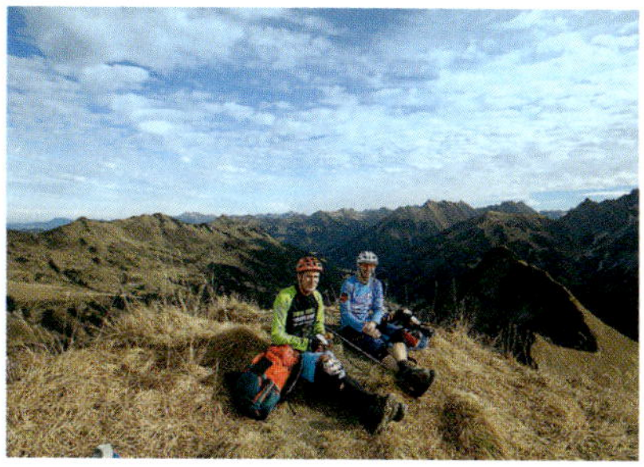

Nach ausgiebiger Rast am Derrenjoch erfolgt die Abfahrt über begeisternde Singletrails-

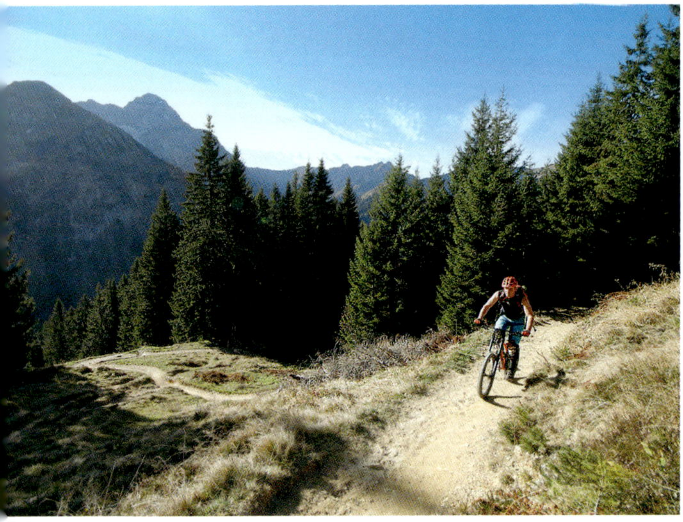

Auffahrt auf dem Singletrail

Bergpfad. Dieser ist zwar immer noch steil, aber wenigstens in Serpentinen angelegt, welche es uns ermöglichen, fast den gesamten Weg nach oben zu pedalieren. Nur an einigen verblockten und verwurzelten Stellen muss man das Bike mehrmals ein kurzes Stück schieben. Nach oben hin wird der Weg flacher, und wir haben nochmals einen schönen Blick auf die steile Passage, die wir uns soeben erspart haben. Wer jetzt den Blick weiter nach hinten ins Tal schweifen lässt, kann am Horizont schon den ersten Pass, das Starzeljoch, erkennen.

Singletrail mit Ifenblick

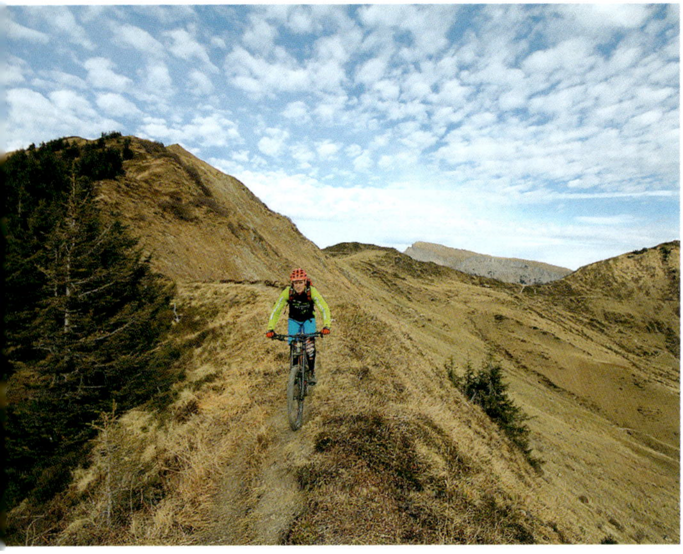

An der Muttelbergalpe biegen wir in den Panoramaweg ein. Dieser führt uns vorbei an der Oberen Lüchlealpe und der Inneren Stierhofalpe zur Starzelalpe. Hier endet der fahrbare Bergweg und die Bikes müssen die letzten 200 Höhenmeter bis hinauf zum Starzeljoch getragen werden. Der kleine Pass liegt zwischen den Gipfeln von Grünhorn und Hochstarzel.

Der direkte Weg zum Derrenjoch führt über einen Grat. Dieser ist aber mit dem Bike nicht zu empfehlen, da im ersten Abschnitte einige ausgesetzte und seilversicherte Passagen zu überwinden sind. Wer diesen Weg wählt, sollte absolut trittsicher und schwindelfrei sein. Zudem muss er sich bewusst sein, dass ein Bike hier wirklich fehl am Platz ist, da es sich meist in den tief herabhängenden Ästen der Latschenkiefern verheddert.

Daher führt unsere Tour zunächst auf der anderen Seite des Starzeljoches hinüber in Richtung Bregenzerwald. Wir fahren auf einem Trail bis zur Althornbachalpe. Dort biegen wir links ab zur 1405 Meter hoch gelegenen Pisialpe. Hier beginnt der Gegenanstieg zum Derrenjoch. Der Weg ist zunächst gut ausgebaut und fahrbar, wird aber bald steiler. Zudem wird der Untergrund zusehends schlechter und gröber. Früher oder später werden hier auch konditionsstarke Biker aus dem Sattel gezwungen. Der Bergweg hinauf zum Derrenjoch ist zum Glück recht breit und somit gut begehbar. Das Bike lässt sich gut schieben und muss nicht getragen werden.

Am zweiten Walserpass unserer Tour rasten wir noch einmal kurz und machen uns bereit für die Abfahrt zurück nach Baad. Prinzipiell stehen hier zwei Varianten zur Auswahl: Der rechte Trail sieht vielversprechender aus. In einem weiten Boden führt er rechter Hand am Derraköpfle vorbei. Unten im Tal mündet der flüssig zu fahrende Singletrail in einen Schotterweg, der uns schließlich zurück nach Baad führt. Fahrtechnisch ist der Trail relativ einfach und weist nur wenige Stellen mit S3-Niveau auf. Wir lassen hier die idyllische Berglandschaft mit Wiesen und Almen hinter uns und suchen uns zum Abschluss der Tour eine der zahlreichen Gaststätten, Cafés und Restaurants in Baad.

Routenbeschreibung

Track 18 – Tour 18 Starzel-Derrenjoch.gpx

0 km / 1244 m / 18-01 Vom Parkplatz Baad Richtung Norden bergauf fahren. An der Gabelung nach rechts Richtung Kapelle fahren

0,3 km / 1233 m / 18-02 An der Kapelle St. Martin vorbei dann nach rechts Richtung Waldrand fahren

1,0 km / 1307 m / 18-03 Einmündung Schotterweg, hier nach links abbbiegen und in Serpentinen bergauf fahren

2,6 km / 1511 m / 18-04 Skipiste. Nach links abbiegen und dann gleich wieder rechts dem Bergpfad bergauf folgen. Steile Serpentinen, ein paar kurze Schiebepassagen

4,0 km / 1746 m / 18-05 Einmündung Skipiste. Nach rechts weiter bergauf und danach links in Richtung Westen auf den Panoramaweg einbiegen. Auf Beschilderung Richtung Obere Lüchlesalpe und Starzelape achten

4,1 km / 1735 m / 18-06 Abzweig zur Muttelbergalpe. Hier nach links auf dem Höhenweg einbiegen..

4,7 km / 1748 m / 18-07 An der Oberen Lüchle-Alpe ist ein Abzweig. Rechts auf oberem Weg bleiben und weiterfahren

5,5 km / 1682 m / 18-08 Äußere Stierhof-Alpe. Die Abzweigung passieren. Rechts auf oberem Weg bleiben

6,2 km / 1678 m / 18-09 An der Inneren Stierhof-Alpe ist die Bergstation einer Materialseilbahn. Weiterfahren auf dem Trail.

7,2 km / 1678 m / 18-10 Endpunkt an der Starzel-Alpe. Hier rechts abzweigen und die Bikes 200 Höhenmeter hinauf zum Starzeljoch tragen

8,1 km / 1867 m / 18-11 Am Starzeljoch geradeaus Abfahrt auf Singletrail

9,3 km / 1666 m / 18-12 An der Althornbachalpe nach Links Richtung Pisialpe abbiegen. Dem Wirtschaftsweg bergab 260 Höhenmeter folgen.

10,9 km / 1363 m / 18-13 Am Abzweig nach links Richtung Pisialpe und danach dem Weg bergauf folgen

13,0 km / 1759 m / 18-14 Am Abzweig nach links weiter in Richtung Derrenjoch. Ab hier Schiebestück

14,0 km / 1880 m / 18-15 Am Derrenjoch geradeaus bergab Richtung Baad abfahren

14,4 km / 1803 m / 18-16 An der Derrenalpe nach rechts in den Trail einbiegen

17,2 km / 1370 m / 18-17 Ende der Singletrail-Abfahrt. Ab hier dem Schotterweg nach Baad folgen

18,6 km / 1244 m / 18-18 Tourende in Baad

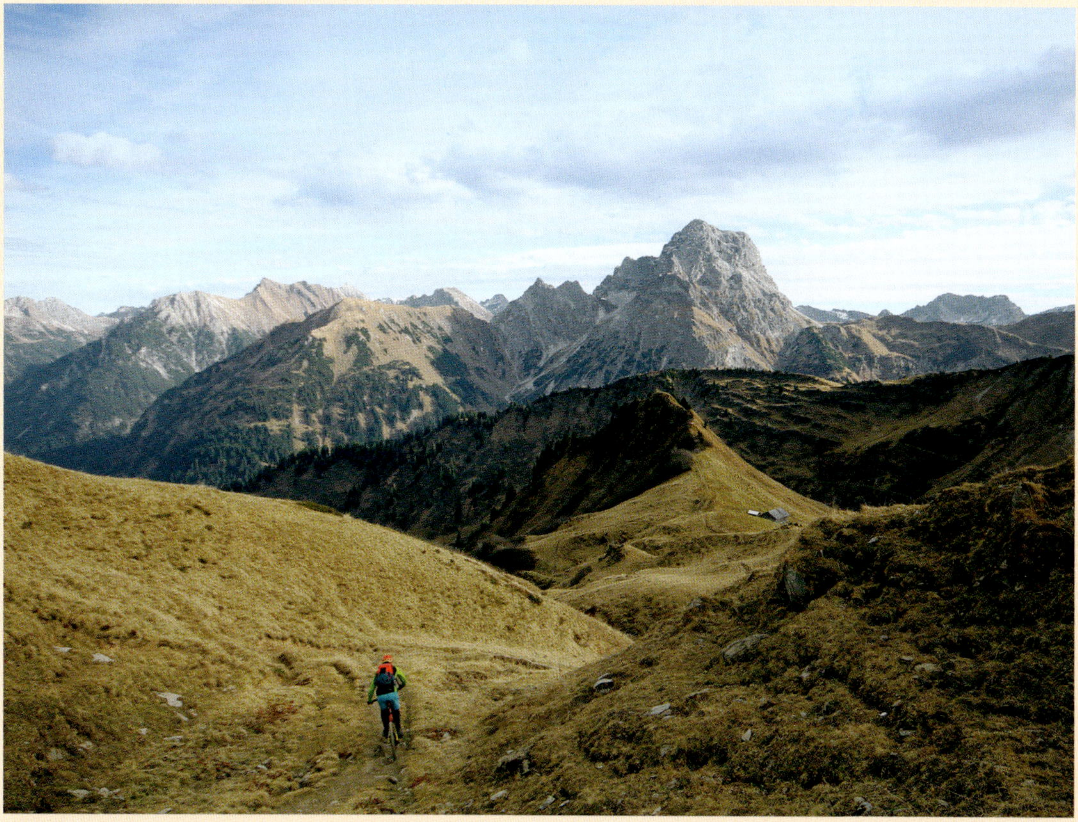

Abfahrt mit Widdersteinblick

19 Der legendäre Stutzalpen-Trail

Abfahrtsklassiker im Kleinwalsertal mit fahrtechnischen Herausforderungen

3	✪✪✪✪✪	470	17,3	2
Schwierigkeit	Erlebniswert	Höhenmeter	Streckenlänge (in km)	Zeit (in Std.)

TOURENCHARAKTER

AUSGANGS-/ENDPUNKT
Hirschegg, Talstation Hubertuslift

ANFAHRT
A 7 bis Kreuz Allgäu, auf B 12 Richtung Lindau/Oberstdorf bis Ausfahrt Waltenhofen und auf B 19 Richtung Oberstdorf, vorbei an Sonthofen und im Kreisverkehr kurz vor Oberstdorf Richtung Kleinwalsertal abbiegen, durch Riezlern bis nach Hirschegg in die Ortsmitte fahren; Parkplatz neben dem Hubertuslift
Alternativ bis zum Bahnhof Oberstdorf und von dort mit dem Bike oder dem Linienbus zum Ausgangspunkt in Hirschegg

KONDITION
✪✪✪✪✪

FAHRTECHNIK
✪✪✪✪✪

ERLEBNISWERT
Fahrspaß: ✪✪✪✪✪ – Sehr schön zu fahrender Singletrail mit einigen technischen Herausforderungen wie Kurven, Treppen und Stufen
Landschaft: ✪✪✪✪✪ – Auf dem Panoramaweg über dem Kleinwalsertal hat man immer wieder schöne Ausblicke auf die umliegenden Berge und das Tal.
Kultur und Geschichte: ✪✪✪✪✪ – Alte Bauernhöfe und Almen am Wegesrand

EINKEHRMÖGLICHKEITEN
Walserblick (Schwarzwassertalstr. 51, A-6992 Hirschegg/Kleinwalsertal, Tel. +43/(0)55 17/58 31, www.cafe-walserblick.de)
Berggasthof Schöntalhof (Schöntalweg 16, A-6992 Hirschegg/Kleinwalsertal, Tel. +43/(0)55 17/51 48, www.schoentalhof.de)
Sonna-Alp (Walserstr. 76a, Kleinwalsertal, Tel. +43/(0)55 17/32 38 32, www.sonna-alp.at)
Berggasthof Bühlalpe (Bühlalpe 1, A-6993 Mittelberg, Tel. +43/(0)5517/55 79, www.buehlalpe.at)
Stutzalpe (Tel. +43/(0)5517/63 04, www.hochblick.de/Stutz_Alpe.html)
Gasthof Café Alpenwald, Alpenwald 1, D-87569 Mittelberg, Tel.+Fax: +43/(0)55 17/63 53, www.alpenwald.de, gasthof@alpenwald.de

STRECKENPROFIL
Nach lockerer Auffahrt über Waldwege oder mit Hilfe der Seilbahn und der Einkehr in der Stutzalpe erwartet uns eine schöne, flowige Singletrail-Abfahrt bis S2 durch den Wald; einige kurze Passagen mit Wurzeln und Treppen erfordern auch Fahrkönnen bis S3.

Teer:	6,5 km
Schotter:	9,5 km
Schieben/Tragen:	0 km
Trail bergauf:	0 km
Trail bergab:	1,5 km

HÖCHSTER PUNKT
1490 m, Stutzalpe

NIEDRIGSTER PUNKT
1086 m, Riezlern

LANDKARTE
Kompass Karte Nr. 3, Allgäuer Alpen – Kleinwalsertal, 1:50 000

GPS/ROADBOOK
Tour 19 Stutzalpe.gpx mit 20 Wegpunkten

Wenn sich jemand hinter seiner Hütte einen Hometrail durch den Wald gräbt, dann kann dabei nur etwas Gutes herauskommen. Und genau dies finden wir an der Stutzalpe im Kleinwalsertal.

Der Stutzalpen-Trail im Kleinwalsertal ist kurz und knackig und für die Auffahrt gibt es verschiedene Möglichkeiten. Wer es bequem möchte, kann entweder mit der Zaferna-Seilbahn oder dem Heuberglift nach oben fahren. Wir starten unsere Tour in Hirschegg an der Talstation des Hubertusliftes. Dort entscheiden wir uns heute für die schweißtreibende Auffahrt aus eigener Kraft über das Gasthaus Walserblick und den Schöntaler Hof. Schnell ist die Bergstation des Heuberglifts erreicht.
Wir fahren weiter auf dem Panoramaweg in Richtung Sonna Alp. Dieser Höhenweg weist bis hierher eigentlich keine nennenswerten Steigungen auf und lasst sich somit schnell absolvieren. Einzig an einer Weggabelung gilt es aufzupassen und auf die Beschilderung zu achten: Hier müssen wir unten auf dem Panoramaweg bleiben und nicht nach rechts den Berg hochfahren. Der Weg nach rechts ist nämlich nur zum Bau einer Lawinenschutzeinrichtung planiert worden. Und an diesem Bauwerk aus Stahl endet auch der Weg dorthin – als Sackgasse wohlgemerkt.
Kurz vor dieser Weggabelung zweigt der Zengas-Trail ab – eine künstliche Downhillstrecke, die steil und anspruchsvoll hinunter nach Hischegg führt. Dank Lift können wir diese mit in unsere Tourenplanung einfließen lassen und auch die verschiedenen Linien ausprobieren. Nach der rasanten Abfahrt gelangt man auf

17,3 km	470 Hm	Tagestour

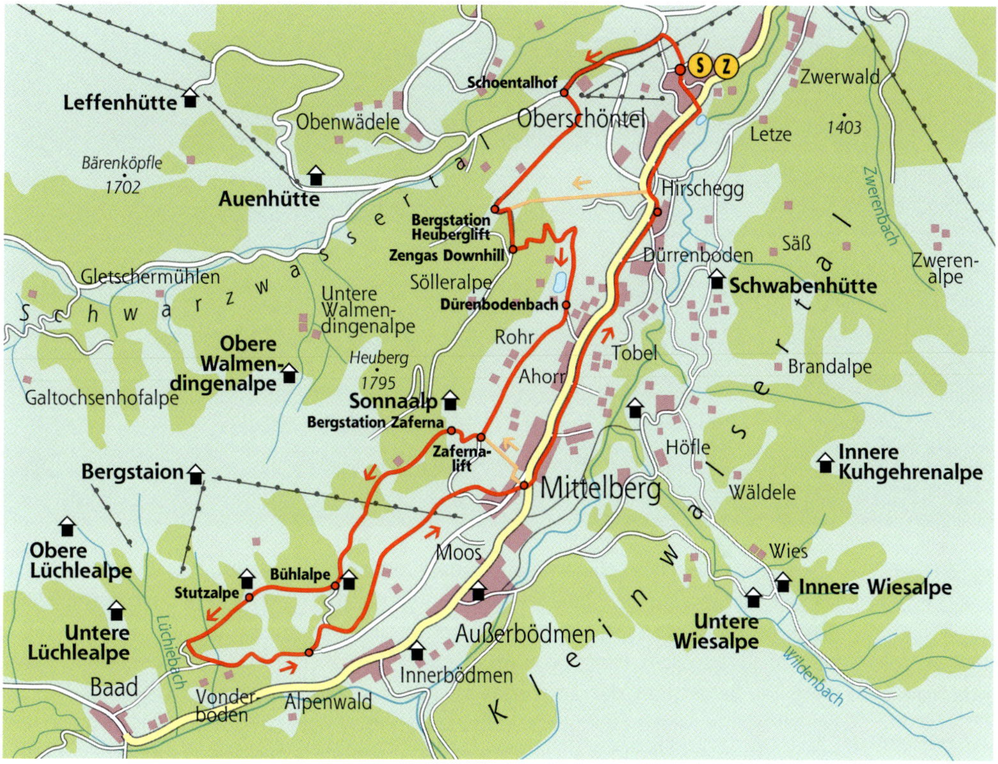

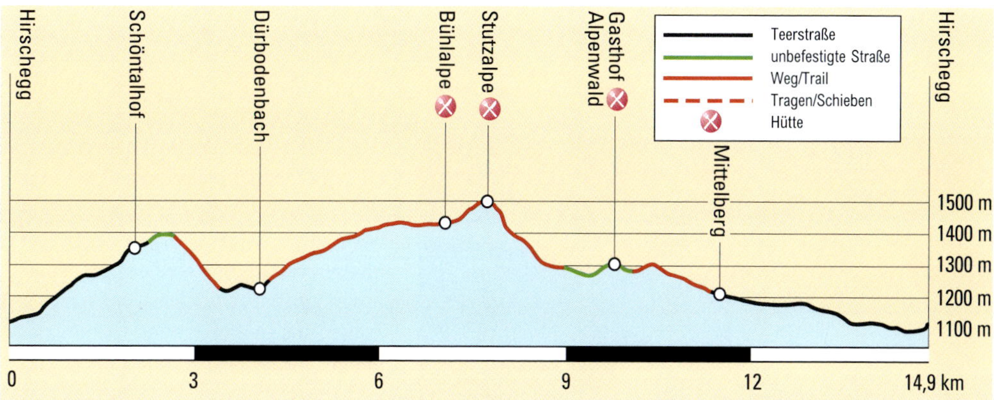

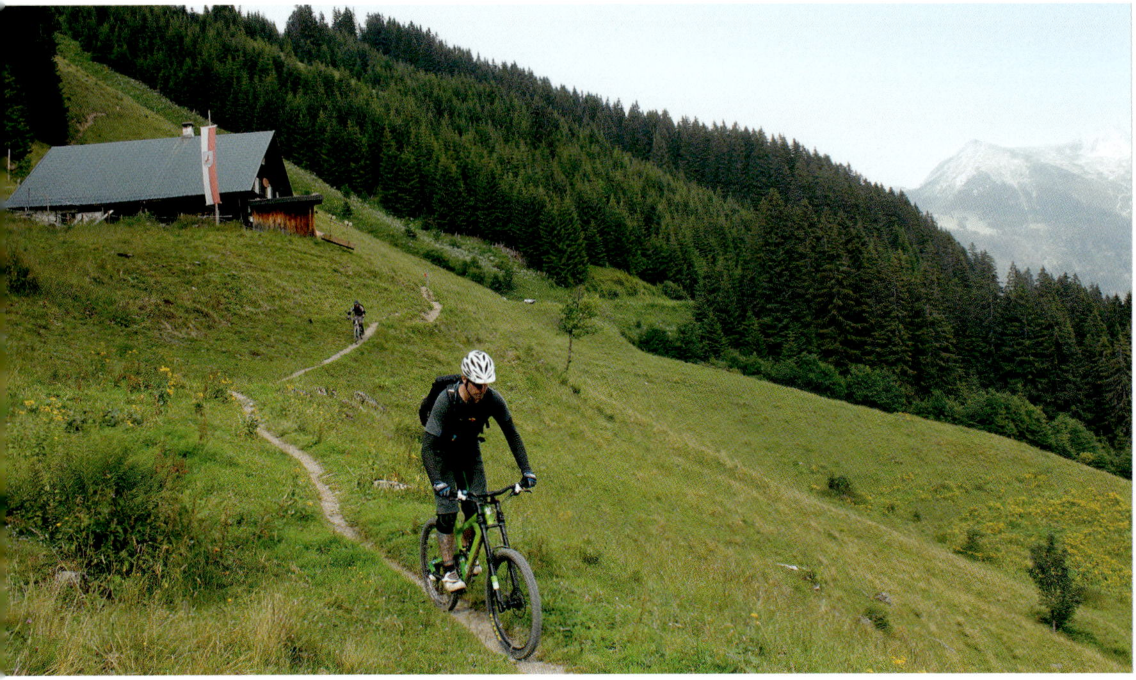

Singletrail an der Stutzalpe

Rechte Seite: Zahlreiche Stufen erfordern eine gute Fahrtechnik.

Der Warnhinweis an der offiziellen Bikestrecke ist nicht ganz ernst gemeint.

einem bergauf gut fahrbaren Singletrail ebenfalls zur Bergstation des Zafernaliftes. Wem dieser Wegabschnitt zu steil ist, der bleibt einfach oben auf dem Panoramaweg. Dieser führt zur Bergstation des Zafernaliftes, wo beide Variante wieder aufeinandertreffen. Alternativ kann man die Tour auch unten im Tal in Mittelberg starten und die Auffahrt zur Sonna-Alp mit dem Zafernalift zurücklegen, dieser nimmt auch Biker mit nach oben. Weiter geht es auf dem Panoramaweg vorbei an

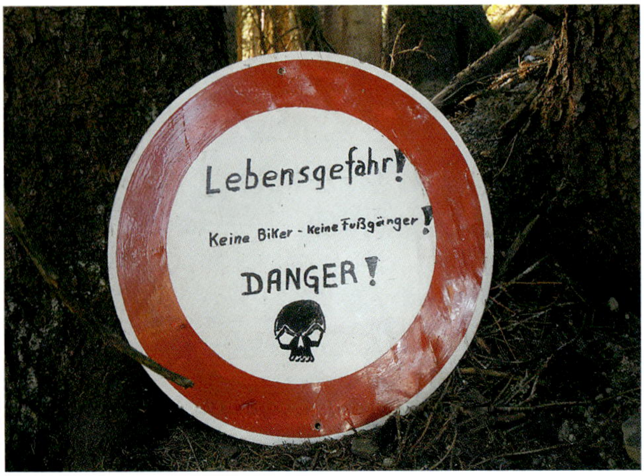

der Bühlalpe. Kurz vor der Stutzalpe muss dann noch einmal kräftig in die Pedale getreten werden. An der Alpe, welche vorbildlich mit einer Outdoor-Bikewerkstatt ausgestattet ist, startet unsere Abfahrt. Doch hier sollten wir uns erst noch etwas Zeit nehmen und das Gespräch mit dem freundlichen Hüttenwirt suchen. Er ist selbst Mountainbiker und hat sicher noch den einen oder anderen Abfahrtstipp auf Lager.

Dann heißt es aber aufbrechen und den Trail in Angriff nehmen. Zunächst rollen wir über einen Wiesentrail, der bald darauf in den Wald führt. Hier beginnt das Singletrail-Vergnügen. Der Trail führt weiter durch den steilen Bergwald. Auch hier sind immer wieder fahrtechnische Herausforderungen in Form von Sprüngen, Wurzeln oder Treppen zu meistern. Zudem gilt es einige enge Kehren zu durchfahren. Dieser Weg wird vor allem bei Nässe zu einer echten Fahrtechnikprüfung. Besonders, wenn sich vor der Kurve Balken befinden, ist es ratsam, diese nur vorsichtig und grundsätzlich nur im rechten Winkel zu überfahren. Dazu ist es natürlich sehr nützlich, wenn man das Hinterrad versetzen kann und damit stets in der Lage ist, technische Passa-

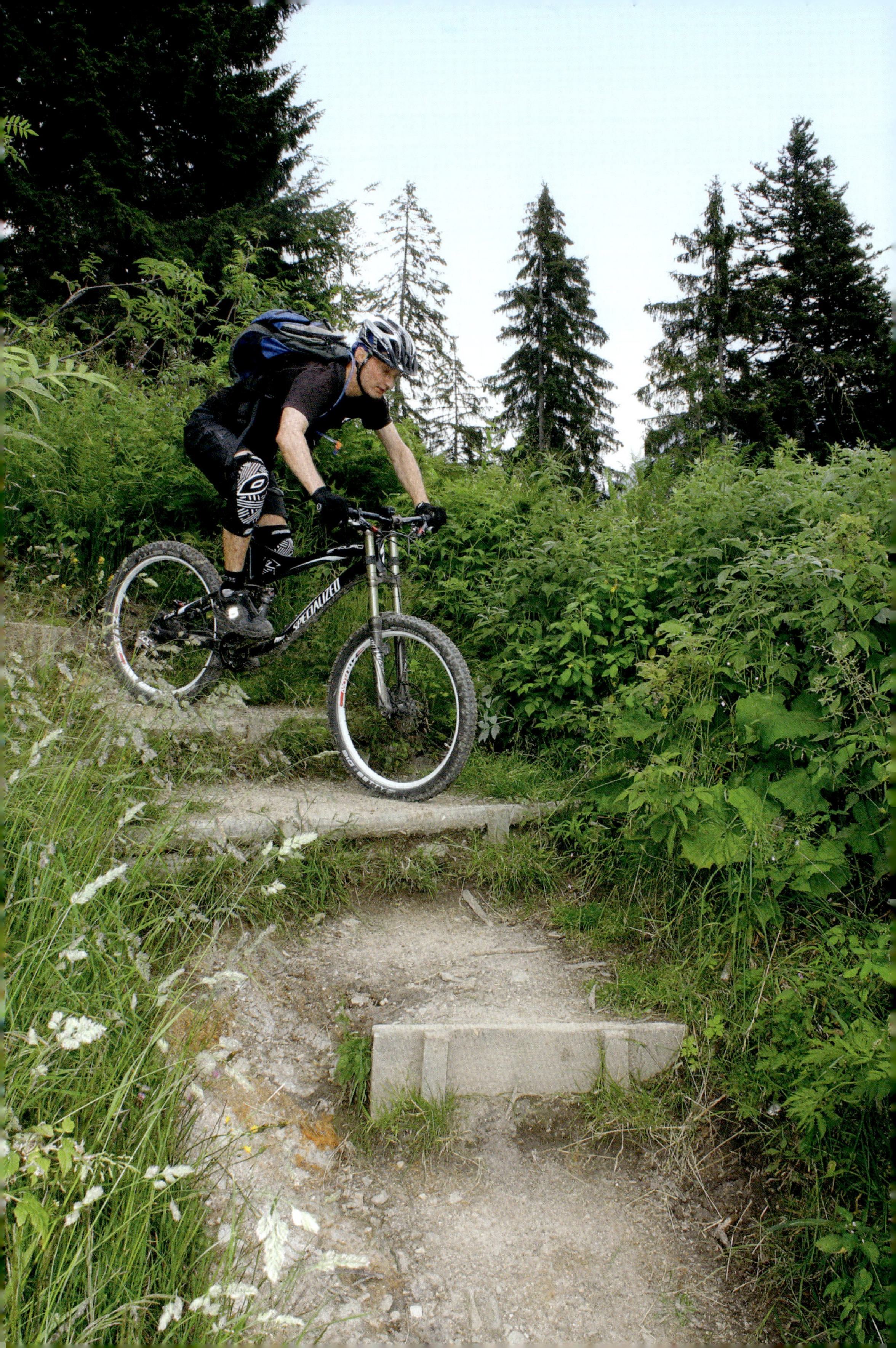

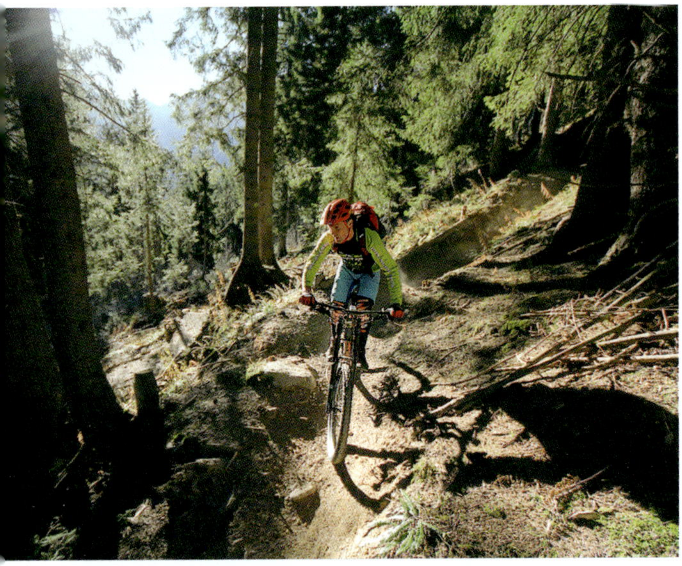

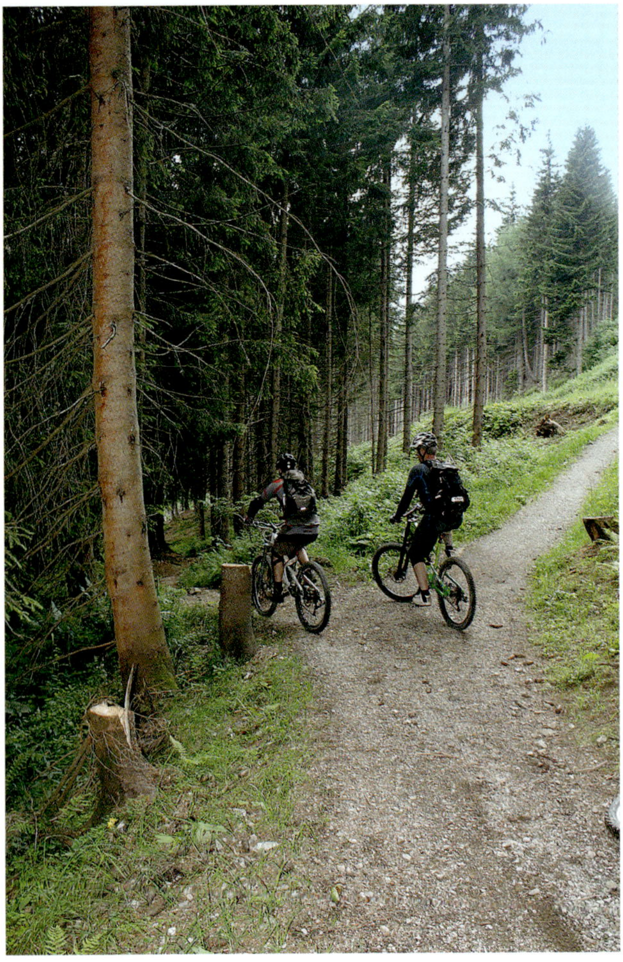

gen im richtigen Winkel beziehungsweise auf der Ideallinie zu durchfahren.

Einige Kehren später erreicht man einen Schotterweg. Hier biegen wir nach links ab, um zum Ausgangpunkt nach Hirschegg zurückzugelangen. Dazu rollen wir zunächst auf Schotter bergab. Nach dem Café-Gasthof Alpenwald geht es noch einmal ein kleines Stück steil bergauf. Doch schon in der ersten Serpentine biegt ein Trail ab, welcher am Waldrand entlangführt. Dieser ist mit seinem Wurzelteppich zwar nicht ganz einfach zu fahren, stellt aber dennoch ein echtes Highlight dar. Bei einem mühsamen Bergauf-Bergab wird nochmals die ganze Fahrtechnik gefordert und so mancher Schweißtropfen produziert.

Wem dies zu anspruchsvoll oder zu anstrengend erscheint, kann alternativ ab Erlenboden auf dem asphaltierten Weg hinab nach Mittelberg rollen.

Wer möchte, kann natürlich auch gleich wieder auf dem Schotterweg nach oben kurbeln und einen weiteren Trail probieren. Der Hang unterhalb des Walmendinger Horns soll nämlich noch mehrere schöne Abfahrten verbergen. Wo diese starten? Einfach den Hüttenwirt an der Stutzalpe fragen, er kennt den jeweiligen Einstieg sicherlich!

Egal, wie oft wir heute zwischen Hirschegg und Baad abgefahren sind – irgendwann ist der Biker müde und muss zurück. Unten im Tal angekommen, nutzen wir die Hauptstraße, um rasch zurück zum Ausgangspunkt der Tour zu gelangen.

Hinweise: Für die Auffahrt zur Starzelalpe bieten sich zahlreiche Varianten an, sodass man diese schöne Abfahrt mehr als einmal genießen kann. So kann man zum Beispiel ab Erlenboden über die Bühlalpe auf einem Schotterweg schnell und ziemlich direkt zum Start der Abfahrt gelangen. Neben dem Heuberglift nimmt auch der Lift an der Sonna-Alp (Zafernalift) Biker mit nach oben.

Oben: Kurz und knackig – der Zengas-Trail

Links: Abzweig auf dem Stutzalpentrail

Routenbeschreibung

Track 19 – Tour 19 Stutzalpe.gpx

0,0 km / 1118 m / 19-01 Auf der Hauptstraße in Hirschegg in die Oberseitestraße einbiegen und auf einen Parkplatz im Bereich des Hubertusliftes starten. Hier im Wohngebiet bergauf fahren

0,3 km / km / 1136 m / 19-02 Nach links abzweigen in die Schwarzwasserstraße und der Beschilderung Richtung Ifenlift und Auenhuette folgen. Bergauf auf Teer fahren

1,2 km / 1275 m / 19-03 Am Abzweig Schöntalhof nach links abbiegen

2,3 km / 1409 m / 19-04 An der Bergstation Heuberglift weiter dem Schotterweg bergauf folgen

2,6 km km / 1418 m / 19-05 Kurz vor der Weggabelung nach links in die Downhill-Strecke einbiegen und dieser steil bergab folgen. Nur für geübte Fahrer!
Alternativ weiter dem Schotterweg folgen. An der Gabelung links halten!

3,5 km / 1205 m / 19-06 Am Ende der Downhillstrecke nach rechts abbiegen und dem Fahrweg folgen

4,0 km / 1222 m / 19-07 Am Speichersee weiter geradeausfahren. An den Weggabelungen zweimal rechts halten und am Ortsende dem Trail bergauf folgen

5,2 km / 1344 m / 19-08 An der Gabelung unter dem Zafernalift nach rechts bergauffahren

5,6 km / 1407 m / 19-09 An der Bergstation des Zaferna-Liftes weiter nach links auf dem Schotterweg abfahren

7,1 km / 1419 m / 19-10 An der Bühlalpe weiter auf Schotterweg bleiben

7,7 km / 1458 m / 19-11 Rastmöglichkeit auf der Stutzalpe. Bikerfreundliche Hütte mit Reparaturmöglichkeit und Haustrail. Links von der Terrasse beginnt der Trail

8,2 km / 1376 m / 19-12 An der Weggabelung links weiter auf dem Singletrail abfahren

8,6 km km / 1307 m / 19-13 Ende des Trails. Links auf Schotter ein paar Meter bergab rollen. Am nächsten Abzweig nach links Richtung Gasthof Alpenwald fahren

9,5 km km / 1270 m / 19-14 An der Weggabelung nach links abzweigen und auf der Teerstraße ein kurzes Stück steil bergauf fahren

9,7 km km / 1306 m / 19-15 In der Serpentine vor dem Waldrand rechts in den Trail einbiegen. Diesem Wurzelpfad leicht steigend folgen

11,2 km / 1252 m / 19-16 Trailende. Nach rechts abbiegen und auf Asphaltstraße ins Tal abfahren

11,6 km km / 1198 m / 19-17 In Mittelberg nach links auf die Hauptstraße abbiegen und dieser zurück nach Hirschegg folgen. Alternativ ist hier die Auffahrt mit dem Zafernalift möglich.

14,0 km / 1122 m / 19-18 In Hirschegg weiter der Hauptstraße folgen. Alternativ ist hier die Auffahrt mit dem Heuberglift möglich

14,7 km / 1096 m / 19-19 Nach links in die Oberseitestraße einbiegen und zurück zum Parkplatz fahren

15 km / 1118 m / 19-20 Tourende

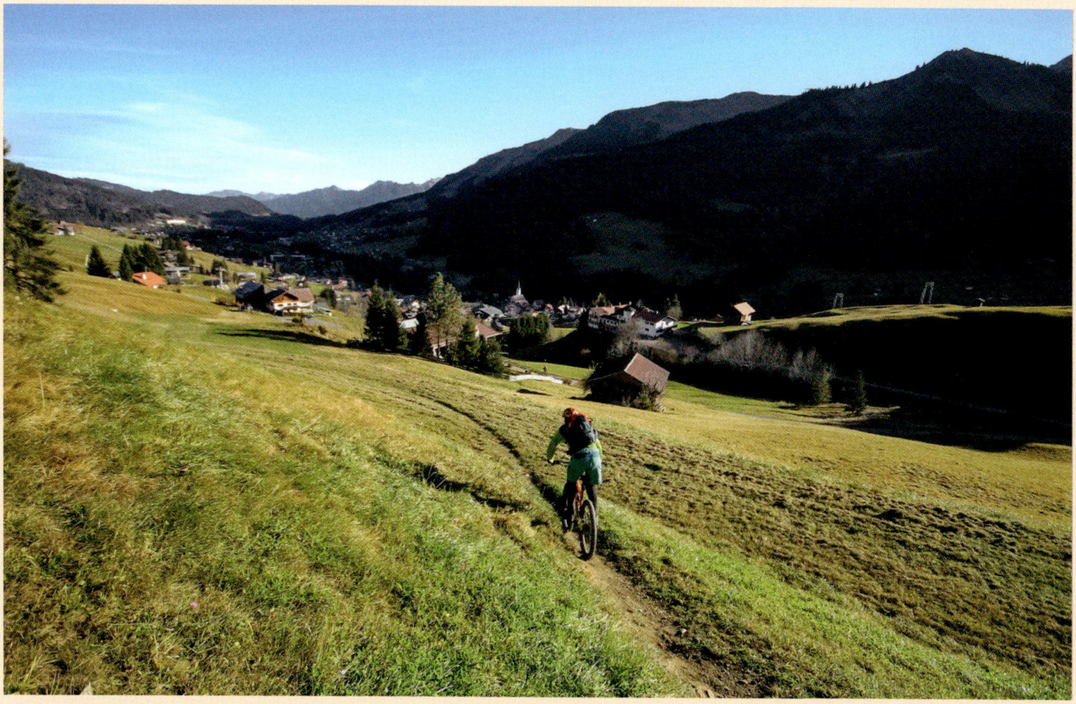

Singletrail ins Tal

20 Unterhalb der Kanzelwand zum Kuhgehren-Trail

Schweißtreibende Auffahrt und flowigster Trail im gesamten Allgäu

Schwierigkeit	Erlebniswert	Höhenmeter	Streckenlänge (in km)	Zeit (in Std.)
3	✪✪✪✪✪	1210	30,8	4

TOURENCHARAKTER

AUSGANGS-/ENDPUNKT

Parkplatz an der Söllereckbahn

ANFAHRT

A 7 bis Kreuz Allgäu, auf B 12 Richtung Lindau/Oberstdorf bis Ausfahrt Waltenhofen und auf B 19 Richtung Oberstdorf, vorbei an Sonthofen und im Kreisverkehr kurz vor Oberstdorf Richtung Kleinwalsertal abbiegen; Parkplatz rechts neben der Söllereckbahn.
Alternativ bis zum Bahnhof Oberstdorf und von dort mit dem Bike zum Ausgangspunkt

KONDITION

✪✪✪✪✪

FAHRTECHNIK

✪✪✪✪✪

ERLEBNISWERT

Fahrspaß: ✪✪✪✪✪ – Ein langer und meist sehr flowiger Trail verspricht maximalen Spaß bei der Abfahrt!
Landschaft: ✪✪✪✪✪ – Hat man die Baumgrenze einmal hinter sich gelassen, genießt man einen beeindruckenden Blick über das gesamte Kleinwalsertal.
Kultur und Geschichte: ✪✪✪✪✪ – Auf der Tour passiert man einige Alpen.

EINKEHRMÖGLICHKEITEN

Berggasthaus Laiter (Laiter 5, 87561 Oberstdorf, Tel. 08322/48 60, www.laiter.de)
Schlappoldalpe (87561 Oberstdorf, Tel. 0151/16 58 46 73, www.alpe-schlappold.de)
Obere Bierenwangalpe (Weststr. 14, 87561 Oberstdorf, Tel. 0 83 22/96 19 21, http://home.mnet-online.de/Bierenwang)
Adlerhorst (Oberseitestr. 11, A-6992 Hirschegg/Kleinwalsertal, Tel. +43/(0)55 17/54 66-0, www.adlerhorst-kleinwalsertal.com)
Innere Kuhgehrenalpe (Wildental, A-6993 Mittelberg, Tel. +43/(0)676/593 68 45)

STRECKENPROFIL

Lange Auffahrt auf Teer und Schotter im Skigebiet. Danach Querung im alpinen Gelände und schöne Singletrail-Abfahrt zurück ins Tal. Der Trail zum Kuhgehrensattel ist schnell und flüssig auf S1-Niveau zu fahren. Bis zur Inneren Kuhgehrenalpe S2 und danach im Wald S3. Größtenteils flowig und schnell.

Teer:	16 km
Schotter:	7 km
Schieben/Tragen:	–
Trail bergauf:	2 km
Trail bergab:	6 km

HÖCHSTER PUNKT

1766 m, Mittelstation der Fellhornbahn

NIEDRIGSTER PUNKT

997 m, Parkplatz an der Söllereckbahn

LANDKARTE

Kompass Karte Nr. 3, Allgäuer Alpen–Kleinwalsertal, 1:50 000

GPS/ROADBOOK

Tour 20 Kuhgehren.gpx mit 27 Wegpunkten

Diese Tour führt uns zu einem der Supertrails des Kleinwalsertals. Nach der langen und anstrengenden Auffahrt zur Kanzelwand beginnt die Abfahrt mit einem Flowtrail am Hang entlang. Es folgt ein kurzes Tragestück, ehe man sich auf die lange Abfahrt ins Kleinwalsertal begibt. Diese kann man noch mit einer Rast auf der Panoramaterrasse der Kuhgehrenalpe unterbrechen.

Einen der schönsten Trails im Allgäu finden wir unterhalb der Hammerspitze im Kleinwalsertal. Beim Namen dieses Berges gab es bis vor wenigen Jahren ein Kuriosum, das hier nicht unerwähnt bleiben darf, denn in Deutschland hieß der Berg Schüsser. Die benachbarten Hammerspitzen heißen ebenfalls Schüsser. Irgendwie verwirrend, aber es ist ganz einfach: Kommt man von Deutschland her ins Tal, dann war der rechte Berg der Schüsser, und wenn man von Österreich her schaut, war eben auch der rechte Berg der Schüsser …
Da dieses Namenskuddelmuddel bei Einsätzen der Bergwacht mehrfach zu Missverständnissen geführt hat, wurden die Gipfel inzwischen umbenannt. Heute gibt es hier die Oberstdorfer und die Walser Hammerspitze. Dazwischen befindet sich in jedem Fall die Hochgehrenspitze, und unterhalb des Gipfels befindet sich die Innere Kuhgehrenalpe. Und dorthin führt uns die heutige Tour.
Doch vor der flowigen Abfahrt steht uns wieder einmal eine schweißtreibende Auffahrt bevor. Um hier eine schöne Rundtour machen zu können, bietet sich der Parkplatz der Söllereckbahn als Startpunkt an. Vorbei am Freibergsee und Schwand gelangen wir schnell Richtung Faistenoy, wo sich die Talstation der Fellhornbahn befindet. In engen Teerserpentinen windet sich ab Ringang die steile Straße nach oben

30,8 km	1210 Hm	Tagestour

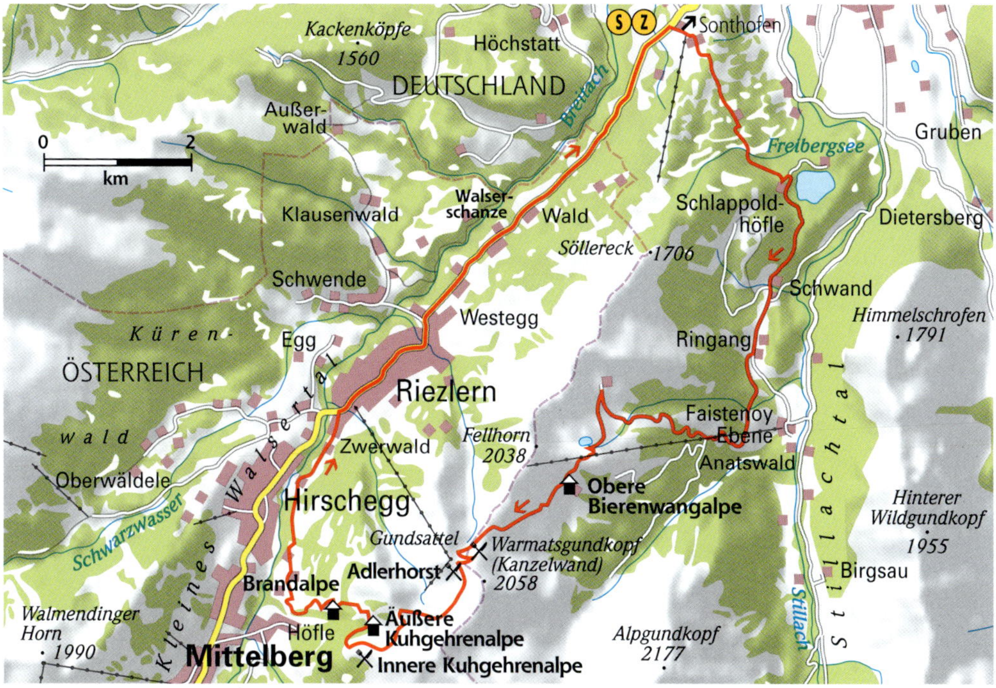

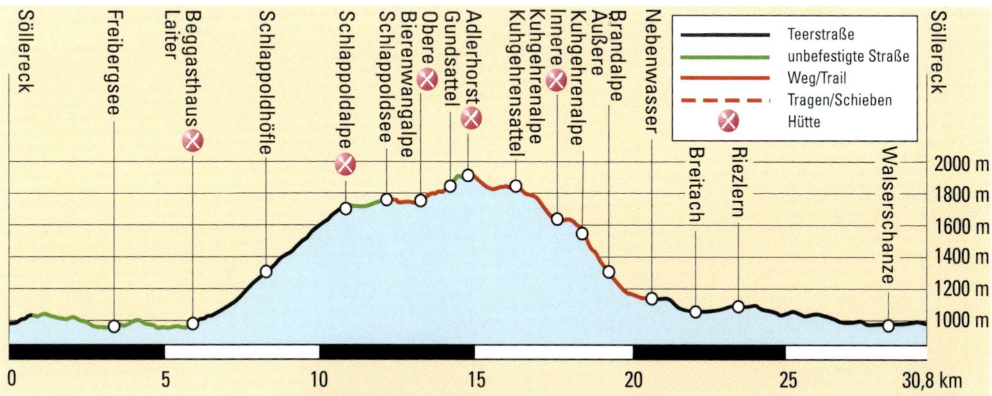

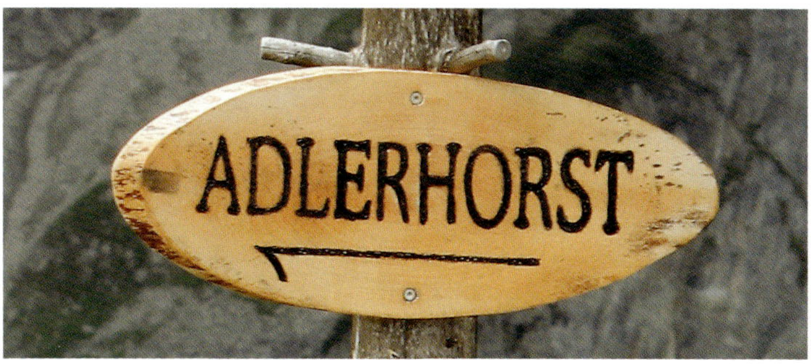

Wegweiser zum Adlerhorst

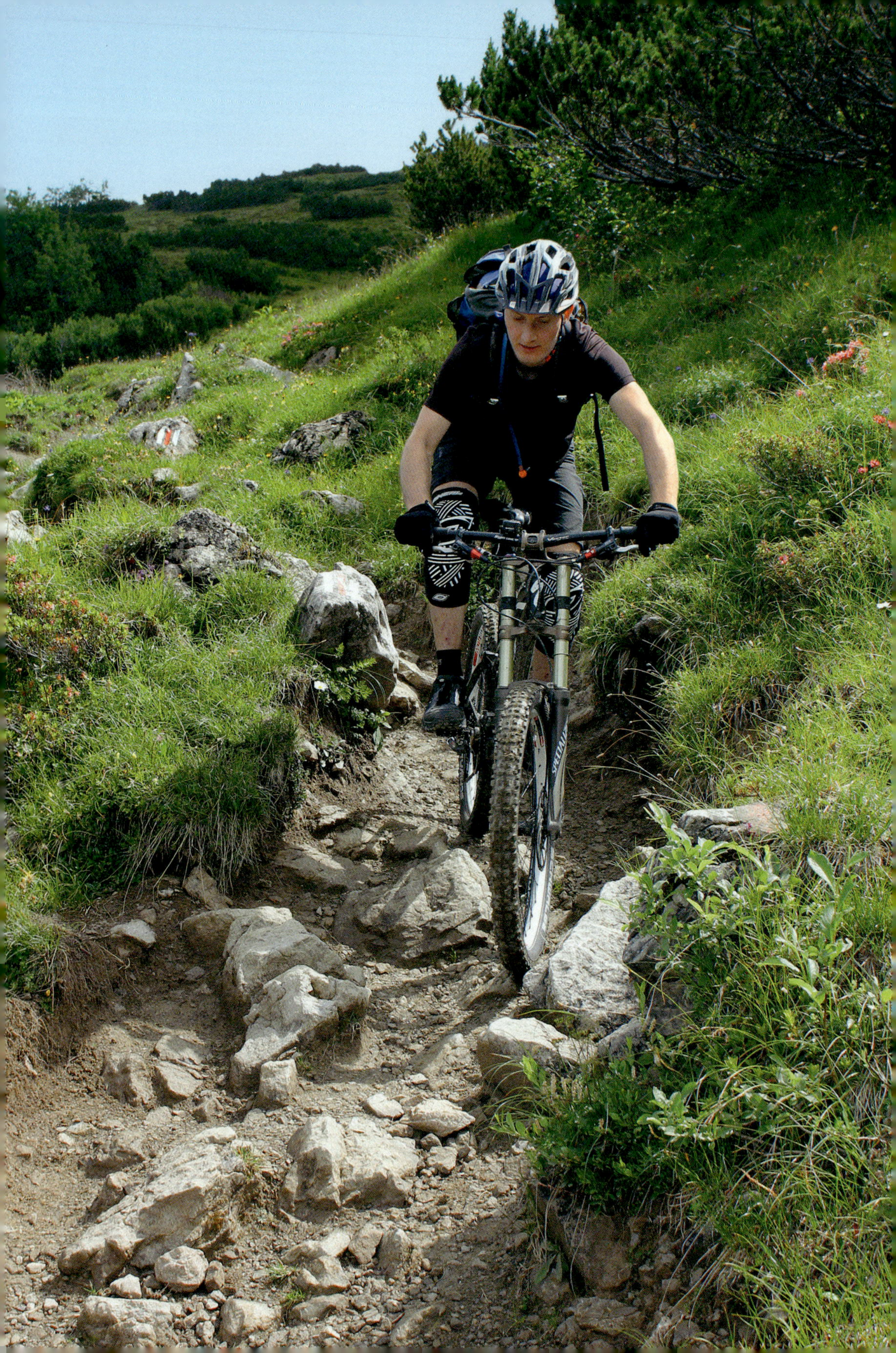

bis zu dem auf 1289 Metern Höhe gelegenen Schappoldhöfle.
Hier entscheiden wir uns heute für den rechten Weg hinauf zur Schlappoldalpe.
Diese nimmt den gesamten Raum des Gratrückens zwischen Söllerkopf und Fellhorn nach Osten hin ein und ist damit die größte Sennalpe in Oberstdorf. Ehemals gehörte auch die heute selbstständige Alpe Bierenwang zu Schlappold. Wegen der günstigen Böden, der talnahen Lage und des leichten Zugangs dürfte diese Alpe eine der ältesten des ganzen Oberallgäus sein. Besonders zu empfehlen ist der Bergkäse, der auf der Schlappoldalpe hergestellt wird.
Die Auffahrt zur Alpe ist steil, aber geteert. Langsam verlassen wir den Wald und das Skigebiet, um letztendlich in einem großen Bogen zurück zur Station Schlappoldsee der Fellhornbahn zu gelangen. Die ersten 900 Höhenmeter sind also geschafft, und wir genießen kurz den Blick über die Bergkette vom Nebelhorn im Osten über den Krottenkopf und die Mädelegabel bis zum Hohen Licht im Süden.
Der schmale Bergweg hinüber zur Oberen Bierenwangalpe ist für Biker leider gesperrt. Da die Seilbahnen in Stoßzeiten hier sehr viele Personen nach oben schaffen, ist diese Sperre in der Nähe der Seilbahnstation wohl auch gerechtfertigt. Aber dass es für uns Mountainbiker keine Alternative zum Schieben geben soll, ist eine Frechheit, die die Verantwortlichen nochmals überdenken sollten. Ein friedliches Nebeneinander und Rücksicht und Respekt zwischen Bikern und Wanderern ist nämlich problemlos möglich – notfalls auch auf zwei parallel verlaufenden schmalen Wegen!
Nach der Alpe biegen wir rechts ab und gelangen nach einem kurzen Gegenanstieg zum Gundsattel. Ab hier führt ein breiter Schotterweg hinauf zur Bergstation der Kanzelwandbahn und zum Adlerhorst. Nochmals gilt es kräftig in die Pedale zu treten und die letzten Höhenmeter zu vernichten. Dann verlassen wir das Skigebiet endgültig und fahren unterhalb der Walser Hammerspitze hinüber zum Kuhgehrensattel. Ein schneller Trail, der allerdings an einigen Stellen durchaus etwas Fahrtechnik erfordert, führt uns bis kurz unter den Sattel. Meistens kann man hier sehr schnell fahren, dennoch ist Vorsicht geboten, denn der Singletrail ist stellenweise recht schmal und führt hier und da mal über ein paar Felsen bzw. wird die Fahrt von tiefen Wasserrinnen gebremst. Um zum Kuhgehrensattel zu gelangen, müssen wir die Bikes ein kurzes Stück nach oben schieben, bevor sich ein schöner Ausblick auf das malerische Kleinwalsertal und den markanten Ifen öffnet.
Wer möchte, kann innerhalb weniger Minuten auch noch die 1910 Meter hohe Kuhgehrenspitze erklimmen. Dort hinauf kann man sein Bike beruhigt mitnehmen, denn der Trail zurück zum Sattel ist gut fahrbar.
Dann beginnt die eigentliche Abfahrt. Ein schöner Singletrail windet sich in einigen

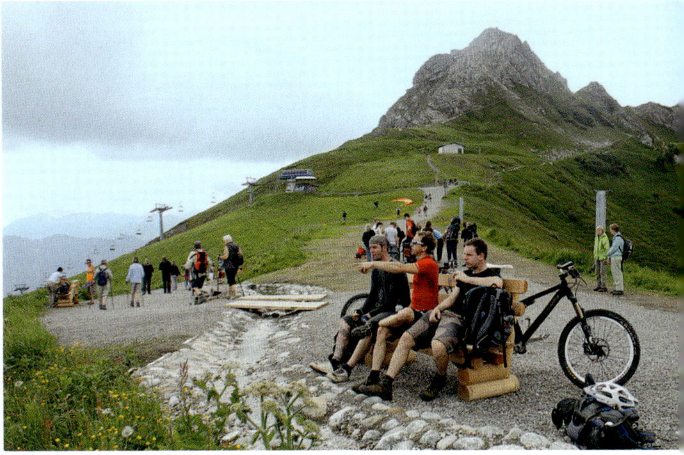

Kurze Pause an der Bergstation der Kanzelwandbahn. Doch hier ist es meist sehr voll.

Linke Seite: Kniffelige Passage auf dem Trail zum Kuhgehrensattel

Der Trail führt vorbei an der Inneren Kuhgehrenalpe.

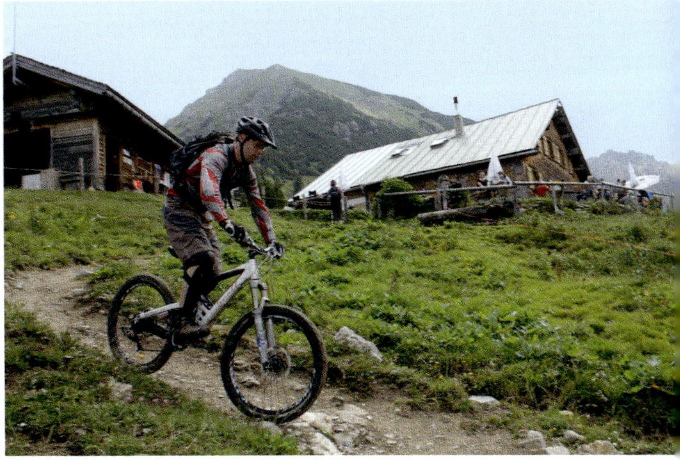

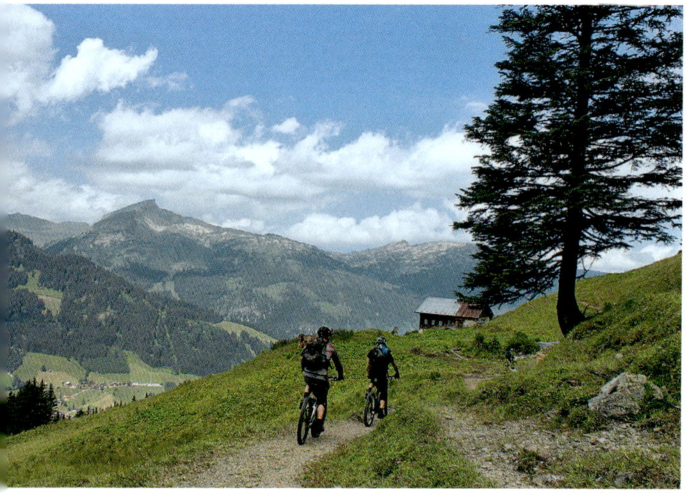

Anfahrt zur Äußeren Kuhgehrenalpe

Kehren durch satte Alpwiesen. Hier kann schnell und flüssig abgefahren werden. Wir nutzen das wellige Gelände für einige kleine Sprünge und lassen die Bikes durch die Kurven rauschen. Dennoch sind wir natürlich darauf bedacht, den Weg nicht zu beschädigen, und verlassen den schmalen Pfad auch nicht.

Nach der kurzen Rast auf der schön gelegenen, bewirtschafteten Inneren Kuhgehrenalpe haben wir die Wahl zwischen mehreren Abfahrten. Am meisten lohnt hier sicherlich die ganz rechte, die über die Brandalpe nach Zwischenwasser hinunterführt. Nach weiteren flowigen Metern über Alpwiesen erreichen wir den Waldrand, wo es zunächst ein paar Meter steil bergab zu einem Bach geht. Diese Stelle kann man getrost als Schlüsselstelle der Tour bezeichnen, denn das Steilstück mit Wurzeln und Stufen erfordert neben Mut auch eine gute Bikebeherrschung.

Singletrailspaß am Kuhgehrentrail

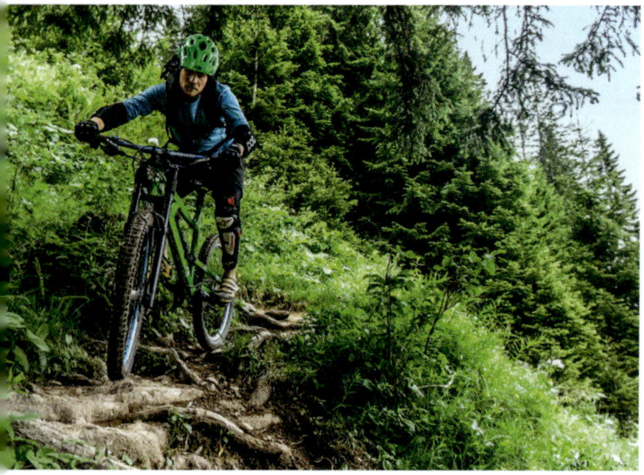

Nach dem Bach muss ein kurzer, kaum nennenswerter Gegenanstieg überwunden werden. Dann erreichen wir die Äußere Kuhgehrenalpe. Hier darf man sich von den zahlreichen Trampelpfaden der Kühe nicht verwirren lassen und sollte strikt links, also unterhalb der Alphütte, bleiben.

Weiter geht es über einen tief eingeschnittenen Wiesenpfad. Hier muss man in den Erosionsrinne aufpassen, dass man nicht mit den Pedalen hängen bleibt. Vor allem, wenn die Vegetation ziemlich üppig ist, kann es schnell passieren, dass man ein Hindernis übersieht, einen Fahrfehler macht und sich überschlägt. Schnell ist bei so einem Sturz das Bike beschädigt oder gar der Fahrer verletzt. Daher gut aufpassen! Danach ändert der Trail kurzzeitig seinen Charakter. Nun gilt es, eine technische Passage im Wald zu durchfahren. Wurzeln und enge Spitzkehren erfordern gerade bei Nässe ein exzellentes Fahrkönnen. An der Brandalpe geht der schmale Singletrail in einen etwas breiteren Hohlweg über, der uns schließlich mit hoher Geschwindigkeit zurück ins Tal führt. In Nebenwasser angekommen, biegen wir nach rechts in Richtung Leze ab, passieren einen kleinen Campingplatz, durchqueren den Ort Riezlern und verlassen das Kleinwalsertal auf der Straße über Waldhaus und die Grenze an der Walserschanze.

Alternativ können wir auch am Ortsende von Riezlern nach links in Richtung Schwende abbiegen und so unterhalb der großen Brücke ins tief eingeschnittene Tal der Breitach gelangen. Dort führt am linken Ufer ein Bergweg entlang, dem wir bis zum Eingang der (kostenpflichtigen) Breitachklamm unterhalb der Walserschanze folgen können. Hier müssen die Bikes wieder aus der Klamm heraus und zurück auf die höher gelegene Straße geschoben werden.

Nun sind es nur noch wenige Meter bis zur Talstation der Söllereckbahn, dann ist die Rundtour unterhalb von Walser und Oberstdorfer Hammerspitze zu Ende.

Routenbeschreibung

Track 20 – Tour 20 Kuhgehren.gpx

0 km / 997 km / GPS-Wegpunkt 20-01 Parkplatz der Söllereckbahn. Der Start der Tour ist südlich der Hauptstraße. Dort dem Teerweg Richtung Söllereck folgen.

0,6 km / 1032 m / GPS-Wegpunkt 20-02 An der Weggabelung links Richtung Freibergsee abbiegen.

1,7 km / 1009 m / GPS-Wegpunkt 20-03 Der Schotterweg führt am Naturfreundehaus Freibergsee vorbei. Auf dem Schotterweg rollen wir geradeaus weiter.

3,1 km / 960 m / GPS-Wegpunkt 20-04 Am Freibergsee rechts vorbeifahren und weiter auf dem Schotterweg bleiben.

5,0 km / 968 m / GPS-Wegpunkt 20-05 In Schwand gibt es mehrere Abzweigungen. Weiter geradeaus Richtung Talstation Fellhornbahn fahren.

5,8 km / 955 m / GPS-Wegpunkt 20-06 Bei Ringang an der Weggabelung rechts bergauf fahren und der Ausschilderung Richtung Schlappoldhöfle folgen.

7,0 km / 1052 m / GPS-Wegpunkt 20-07 Die Seilbahn zum Fellhorn kreuzt unseren Weg. Weiter steil in Serpentinen bergauf fahren.

8,6 km / 1300 m / GPS-Wegpunkt 20-08 Am Schlappoldhöfle. An der Weggabelung nach rechts Richtung Schlappoldalpe fahren. Am Brunnen kann man die Trinkflaschen füllen. Weiter über steile Serpentinen bergauf.

11,3 km / 1710 m / GPS-Wegpunkt 20-09 An der Schlappoldalpe durch die Schotterwegkehre und weiter nach links Richtung Mittelstation der Fellhornbahn.

12,6 km / 1766 m / GPS-Wegpunkt 20-10 Mittelstation Fellhornbahn (Schlappoldsee); links abzweigen in den Wanderweg. Bikeverbot auf dem abwärts führenden Weg, daher das Bike schieben bis zur Oberen Bierenwangalpe.

13,5 km / 1715 m / GPS-Wegpunkt 20-11 An der Oberen Bierenwangalpe vorbei und nach wenigen Metern rechts abzweigen. Ab hier fahrbarer Wanderweg hinauf zum Gundsattel.

14,5 km / 1808 m / GPS-Wegpunkt 20-12 Am Gundsattel weiter auf dem Schotterweg Richtung Kanzelwand fahren und über Serpentinen nach oben. Am Speichersee vorbeifahren.

15,6 km / 1933 m / GPS-Wegpunkt 20-13 Kurz vor der Bergstation der Kanzelwandbahn nach links abzweigen Richtung Adlerhorst. Den Trail am Hang entlang zum Kuhgehrensattel hinunterfahren.

16,8 km / 1810 m / GPS-Wegpunkt 20-14 Ende der kurzen Abfahrt. Es folgt ein Schiebestück auf dem Trail bergauf.

17,0 km / 1860 m / GPS-Wegpunkt 20-15 Kuhgehrensattel. Hier kann man optional zur 1910 m hohen Kuhgehrenspitze aufsteigen. Ansonsten dem Singletrail nach links bergab folgen. Flowiger Wiesentrail mit tollen Blicken ins Kleinwalsertal.

18,2 km / 1673 m / GPS-Wegpunkt 20-16 Innere Kuhgehrenalpe; Rastmöglichkeit. Kurz nach der Alpe ist eine Weggabelung. Dort nach rechts abzweigen zur Äußeren Kuhgehrenalpe. Danach durch den Wald fahren. Hier ist ein kurzes Steilstück, die Schlüsselstelle der Abfahrt, zu meistern.

18,7 km / 1646 m / GPS-Wegpunkt 20-17 Nach dem Bach folgt ein kurzer Gegenanstieg. Danach weiter dem Singletrail folgen.

19,0 km / 1641 m / GPS-Wegpunkt 20-18 An der Äußeren Kuhgehrenalpe auf der linken Seite am Gebäude vorbei. Der Weg auf der Alpwiese ist kurzzeitig schlecht sichtbar. Dann weiter auf dem Singletrail die Alpwiese hinunter. Achtung: z. T. tiefe Erosionsrinnen!

19,4 km / 1558 m / GPS-Wegpunkt 20-19 Beginn des Walds. Hier gilt es einige technische Passagen mit Wurzeln und engen Kehren zu meistern.

19,8 km / 1425 m / GPS-Wegpunkt 20-20 An der Brandalpe wird der Weg breiter und einfacher zu befahren. Weiter bergab rollen.

20,8 km / 1182 m / GPS-Wegpunkt 20-21 Ende der Singletrail-Abfahrt bei Nebenwasser. Nach rechts abzweigen und auf dem Schotterweg Richtung Riezlern fahren.

21,5 km / 1155 m / GPS-Wegpunkt 20-22 Abzweig nach rechts Richtung Riezlern.

22,6 km / 1091 m / GPS-Wegpunkt 20-23 In Letze Abzweig nach rechts. Weiter durch das Campingplatzgelände nach Riezlern fahren.

23,5 km / 1086 m / GPS-Wegpunkt 20-24 Am Ortseingang von Riezlern nach rechts in die Hauptstraße einbiegen und Richtung Ortskern fahren. Dort weiter auf der Straße Richtung Oberstdorf.

27,2 km / 1039 m / GPS-Wegpunkt 20-25 Am Waldhaus weiter der Hauptstraße folgen.

28,9 km / 1006 m / GPS-Wegpunkt 20-26 An der Walserschanze befindet sich die Staatsgrenze. Weiter der Hauptstraße folgen.

30,8 km / 997 m / GPS-Wegpunkt 20-27 Tourende am Parkplatz der Söllereckbahn.

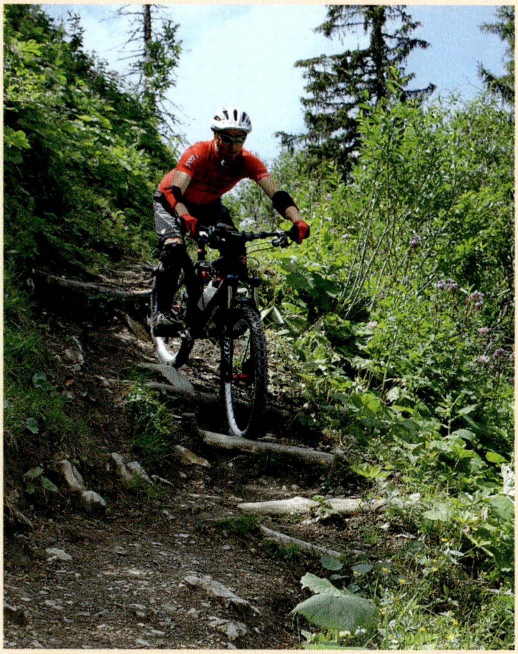

Schlüsselstelle auf der Abfahrt

21 Die Ifen-Umrundung

Lange Rundtour um einen der markantesten Berge im Allgäu

Schwierigkeit	Erlebniswert	Höhenmeter	Streckenlänge (in km)	Zeit (in Std.)
3	✪✪✪✪✪	1720	46,7 bis Ifenalpe + 6 zum Gipfel und zurück	6 (+ 2 Bike & Hike zum Gipfel)

TOURENCHARAKTER

AUSGANGS-/ENDPUNKT

Auenhütte im Kleinwalsertal

ANFAHRT

A 7 bis Kreuz Allgäu, auf B 12 Richtung Lindau/Oberstdorf bis Ausfahrt Waltenhofen und auf B 19 Richtung Oberstdorf, vorbei an Sonthofen und im Kreisverkehr kurz vor Oberstdorf Richtung Kleinwalsertal abbiegen, durch Riezlern fahren und am Ortsausgang der Beschilderung »Ifenlift« bis zur Auenhütte folgen; dort gebührenpflichtiger Parkplatz. Alternativer Startpunkt in Kornau.
Alternativ bis Bahnhof Oberstdorf und von dort mit dem Bike oder dem Linienbus zum Ausgangspunkt.

KONDITION

✪✪✪✪✪

FAHRTECHNIK

✪✪✪✪✪

ERLEBNISWERT

Fahrspaß: ✪✪✪✪✪ – Viele der Abfahrten erfolgen auf einfachen Schotterwegen. Der Trail vom Gerlachsattel zur Melköde ist dagegen anspruchsvoll und stellenweise ruppig.
Landschaft: ✪✪✪✪✪ – Die Gegend rund um den Ifen ist geprägt von schroffen Kalksteinwänden, schönen Bergwäldern und einsamen Talauen.
Kultur und Geschichte: ✪✪✪✪✪ – Den Wegverlauf begleiten zahlreiche alte Alpwege, Alpen und kleine Bergbauerndörfer.

EINKEHRMÖGLICHKEITEN

Rohrmoos (Rohrmoos 5, 87561 Oberstdorf, Tel. 08322/44 17, www.rohrmoos.de)
Schwarzwasserhütte (Tel. +43/(0)5517/302 10, www.alpenverein-schwaben.de/schwarzwasserhuette.html)
Auenhütte (Auenalpe 1, A-6992 Mittelberg, Tel. +43/(0)5517/54 49, www.alpintreff.net/de/haeuser-termine/berggasthof-auenhuette)
Ifenhütte (A-6992 Hirschegg, Tel. +43/(0)5517/52 74 59 23, www.ifenhuette.at)

STRECKENPROFIL

Lange Tour mit vielen Schotter- und Teerwegen. Zudem ist ein Tragestück zum Gerlachsattel zu meistern. Dafür wird man mit einer schönen Singletrail-Abfahrt vom Gerlachsattel zur Schwarzwasserhütte (bis dahin S2) und weiter zur Melköde (einige Passagen S3 mit Wurzeln und Stufen) belohnt. Optional kann man noch hoch bis zur Ifenhütte fahren und weiter zu Fuß bis zum Gipfel steigen.

Teer:	15 km
Schotter:	27 km
Schieben/Tragen:	2 km/350 Hm
Fußweg zum Gipfel:	hin und zurück 6 km/650 Hm
Trail bergauf:	1 km
Trail bergab:	5 km

HÖCHSTER PUNKT

1752 m, Gerlachsattel

NIEDRIGSTER PUNKT

930 m, Breitach

LANDKARTE

Kompass Karte Nr. 3, Allgäuer Alpen–Kleinwalsertal, 1:50 000

GPS/ROADBOOK

Tour 21 Ifenumrundung.gpx mit 41 Wegpunkten; Bike & Hike-Variante: Tour 21 Ifenumrundung Variante.gpx mit 9 zusätzlichen Wegpunkten

Egal, wo man im Allgäu mit dem Bike unterwegs ist: Der markante Ifen ist fast immer zu sehen. Auf dieser Tour kann man den Ifen mal von allen Seiten betrachten und ihm ganz nahe kommen. Dabei ist man meist auf einfachen Wegen unterwegs. Nur zum Gerlachsattel muss das Bike ein Stück hinaufgetragen werden.

Der wohl markanteste Berg im Allgäu ist zweifelsohne der Ifen. Mächtig und unverwechselbar erhebt sich das Kalksteinplateau über dem Tal. Grund genug, sich die Sache auf dem Bike mal genauer anzusehen. Idealerweise macht man dies auf einer Tour, auf der man diesen imposanten Berg einmal umrundet und ihm danach noch möglichst nahe kommt. Wenn dazu noch absolutes Traumwetter herrscht, hat man fast schon die Garantie für einen unvergesslichen Tag in den Bergen.
Startpunkt ist der große Parkplatz im Tal an der Auenhütte. Von dort aus geht es das Tal abwärts, vorbei am Mahdtalhaus und nach Schwende. Am Gasthof Bergblick führt ein Weg steil hinunter zur Breitachklamm. Wir folgen dem Bachverlauf auf dem schmalen Uferweg bis zur Grenze nach Deutschland. Ab hier verlassen wir das tief eingeschnittene Tal und erklimmen den steilen Weg hinauf nach Hinterenge. Dort beginnt der Weg zu einem Sattel zwischen Kackenköpfen und Engenkopf. Den Abzweig zur Osterbergalpe lassen wir links liegen und fahren statt dessen in Richtung Moosalpe.
Schnell ist der Sattel erreicht, und auf der anderen Seite fahren wir auf einem breiten, geteerten Forstweg hinab

46,7 km	1720 Hm	Tagestour

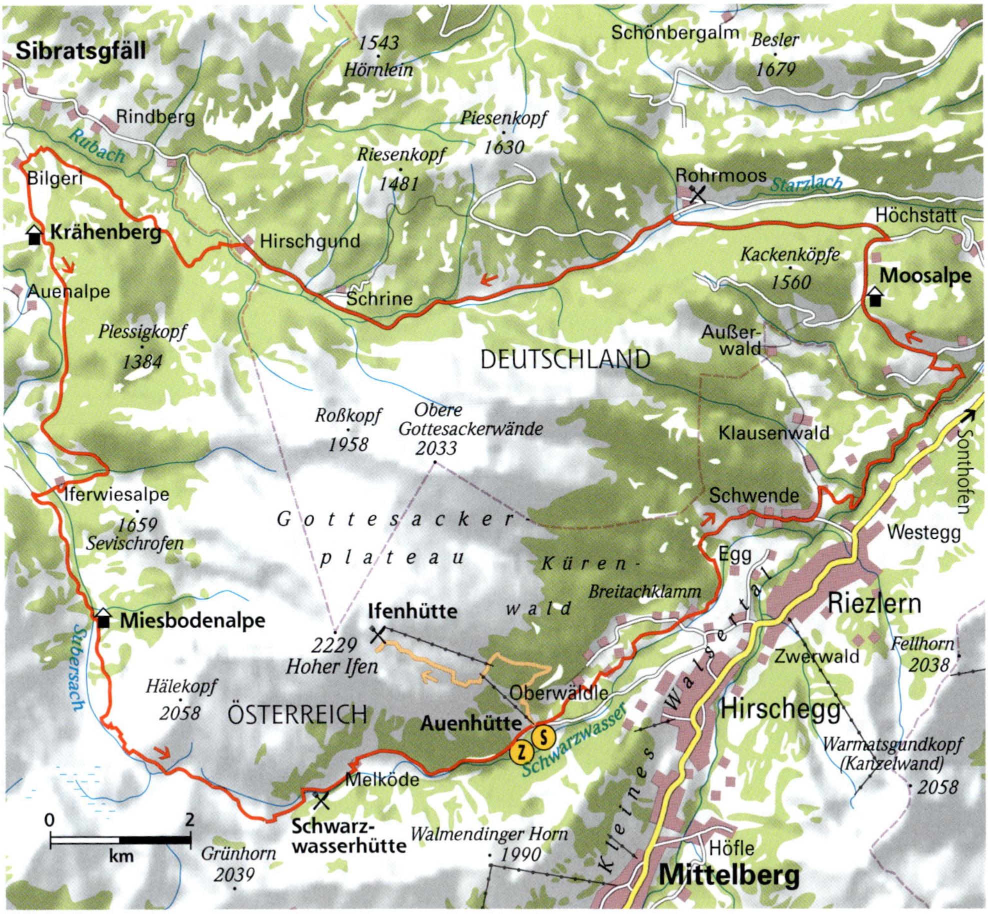

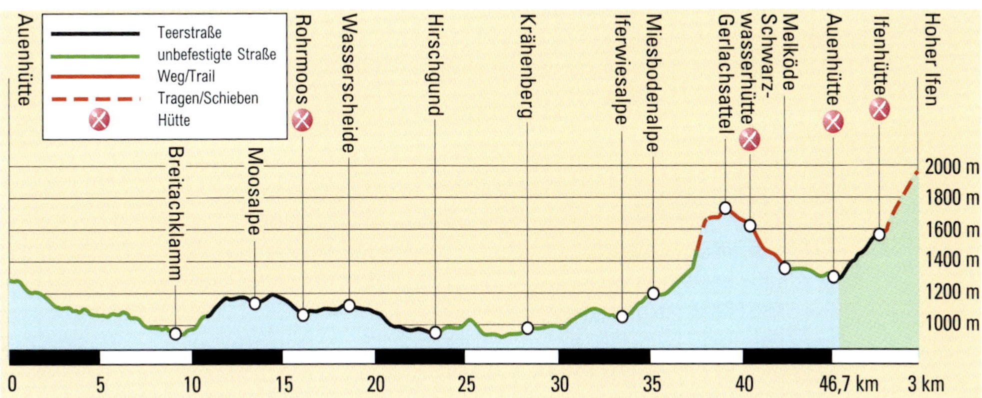

ins Rohrmoostal, welches bereits im Ortsteil Tiefenbach beginnt. Von dort gelangt man in den malerischen Weiler Rohrmoos auf 1070 Metern Höhe.
Die Siedlung im Tal der Starzlach ist etwa seit dem Jahr 1500 Eigentum des Fürsten Waldburg-Wolfegg und umfasst etwa 5000 Hektar Wald- und Alpenfläche. Das Rohrmoostal bei Tiefenbach ist ein wahres Eldorado für Wanderer. Im Winter finden Langläufer erstklassige Loipen, denn diese gelten im »Schneeloch Rohrmoos« aufgrund der enormen Niederschläge und der Lage des Tals als absolut schneesicher. Im Sommer bezaubert das Seitental westlich von Oberstdorf mit seiner vielfältigen Blumenpracht. Nachdem wir an der Abzweigung zum Hörnlepass vorbei gefahren sind, wird auf 1120 Metern Höhe die Europäische Wasserscheide überschritten. Der Achbach fließt nach Westen in Richtung Rhein und somit zur Nordsee, während die Starzach nach Osten über Iller und Donau letztlich ins Schwarze Meer entwässert.

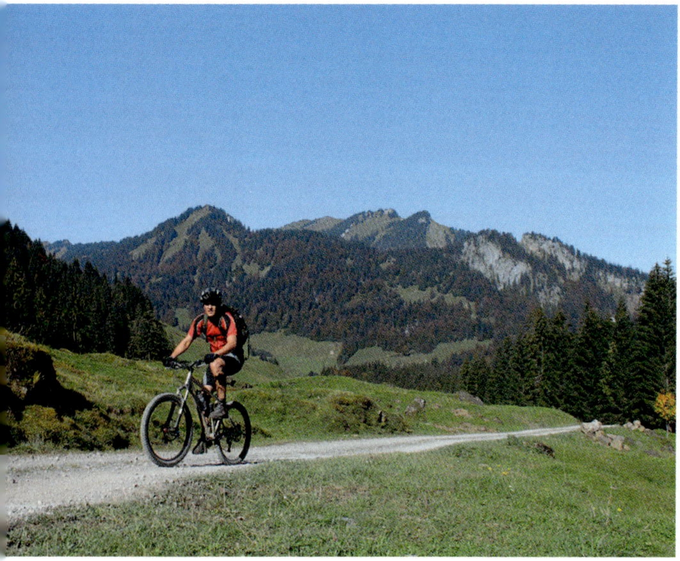

Auf dem Schotterweg zur Miesbodenalpe

Uns führt das Tal bis nach Hirschgrund kurz vor Silbratsgfäll. Ab hier geht es weiter auf einem Schotterweg über die Hintere Rubachalp und den Campingplatz bei Bilgeri in Richtung Iferwiesalpe und dann unterhalb des Ditamskopfs knapp 500 Höhenmeter nach oben. Wir durchfahren die Wiesenflächen der Miesbodenalpe und gelangen immer höher hinauf in die alpine Berglandschaft. Die Gegend ist einsam und ursprünglich, und im Herbst kann es hier durchaus vorkommen, dass an den umliegenden Berghängen die Hirsche brüllen. In der Brunftzeit geben diese großen Tiere sehr laute und eigenartige Geräusche von sich, die in den Bergen oft kilometerweit zu hören sind.
Kurz vor Ende des breiten Schotterwegs sind wir bei dieser Tour zwei Wanderern begegnet. Sie haben uns ganz erstaunt gefragt, wo wir denn hin wollen mit den Bikes. Der Weg ende gleich hinter der nächsten Kurve, danach ginge es nicht weiter. Ich habe ihnen dann erklärt, dass Berge erst oben am Gipfelkreuz zu Ende seien, und erst dort oben ginge es wirklich nicht mehr weiter. Aber mit einem Mountainbike komme man in der Regel überall hinauf, solange dort eben ein Weg sei. Und ein solcher sei ja schließlich in der Wanderkarte eingezeichnet. Und wenn wir nicht mehr fahren könnten, würden wir die Bikes eben ganz einfach schieben, und wenn das zu beschwerlich würde, nun, dann nähmen wir die Bikes eben ganz einfach huckepack.
Wir zwei Biker sind dann weiter nach oben gefahren und die beiden Herrn zu Fuß ihres Weges gezogen, bergab. Wir haben noch lange die Köpfe geschüttelt und über die zwei Herren gelacht – sie über uns junge Kerle mit Sicherheit auch.
Um den Gerlachsattel zwischen den Felsen zu erreichen, müssen wir die Bikes die letzten 400 Höhenmeter hochtragen. Ein alter und steiler Alpweg mit grobem und steinigem Untergrund windet sich in einigen Serpentinen durchs felsige Gelände. Danach öffnet sich der schmale Taleinschnitt, und der Subersach-Bach fließt in breiten Mäandern über die fast ebene Bergwiese. Der Trail führt daneben fast eben bis zum 1752 Meter hoch gelegenen Gerlachsattel. Hier kann wieder gefahren werden. (Und eben noch hat uns jemand erzählen wollen, dort oben ginge es nicht weiter ...)
Die Abfahrt zur nahen Schwarzwasserhütte führt über schöne Alpwiesen. Der Blick auf die imposante Südwand des Ifen ist hier besonders gut. Immer wieder stoppen wir und schauen zu dem mächtigen Berg empor. Sei-

ner Anmut kann man sich nur schwer entziehen, auch wenn der Trail eigentlich unsere volle Konzentration verlangt. Daher einfach der Kompromiss: ein Stück den flowigen Trail runtersurfen, die felsigen und stellenweise kniffligen Passagen gekonnt meistern, durch die Kurven rollen, den Flow spüren. Dann einen Stopp einlegen, durchatmen und ein paar Minuten das Panorama genießen. Danach geht's weiter bergab bis zur Schwarzwasserhütte.

Nach einer kurzen Rast fahren wir auf dem Bergweg zurück zum Parkplatz. Hier ist neben etwas fahrtechnischem Können auch Rücksichtnahme auf die zahlreichen Wanderer gefragt. Der Trail ist stellenweise felsig, dann wieder verwurzelt und mit vielen Holzstufen bestückt. Absätze werden gekonnt überfahren, das Körpergewicht wird dabei verlagert, und die Reifen werden präzise auf der Ideallinie positioniert. Wer sein Bike beherrscht, hat auf dieser Abfahrt richtig Spaß. Gut beraten ist derjenige, der über einen ausreichenden Federweg verfügt, denn abschnittsweise ist der Trail durchaus als ruppig zu bezeichnen.

An der Melköde beginnt ein breiter Schotterweg, welcher zurück zur Auenhütte führt. Hier könnte man die Tour beenden, aber Ziel des heutigen Tages ist es eigentlich, dem Gipfel des Ifen und dem Gottesackerplateau noch ein bisschen weiter auf den Pelz zu rücken.

Dazu muss man nun 400 Höhenmeter auf Teer zur Bergstation der Seilbahn hinauffahren. An der Ifenhütte sind es nur noch ca. 75 Minuten zu Fuß bis auf den Gipfel – mit dem Bike kommt man hier leider nicht weiter. Mag es zunächst noch sinnvoll erscheinen, das Bike einige Meter auf dem Bergweg hochzuschieben, wird spätestens im Geröllfeld oder in der seilversicherten Nordwand des Ifen klar, dass es hier nicht weitergeht. Wer ein Schloss im Gepäck hat, kann das Bike irgendwo abgeschlossen an der Strecke zurücklassen und weiter zu Fuß aufsteigen. Zweifelsohne ist der Ifengipfel dennoch ein lohnendes Ziel, wird man hier oben doch mit einem grandiosen Blick über das ganze Allgäu belohnt.

Wer diesen zusätzlichen Aufstieg zum Gipfel scheut, für den ist an der Ifenhütte die Tour zu Ende. Auf dem Teerweg rollt man zurück zur Auenhütte. Ab hier gibt es zum Teerweg, den wir vorhin hinaufgekommen sind, leider keine sinnvolle Abfahrtsalternative. So erreichen wir schnell und unspektakulär den Parkplatz.

In der gemütlichen Auenhütte – oder bei geeigneter Witterung besser davor – lassen wir den anstrengenden, aber wunderbaren Tag in den Bergen rund um den Ifen bei einem »Allgäuer Gröstl« und einem großen Glas isotonischer Getreidelimonade ausklingen.

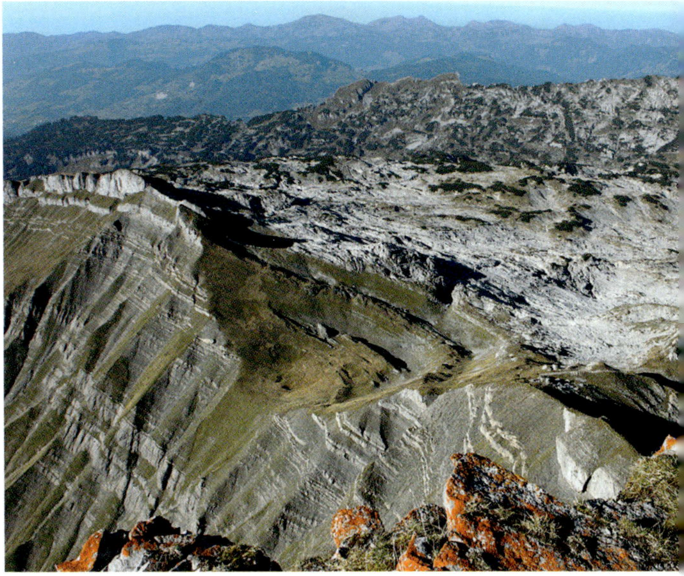

Blick über die Karstlandschaft des Gottesackerplateaus

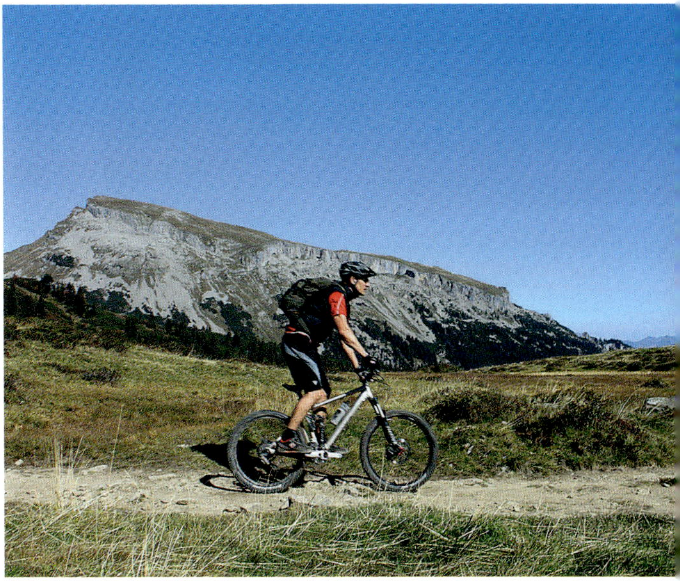

Der Hohe Ifen auf der Abfahrt vom Gerlachsattel zur Schwarzwasserhütte

Routenbeschreibung

Track 21 – Tour 21 Ifenumrundung.gpx

0 km / 1275 m / GPS-Wegpunkt 21-01 Start am Parkplatz Auenhütte. Dort Richtung Talausgang fahren und dann links auf dem Schotterweg Richtung Oberwäldle.
1,2 km / 1219 m / GPS-Wegpunkt 21-02 An der Brücke weiter Richtung Wäldle.
1,9 km / 1197 m / GPS-Wegpunkt 21-03 An der Kreuzung weiter geradeaus.
2,8 km / 1117 m / GPS-Wegpunkt 21-04 Nach dem Sportplatz und der Bikeparkstrecke die Straße überqueren und weiter geradeaus fahren.
4,0 km / 1078 m / GPS-Wegpunkt 21-05 Am Gehöft Kesselschwand dem Weg nach links Richtung Mahdtalhaus folgen.
5,0 km / 1056 m / GPS-Wegpunkt 21-06 Am Mahdtalhaus vorbei und weiter auf der Straße nach Schwende fahren.
6,1 km / 1070 m / GPS-Wegpunkt 21-07 In Schwende nach der Kirche links abbiegen.
6,7 km / 1070 m / GPS-Wegpunkt 21-08 Vor dem Gasthof Bergblick rechts auf Schotter Richtung Waldhaus fahren.
7,2 km / 1042 m / GPS-Wegpunkt 21-09 In Serpentinen in die Breitachklamm hinunterfahren.
7,9 km / 988 m / GPS-Wegpunkt 21-10 Breitachklamm. Dem Bachverlauf auf der linken Seite folgen.
9,1 km / 962 m / GPS-Wegpunkt 21-11 Am Abzweig weiter dem Bachverlauf der Breitach folgen.
9,8 km / 958 m / GPS-Wegpunkt 21-12 An der Staatsgrenze weiter auf dem Weg parallel zum Bach bleiben.
10,0 km / 942 m / GPS-Wegpunkt 21-13 An der Weggabelung links auf Schotter bergauf Richtung Gehöft Hinterenge fahren. Steiler Weg, ggf. schieben.
10,8 km / 1006 m / GPS-Wegpunkt 21-14 Steil bergauf bis zum Gehöft Hinterenge, dann links auf dem Schotterweg weiter.

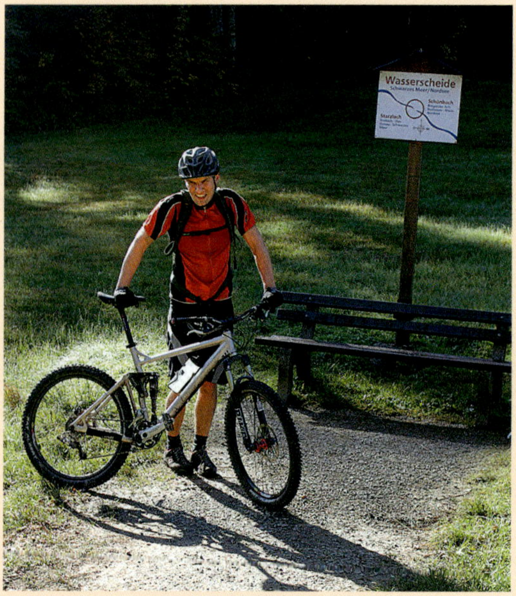

An der Europäischen Wasserscheide

11,2 km / 1044 m / GPS-Wegpunkt 21-15 Auf der Teerstraße nach rechts abzweigen.
11,4 km / 1055 m / GPS-Wegpunkt 21-16 Am Abzweig nach links bergauf Richtung Osterbergalpe.
12,0 km / 1120 m / GPS-Wegpunkt 21-17 An der Weggabelung nach links abzweigen.
12,8 km / 1158 m / GPS-Wegpunkt 21-18 Abzweig Osterbergalpe. Hier rechts abzweigen in Richtung Rohrmoos.
13,3 km / 1165 m / GPS-Wegpunkt 21-19 Abzweig Richtung Moosalpe. Weiter geradeaus fahren.
13,9 km / 1136 m / GPS-Wegpunkt 21-20 An der Weggabelung nach links abzweigen. Bergab auf der Teerstraße Richtung Rohrmoos fahren.
17,1 km / 1065 m / GPS-Wegpunkt 21-21 Rohrmoostal. Links abzweigen und der Teerstraße folgen.
19,1 km / 1103 m / GPS-Wegpunkt 21-22 Abzweig zum Hörnlepass. Weiter geradeaus ins Tal hineinfahren.
19,3 km / 1120 m / GPS-Wegpunkt 21-23 An der Europäischen Wasserscheide weiter auf dem Teerweg bergab rollen.
23,9 km / 952 m / GPS-Wegpunkt 21-24 Bei Hirschgrund nach links abzweigen.
24,2 km / 924 m / GPS-Wegpunkt 21-25 Bei Schönbach auf dem Schotterweg bergauf fahren.
25,0 km / 981 m / GPS-Wegpunkt 21-26 An der Hinteren Rubachalpe rechts abzweigen. Weiter auf dem Schotterweg in Richtung Silbratsgfäll fahren.
28,2 km / 921 m / GPS-Wegpunkt 21-27 Bei Bilgeri am Campingplatz nach links abzweigen.
28,6 km / 948 m / GPS-Wegpunkt 21-28 An der Weggabelung (Abzweig Stieralpe/Krähenberg) rechts auf dem Hauptweg bleiben.
29,2 km / 945 m / GPS-Wegpunkt 21-29 An der Weggabelung links. Ab hier durch den Bergwald auf Schotter bergauf Richtung Ifer Krähenbergalpe.
30,1 km / 980 m / GPS-Wegpunkt 21-30 An der Ifer Krähenbergalpe weiter auf dem Schotterweg bergauf fahren.
34,4 km / 1041 m / GPS-Wegpunkt 21-31 Bei der Iferwiesalpe nach rechts über die Brücke fahren. (Der Weg nach links Richtung Iferholzalpe ist eine Sackgasse!)
35,0 km / 1045 m / GPS-Wegpunkt 21-32 Linksabzweig nach dem Subersach-Bach. Auf dem Schotterweg bergauf Richtung Gerlachsattel fahren.
37,4 km / 1187 m / GPS-Wegpunkt 21-33 An der Miesbodenalpe weiter auf dem Schotterweg bergauf fahren.
38,9 km / 1292 m / GPS-Wegpunkt 21-34 Ende des Fahrwegs; ab hier Schiebestück. Über steile Serpentinen links bergauf.
40,0 km / 1634 m / GPS-Wegpunkt 21-35 Engstelle zwischen den Felswänden. Der Trail danach ist wieder fahrbar.
40,7 km / 1665 m / GPS-Wegpunkt 21-36 Nach der malerischen Passage am Bergsee an der Weggabelung nach links abzweigen.
41,1 km / 1752 m / GPS-Wegpunkt 21-37 Am Gerlachsattel weiter geradeaus auf dem Singletrail in Richtung Schwarzwasserhütte abfahren.

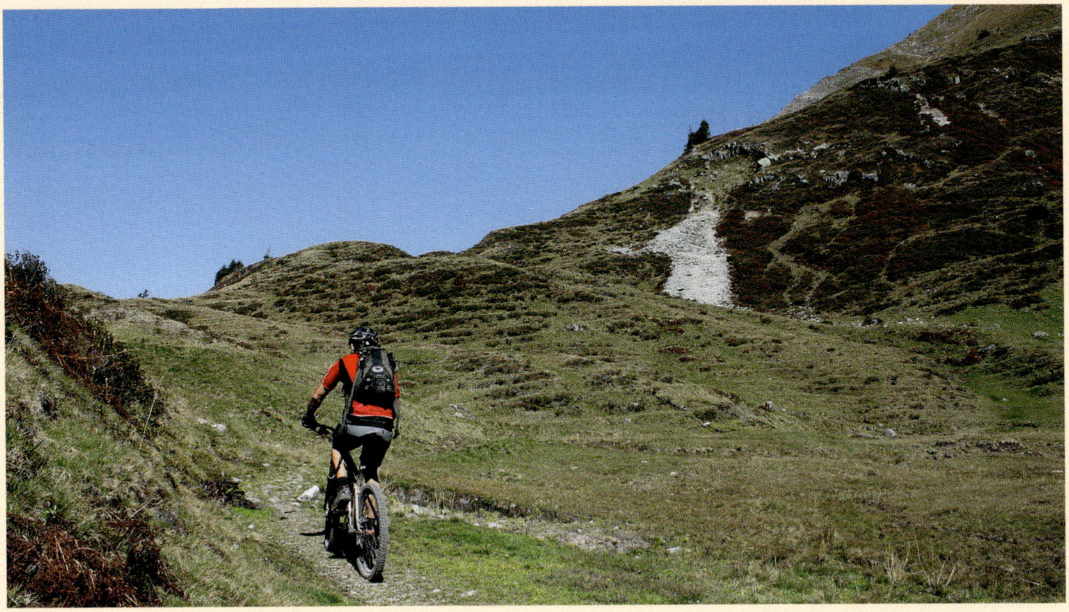

Der Trail zum Gerlachsattel ist gut fahrbar.

42,6 km / 1620 m / GPS-Wegpunkt 21-38 An der Schwarzwasserhütte Rastmöglichkeit. Danach weiter auf dem Singletrail in Richtung Auenhütte abfahren.
44,6 km / 1346 m / GPS-Wegpunkt 21-39 An der Melköde endet der Singletrail. Weiter auf dem Schotterweg das Tal hinabrollen.
46,8 km / 1344 m / GPS-Wegpunkt 21-40 An der Weggabelung nach links in Richtung Auenhütte abzweigen.
47,6 km / 1275 m / GPS-Wegpunkt 21-41 Parkplatz Auenhütte, Talstation vom Ifenlift. Wahlweise Tourende oder Auffahrt auf der Teerstraße zur Ifenhütte.

Variante Bike & Hike ab der Ifenhütte: Track 21 – Tour 22 Ifenumrundung Variante.gpx

0 km / 1275 m / GPS-Wegpunkt 21-01-A Parkplatz Auenhütte an Talstation vom Ifenlift. Auffahrt auf der Teerstraße zur Ifenhütte. In Serpentinen bergauf fahren.
2,7 km / 1586 m / GPS-Wegpunkt 21-02-A An der Ifenhütte Rastmöglichkeit. Bikedepot und Aufstieg zum Ifen zu Fuß. Über Serpentinen auf dem Bergweg aufsteigen.
4,4 km / 1891 m / GPS-Wegpunkt 21-03-A Weggabelung. Links durch das Geröllfeld aufsteigen
4,9 km / 1930 m / GPS-Wegpunkt 21-04-A Beginn der seilversicherten Passage. Nur für Geübte!
5,1 km / 2074 m / GPS-Wegpunkt 21-05-A Ende Kletterpassage. Ab hier einfach auf dem Bergweg bergauf.
5,5 km / 2148 m / GPS-Wegpunkt 21-06-A Abzweig zur Schwarzwasserhütte. Weiter Richtung Gipfel aufsteigen.
5,8 km / 2229 m / GPS-Wegpunkt 21-07-A Ifengipfel. Auf demselben Weg zurück zur Ifenhütte laufen.
8,8 km / 1586 m / GPS-Wegpunkt 21-08-A Ab der Ifenhütte mit dem Bike zurück auf dem Teerweg zur Auenhütte fahren.
10,5 km / 1275 m / GPS-Wegpunkt 21-09-A Tourende am Parkplatz an der Auenhütte.

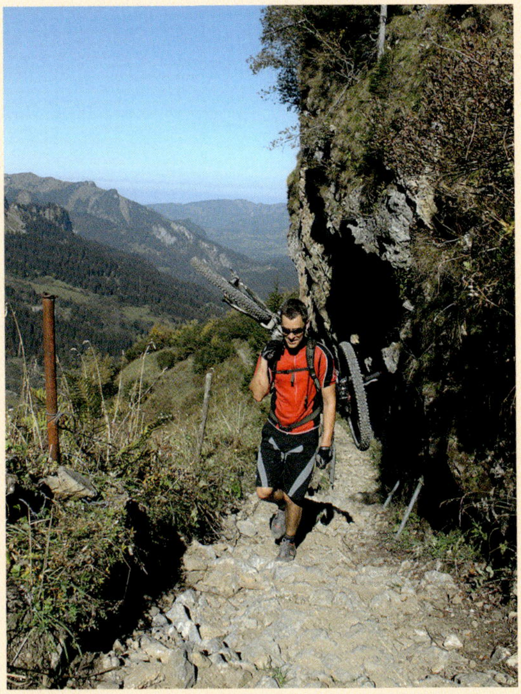

Weiter unten muss das Bike eine steile Passage getragen werden.

22 Panoramaberg Walmendinger Horn

Zum Gipfel und auf anspruchsvollem Singletrail ins Tal

4	✪✪✪✪✪	905	16,3	3
Schwierigkeit	Erlebniswert	Höhenmeter (in m)	Streckenlänge (in km)	Zeit (in h)

TOURENCHARAKTER

AUSGANGS-/ENDPUNKT

Hirschegg, an der Talstation des Heuberglifts

ANFAHRT

A 7 bis Kreuz Allgäu, auf B 12 Richtung Lindau/Oberstdorf bis Ausfahrt Waltenhofen und auf B 19 Richtung Oberstdorf, vorbei an Sonthofen und im Kreisverkehr kurz vor Oberstdorf Richtung Kleinwalsertal abbiegen; durch Riezlern durchfahren und weiter nach Hirschegg bis in die Ortsmitte; Parkplatz neben dem Heuberglift.
Alternativ bis Bahnhof Oberstdorf und von dort mit dem Bike zum Ausgangspunkt

KONDITION

✪✪✪✪✪

FAHRTECHNIK

✪✪✪✪✪

ERLEBNISWERT

Fahrspaß: ✪✪✪✪✪ – Der technisch anspruchsvolle Trail ist für Könner ein echter Leckerbissen.
Landschaft: ✪✪✪✪✪ – Das Walmendinger Horn ist der Panoramaberg schlechthin im Kleinwalsertal.
Kultur und Geschichte: –

EINKEHRMÖGLICHKEITEN

Walserblick (Schwarzwassertalstr. 51, A-6992 Hirschegg/Kleinwalsertal, Tel. +43/(0)5517/58 31, www.cafe-walser-blick.de)
Berggasthof Schöntalhof (Schöntalweg 16, A-6992 Hirschegg/Kleinwalsertal, Tel. +43/(0)5517/51 48, www.schoentalhof.de)
Sonna-Alp (Walserstr. 76a, Kleinwalsertal, Tel. +43/(0)5517/32 38 32, www.sonna-alp.at)
Berggasthof Bühlalpe (Bühlalpe 1, A-6993 Mittelberg, Tel. +43/(0)5517/55 79, www.buehlalpe.at)
Stutzalpe (Tel. +43/(0)5517/63 04, www.hochblick.de/Stutz_Alpe.html)
Walmendinger Horn Gipfelstuba (A-6993 Mittelberg, Tel. +43/(0)5517/52 74 47 10, www.das-hoechste.de/partner/gipfelstuba)

STRECKENPROFIL

Auf Schotterwegen durch das z. T. steile Skigebiet bis auf den Gipfel des Walmendinger Horns. Die Abfahrt auf dem technisch anspruchsvollen Trail zur Walmendingenalpe erfordert Fahrkönnen auf S3-Niveau; viele Wurzeln und Steinpassagen, einige Stellen und Treppen haben S4. Zudem muss das Bike ab und zu mal kurz geschoben werden. Nur für Könner! Bei Nässe nicht zu empfehlen.

Teer:	6 km
Schotter:	7 km
Schieben/Tragen:	–
Trail bergauf:	0,5 km
Trail bergab:	2,5 km

HÖCHSTER PUNKT

1990 m, Walmendinger Horn

NIEDRIGSTER PUNKT

1119 m, bei Au

LANDKARTE

Kompass Karte Nr. 3, Allgäuer Alpen–Kleinwalsertal, 1:50 000

GPS/ROADBOOK

Tour 22 Walmendinger Horn.gpx mit 26 Wegpunkten

Es gibt nur wenige Gipfel in den Allgäuer Alpen, die man komplett auf dem Bike bezwingen kann. Das Walmendinger Horn ist einer davon – vorausgesetzt, man überwindet die 40-prozentige Steigung im mittleren Teil. Abgerundet wird diese Tour mit der Abfahrt auf einem alpinen Trail in Richtung Ifen und dem wohl schönsten Panorama des ganzen Tals.

Wir starten unsere Tour auf den wohl schönsten Aussichtsberg des Kleinwalsertals im Zentrum von Hirschegg. Direkt an der Talstation der Seilbahn beginnt etwas, was man nur hier in diesem Tal findet (und das noch öfters, wie sich zeigen wird): ein asphaltierter Singletrail! Der kommt uns jetzt auch ganz gelegen, denn es geht steil bergauf – sehr steil, wie immer halt im Allgäu. Über malerische Alpwiesen folgen wir dem Trail und erreichen schnell die Bergstation des Parsennlifts am Gasthof Walserblick.
Ab hier wird die Steigung moderater und angenehmer. Gut so, denn die Schenkel brennen bereits ganz gewaltig. Der Panoramaweg führt uns vorbei am Schöntalhof. Einmal müssen wir gut aufpassen, denn hier gabelt sich der Schotterweg – der vermeintlich richtige Weg nach rechts oben endet 300 Höhenmeter weiter in einer Lawinenverbauung. Das sind Höhenmeter, die man sich wirklich sparen kann! Einmal nicht aufgepasst, einmal nicht auf GPS, Roadbook und Karte geachtet, und schon ist es passiert. Gut, wer den Fehler bald bemerkt – wer aber sich hier nach oben schraubt, bis der Weg aufhört, der hat wirklich umsonst geschwitzt und muss umkehren ...
Der linke und für uns richtige Weg führt zunächst ein paar Meter bergab in Richtung Sonna-Alp, dann vorbei

16,3 km	905 Hm	Tagestour

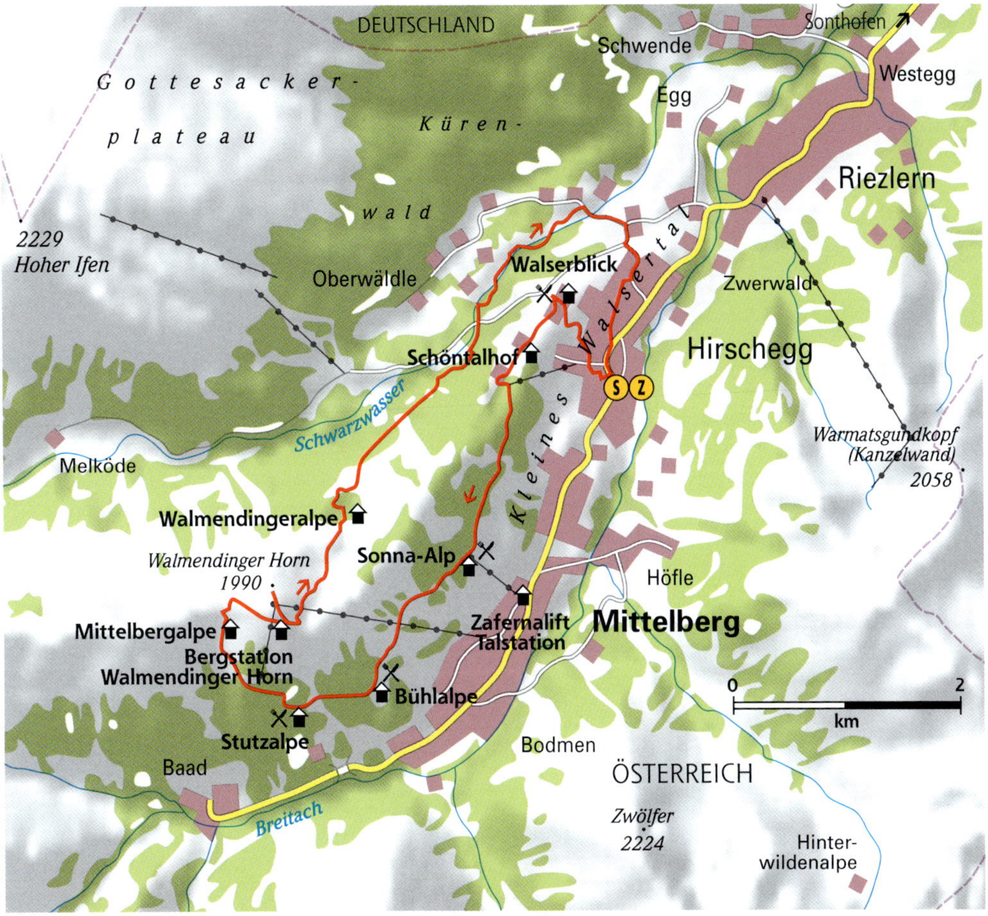

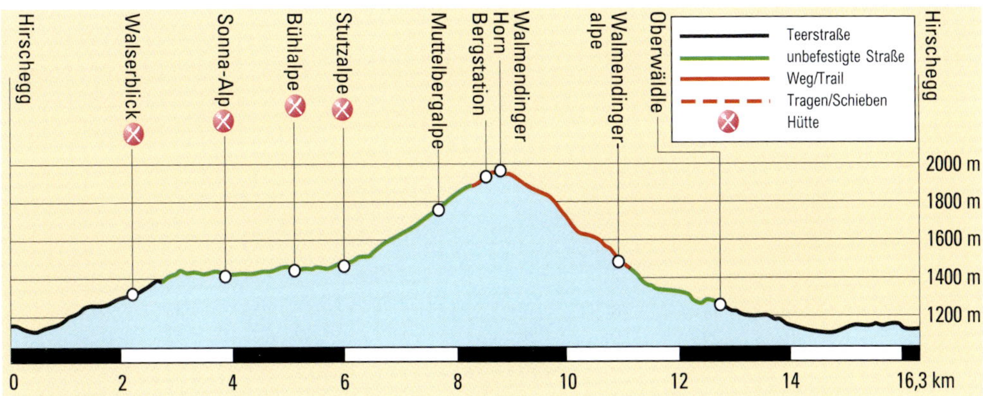

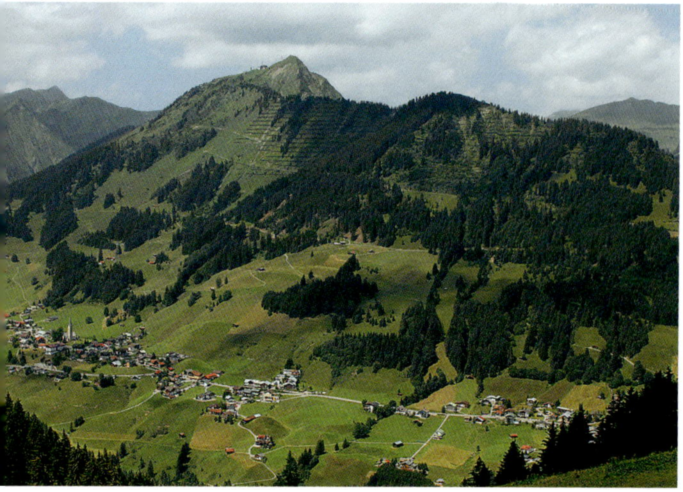

Blick auf das Walmendinger Horn

an der Bühlalpe und schließlich zur Stutzalpe. Wer sich übrigens den steilen Anstieg am Anfang ersparen will, hat die Wahl zwischen zwei Seilbahnen, die Bikes befördern: Sowohl die Heubergbahn in Hirschegg, an deren Talstation wir unsere Tour begonnnen haben, als auch der Zafernalift ab Mittelberg zur Sonna-Alp können benutzt werden. Auf dem Panoramaweg passieren wir beide Bergstationen.

Kurz nach der Stutzalpe ist der gemütliche Teil der Tour auch schon wieder vorbei. Fortan wird der Schotterweg wieder bissig steil und ist eigentlich nur noch für absolute Uphill-Speziallisten komplett bis nach oben fahrbar. Alle anderen werden an diesem Berg wohl früher oder später kapitulieren und dazu übergehen müssen, das Bike nach oben zu schieben.

Hier haben wir die Wahl zwischen einem breiten Schotterweg, der größtenteils auf einer Skipiste verläuft, und dem in Serpentinen verlaufenden Bergweg, der etwas weniger steil nach oben führt. Auf 1700 Metern Höhe überfahren wir die Baumgrenze. Hier schwenkt auch die Auffahrt leicht nach rechts weg. Wer bisher den Aufstieg im Sattel bezwungen hat, der sieht nun die letzte Herausforderung direkt vor sich: die Diretissima nach oben, steil und immer steiler werdend. Knapp 80 Höhenmeter, die es wirklich in sich haben. Doch schon bald ist auf Höhe der Muttelbergalpe der Abzweig auf einen Panoramaweg in Richtung Starzelalpe erreicht. Ab hier wird es flacher.

Wir wollen jedoch weiter nach oben bis zum Gipfel des Walmendinger Horns; daher lassen wir den Abzweig links liegen und fahren weiter hoch. Der Weg macht abermals eine Kehre nach rechts; hier mündet auch der weiter unten abgezweigte Bergweg wieder ein. Die letzten Meter bis zur Bergstation sind moderat und lassen sich gut hinauffahren.

Wer jetzt außerhalb der Betriebszeiten der Seilbahn unterwegs ist, könnte hier oben fast

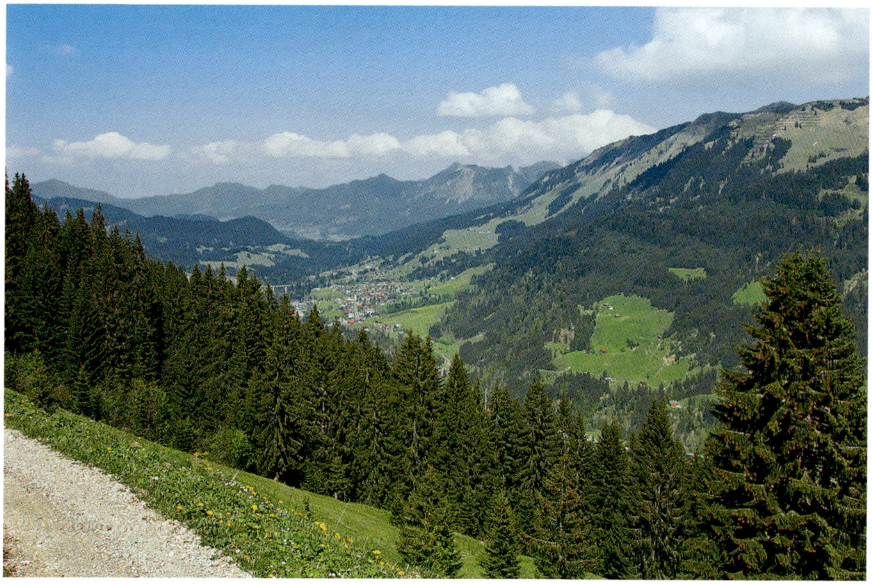

Das malerische Kleinwalsertal

alleine sein. Allen anderen sei angeraten, zunächst einmal auf der schönen Panoramaterrasse des Bergrestaurants eine längere Pause einzulegen, bevor man die letzten Meter bis zum Gipfel in Angriff nimmt. Der schmale Trail nach oben ist gut ausgebaut und lässt sich locker fahrend bewältigen.

Sollte der Andrang hier oben aber größer sein, dann ist es besser, das Bike stehen zu lassen und die letzten Meter nach oben zu Fuß zu bewältigen. Entgehen lassen sollte man sich die Aussicht aber auf keinen Fall, denn diese ist wirklich bemerkenswert: Wir überblicken das gesamte Kleinwalsertal. Der Blick schweift dabei vom Ifen im Norden über Rubihorn und Nebelhorn im Osten zur imposanten Bergkette südlich des Kleinwalsertals bis zum mächtigen, 2533 Meter hohen Großen Widderstein.

Idealerweise ist man am Abend auf dem Gipfel, und erst lange, nachdem die letzten Wanderer und Seilbahnbenutzer das Feld geräumt haben, wagt sich der schlaue Biker dann in die Abfahrt. Versierte Singletrail-Fahrer mit gutem Fahrkönnen finden am Walmendinger Horn eine technisch anspruchsvolle und interessante Abfahrt in Richtung Obere Walmendingeralpe. Verblockter Fels, enge Spitzkehren und kniffelige Treppenpassagen locken bei trockenen Bedingungen.

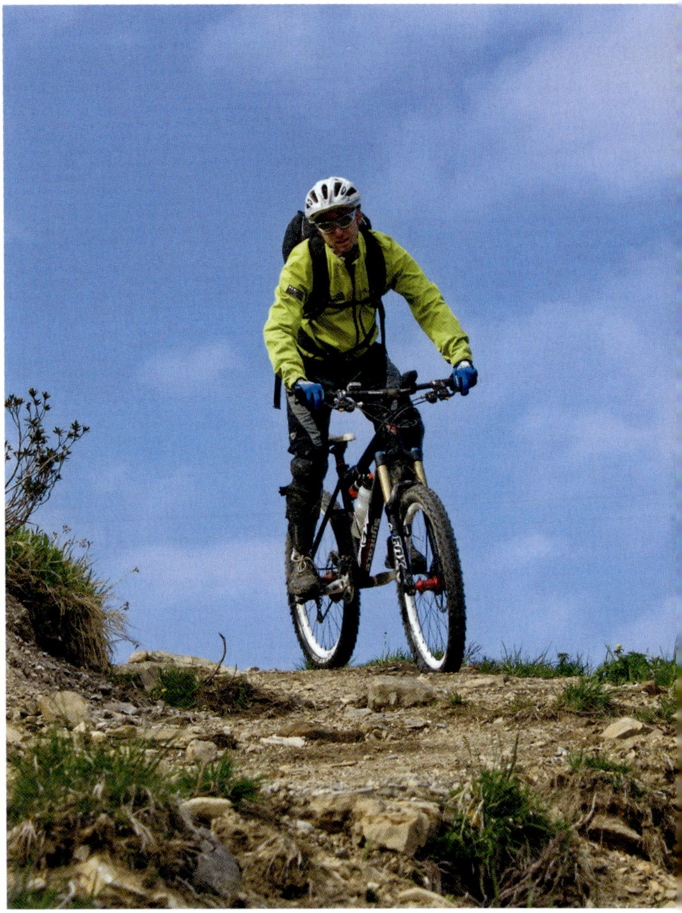

Trail-Auffahrt zum Walmendinger Horn

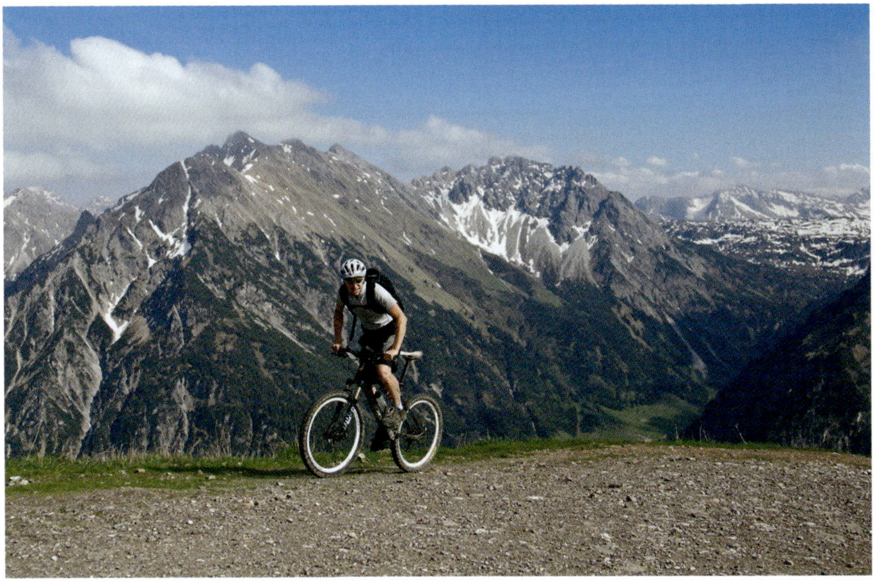

Die letzten Meter hinauf zum Gipfel

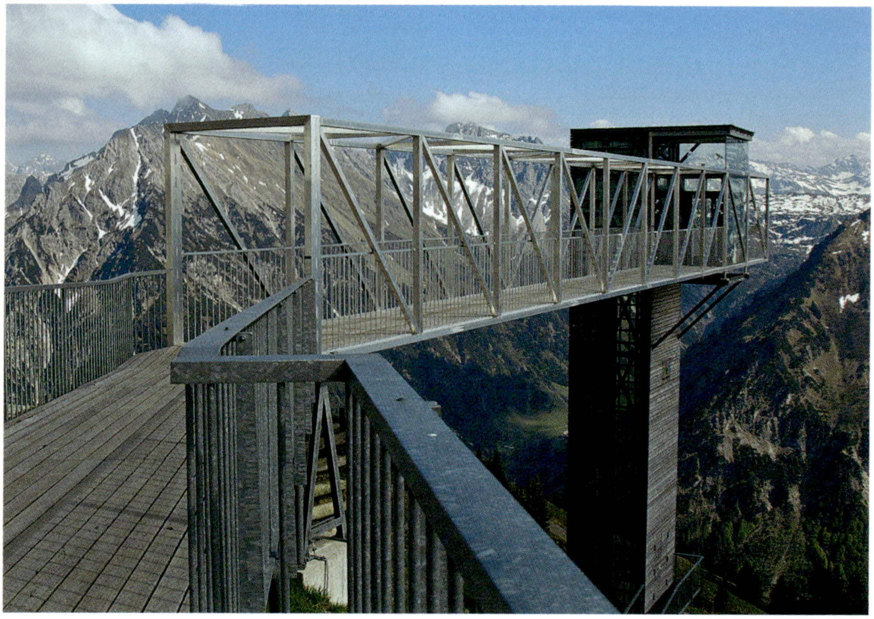

Stahlbauwerk und Panoramabrücke auf dem Walmendinger Horn

Wer sich in derartigem Gelände nicht so wohlfühlt, der nimmt besser den Weg zurück in Richtung Stutzalpe oder Lüchlealpe und gelangt so schnell zurück ins Kleinwalsertal.

Wir jedoch haben uns heute den steilen und anspruchsvollen Trail nach Norden ausgesucht. Was zunächst etwas ausgesetzt, aber noch ganz gut fahrbar auf einem schmalen Grat beginnt, wandelt sich im niedrigen Gestrüpp in der Nordflanke des Walmendinger Horns schnell in einen technischen Trail, der sicherlich nur für absolute Akrobaten komplett fahrbar ist. Spätestens an der einen oder anderen Felsstufe oder an der langen und schmalen Stufenpassage ist der Spaß vorbei, und das Bike muss ein paar Meter bergab geschoben werden.

Anspruchsvolle Passage auf der Singletrail-Abfahrt

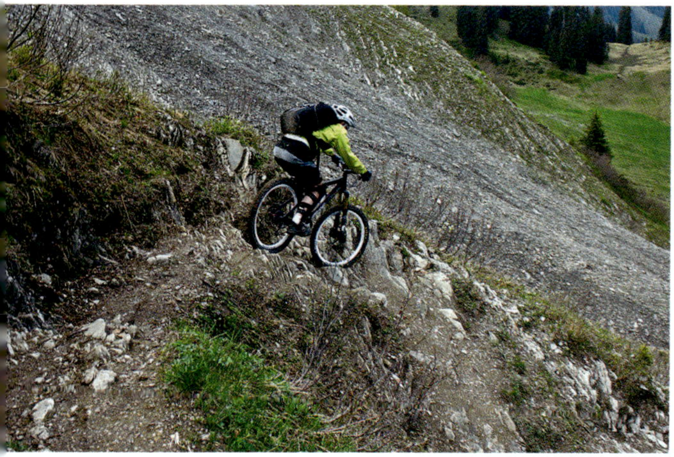

Schließlich erreichen wir die Obere Walmendingenalpe. Ab hier geht es weiter auf einem breiteren und einfach fahrbaren Weg bis hinab nach Oberwäldele. Irgendwie ist es dann auch mal wieder schön, wenn man das Bike einfach rollen lassen kann, ohne ständig über Wurzeln, Steine und Stufen balancieren zu müssen.

In Oberwäldele angekommen, bieten sich mehrere Möglichkeiten an, zurück zum Ausgangspunkt der Tour zu gelangen. Entweder man biegt gleich wieder nach rechts in Richtung Schöntalhof ab, oder man fährt ein paar Meter die Straße hinab, um dann rechter Hand zum Gasthof Walserblick abzuzweigen.

Die schönste Variante allerdings führt geradeaus über die Straße hinweg. Auf einem auch hier geteerten Singletrail folgen wir der Klamm des Schwarzwasserbachs. Dieser Weg, der dem Bachlauf folgt, führt uns bis zum Gasthof Hammerer. Hier biegen wir am Bikepark rechts ab und fahren auf einer Nebenstraße unterhalb des Parsennlifts zurück nach Hirschegg und beenden die Tour in dem kleinen Ort am Fuß des Walmendinger Horns.

Routenbeschreibung

Track 22 – Tour 22 Walmendinger Horn.gpx

0 km / 1122 km / GPS-Wegpunkt 22-01 In der Ortsmitte von Hirschegg an der Talstation des Heuberglifts starten wir die Tour. Zunächst auf dem Fußweg unter der Seilbahn steil bergauf.

0,6 km / 1200 m / GPS-Wegpunkt 22-02 Weiter bergan auf dem geteerten Fußweg fahren.

1,1 km / 1255 m / GPS-Wegpunkt 22-03 Am Schöntalhof nach links abbiegen und auf der Teerstraße bergauf fahren.

2,2 km / 1270 m / GPS-Wegpunkt 22-04 An der Bergstation des Heuberglifts weiter dem Schotterweg bergauf folgen.

2,6 km / 1320 m / GPS-Wegpunkt 22-05 An der Weggabelung nach links leicht bergab der Beschilderung »Panoramaweg« folgen. (Der rechte Abzweig ist eine Sackgasse!)

3,8 km / 1320 m / GPS-Wegpunkt 22-06 An der Bergstation des Zafernalifts weiter auf dem Schotterweg geradeaus fahren.

5,2 km / 1422 m / GPS-Wegpunkt 22-07 An der Bühlalpe weiter auf dem Schotterweg bleiben.

6,0 km / 1490 m / GPS-Wegpunkt 22-08 An der Stutzalpe Rast- und Reparaturmöglichkeit in der bikerfreundlichen Hütte. Danach weiter auf dem Schotterweg bergauf. Ein Bergweg zweigt kurz danach rechts ab, hier auf dem Schotterweg bleiben. Ab hier geht es steil bergauf.

6,7 km / 1620 m / GPS-Wegpunkt 22-09 Skipiste; extrem steil auf Schotter bergauf fahren oder schieben.

7,3 km / 1760 m / GPS-Wegpunkt 22-10 Auf Höhe der Muttelbergalpe nach rechts auf dem Schotterweg weiter bergauf Richtung Gipfel des Walmendinger Horns fahren. Die Steigung wird ab hier wieder moderater.

8,0 km / 1900 m / GPS-Wegpunkt 22-11 Die letzte Kehre. Hier befindet sich der Trailabzweig nach rechts. Wir fahren zunächst weiter auf dem Schotterweg zur Bergstation.

8,3 km / 1950 m / GPS-Wegpunkt 22-12 An der Bergstation vorbei und weiter Richtung Gipfel auf dem fahrbaren Trail bergauf.

8,6 km / 1990 m / GPS-Wegpunkt 22-13 Der Gipfel des Walmendinger Horns ist erreicht. Bergab auf dem Hinweg bis zur letzten Schotterserpentine fahren.

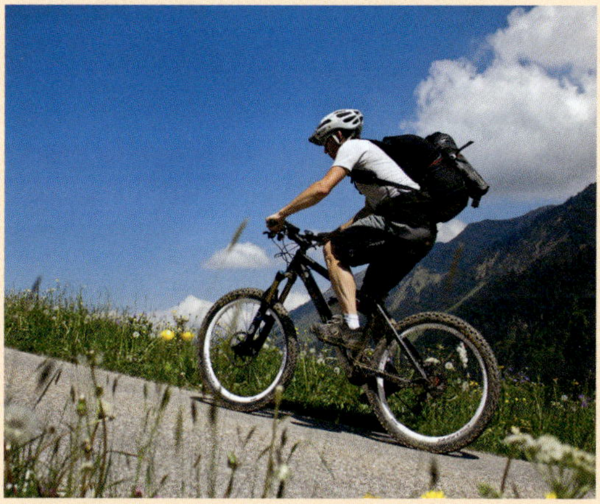

Sausteile Rampe!

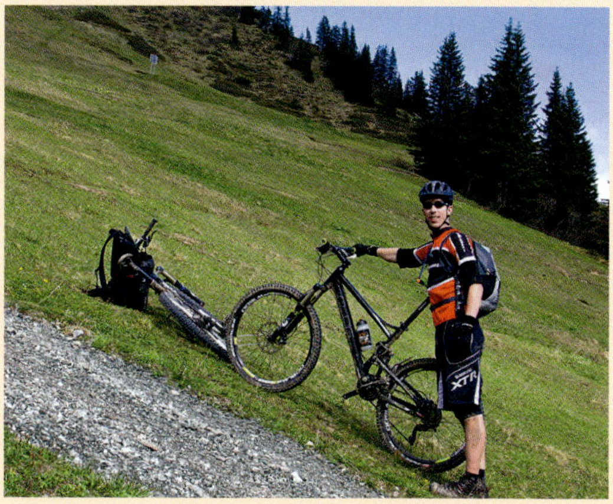

Auffahrt auf dem Schotterweg

9,2 km / 1900 m / GPS-Wegpunkt 22-14 Nach links in den Trail einbiegen. Ab hier beginnt die Serpentinenabfahrt. Z.T. etwas ausgesetzt auf dem Grat entlangfahren.

9,4 km / 1845 m / GPS-Wegpunkt 22-15 Wo die Seilbahn unseren Weg kreuzt, zweigt der Trail nach links ab. Die Singletrail-Abfahrt ist ab hier technisch und anspruchsvoll! (Der Abzweig nach rechts ist nur ein Gratweg, der bald in einen Klettersteig übergeht.)

10,4 km / 1605 m / GPS-Wegpunkt 22-16 Beginn des Walds. Ab hier folgt ein extrem steiler Abschnitt mit hohen Stufen. Kurzes Schiebestück bergab. Danach weiter auf dem technisch anspruchsvollen Trail abfahren.

10,9 km / 1460 m / GPS-Wegpunkt 22-17 An der Oberen Walmending-eralpe ist die Singletrail-Abfahrt zu Ende. Ab hier weiter auf dem schmalen Schotterweg schnell bergab rollen.

12,6 km / 1300 m / GPS-Wegpunkt 22-18 An der Wegkreuzung weiter geradeaus fahren.

12,8 km / 1233 m / GPS-Wegpunkt 22-19 An der Kreuzung mit der Straße weiter geradeaus auf dem Trail. Links bei der Brücke ist ein kurzer Stopp angesagt, und wir genießen den Blick in die tiefe Klamm.

13,5 km / 1184 m / GPS-Wegpunkt 22-20 Nach der Brücke ist eine Wegkreuzung. Weiter am Bach entlangfahren.

14,3 km / 1129 m / GPS-Wegpunkt 22-21 Am Sportplatz und am Bikepark weiter bis zur Straße fahren.

14,5 km / 1114 m / GPS-Wegpunkt 22-22 In die Wäldlestraße nach rechts einbiegen und der Straße folgen.

15,1 km / 1119 m / GPS-Wegpunkt 22-23 An der Gabelung links in die Oberseitestraße abbiegen.

15,4 km / 1130 m / GPS-Wegpunkt 22-24 Am Abzweig am Sonnenbühl nach rechts fahren.

16,1 km / 1122 m / GPS-Wegpunkt 22-25 Auf der Hauptstraße von Hirschegg nach rechts Richtung Talstation.

16,3 km / 1122 m / GPS-Wegpunkt 22-26 Tourende an der Talstation des Heuberglifts.

Blick vom Gipfel des Breitenberges nach Pfronten

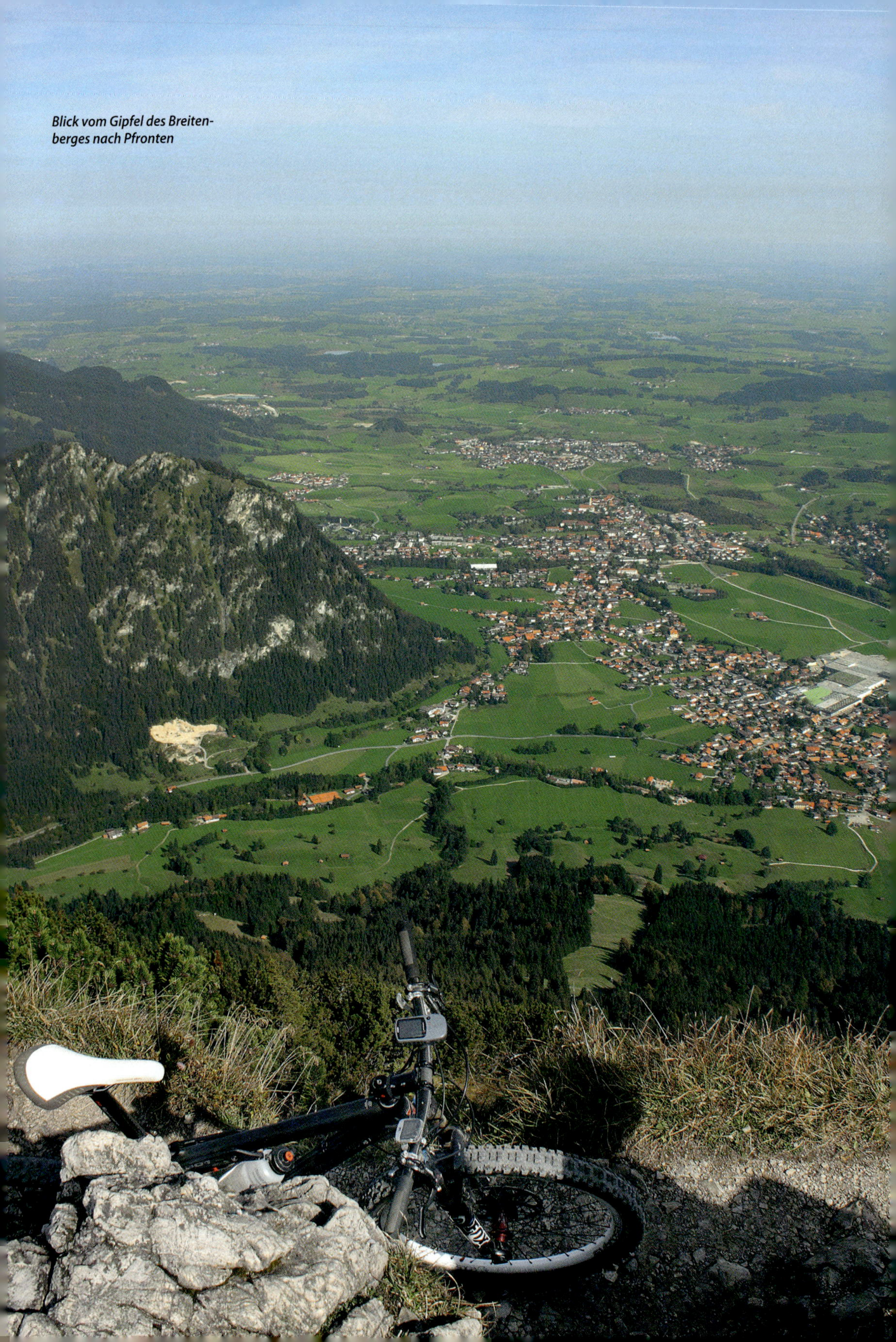

Tourenregion Nesselwang und Pfronten

Zwischen Breitenberg, Vilstal und Falkenstein liegt am Rand der Berge der Ort Pfronten. Neben einem Durchschlupf ins Tannheimer Tal bietet der Ort unzählige Freizeitmöglichkeiten. Die umliegenden Berge sind sehr gut mit breiten Schotterwegen erschlossen und können daher wunderbar mit dem Bike erklommen werden. Einfache Radwege ermöglichen meist an schönen Bächen verlaufende Touren in den Tälern.

INFORMATIONEN

Pfronten Tourismus
Vilstalstr. 2
87459 Pfronten
Tel. 08363/698 88
www.pfronten.de

Rund um Pfronten sind einige historische Burgruinen zu finden. So thront über dem Ort die Burgruine Falkenstein, die man über eine kleine, mautpflichtige Teerstraße erreicht. Auf den Grundmauern dieser Ruine plante König Ludwig II.; neben seinem Märchenschloss Neuschwanstein, ein weiteres mächtiges Bauwerk. Pläne und Modell waren bereits fertig, zum Bau kam es jedoch nicht mehr. Falkenstein blieb, was es war: eine Ruine mit herrlichem Ausblick über Pfronten und das Vilstal.

Weiter nördlich liegen die Ruinen Hohenfreyberg und Eisenberg. Diese wurden im Jahr 1525 von rebellierenden Bauern geplündert und zerstört. Die Ruine Eisenberg wurde teilweise rekonstruiert, sodass sie heute bequem besichtigt werden kann.

In Pfronten hat man sich Familienfreundlichkeit auf die Fahnen geschrieben. Überall findet man sehr fantasievoll gestaltete Spielplätze, an denen die Kleinen ihre wahre Freude haben. Zudem gibt es mehrere Natur- und Kulturlehrpfade, ein ausgedehntes Moorgebiet sowie Bergbahnen am Breitenberg und an der 1575 Meter hohen Alpspitze. Weitere Freizeitmöglichkeiten, wie z. B. einen Kletterwald, ein Erlebnisbad und eine Sommerrodelbahn, findet man in Nesselwang.

Nach der Fertigstellung der A 7 bis zum Grenztunnel bei Füssen sind die zuvor stark vom Durchgangsverkehr geplagten Orte heute ruhiger und beschaulicher geworden. Gastronomisch kann man hier vor allem die Traditionsgaststätten mit zum Teil jahrhundertealter Geschichte empfehlen. Die Preise sind überschaubar – und die Portionen auch für hungrige Radler ausreichend. Und was gibt es Schöneres, als nach einer langen, schweißtreibenden Tour in den Bergen den Tag in einem gemütlichen Biergarten ausklingen zu lassen?

Während Biketouren im Tal zwischen Nesselwang und Pfronten auch im Winter möglich sind, dauert es im Frühjahr meist sehr lange, bis die steilen und oftmals nordseitig gelegenen Hänge komplett schneefrei sind. Daher eignet sich die Bikeregion erst ab Anfang Juni uneingeschränkt für Touren. Allerdings bieten dafür die Täler und bunten Bergwälder bis spät in den Herbst hinein eine wunderschöne Kulisse.

23 Aufs Hundsarschjoch

… eigentlich nur um des Namens willen

Schwierigkeit	Erlebniswert	Höhenmeter	Streckenlänge (in km)	Zeit (in Std.)
3	✪✪✪✪✪	745	11,2	2

TOURENCHARAKTER

AUSGANGS-/ENDPUNKT
Vils

ANFAHRT
A 7 bis Ausfahrt 137-Oy-Mittelberg, auf der B 310 Richtung Bad Hindelang-Oberjoch/Pfronten, abzweigen Richtung Tannheim, durch Tannheim nach Pfronten und durch den Ort bis in den Ortsteil Steinach, dann nach Vils.
Alternativ mit der Bahn nach Vils

KONDITION
✪✪✪✪✪

FAHRTECHNIK
✪✪✪✪✪

ERLEBNISWERT
Fahrspaß: ✪✪ – Die Singletrail-Abfahrt ist sehr technisch, und lockerer Untergrund erschwert immer wieder ein zügiges Durchfahren.
Landschaft: ✪✪✪✪✪ – Schöne Bergwälder und schroffe Felswände charakterisieren diese Biketour.
Kultur und Geschichte: ✪✪✪✪✪ – Man passiert einen beeindruckenden Steinbruch. Im Ort Vils gibt es die kleine Altstadt und die Burgruine zu besichtigen.

EINKEHRMÖGLICHKEITEN
Vilser Alpe (Fallweg, A-6682 Vils/Tirol, Tel. +43/(0)676/511 12 63, www.vilseralm.at)

STRECKENPROFIL
Kurze Tour mit knackiger Tragepassage; schwere Trail-Abfahrt mit maximal S4, meist jedoch leichter, teilweise verblockt und loser Untergrund oder Wurzeln.

Teer:	3 km
Schotter:	4,5 km
Schieben/Tragen:	1 km/400 Hm
Trail bergauf:	–
Trail bergab:	2,5 km

HÖCHSTER PUNKT
1600 m, Hundsarschjoch

NIEDRIGSTER PUNKT
826 m, Vils

LANDKARTE
Kompass Karte Nr. 04, Tannheimer Tal, 1:35 000

GPS/ROADBOOK
Tour 23 Hundsarschjoch.gpx mit 8 Wegpunkten

Dieser Ort hat zugegebenermaßen schon einen eigenartigen Namen. Aber vielleicht ist genau das der Anreiz, um der Sache einmal auf den Grund zu gehen – und wie ließe sich das wohl besser tun als mit einem Mountainbike?

Wir sitzen gemütlich auf dem Campingplatz und studieren mal wieder die Wanderkarte mit den Trails um uns herum. Wie immer suchen wir die roten Linien mit möglichst vielen Zacken, die schöne Singletrail-Abfahrten versprechen. Dann passiert es: Wir stolpern über den eigenartigen Name dieses Jochs – und die Entscheidung ist schnell getroffen, denn da müssen wir hin!

Es ist das erste Mal, dass wir einen Pass mit dem Bike befahren wollen, nur weil uns der Name auf der Karte aufgefallen ist – aber »Hundsarschjoch« klingt halt doch irgendwie schon recht merkwürdig … also los!

Start und Ende der Tour ist der kleine Ort Vils. Gleich hinter dem beschaulichen Örtchen dominiert ein mächtiger Steinbruch das Landschaftsbild. Wie mit einem gigantischen Kuchenmesser wurde der Berg hier aufgeschnitten.

Der Steinbruch ermöglicht uns einen Blick in die geologische Geschichte dieses Berges. Eine Schautafel am Wegesrand erläutert den Aufbau der Gesteinsschichten. Sichtbar sind der Hauptdolomit und Gesteine der Tannheimer und Aptychenschichten. Dabei handelt es sich um eine in den Alpen vorkommende Juraformation, dem Dogger und Malm angehörig. Diese sandig-kalkigen Schichten, Kalksteine und Mergel (Aptychenmergel), enthalten zahlreiche versteinerte Reste von Aptychen. Das sind Organe von ausgestorbenen Kopffüßlertieren, den Ammoniten. Alles wird überdeckt durch die über zehn Meter dicken Moränen des Lechgletschers. Abbauwürdig sind die bunten Jurakalke, vor allem der Vilser Kalk. Dieser wird nach dem Heraussprengen aus dem Berg mit einer Seilbahn nach Vils transportiert.

Nachdem wir den Steinbruch passiert haben, führt uns ein Schotterweg 350 Höhenmeter hinauf zur Vilser Alpe (1228 m). Die Steigung ist moderat, und der Bergwald spendet Schatten. An der gemütlichen Alpe nutzen wir die Gelegenheit für eine kurze Rast; zudem

11,2 km	745 Hm	Tagestour

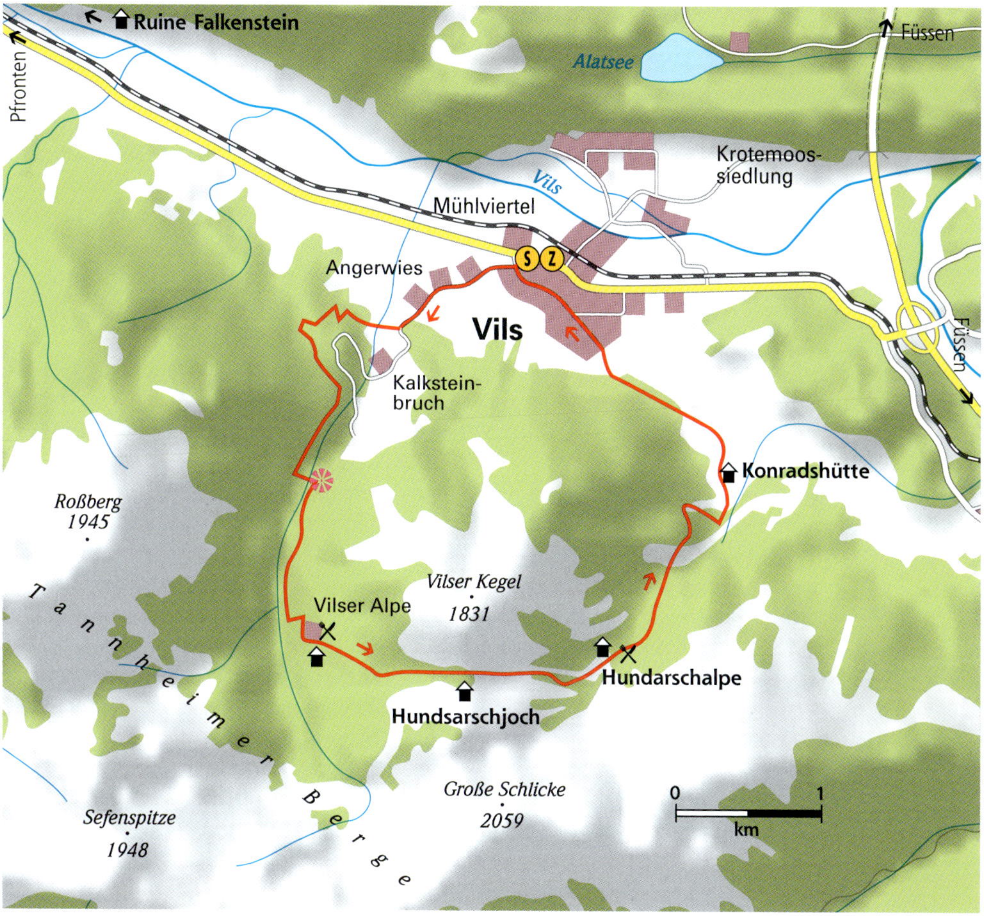

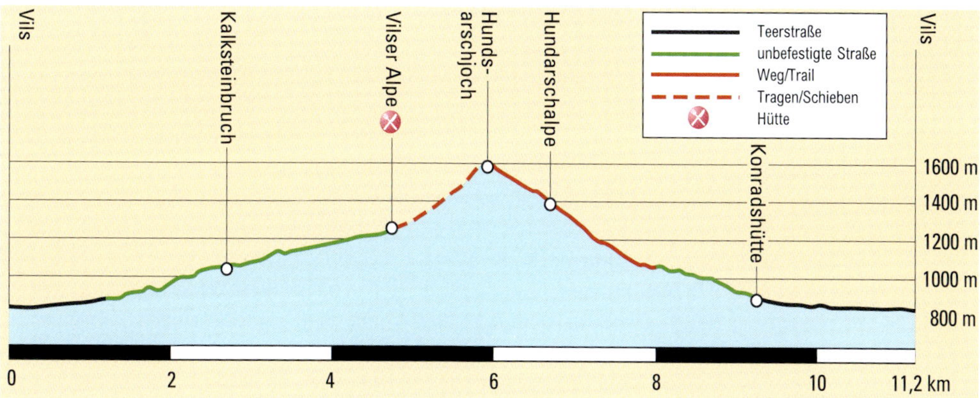

bietet der Brunnen hier eine willkommene Abkühlung. Es empfiehlt sich, das klare Bergwasser nicht nur in die Trinkflaschen zu füllen, sondern damit auch noch das Unterrohr zu putzen – nicht etwa, um so das Logo des Bikes wieder sichtbar zu machen, sondern damit man beim nun anstehenden Tragestück hinauf zum Hundsarschjoch nicht den ganzen Dreck im Genick hat …

Die 400 Höhenmeter auf dem steilen Trail bringen wir in knapp 40 Minuten hinter uns. An einigen Stellen erschweren tief hängende Äste der Latschenkiefern das Tragen. Schließlich erreichen wir das 1600 Meter hoch gelegene Joch. Es ist ein unscheinbarer Übergang zwischen dem 1831 Meter hohen Vilser Kegel und der Großen Schlicke mit einer Gipfelhöhe von 2059 Metern. Nicht einmal ein Namensschild ziert den Pass.

Wir fragen uns natürlich, was wohl für eine Geschichte hinter dieser Bezeichnung stecken mag – warum Hundsarschjoch? Eine mögliche Erklärung: Die Bezeichnung »Hundsarsch« kommt eventuell daher, dass die Bauern früher stets erst einmal die Steine aus dem Weidegebiet räumen mussten, um die Fläche nutzbar zu machen. Da sich aber im Bereich des Hundsarschjochs ständig wieder Steine aus den darüber befindlichen Schrofenwänden lösten, wurde so mancher der Bauern erbost darüber und ließ seinen Unmut in Form von Beschimpfungen freien Lauf. Dabei dürfte wohl auch der etwas derbe Ausdruck »Hundsarsch« gefallen sein …

Diese Erklärung ist zwar nicht gesichert, trotzdem liegt wohl ein Körnchen Wahrheit darin. Wenn man nämlich dem Weg ins Joch hinauf folgt, wird dieser wirklich zunehmend steiniger und der Aufstieg dadurch kräfteraubend. Aber der Anstieg hält sich trotzdem noch in Grenzen und kann sicher nicht als schwierig bezeichnet werden.

Wer Lust dazu hat, kann noch die Besteigung des 1831 Meter hohen Vilser Kegels in Erwägung ziehen. Die Bikes kann man hierbei getrost irgendwo in den Büschen verstecken. Alle anderen fahren stattdessen gleich in Richtung Osten ab – auch heute zählt neben dem Gipfel mal wieder der Spruch: »Der Weg ist das Ziel.«

Der Trail ist anspruchsvoll, verblockt und verwurzelt. Zudem fahren wir oft auf lockerem Schotter und nassem Untergrund. Immer wieder sind fahrtechnische Herausforderungen mit Schwierigkeiten bis S3 zu bewältigen.

Einige Schlüsselstellen weisen auch S4-typische Merkmale auf, die uns zwingen, Trial-Techniken wie Hinterradversetzen oder kleine Sprünge aus dem Stand anzuwenden. Wer diese Techniken nicht beherrscht oder im teilweise steilen Gelände nicht anwenden will, wird hier und da gezwungen sein, sein Bike ein paar Meter bergab zu schieben.

Im Bereich der Hundarschalpe verläuft der Singletrail relativ flach über Alpwiesen und durch den Bergwald. Der schmale Wanderweg macht Spaß und kreuzt auf 1200 Metern Höhe erstmals den Schotterweg. Eine Serpentine schneiden wir noch auf dem Singletrail ab, dann ist der Spaß vorbei, und es geht auf einem Schotterweg zurück nach Vils.

Vils wurde das Stadtrecht schon 1327 durch König Ludwig IV. verliehen. Der Ort besitzt einen historischen Kern mit sehr sehenswerten Häusern. Zudem befindet sich dort die 1709 im Barockstil erbaute Stadtpfarrkirche Mariä Himmelfahrt, an die die St.-Katharina-Kapelle angebaut wurde. Im Inneren ist die lichte, hohe und geräumige Kirche mit Stuckaturarbeiten ausgeschmückt.

Durch das Vilstal verlief bereits vor Jahrhunderten eine bedeutende Handelsroute. Um diese zu kontrollieren, wurde Burg Vilsegg errichtet. Die Ruine dieser Burg steht ca. 60 Meter über dem Vilstal auf einem 887 Meter hohen felsigen Hügel am Rand des Salober-Bergs, auf dem heute die Staatsgrenze zwischen Deutschland und Österreich verläuft. Obwohl sie eine relativ niedrige Lage über dem Tal hat, war die Veste nur schwer angreifbar, da der Burghügel ringsherum steil abfällt.

Mit dem Hundsarschjoch haben wir einen netten Übergang bei Vils gefunden. In der Gegenrichtung ist diese Tour sicher ebenso einfach machbar und von der Abfahrt her vermutlich sogar noch ein bisschen interessanter und anspruchsvoller.

Track 23 – Tour 23 Hundsarschjoch.gpx

0 km / 826 km / GPS-Wegpunkt 23-01 Wir starten in der Ortsmitte von Vils und fahren auf dem Fallweg in Richtung Ortsteil Angerwies. Dabei einfach der Material-Seilbahn folgen, die zum Steinbruch führt.

1,3 km / 872 m / GPS-Wegpunkt 23-02 Unten am Kalksteinbruch beginnt die beschilderte MTB-Tour Richtung Vilser Alpe. In Serpentinen auf dem Schotterweg bergauf fahren.

2,7 km / 1046 m / GPS-Wegpunkt 23-03 An der Schautafel gibt es Illustrationen und Erklärungen zur Geologie. Beim Steinbruchblick kann man das Ganze dann in natura bestaunen. Danach weiter auf dem Schotterweg bergauf fahren.

4,6 km / 1228 m / GPS-Wegpunkt 23-04 An der Vilser Alpe endet der Schotteranstieg. Hier ist auch der Beginn des Tragestücks auf dem Trail zum Hundsarschjoch. An der Alpe besteht die Möglichkeit zu rasten und am Brunnen die Trinkflaschen aufzufüllen. Danach das Bike steil auf dem Steig durch den Bergwald bergauf tragen.

5,9 km / 1600 m / GPS-Wegpunkt 23-05 Am Hundsarschjoch endet das Tragestück. Die Abfahrt befindet sich gegenüber. Ab hier technisch anspruchsvolle Singletrail-Abfahrt.

6,8 km / 1372 m / GPS-Wegpunkt 23-06 An der Hundsarschalpe vorbei und weiter auf dem Singletrail abfahren.

7,7 km / 1000 m / GPS-Wegpunkt 23-07 Ende des Singletrails. Die erste Kehre des Schotterwegs kann man noch auf einem Trail abschneiden. Danach weiter auf dem Schotterweg zurück nach Vils rollen.

11,2 km / 826 m / GPS-Wegpunkt 23-08 Tourende in Vils.

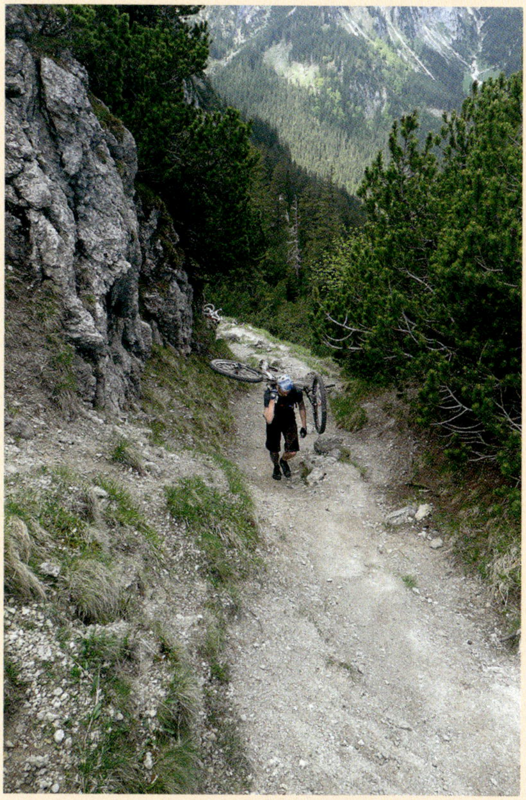

Beschwerlicher Aufstieg zum Hundsarschjoch

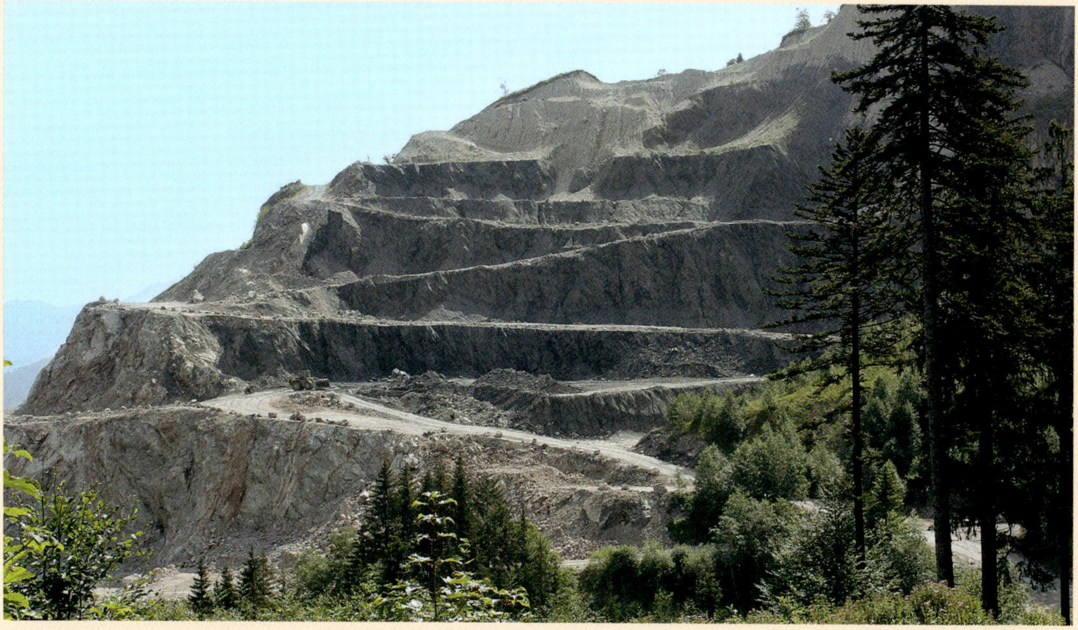

Blick in den großen Kalksteinbruch

24 Auf den Breitenberg

Mächtiger Berg mit steil abfallender Nordwand oberhalb von Pfronten

3	✪✪✪✪✪	1025	24,3	4
Schwierigkeit	Erlebniswert	Höhenmeter	Streckenlänge (in km)	Zeit (in Std.)

TOURENCHARAKTER

AUSGANGS-/ENDPUNKT
Talstation der Breitenbergbahn in Pfronten-Steinach

ANFAHRT
A 7 bis Ausfahrt 137-Oy-Mittelberg, auf der B 310 Richtung Bad Hindelang-Oberjoch/Pfronten, abzweigen Richtung Tannheim, durch Tannheim nach Pfronten, durch den Ort bis in den Ortsteil Steinach. Startpunkt der Tour ist in der Ortsmitte. Fährt man weiter in Richtung Vils, ist am Ortsausgang die Talstation der Breitenberg-Seilbahn. Dort findet man eine Parkmöglichkeit.
Alternativ mit der Bahn bis Pfronten-Steinach

KONDITION
✪✪✪✪✪

FAHRTECHNIK
✪✪✪✪✪

ERLEBNISWERT
Fahrspaß: ✪✪✪✪✪ – Schnelle Schotterabfahrt
Landschaft: ✪✪✪✪✪ – Auf dem Sattel zwischen Breitenberg und Aggenstein fantastisches Panorama der Berglandschaft.
Kultur und Geschichte: –

EINKEHRMÖGLICHKEITEN
Berghaus Allgäu (Auf dem Breitenberg 2, 87459 Pfronten, Tel. 08363/486, www.berghaus-allgaeu.de)
Ostlerhütte (Auf dem Breitenberg 6, 87459 Pfronten, Tel. 08363/424, www.ostlerhuette.de)
Gasthof Fallmühle (Achtalstr. 62, 87459 Pfronten, Tel. 08363/481, www.fallmuehle.de)

STRECKENPROFIL
Anstrengende Schotterwegstour mit steilen Anstiegen; auf der Schotterabfahrt keine besonderen technischen Ansprüche.

E-Bike-tauglich

Teer:	1 km
Schotter:	21 km
Schieben/Tragen:	–
Trail bergauf:	1 km
Trail bergab:	1 km

HÖCHSTER PUNKT
1838 m, Ostlerhütte

NIEDRIGSTER PUNKT
850 m, Pfronten

LANDKARTE
Kompass Karte Nr. 04, Tannheimer Tal, 1:35 000

GPS/ROADBOOK
Tour 24 Breitenberg.gpx mit 17 Wegpunkten; Variante: Tour 24 Breitenberg Variante.gpx mit 7 zusätzlichen Wegpunkten; Variante Bike & Hike: Tour 24 Breitenberg Variante Aggenstein.gpx mit 5 Wegpunkten

Der Breitenberg ist mittels zweier Schotterwege und einer Seilbahn bestens erschlossen. Zudem gibt es dort einige Bergwege, die aber aufgrund ihres steilen Charakters zum Biken nicht sehr geeignet sind. Dennoch lohnt sich die anstrengende Auffahrt auf den Breitenberg und zur Ostlerhütte. Wer will, kann dort das Bike stehen lassen und noch zu Fuß den Aggenstein erklimmen.

Der Breitenberg nahe Pfronten ist mit seiner Höhe von 1838 Metern und seiner steilen Felskante an der Nordseite ein lohnendes Ziel. Geologisch besteht er zum größten Teil aus dem Kalkstein des Hauptdolomits. Überall tritt der markante graue, verwitterte Fels zutage, frische Bruchstellen sind gelblich.
Der Breitenberg fällt nach Süden hin in einen flachen Sattel ab, über den man den markanten Aggenstein erreichen kann. Aufgrund seiner leichten Erreichbarkeit ist er ein beliebtes Ausflugsziel, das sowohl über zwei Schotterpisten als auch mit einer Seilbahn von Pfronten aus erreicht werden kann. Im Bereich des Gipfels steht die private Ostlerhütte.
Die Bergstation der Seilbahn ist Ausgangspunkt für die Besteigung des 1985 Meter hohen Aggensteins. Dieser ist jedoch nur über einen schmalen und stellenweise ausgesetzten Pfad erreichbar. Daher ist es ratsam, ein Fahrradschloss mitzunehmen, damit man sein Bike am Beginn des Aufstiegs sicher abstellen kann.
Der Aufstieg auf den markanten Gipfel lohnt sich auf jeden Fall, hat man doch von dort oben den wohl besten Blick auf das Voralpenland mit seinen vielen schönen Seen. Zudem überblickt man vom Aggenstein aus auch das gesamte Tannheimer Tal.
Doch zunächst ist erst mal Serpentinenkurbeln angesagt. Ausgangspunkt der Tour ist der Ortskern von Steinach oder die Talstation der Breitenbergbahn am Ortsausgang von Pfronten-Steinach. Von hier führt der Weg zunächst über Wiesen und dann in vielen Kehren unterhalb der Seilbahn nach oben. Blickt man hier von oben zurück auf den bereits absolvierten Anstieg, ergibt sich ein sehr imposantes Bild über die schlangen-

24,3 km	1025 Hm	Tagestour

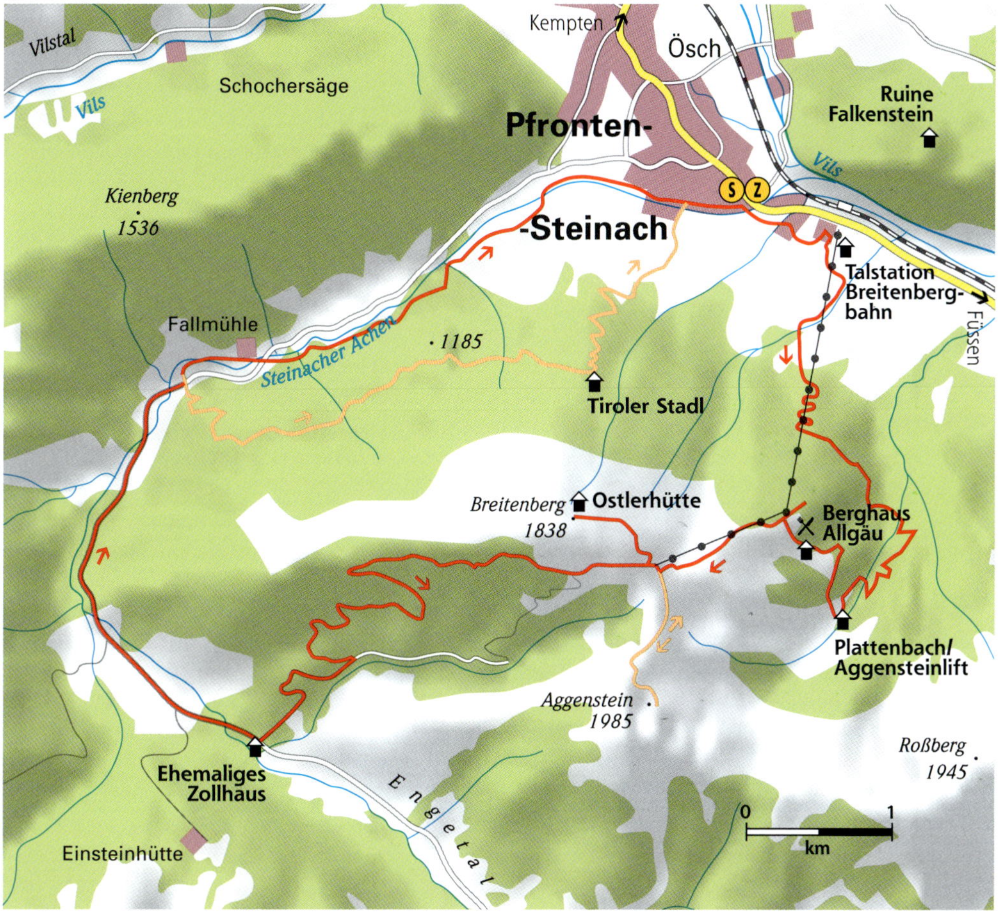

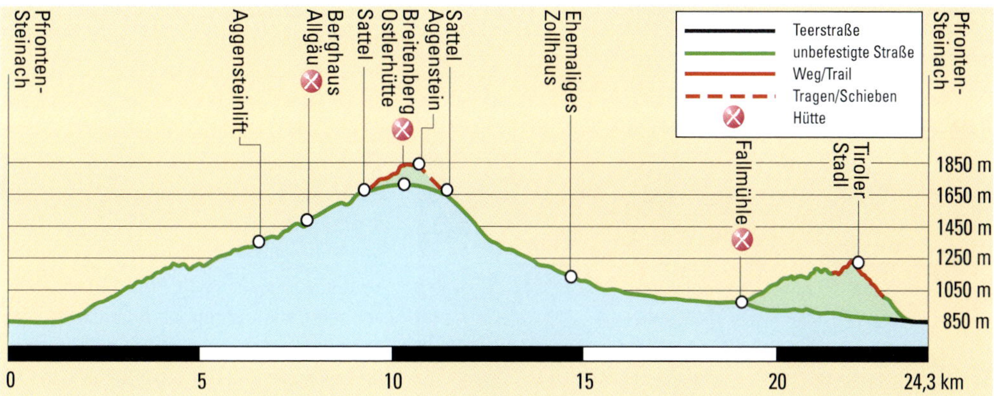

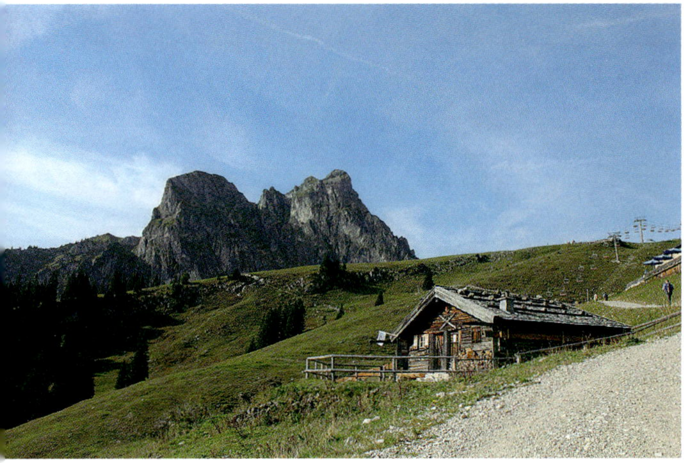

Der Gipfel des Aggenstein

artig angelegten Serpentinen des Schotterwegs.

Auf einer Höhe von knapp 1100 Metern zweigt nach rechts ein Bergweg ab, der weiterhin unter der Seilbahn nach oben führt, während unser Schotterweg nach links abzweigt und einen großen Bogen beschreibt. Mehrfach kreuzen wir das Bett des Plattenbachs. Der Wegverlauf ist auf diesem Abschnitt relativ flach. Somit haben wir nochmals die Gelegenheit, die Beine etwas zu lockern und Kräfte für den folgenden Anstieg zu sammeln. Nach dem Passieren der Talstation des kleinen Aggensteinlifts erwartet uns nämlich eine respektable Rampe. Steil und zudem mit grobem Untergrund ist dieser Anstieg eine erste echte Herausforderung für all jene, die den Breitenberg komplett im Sattel sitzend erklimmen wollen.

Bild rechte Seite: Schotterserpentinen unter dem Breitenberglift

Alphornbläser beim Berggottesdienst

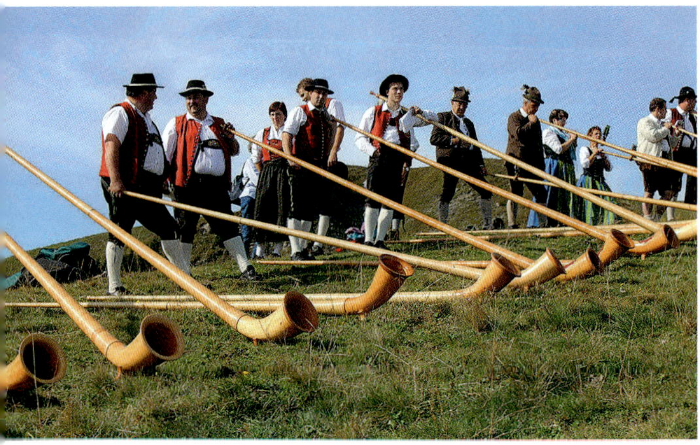

Am Berghaus Allgäu trifft unser Anstiegsweg wieder auf die große Seilbahn. Auch der restliche Aufstieg vorbei am Hochalphaus bis zum Sattel zwischen Breitenberg und Aggenstein ist steil. Meist findet man hier aber eine gut eingetretene und vom losen Material befreite Spur, auf der wir Biker einigermaßen passabel nach oben kurbeln können.

An der Bergstation der Hochalpbahn haben wir die Wahl für die weitere Gestaltung der Tour: Während wir linker Hand die Wanderung zum Gipfel des Aggensteins in Angriff nehmen können, ist es für echte Uphill-Experten eine Ehrensache, die steile Rampe bis hinauf zur Ostlerhütte zu erklimmen. Der Weg besteht aus gelbem Kalkstein, Steinstufen und losem, grobem Material. Nur wenigen wird es gelingen, hier komplett hochzudrücken. Alle anderen werden früher oder später aufgeben, einen Fahrfehler machen oder schlichtweg einen Krampf bekommen. Die technische Schwierigkeit dieser Auffahrt allein wäre noch zu meistern, aber die Länge, die Steigung und die kurze Abfolge von Hindernissen machen diesen Anstieg für die meisten wohl zu einer unlösbaren Aufgabe.

Die Rast oben auf dem Gipfel oder auf der Sonnenterrasse der Ostlerhütte ist dann auch wohlverdient!

Den Rückweg treten wir zunächst auf derselben Strecke an, auf der wir soeben hochgekommen sind. Bergab geht das doch wesentlich leichter. Zwar muss man auch hier gut aufpassen, muss sein Bike beherrschen und die richtige Linie wählen, aber immerhin rollt man dabei bergab.

An der Wegkreuzung angekommen, wenden wir uns nach rechts und fahren ab in Richtung Grän. Auch hier führt ein breiter Schotterweg ohne nennenswerte Schwierigkeiten hinunter ins Tal. In rasanter Fahrt geht es bergab in Richtung Tannheimer Tal.

Am ehemaligen Zollhaus treffen wir auf die Straße von Grän nach Pfronten und auf den Seebach. Hier fahren wir flussabwärts. Ab der Fallmühle (wir werden auf dem Rückweg nach Pfronten noch eine ganze Reihe von Mühlen passieren) verläuft sogar ein richtig schöner Radweg auf der rechten Bachseite durch den Wald.

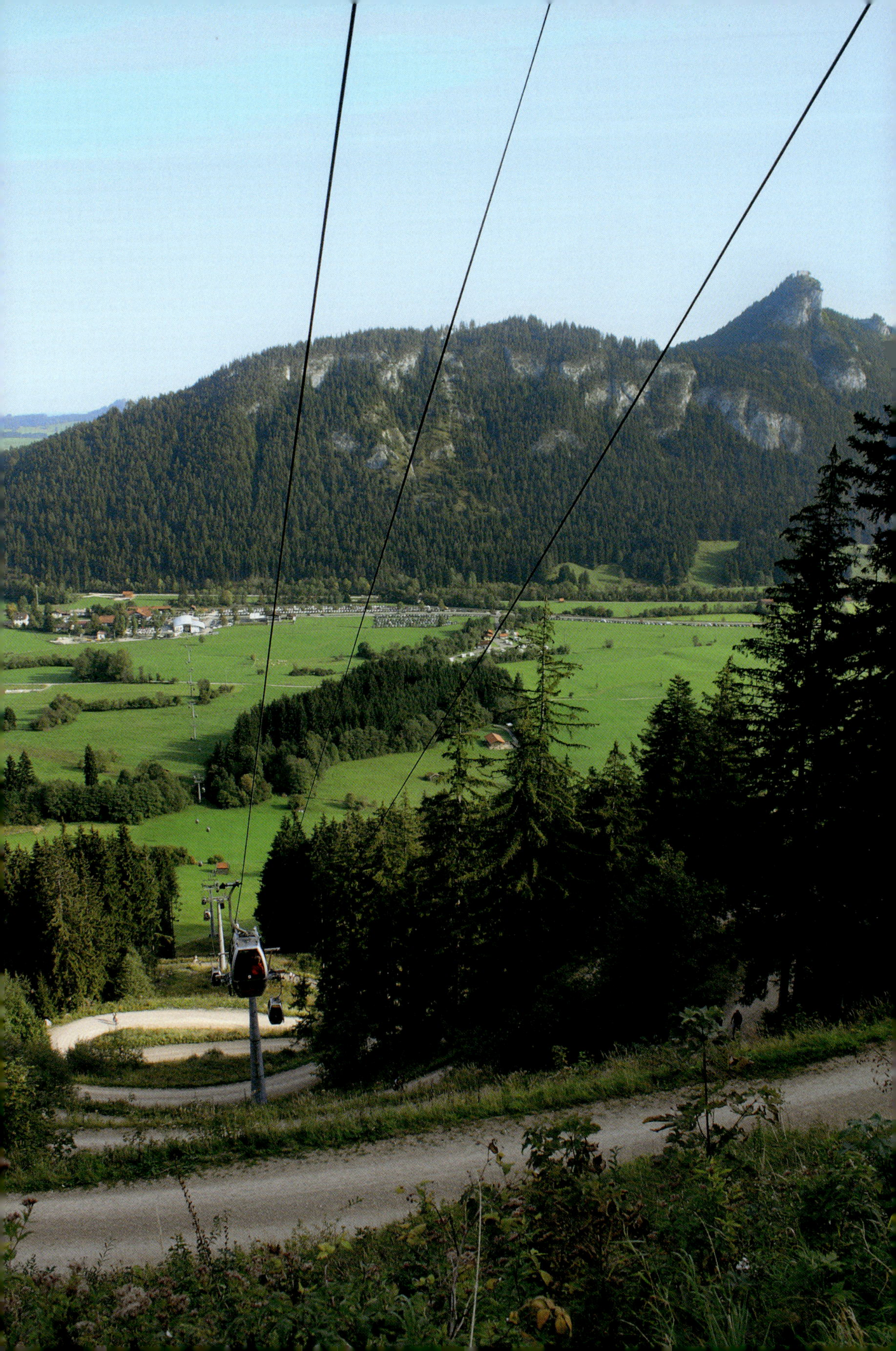

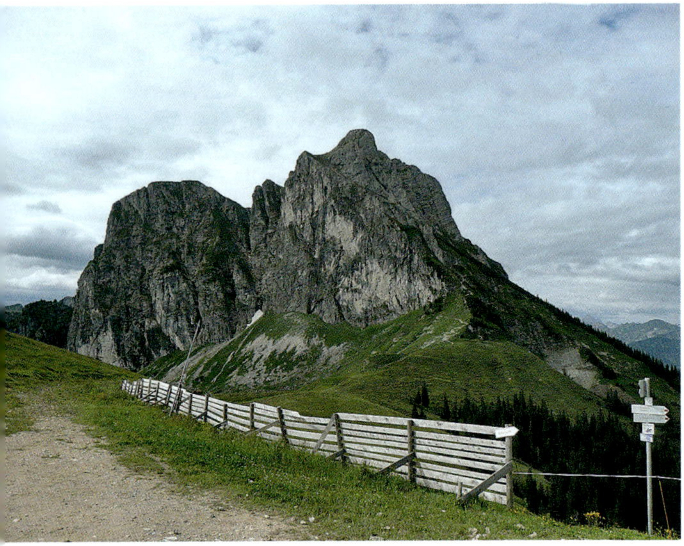

Blick zum Aggenstein

Als Alternative besteht zudem ab der Fallmühle die Möglichkeit, ein Stück auf der Nordseite des Breitenbergs bergauf zum Tiroler Stadl zu fahren. Der erste Teil dieser Auffahrt ist geschottert, aber gegen Ende hin muss das Bike ein Stück über eine steile Bergwiese bergauf geschoben werden. Dafür können wir dann zumindest ein Stück weit auf einem schönen Singletrail in Richtung Pfronten abfahren.

Prinzipiell kann die Tour um und auf den Breitenberg auch in der Gegenrichtung befahren werden. Hierbei sollte man sich aber vor dem Start überlegen, ob man lieber in der Sonne oder im Schatten hinaufradeln will ... Diese Entscheidung kann je nach Hitze und Jahreszeit ganz unterschiedlich ausfallen.

PFRONTEN

Der langgezogene Ort Pfronten besteht aus mehreren Ortsteilen, die alle direkt aneinandergrenzen. Die Ortsteile Kappel, Meilingen, Kreuzegg, Dorf, Berg, Halden, Heitlern Weißbach, Ösch, Rehbichel, Röfleuten, Steinach und Ried sind durch die B 309 miteinander verbunden. Diese war bis vor wenigen Jahren noch sehr stark befahren, da die A 7 bis Füssen nicht ausgebaut war. Alle diese Orte bildeten sicher schon seit dem Spätmittelalter eine einzige Pfarrgemeinde. Daher spricht man auch von der 13-Dörfer-Gemeinde Pfronten.

Mit der deutschen Sprache ist der Name Pfronten nicht erklärbar. Ein Deutungsvorschlag geht vom romanischen Wort »frontone« aus, was so viel wie »große, gewaltige Stirn« oder »Front« bedeutet. Damit könnte durchaus die dominante Nordwand des Breitenbergs gemeint sein, die »Stirn der Alpen«.

Schon zur römischen Zeit führte von Süden her eine römische Nachschubstraße nach Cambodunum, dem heutigen Kempten. Es ist jedoch nicht gesichert, ob das Tal zur damaligen Zeit schon besiedelt war.

Nachdem die Römer die Region verlassen hatten, siedelten sich nach und nach heidnische Alemannen an. Um das Jahr 800 war die »römische« Sprache in der Gegend erloschen. Im Mittelalter florierte auch in Pfronten der Salzhandel. Aus dieser Zeit stammt die Burg Falkenstein, die hoch oben über dem Ort thront.

Am Ende des 18. Jahrhunderts entstanden entlang der Flüsse nach und nach elf Gipsmühlen. Dort wurden durch die Wasserkraft gebrannte Kalksteine zerkleinert, und der Gips wurde dann in Fässern bis nach Kempten und Augsburg transportiert. Er diente damals vor allem als Baumaterial und Dünger.

Im 19. Jahrhundert begann man im Allgäu damit, nach Schweizer Rezepten den bekannten Emmentaler Käse herzustellen. Im Zuge dessen wurde die Landwirtschaft fast vollständig auf Michwirtschaft umgestellt, und der Anbau anderer landwirtschaftlicher Produkte, wie z. B. dem Flachs, wurde nach und nach eingestellt.

Heute ist Pfronten zu einem Zentrum der feinmechanischen Industrie und des Maschinenbaus geworden. Die größte Firma im Ort ist Deckel Maho Gildemeister. Dabei handelt es sich um eine der größten Werkzeugmaschinenhersteller in Deutschland. Auch weltweit ist diese Firma ein führender Hersteller von CNC-gesteuerten Dreh- und Fräsmaschinen.

Routenbeschreibung

Track 24 – Tour 24 Breitenberg.gpx

0 km / 850 km / GPS-Wegpunkt 24-01 Wir starten die Tour in der Ortsmitte von Pfronen-Steinach. Auf der Straße geht es bis zur Brücke über die Steinacher Ache. Dann rechts der Straße auf den Radweg wechseln, Fahrtrichtung Vils.

0,9 km / 850 m / GPS-Wegpunkt 24-02 An der Talstation der Breitenberg-Seilbahn rechts abzweigen und unter der Bahn auf dem Schotterweg bergauf fahren.

1,7 km / 900 m / GPS-Wegpunkt 24-03 Am Linksabzweig dem Schotterweg steil bergauf folgen.

2,2 km / 970 m / GPS-Wegpunkt 24-04 Auf dem breiten Schotterweg in Serpentinen unter der Bahn bergauf fahren.

3,5 km / 1160 m / GPS-Wegpunkt 24-05 Letzte Kreuzung mit der Seilbahn, weiter auf dem breiten Schotterweg bergauf. Der Aufstieg wird hier flacher, stellenweise rollt man ab hier auch mal leicht bergab.

4,6 km / 1200 m / GPS-Wegpunkt 24-06 Am Plattenbach befindet sich das Ende des Flachstücks. Ab hier weiter auf dem Schotterweg bergauf fahren; der Weg wird sehr steil.

7,3 km / 1509 m / GPS-Wegpunkt 24-07 Am Hochalphaus ist die Bergstation der Breitenberg-Seilbahn. Weiter auf dem Schotterweg steil bergauf fahren. Wer es schafft, die Ideallinie zu finden, wird auch im Sattel bleiben können.

8,5 km / 1658 m / GPS-Wegpunkt 24-08 An der Bergstation des Sessellifts treffen mehrere Wege aufeinander. Abzweig nach links zum Aggenstein; wir radeln rechts auf dem schmalen Weg technisch anspruchsvoll und steil hinauf zur Ostlerhütte.

9,5 km / 1836 m / GPS-Wegpunkt 24- 09 Direkt neben der Ostlerhütte ist der Breitenberggipfel. Einkehrmöglichkeit und schöne Panoramaterrasse. Dann bergab zum Abzweig an der Bergstation des Sessellifts zurückrollen.

10,5 km / 1680 m / GPS-Wegpunkt 24-10 Variante: Aggensteingipfel (ohne Bike). Ansonsten Abfahrt nach rechts in Richtung Grän.

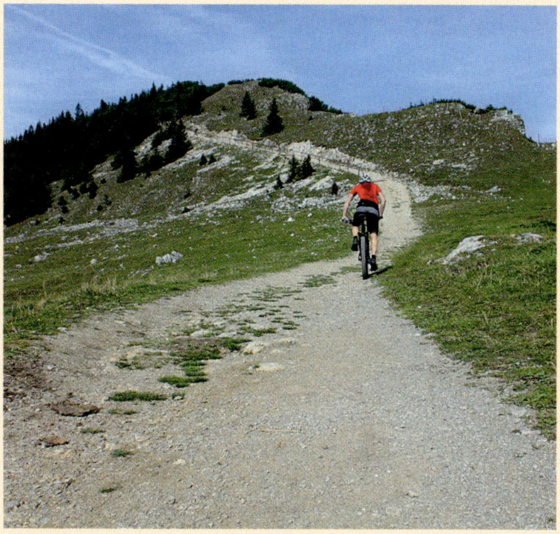

Steiniger und steiler Weg zur Ostlerhütte

11,0 km / 1640 m / GPS-Wegpunkt 24-11 Am Abzweig weiter geradeaus auf dem Schotterweg rollen.

15,0 km / 1200 m / GPS-Wegpunkt 24-12 Am Abzweig nach rechts auf Schotter bergab fahren.

16,4 km / 1027 m / GPS-Wegpunkt 24-13 Ehemaliges Zollhaus im Tal der Steinacher Ache. Rechts auf dem Radweg zurück nach Pfronten.

19,9 km / 920 m / GPS-Wegpunkt 24-14 Abzweig zur Fallmühle, Beginn der Variante (s. unten). Ansonsten links zum Wirtshaus Fallmühle.

20,3 km / 918 m / GPS-Wegpunkt 24-15 Durch die Unterführung fahren, auf die rechte Bachseite wechseln und dem Radweg folgen.

22,6 km / 878 m / GPS-Wegpunkt 24-16 Drindlmühle. Weiter auf dem Radweg Richtung Pfronten fahren.

24,3 km / 850 m / GPS-Wegpunkt 24-17 Tourende in der Ortsmitte von Pfronten-Steinach.

Variante Track 24 – Tour 24 Breitenberg Variante.gpx

19,9 km / 920 m / GPS-Wegpunkt 24-14-A Abzweig Fallmühle. Beginn der Variante.

20,0 km / 930 m / GPS-Wegpunkt 24-15-A Abzweig Schotterweg. Rechts hochfahren auf dem Schotterweg.

21,0 km / 1020 m / GPS-Wegpunkt 24-16-A Am Schotterabzweig nach links abbiegen und weiter bergauf fahren.

23,1 km / 1140 m / GPS-Wegpunkt 24-17-A Ende des Schotterwegs. Weiter auf der steilen Wiese bergauf fahren. Kurzes Schiebestück.

23,8 km / 1220 m / GPS-Wegpunkt 24-18-A Ende des Schiebestücks. Bergab auf dem Zickzack-Trail fahren.

25,0 km / 1000 m / GPS-Wegpunkt 24-19-A Am Waldrand endet der Trail. Zurück auf dem Schotterweg nach Pfronten-Steinach.

26,5 km / 850 m / GPS-Wegpunkt 24-20-A Tourende in Pfronten-Steinach.

Variante Bike & Hike Track 24 – Tour 24 Breitenberg Variante Aggenstein.gpx

8,5 km / 1658 m / GPS-Wegpunkt 24-08-B Auf dem Sattel Abzweig nach links zum Aggenstein. Bikeverbot. Daher Bike schieben, baldmöglichst deponieren und weiter zu Fuß gehen.

9,1 km / 1665 m / GPS-Wegpunkt 24-09-B Ende des Flachstücks. Beginn des steilen Wanderweges. Trittsicherheit erforderlich. Kurze versicherte Passage mit Leiter.

9,8 km / 1885 m / GPS-Wegpunkt 24-10-B Abzweig zur Bad Kissinger Hütte. Weg nach rechts zum Gipfel. Aufstieg an einer Eisenkette und kurzes Kletterstück.

10,0 km / 1885 m / GPS-Wegpunkt 24-11-B Gipfel Aggenstein. Ab hier auf demselben Weg zurück laufen.

11,5 km / 1658 m / GPS-Wegpunkt 24-12-B Wieder am Abzweig. Mit dem Rad weiter ab Wegpunkt 08 und links bergab auf dem Schotterweg rollen.

25 Durchs Vilstal

Auf Familientour durch die Täler zwischen Pfronten und Tannheim

1	✪✪✪✪✪	878	40,4	6
Schwierigkeit	Erlebniswert	Höhenmeter	Streckenlänge (in km)	Zeit (in Std.)

TOURENCHARAKTER

AUSGANGS-/ENDPUNKT
Pfronten-Ried

ANFAHRT
A 7 bis Ausfahrt 137 Oy-Mittelberg, auf der B 310 Richtung Bad Hindelang-Oberjoch/Pfronten, abzweigen Richtung Tannheim, durch Tannheim nach Pfronten, durch den Ort bis in den Ortsteil Ried. Startpunkt der Tour ist an der Tennishalle. Dort kann man auch parken. Weitere Parkmöglichkeiten findet man, wenn man ein Stück weiter ins Vilstal fährt. Alternativ mit der Bahn bis Pfronten.

KONDITION
✪✪✪✪✪

FAHRTECHNIK
✪✪✪✪✪

ERLEBNISWERT
Fahrspaß: ✪✪✪✪✪ – Schotter- und Radwege
Landschaft: ✪✪✪✪✪ –Malerisches Vilstal mit Vilstalsäge und Kälberhofalpe. Später geht es durch das breite Tannheimer Tal zum Haldensee, der zu einer Badepause einlädt. Alles umrahmt von einer atemberaubenden Berglandschaft.
Kultur und Geschichte: ✪✪✪✪✪ – Alp-Bewirtschaftung und alte Mühlen. Dazu passiert man verschiedene kleine Ortschaften.

EINKEHRMÖGLICHKEITEN
Gasthof Vilstalsäge, Vilstalstraße 93, 87459 Pfronten, Tel. 0 83 63/255, info@vilstalsaege.de, www.vilstalsaege.de
Kälberhofalpe, Im Vilstal, 87459 Pfronten
Gasthof Fallmühle, Achtalstraße 62, 87459 Pfronten-Dorf, Tel. 0 83 63/481, info@fallmuehle.de, www.fallmuehle.de

STRECKENPROFIL
Die Tour führt auf Schotter- und Radwegen sowie Nebenstraßen an Bachläufen entlang von Pfronten ins Tannheimer Tal und zurück. E-Bike-tauglich

Teer:	14 km
Schotter:	25 km
Schieben/Tragen:	0,4 km/50 Hm
Trail bergauf:	1 km
Trail bergab:	0 km

HÖCHSTER PUNKT
1136 m, in Grän

NIEDRIGSTER PUNKT
884 m, bei Pfronten

LANDKARTE
Kompass Karte Nr. 4, Tannheimer Tal, 1:35 000

GPS/ROADBOOK
Tour 31 Vilstal.gpx mit 27 Wegpunkten

Mit fahrradbegeisterten Kindern die Bergwelt zu erkunden gelingt am besten, wenn neben der eigentlichen Strecke viel Abwechslung geboten ist und es immer wieder Neues zu entdecken gibt – hier ein Wasserfall, dort ein alter Baum. Dann eine Rast auf einer Alpe und als Höhepunkt die Badepause an einem Bergsee. Nach einem ereignisreichen Tag könnte man dann am Ende gemütlich zurück zum Ausgangspunkt der Tour rollen, wenn nicht plötzlich eine ganze Kuhherde mitten auf der Straße stehen würde.

Die einfache Tour durch das wilde Vilstal startet am Ortsrand von Pfronten-Ried. Gleich nach dem Parkplatz an der Tennishalle müssen wir uns für eines der beiden Ufer der Vils entscheiden. Der beschilderte Radweg führt am linken Ufer leicht bergauf. Da wir entgegen der Fließrichtung der Vils unterwegs sind, befindet er sich aus unserem Blickwinkel allerdings rechts. Etwas interessanter ist der Weg auf der anderen Seite des Baches. Hier geht es zwar etwas mehr bergauf und bergab, aber immerhin gibt es hier neben dem Schotterweg auch ein paar kurze Singletrail-Abschnitte. Daher wechseln wir nach einem knappen Kilometer an einem Parkplatz an das andere Ufer. Der Vorteil dieser Variante ist zudem, dass man dem Autoverkehr, der bis zum hinteren Parkplatz im Vilstal gestattet ist, komplett ausweicht. Dies ist vor allem zu empfehlen, wenn man die Tour gemeinsam mit Kindern unternehmen möchte. An der Vilstalsäge befinden sich die erste Rastmöglichkeit und ein Spielplatz. Dazu ist es jedoch jetzt noch viel zu früh, deshalb geht es gleich weiter bis zur nächsten Brücke, wo wir erneut an das andere Ufer wechseln.
Unterhalb des Tatzenriesköpfl endet nach 6,4 Kilometern unser Ausflug ans rechte Ufer der Vils schließlich; ab hier geht es nur noch auf der linken Seite weiter. Kurz darauf erreichen wir eine große Alm, auf der sich die Kälberhofalpe befindet. Spätestens jetzt ist es an der Zeit, eine erste Rast einzulegen. Bei frischen Alpprodukten genießen wir das Panorama und stärken unsere Kräfte für den

40,4 km	878 Hm	Tagestour

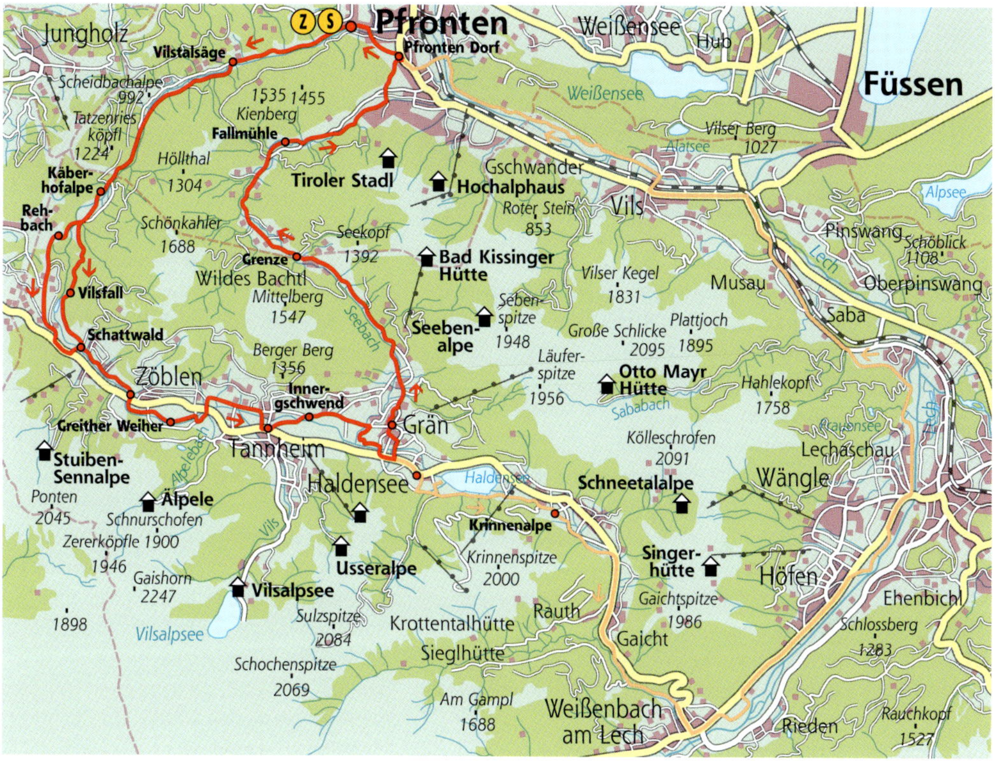

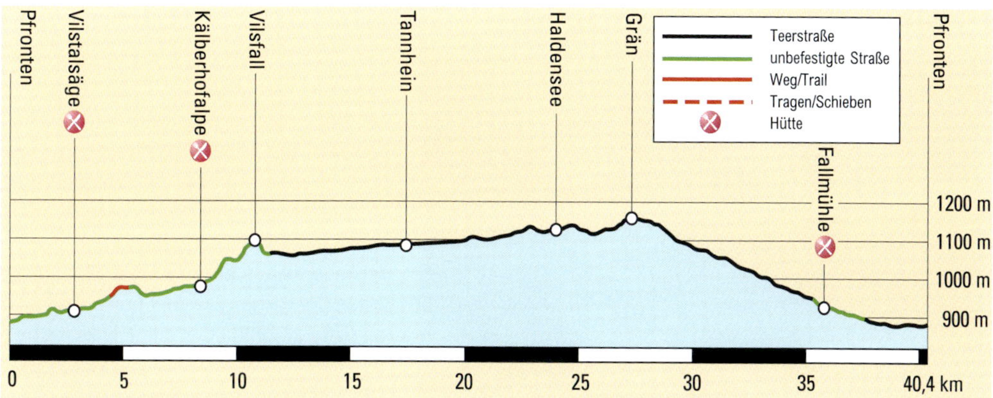

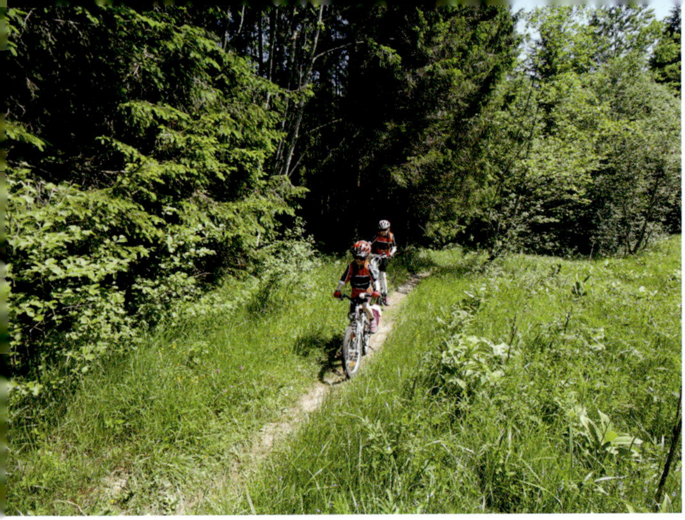

Kurzer Singletrail im Vilstal

folgenden Anstieg hoch über dem Vilsfall. Wer diese Tour gemeinsam mit seinen Kindern unternimmt, sollte die Rast an der Kälberhofalpe durchaus etwas ausdehnen.

Der nächste Wegabschnitt führt in einigen zum Teil steilen Serpentinen auf einem Schotterweg nach oben. Hoch über dem Vilsfall ist auf knapp 1100 Metern der vorerst höchste Punkt erreicht. Von dort aus geht es in einer rasanten Abfahrt hinunter nach Schattwald-Kappl.

Rechte Seite: Die Fahrt durch die Furt macht richtig Spaß!

Wer sich diesen Anstieg ersparen möchte, kann unten im Tal alternativ rechts abzweigen, die Vils abermals überqueren und über Rehbach den Anstieg in einer Schleife umfahren. Beide Varianten treffen in Schattwald-Kappl wieder aufeinander.

Ab hier folgen wir dem asphaltierten Radweg durch das Tannheimer Tal bis nach Grän. Die Ortschaften Zöblen und Tannheim lassen wir genauso an uns vorbeiziehen wie die benachbarten Berge. Die markantesten von ihnen sind zunächst das Gaishorn und der Einstein, bevor sich die mächtigen Kalkwände der Roten Flüh und des Gimpels ins Blickfeld schieben. Wenig später entdecken wir linker Hand auch den Aggenstein und das von dieser Seite aus ziemlich unscheinbar anmutende Brentenjoch.

Wenn es mal steiler wird, ist Teamwork angesagt…

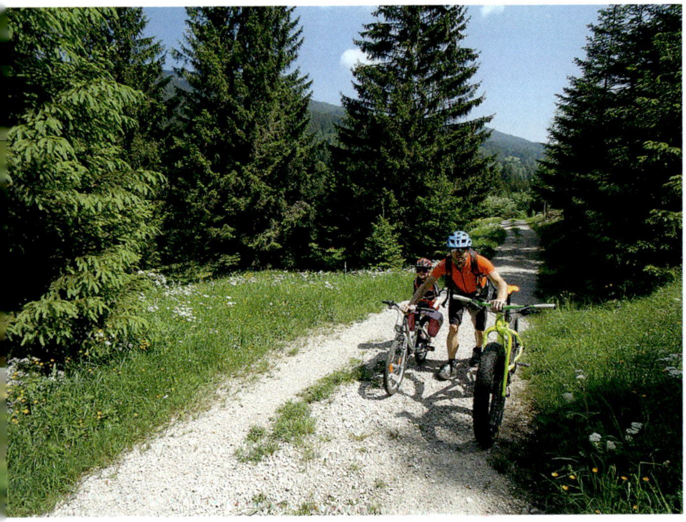

An heißen Sommertagen bietet sich an dieser Stelle noch ein Abstecher an den nahe gelegenen Haldensee an. Hierfür muss man allerdings einen kurzen Umweg in Kauf nehmen. Dieser lohnt sich aber auf jeden Fall, denn eine Erfrischung im See ist jetzt genau das Richtige. Neben dem Campingplatz befindet sich ein kostenpflichtiges Strandbad. An der Mündung des Strindenbaches in den Haldensee gibt es zusätzlich die Möglichkeit, kostenlos ans Ufer des Badesees zu gelangen.

Nach einer Rast fahren wir das kurze Stück zurück bis nach Grän, durchqueren die historische Ortsmitte, bevor wir am Almhotel Told auf die Straße in Richtung Pfronten treffen. Leider gibt es bis zum ehemaligen Zollhaus keinen Radweg. Zum Glück geht es hier aber bergab, sodass wir ohne Bedenken mit den wenigen Autos, die diese Straße benutzen, mitrollen können. Ab und zu versperren Weidegatter den hier grasenden Kühen den Fluchtweg aus dem Tal. An diesen gilt es, vor allem bei Nässe besondere Vorsicht walten zu lassen, denn sie können sehr glatt sein. Zudem müssen wir jetzt auf der Straße immer wieder mit Kühen rechnen.

Kurz nach der Staatsgrenze wechseln wir wieder auf den parallel verlaufenden Radweg. Dieser führt uns an der Fallmühle vorbei zurück nach Pfronten. Kurz nach der Fallmühle, an der eine letzte Rastmöglichkeit besteht, fahren wir durch eine Unterführung und überqueren anschließend auf einer Brücke die Steinacher Ache. Der Radweg verläuft nun auf deren rechter Seite, während die Straße links nach Pfronten führt.

Wir bleiben noch ein Stück auf diesem Weg, bevor wir, vorbei am Hotel Bavaria, zurück zum Ausgangspunkt der Tour fahren. Am Weiher in Pfronten-Dorf gibt es noch ein altes Mühlrad zu bestaunen. Bald darauf erreichen wir wieder den Parkplatz am Tennisheim.

Routenbeschreibung

Track 25 – Tour 25 Vilstal.gpx

0 km / 882 m / 25-01 Parkplatz an der Tennishalle. Der Straße ins Vilstal hinein folgen

0,9 km / 895 m / 25-02 An der Brücke ans andere Ufer wechseln und weiter der Vils flussaufwärts folgen

2,0 km / 905 m / 25-03 An der Vilstalsäge über die Brücke fahren. Hier Rastmöglichkeit

3,2 km / 915 m / 25-04 Links abbiegen und über die Brücke ans andere Ufer fahren

6,3 km / 955 m / 25-05 An der Brücke wieder das Ufer wechseln. Danach nach links dem Weg weiter flussaufwärts folgen

9,0 km / 974 m / 25-06 Nach dem Grenzübergang und einer Kreuzung erreichen wir geradeaus die Kälberhofalpe. Hier Rastmöglichkeit

8,7 km / 990 m / 25-07 An der Kreuzung rechts abbiegen

8,8 km / 991 m / 25-08 Nach der Furt und der parallel verlaufenden Brücke Weggabelung. Hier entweder nach links zu einem längeren Anstieg oder nach rechts Richtung Rehbach abbiegen

10,8 km / 1100 m / 25-09 Oberhalb vom Vilsfall geradeaus auf dem Schotterweg steil bergab fahren

11,5 km / 1059 m / 25-09a Am Landhotel Rehbach links abbiegen und nach Schattwald fahren

12,3 km / 1060 m / 25-10 Schattwald. Hier dem Radweg nach Zöblen folgen

13,9 km / 1068 m / 25-11 In Zöblen durch die Unterführung fahren und weiter dem Radweg nach Tannheim folgen

15,3 km / 1076 m / 25-12 Rastmöglichkeit am Greither Weiher. Weiter dem Radweg folgen

16,4 km / 1085 m / 25-13 Durch die Unterführung unter der Hauptstraße dem Radweg Richtung Tannheim folgen

18,0 km / 1088 m / 25-14 In Tannheim dem Radweg Richtung Grän folgen

19,0 km / 1089 m / 25-15 In Innergschwend weiter dem Radweg Richtung Grän folgen

21,5 km / 1106 m / 25-16 Kurz vor Grän entweder rechts Richtung Haldensee oder gleich links Richtung Ortsmitte fahren

22,5 km / 1125 m / 25-17 In der Ortsmitte von Haldensee rechts auf dem Radweg Richtung See fahren

24,0 km / 1122 m / 25-18 Bademöglicheit am Haldensee. Danach zurück nach Grän fahren

26,6 km / 1136 m / 25-19 Ortsmitte Grän. Hier nach Norden und dann der Straße nach Pfronten folgen

31,6 km / 1047 m / 25-20 An der Staatsgrenze auf den parallel verlaufenden Radweg wechseln

34,4 km / 968 m / 25-21 Dem Radweg durch die Unterführung Richtung Fallmühle folgen

35,4 km / 938 m / 25-22 Am Gasthof Fallmühle Rastmöglichkeit. Danach dem Radweg nach Pfronten folgen

35,7 km / 928 m / 25-23 Dem Radweg durch die Unterführung folgen. Weiter auf der rechten Bachseite

37,2 km / 901 m / 25-24 Weiter dem Weg rechts der Steinacher Ache folgen

38,2 km / 884 m / 25-25 Die Hauptstraße überqueren und vorbei am Hotel Bavaria

39,1 km / 876 m / 25-26 Am Weiher von Pfronten-Dorf links abbiegen

40,4 km / 882 m / 25-27 Tourende an der Tennishalle

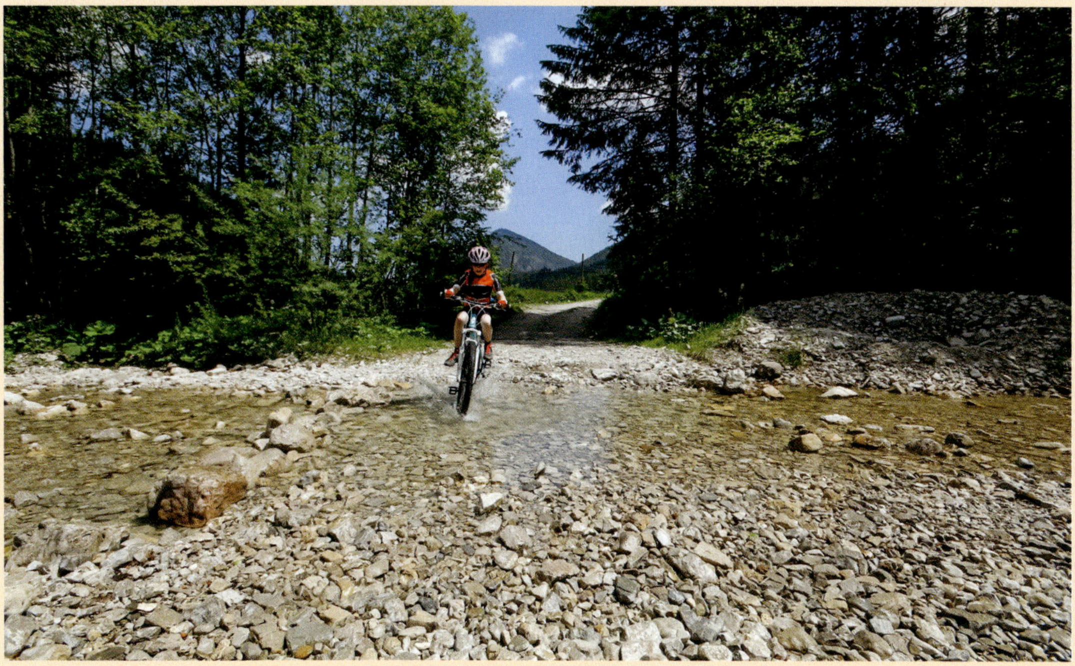

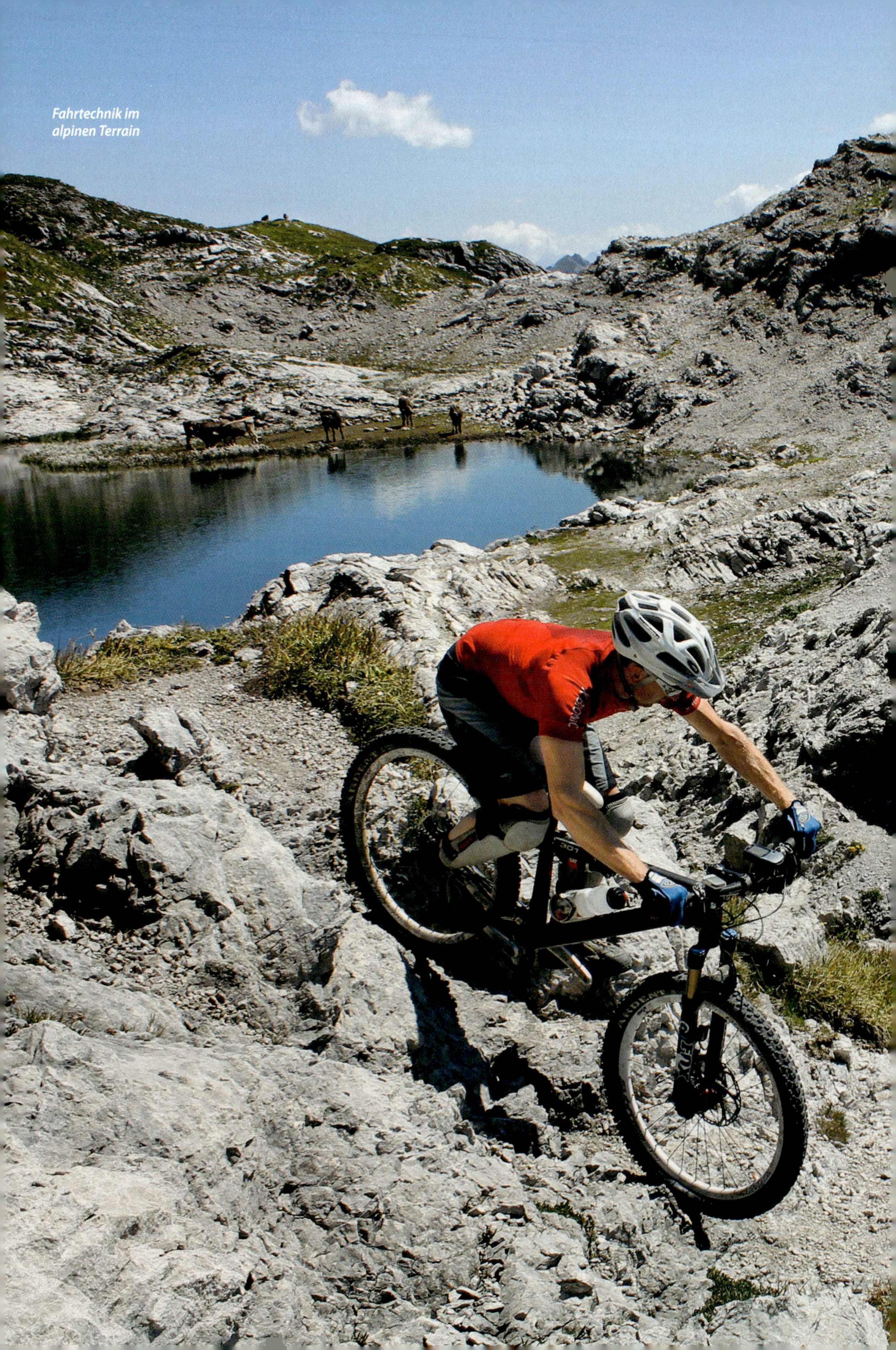

Fahrtechnik im alpinen Terrain

Weitere Touren

Im Allgäu kann man natürlich neben zahlreichen Tages- und Rundtouren auch mehrtägige Touren unternehmen. Dabei immer ein schlüssiges Konzept zu finden, ist nicht ganz einfach, da man am Ende vieler Täler einfach nicht sinnvoll weiterkommt.

Daneben gibt es aber vielerorts auch die Möglichkeit, das Bike stehen zu lassen und einen Gipfel zu erklimmen oder eine hoch gelegene Hütte zu besuchen. Da liegt es natürlich nahe, das Bike mal ganz mit nach oben zu nehmen, wodurch sich unzählige Touren- und Abfahrtsmöglichkeiten ergeben, die nur darauf warten, entdeckt zu werden.

Je nach Jahreszeit und Wetter kann man im Allgäu auch Touren bis hinauf in alpine Regionen unternehmen. Die Landschaft ist dabei gleichermaßen abwechslungsreich und vielseitig.

Die im Buch vorgestellten Regionen sind alle direkt miteinander verbunden, sodass man einen mehrtägigen Bikeurlaub auch derart gestalten kann, dass man Touren von Region zu Region unternimmt. Ob man dazu mehrmals seinen Standort wechselt, ein paar Touren zu einem mehrtägigen Trip miteinander verbindet, oder ob man öffentliche Verkehrsmittel nutzt, um zum Startort zurückzukehren, das bleibt jedem Biker selbst überlassen.

26 Bonus-Tour durch die Oberstdorfer Täler

Lange Tour ins Oytal, zu Dietersbach- und Traufbergalpe und ins Rappental

2	✪✪✪✪✪	2421	85,3	10–12
Schwierigkeit	Erlebniswert	Höhenmeter	Streckenlänge (in km)	Zeit (in Std.)

TOURENCHARAKTER

AUSGANGS-/ENDPUNKT
Ortsmitte von Oberstdorf

ANFAHRT
A 7 bis Kreuz Allgäu, dann B 12 Richtung Lindau/Oberstdorf bis Ausfahrt Waltenhofen und auf der B 19 Richtung Oberstdorf, vorbei an Sonthofen und im Kreisverkehr kurz vor Oberstdorf Richtung Nebelhornbahn abbiegen; Parkplatz an der Talstation der Nebelhornbahn.
Alternativ bis Bahnhof Oberstdorf

KONDITION
✪✪✪✪✪

FAHRTECHNIK
✪✪✪✪✪

ERLEBNISWERT
Fahrspaß: ✪✪✪✪✪ – Zahlreiche lange Schotterabfahrten charakterisieren diese zweitägige Tour.
Landschaft: ✪✪✪✪✪ – Die natürlichen und ursprünglichen Täler rund um Oberstdorf sind tief in die alpine Bergwelt eingeschnitten.
Kultur und Geschichte: ✪✪✪✪✪ – Viele Alpen und kleine Bergbauernhöfe

EINKEHR-/ÜBERNACHTUNGSMÖGLICHKEITEN
Berggasthof Oytalhaus, Oytal 1, 87561 Oberstdorf, Tel. 08322/803 81, www.oytalhaus.de;
Untere Gutenalpe, www.oberstdorf-online.info/alphuetten/gutenalpe.htm;
Käseralpe, www.oberstdorf-online.info/alphuetten/kaeseralpe.htm;
Hotel Gruben Oberstdorf, Gruben 1a, 87561 Oberstdorf, Tel. 08322/959 96 38, www.hotel-gruben-oberstdorf.de/;
Oberaualpe, www.oberstdorf-online.info/alphuetten/ober-au.htm;
Hintere Traufbergalpe, www.oberstdorf-online.info/alphuetten/traufbergalpe.htm;
Gerstruber Älpele, www.oberstdorf-online.info/alphuetten/gerstruber-aelpele.htm;
Dietersbachalpe, www.oberstdorf-online.info/alphuetten/dietersbachalpe.htm;
Birgsau, Birgsau 9, 87561 Oberstdorf, Tel. 08322/969 00, www.birgsauer-hof.de;
Einödsbach, Einödsbach 1, 87561 Oberstdorf, Tel. 08322/984 54, www.einoedsbach.de;
Breitengehrenalpe, www.oberstdorf-online.info/alphuetten/breitengehren-alpe.htm;
Schwarze Hütte, www.oberstdorf-online.info/alphuetten/schwarze-huette.htm;
Untere Biberalpe, www.oberstdorf-online.info/alphuetten/biberalpe.htm;
Berggasthaus Laiter, Laiter 5, 87561 Oberstdorf, Tel. 08322/48 60, www.laiter.de;
Hotel Alpengasthof Schwand Schwand 3, 87561 Oberstdorf, Tel. 08322/50 81;
Strandcafé Freibergsee, Freibergsee 2, 87561 Oberstdorf, Tel. 08322/606 94 95, www.naturbad-freibergsee.de;
Ferienwohnungen Christlessee Christlessee 1, 87561 Oberstdorf, Tel. 08322/60 60 90, www.christlessee.de;
Gasthof Gerstruben, 87561 Oberstdorf, Tel. 08322/95 92 90, www.oberstdorf.de/natur/berge-taeler/trettachtal/gerstruben.html;
Berggasthof Riefenkopf, Dietersberg 8, 87561 Oberstdorf, Tel. 08322/80 05 02, www.gasthof-riefenkopf.de;
Berggasthof Spielmannsau, 87561 Oberstdorf, Tel. 08322/30 15, www.spielmannsau.de

STRECKENPROFIL
Sehr lange Tour auf Schotterwegen und asphaltierten Nebenstraßen. Landschaftlich reizvoll, jedoch ohne fahrtechnische Herausforderungen. Durchgehend einfache Abfahrten auf Schotter und Teer.

Teer:	39,5 km
Schotter:	44,5 km
Schieben/Tragen:	–
Trail bergauf:	0,5 km
Trail bergab:	0,5 km

E-Bike-tauglich

HÖCHSTER PUNKT
1522 m, am Ende des Rappentals

NIEDRIGSTER PUNKT
813 m, Oberstdorf

LANDKARTE
Kompass Karte Nr. 3, Allgäuer Alpen–Kleinwalsertal, 1:50 000

GPS/ROADBOOK
Tour 26 Oberstdorfer Taeler.gpx mit 44 Wegpunkten

Diese Viertälertour bei Oberstdorf kann man je nach Kondition am Stück oder auch als zweitägige Tour fahren. Sie führt uns in die wunderbare Bergwelt der Täler von Oberstdorf, wo wir traumhafte Bergwälder, schöne Alpen und einige malerisch gelegene Bergseen entdecken. Zahlreiche Alphütten laden dabei zum Rasten und zur Einkehr ein.

Die Täler rund um Oberstdorf sind tief eingeschnitten, und an ihrem Ende kommt man in der Regel nur weiter, wenn man das Bike über den Berg trägt. Das geht am einfachsten am Schrofenpass, den jedes Jahr Tausende als Auftakt für ihren Alpencross ansteuern. Bis zum Ende des Zweiten Weltkriegs gab es hier einen recht bequemen Übergang, der aber in den letzten Kriegstagen von den abrückenden Nazis gesprengt wurde, um den Alliierten den Übergang über diesen Pass zu versperren. Heute trägt man sein Bike über einige

85,3 km	2421 Hm	Tagestour

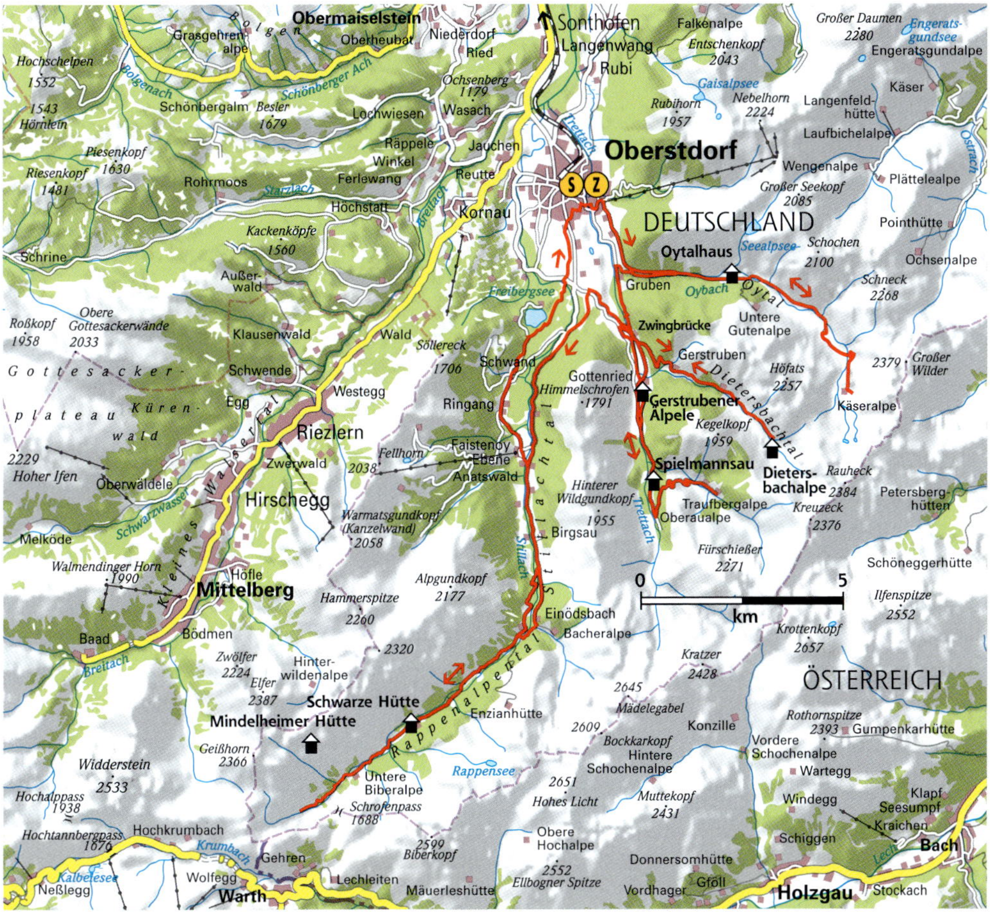

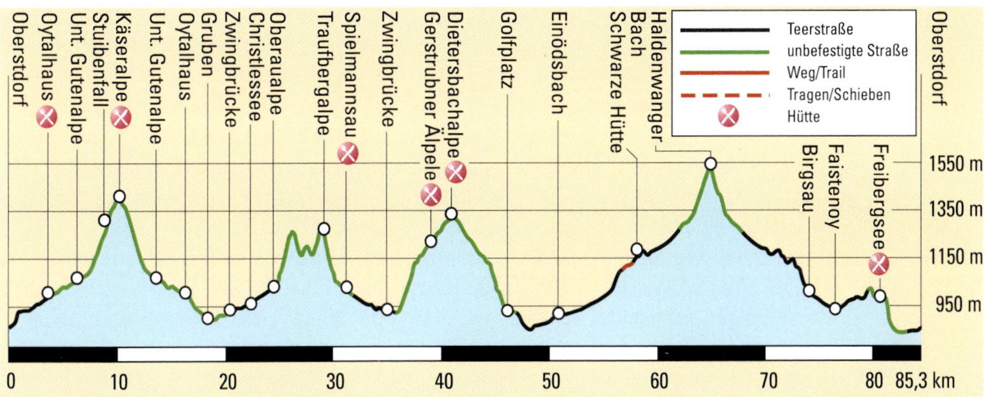

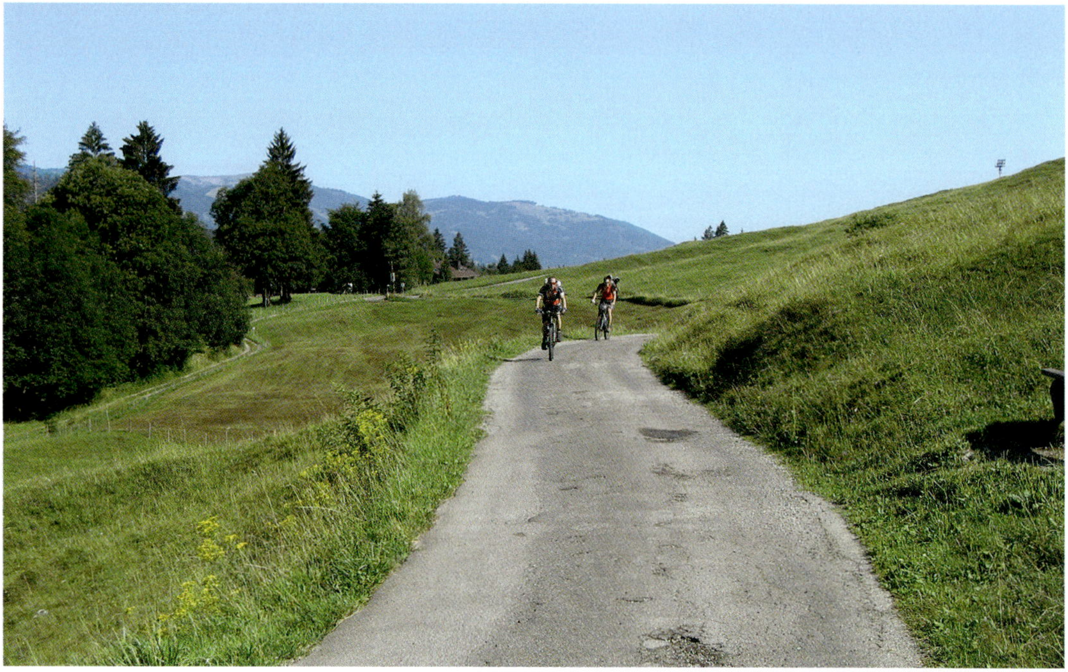

Entspannte Fahrt in Richtung Oytalhaus

Leitern und Brücken den Berg hinauf, um dann nach kurzer Abfahrt das Lechtal zu erreichen.

Nachdem auch ich mehrfach über den Schrofenpass gefahren bin, habe ich angefangen, weitere Möglichkeiten auszuprobieren, die mich aus dem Oberstdorfer Kessel hinausführen sollten. Nachdem ich die recht einfachen Pässe auf den alten Walserwegen im Kleinwalsertal alle ausprobiert hatte, stieß ich beim Studieren der Karten auf das Hornbachjoch. Und auf dem Weg dorthin beginnt auch unsere heutige Tour.

Als Startpunkt dient der Ortskern von Oberstdorf. Wer mit dem Auto anreist, steuert idealerweise gleich den großen Parkplatz an der Nebelhornbahn an. Auch vom Bahnhof aus ist die Talstation einfach zu finden. Schnell lassen wir den Ort hinter uns und gelangen ins malerische Oytal. Die Steigungen sind moderat, und der Weg eignet sich anfangs auch ideal für Einsteiger oder Kinder. Nachdem wir das Oytalhaus passiert haben, geht es vorbei am Prinzenkreuz noch ein Stück flach weiter bis kurz hinter die Untere Gutenalpe, bevor am Stuibenfall erstmals eine ernst zu nehmende Steigung beginnt.

Der Stuibenfall ist der schönste und größte Wasserfall im Oberstdorfer Gemeindegebiet. Hier fällt das Wasser des späteren Oybachs über einen Teil der Geländestufe, die das Oytal vom Alpboden der Käseralpe trennt. Seinen Namen hat der Stuibenfall vermutlich aufgrund seiner bei reichlicher Wasserführung weithin sichtbaren Gischtwolke, die man bereits vom Tal aus erkennen kann.

Ab hier windet sich der Weg in ein paar Serpentinen hinauf bis zur 1405 Meter hoch gelegenen Käseralpe. Hier ist auf unserer Tour der Umkehrpunkt. Der weitere Weg hinauf zur Wildenfeldhütte und zum Hornbachjoch ist steil und hochalpin. Schnell kann das Bike nicht mal mehr geschoben, sondern muss mühsam und lange auf einem anspruchsvollen Pfad und über mehrere Geröllfelder getragen werden.

Da wir dort heute aber nicht hinwollen, fahren wir zurück in Richtung Oberstdorf, und zwar auf dem breiten Schotterweg bis zum Oytalhaus. Ein Stück danach biegen wir nach links in den Dr.-Hohenadl-Weg ein. Dieser führt uns am Bach entlang bis zum Gasthof Gruben. Von hier aus geht es weiter zur Zwingbrücke, wo die Möglichkeit besteht, zwei weitere Täler mit dem Bike zu erkunden: Ein Weg führt ins Dietersbachtal nach Gerstruben, weiter zur Gerstrubner Alpe und schließlich hinauf zur 1325 Meter hoch gelegenen Dietersbachalpe. Das zweite Tal folgt dem Traufbach vorbei am Christlessee nach Spielmannsau und windet sich in zahlreichen Serpentinen hoch zur Hinteren Traufbergalpe. Beide Täler sind für uns Biker ebenfalls Sackgassen und führen uns nach der Abfahrt wieder zurück zur Zwingbrücke. Wer jetzt schon genug hat, kann hier die Tagesetappe beenden und übernachten.

Von hier aus machen wir uns nun auf zum letzten der Oberstdorfer Täler, dem Rappental, in Richtung Schrofenpass. Nachdem wir die Talstation der Fellhorn-Seilbahn bei Faistenoy passiert haben, geht es weiter über Birgsau nach Einödsbach. Nach dem kleinen Ort folgt ein kurzer Singletrail am Bach entlang, bevor wir wieder auf den geteerten Weg Richtung Breitengehrenalpe, Rappenalpe und Schwarze Hütte stoßen. Der Weg durchs Rappental ist durchgehend geteert und kann somit auch bei feuchter Witterung problemlos befahren werden.

Spätestens an der Schwarzen Hütte sollten wir am Brunnen nochmals unsere Flaschen füllen, denn der steilste Anstieg steht uns noch bevor. Ab der Unteren Biberalpe geht es richtig zur Sache: Der Weg wird steiler und steiler, bevor er an der Speicherhütte unterhalb des Schrofenpasses plötzlich aufhört. Ab hier geht es nur noch zu Fuß auf Bergwegen weiter.

Das Rappental dient als Ausgangspunkt für viele Wanderungen. Immer wieder treffen wir daher am Wegesrand auf angekettete Bikes von Wanderern, die den langen Weg durchs Rappental bequem auf zwei Rädern absolviert haben und sich so den unbeliebten, zähen Talhatscher ersparen. Neben dem Mindelheimer Klettersteig locken hier die ober-

Brücke über den Bacherlochbach

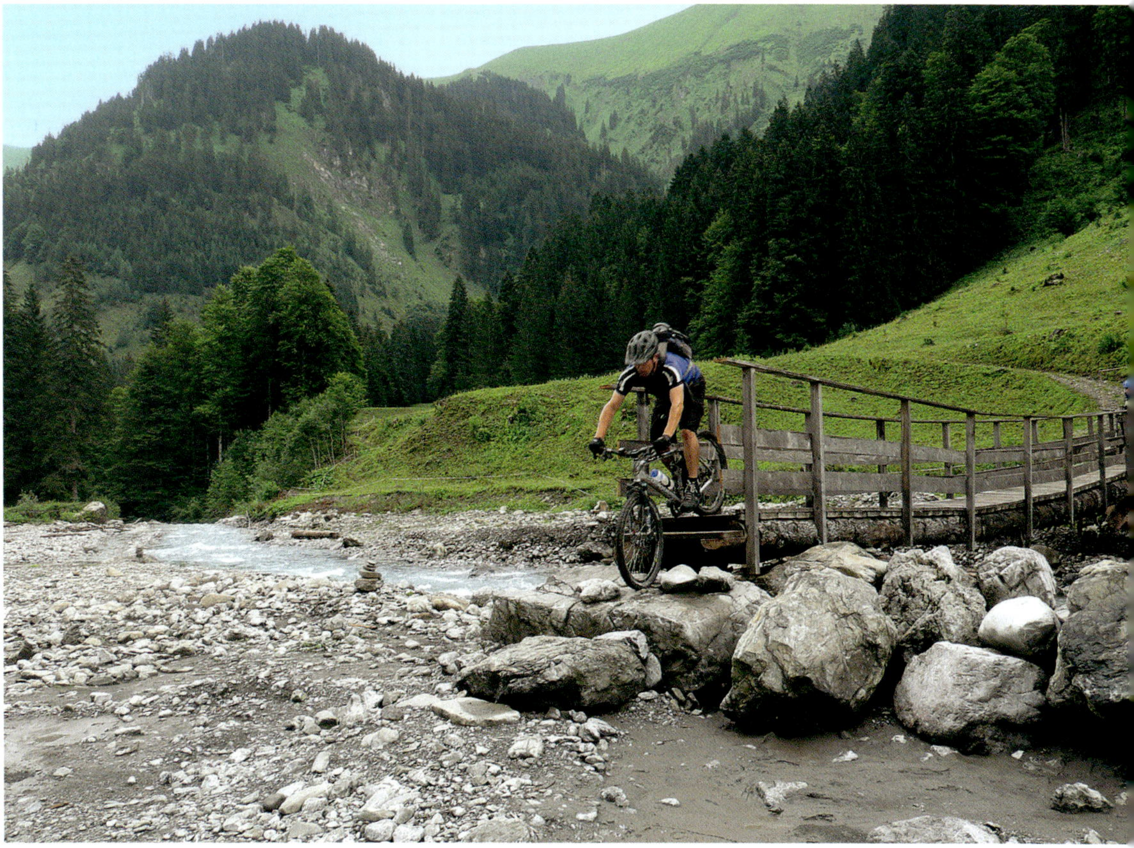

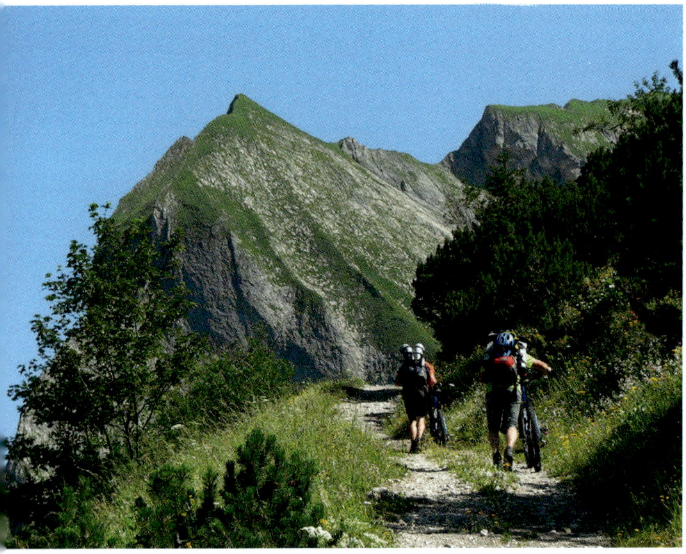

Schiebestück von der Käseralpe zum Hornbachjoch

halb des Rappentals gelegene Mindelheimer Hütte sowie die Rappenseehütte. Beide Hütten sind mit dem Bike jedoch nur nach längerer Schiebepassage zu erreichen.
Auch Deutschlands südlichster Punkt am Haldenwanger Eck nahe dem 1935 Meter hohen Gehrener Berg ist nur auf schmalen, stellenweise stark zugewachsenen Bergwegen zu erreichen. Witzigerweise ist auf meiner Wanderkarte der Bergweg über den Gehrener Berg als »MTB-Schiebestrecke« deklariert – damit sollte offensichtlich der von vielen Alpencrossern benutzte Weg über den Schrofenpass markiert werden … Gut gemeint, aber erstens falsch, und zweitens machen diese langen Texte die Karten nicht wirklich besser und übersichtlicher.
Tatsächlich stellt sich diese »MTB-Schiebestrecke« auch komplett als solche heraus, denn am Gehrener Berg kann man rein gar nichts fahren – weder hoch noch runter.
Daher machen wir hier wieder kehrt, rollen hinab bis zur Talstation der Fellhornbahn und fahren von dort über Ringang und Schwand durch den Bergwald bis zum Freibergsee. Dieser, im Bergwald gelegen, befindet sich direkt gegenüber der Heini-Klopfer-Skiflugschanze. Sie ist zurzeit die drittgrößte Skiflugschanze der Welt mit einer Höhe von 213 Metern und einem Schanzenrekord von über 225 Metern. Aufgrund seiner frei auskragenden Spannbeton-Konstruktion wird der Sprungturm von den Einheimischen auch als »Schiefer Turm von Oberstdorf« bezeichnet.
Wir passieren dieses architektonische Meisterwerk auf seiner Rückseite und fahren auf einem Waldweg knappe 150 Höhenmeter hinab zum Bachbett der Stillach. Von hier ist es nur noch ein kleines Stück zurück bis in den Ortskern von Oberstdorf, wo wir unsere Tour durch all die schönen Täler beenden.
Natürlich kann man diese lange Tour auch aufteilen und eine Übernachtung einplanen, z. B. in der Nähe der Zwingbrücke oder in Spielmannsau (s. Infokasten).

OBERSTDORF

Die Gemeinde Oberstdorf hat etwa 10 000 Einwohner. Der Ort, auf einer Meereshöhe von 843 Metern in einem weiten Talkessel gelegen, ist der südlichste Deutschlands und umfasst eine Fläche von 230 Quadratkilometern. Damit ist der Ort Bayerns zweitgrößte Flächengemeinde. Fast drei Viertel des Gemeindegebiets sind Naturschutz- bzw. Landschaftsschutzgebiet – der größte Teil des Naturschutzgebiets Allgäuer Hochalpen liegt auf dem Gemeindegebiet der Marktgemeinde Oberstdorf.
Oberstdorf lebt in erster Linie vom Fremdenverkehr und im Winter von den Wintersportlern. Der Ort bietet über 17 000 Gästebetten bei etwa 2400 Vermieterbetrieben – jährlich über 2,5 Millionen Übernachtungen beweisen die hohe Attraktivität von Oberstdorf, das mit diesen Übernachtungszahlen zu den führenden Fremdenverkehrsgemeinden Deutschlands zählt.
Der heilklimatische Kur- und Kneippkurort ist zudem zusammen mit dem Kleinwalsertal das größte Berg- und Skisportgebiet am Nordrand der Alpen.
Für die Sommergäste wird ein über 200 Kilometer langes Wanderwegenetz unterhalten, von denen 130 Kilometer auch im Winter geräumt und gestreut werden. Ein großer Teil dieser Wege führt durch die autofreien Täler, die wir bei unserer heutigen Tour besucht haben.

Track 26 – Tour 26 Oberstdorfer Taeler.gpx

0 km / 813 km / GPS-Wegpunkt 26-01 Talstation der Nebelhornbahn. Bergauf Richtung Skistadion fahren.

0,3 km / 840 m / GPS-Wegpunkt 26-02 Rechts abbiegen in Richtung Oytalstraße.

2,2 km / 934 m / GPS-Wegpunkt 26-03 Beginn des Oytals. Weiter auf dem geteerten Weg.

5,1 km / 1003 m / GPS-Wegpunkt 26-04 Am Oytalhaus vorbei weiter ins Tal hineinfahren.

7,3 km / 1088 m / GPS-Wegpunkt 26-05 Brücke am Prinzenkreuz; weiter zur Unteren Gutenalpe.

8,9 km / 1280 m / GPS-Wegpunkt 26-06 Brücke am Stuibenfall.

10,2 km / 1400 m / GPS-Wegpunkt 26-07 Käseralpe. Rastmöglichkeit und Umkehrpunkt. Auf demselben Weg zurück zum Oytalhaus rollen.

16,9 km / 960 m / GPS-Wegpunkt 26-08 Abzweig Dr.-Hohenadl-Weg; nach links in den schmäleren Weg einbiegen.

18,7 km / 854 m / GPS-Wegpunkt 26-09 Die erste Brücke überfahren, vor der zweiten Brücke links abzweigen Richtung Gasthaus Gruben.

20,2 km / 900 m / GPS-Wegpunkt 26-10 An der Zwingbrücke entweder auf der linken Bachseite bleiben und gleich weiter Richtung Spielmannsau oder auf breitem Weg zweimal die Bachseite wechseln.

21,8 km / 929 m / GPS-Wegpunkt 26-11 Bei Gottenried über die Brücke fahren, weiter dem Bach folgen nach Spielmannsau.

24,1 km / 992 m / GPS-Wegpunkt 26-12 In Spielmannsau weiter nach Oberau.

25,2 km / 1040 m / GPS-Wegpunkt 26-13 Am Abzweig links Richtung Traufbergalpe fahren.

28,0 km / 1200 m / GPS-Wegpunkt 26-14 Hintere Traufbergalpe; Umkehrpunkt. Auf demselben Weg zurück nach Spielmannsau.

33,2 km / 940 m / GPS-Wegpunkt 26-15 Kurz nach der Brücke Weggabelung; hier links abbiegen.

34,0 km / 929 m / GPS-Wegpunkt 26-16 Am Christlessee an der Weggabelung nach rechts fahren.

34,3 km / 829 m / GPS-Wegpunkt 26-17 Vor der Brücke bei Gottenried nach links abzweigen und dem Bachlauf folgen.

35,8 km / 900 m / GPS-Wegpunkt 26-18 Nach rechts zur Zwingbrücke. Übernachtungsmöglichkeit.

36,5 km / 906 m / GPS-Wegpunkt 26-19 An der Weggabelung nach der Zwingbrücke nach links bergauf und Richtung Dietenbachalpe fahren.

38,3 km / 1157 m / GPS-Wegpunkt 26-20 In Gerstruben Einkehrmöglichkeit; hier weiter geradeaus bergauf fahren.

39,7 km / 1216 m / GPS-Wegpunkt 26-21 An der Gerstrubener Alpe vorbei und weiter geradeaus bergauf.

41,4 km / 1325 m / GPS-Wegpunkt 26-22 Dietersbachalpe; Umkehrpunkt. Auf gleichem Weg zurück zur Zwingbrücke

46,6 km / 900 m / GPS-Wegpunkt 26-23 Über die Zwingbrücke und aus dem Tal herausfahren Richtung Golfplatz.

47,1 km / 900 m / GPS-Wegpunkt 26-24 Abzweig links zum Christlessee. Hier geradeaus fahren.

48,6 km / 820 m / GPS-Wegpunkt 26-25 Fahrweg Richtung Fellhorn-Seilbahn. Links auf die Teerstraße fahren.

52,8 km / 904 m / GPS-Wegpunkt 26-26 In Faistenoy Talstation der Seilbahn. Weiter geradeaus auf dem Fahrweg ins Rappental.

55,1 km / 950 m / GPS-Wegpunkt 26-27 Auf Höhe Birgsau weiter auf der Straße fahren.

55,7 km / 955 m / GPS-Wegpunkt 26-28 Abzweig nach Einödsbach. Geradeaus und bergauf fahren.

57,3 km / 1113 m / GPS-Wegpunkt 26-29 In Einödsbach Einkehrmöglichkeit. Am Ortsende weiter geradeaus auf dem Singletrail. Rechts halten und den Bacherlochbach überqueren.

58,1 km / 1100 m / GPS-Wegpunkt 26-30 Brücke über den Rappenalpenbach, dann links weiter auf dem Fahrweg bergauf fahren.

59,7 km / 1151 m / GPS-Wegpunkt 26-31 Vorbei an der Breitengehrenalpe und weiter auf dem Fahrweg bergauf.

61,6 km / 1210 m / GPS-Wegpunkt 26-32 An der Rappenalpe weiter auf dem Fahrweg bleiben.

62,1 km / 1226 m / GPS-Wegpunkt 26-33 An der Schwarzen Hütte mit Brunnen Rastmöglichkeit. Weiter auf dem Fahrweg bergauf.

63,6 km / 1310 m / GPS-Wegpunkt v34 Untere Biberalpe. Weiter auf dem Fahrweg bergauf.

65,5 km / 1482 m / GPS-Wegpunkt 26-35 Speicherhütte; Ende des Fahrwegs. Noch ein paar Meter bergauf auf dem Trail bis zum Abzweig zur Mindelheimer Hütte; dort Umkehrpunkt. Zurück bis zur Talstation der Fellhornbahn.

72,8 km / 1100 m / GPS-Wegpunkt 26-36 Abzweig Wanderweg nach Einödsbach. Weiter geradeaus auf dem Weg bleiben.

74,9 km / 955 m / GPS-Wegpunkt 26-37 Abzweig der Straße nach Einödsbach. Nach links Richtung Birgsau abbiegen.

77,3 km / 920 m / GPS-Wegpunkt 26-38 Abzweig und Brücke bei der Talstation der Fellhornbahn. An der Station vorbei und links des Bachs halten.

79,0 km / 950 m / GPS-Wegpunkt v39 Abzweig Richtung Schlappoldhöfle. Weiter geradeaus Richtung Freibergsee.

79,9 km / 960 m / GPS-Wegpunkt 26-40 In Schwand Einkehrmöglichkeit. Weiter nach rechts fahren.

80,9 km / 980 m / GPS-Wegpunkt 26-41 Weggabelung kurz vor dem Freibergsee; nach rechts und oberhalb der Heini-Klopfer-Skiflugschanze auf dem Schotterweg oberhalb des Sees weiter, dann auf dem Schotterweg bergab Richtung Oberstdorf. (Links vom Weg parallel verlaufender Pfad durch den Wald.)

82,7 km / 826 m / GPS-Wegpunkt 26-42 Brücke über die Stillach. Hier den Fahrweg überqueren und geradeaus über Wiesen und Felder nach Oberstdorf

84,4 km / 813 m / GPS-Wegpunkt 26-43 Ortseingang von Oberstdorf. Rechts halten und zur Talstation der Nebelhornbahn fahren.

85,3 km / 813 m / GPS-Wegpunkt 26-44 Tourende bei der Talstation der Nebelhornbahn.

27 Der große Allgäu-Cross

Mehrtagetour von Oberstaufen zum Schloss Neuschwanstein

4	✪✪✪✪✪	7359	168,8	30
Schwierigkeit	Erlebniswert	Höhenmeter	Streckenlänge (in km)	Zeit (in Std.)

TOURENCHARAKTER

AUSGANGSPUNKT
Oberstaufen, Talstation der Hündlebahn oder Bahnhof

ENDPUNKT Hauptbahnhof Füssen

ANFAHRT A 7 bis Kreuz Allgäu, auf B 12 Richtung Lindau/Oberstdorf bis Ausfahrt Waltenhofen, auf B 19 Richtung Oberstdorf bis Ausfahrt B 19/B 308 Richtung Lindau/ Oberstaufen, durch Immenstadt-Zentrum, dann auf B 308 nach Oberstaufen. Alternativ mit der Bahn direkt nach Oberstaufen

KONDITION ✪✪✪✪✪

FAHRTECHNIK ✪✪✪✪✪

ERLEBNISWERT
Fahrspaß: ✪✪✪✪✪ – Die Abfahrten dieser Tour verlaufen auf schönen, anspruchsvollen Singletrails.
Landschaft: ✪✪✪✪✪ – Die Route führt durch die schönsten Berglandschaften des Allgäus, mit beeindruckenden Panoramen.
Kultur und Geschichte: ✪✪✪✪✪ – Auf der Tour wird die gesamte Allgäuer Bergwelt durchquert.

EINKEHR-/ÜBERNACHTUNGSMÖGLICHKEITEN (NACH TAGEN)
An der gesamten Strecke gibt es Alpen und Gasthöfe. Hier eine grobe Auswahl:

ETAPPE 1
Berggasthof Oberstiegalpe, 87534 Oberstaufen-Steibis, Tel. 08386/81 78, www.oberstiegalpe.de;
Staufner Haus, Am Hochgrat, 87534 Oberstaufen, Tel. 08386/82 55, www.staufner-haus.de;
Kemptener Naturfreundehaus – Steigbachtal, Steigbachtal 12, 87509 Immenstadt, Tel. 08323/21 23, www.kemptener-naturfreundehaus.de;
Berghaus Schwaben, 87538 Bolsterlang, Tel. 08326/438, www.berghaus-schwaben.de

ETAPPE 2
Sennalpe Mittelberg, Steigbachtal 1, 87509 Immenstadt, Tel. 08323/49 20, www.alpe-mittelberg.de;
Berggasthof Rohrmoos, Rohrmoos 5, 87561 Oberstdorf, Tel. 08322/44 17, www.rohrmoos.de;
Alpengasthof Hörnlepass, Ausserwald 1, A-6991 Riezlern, Tel. +43/(0)5517/57 07-0, www.hoernlepass.de;
Gasthof Bergblick, Außerschwende 36, D-87567 / A-6991 Riezlern, Tel. +43/(0)5517/526 10, www.gasthof-bergblick.de;
Mittelalpe Kleinwalsertal, Letze 10, A-6991 Riezlern, www.mittelalpe.at;
Berggasthof Hochleite, Hochleite 1, 87561 Oberstdorf, Tel. 08322/33 90, www.hochleite.de

ETAPPE 3
Strandcafé Freibergsee, Freibergsee 2, 87561 Oberstdorf, Tel. 08322/606 94 95, www.naturbad-freibergsee.de;
Gasthof Seealpe, Mittelstation, 87561 Oberstdorf, Tel. 08322/86 82, www.oberstdorf-online.info/berggasthoefe/seealpe.htm;
Edmund-Probst-Haus, Nebelhorn 1, 87561 Oberstdorf, Tel. 08322/47 95, www.dav-allgaeu-immenstadt.de/edmund-probst-haus.html

ETAPPE 4
Willersalpe, Hintersteiner Str., 87541 Bad Oberdorf, Tel. 0171/993 98 47, www.allgaeu-abc.de/willersalpe.html;
Älpele, Innergschwend 4, A-6675 Tannheim, Tel. +43/(0)676/780 48 88, www.zoller-tirol.at/aelpele.html;
Berghütte Adlerhorst, Haller 13, A-6672 Nesselwängle, Tel. 43/(0)5675/82 24, www.adlerhorst-haldensee.at;
Sonnenalm, Haldensee 7, A-6673 Grän, Tel. +43/(0)5675/51 29, www.tannheimertal.at/sonnenalm;
Vilser Alpe 68, Fallweg, A-6682 Vils, Tel. +43/(0)676/511 12 63, www.vilseralm.at

ETAPPE 5
Hotel Restaurant Alatsee, Am Alatsee 1, 87629 Füssen, Tel. 08362/62 05, www.hotel-alatsee.de

WEITERE ÜBERNACHTUNGSMÖGLICHKEITEN
www.oberstaufen.de, www.immenstadt.de, www.gunzesried.de, www.rohrmoos.de, www.hoernlepass.de, www.gasthof-bergblick.de, www.oberstdorf.de, www.dav-allgaeu-immenstadt.de, www.allgaeu-abc.de, www.fuessen.de

STRECKENPROFIL
Schwierige mehrtägige Tour mit langen Anstiegen, einigen Tragepassagen und vielen technisch anspruchsvollen Singletrails. Die Abfahrten dieser Tour verlangen sichere Bikebeherrschung und fahrtechnisches Niveau auf S3. Auf vielen Abfahrten sind auch Schlüsselstellen bis S4 zu meistern. Auf ein paar kurzen Abschnitten muss das Bike auch mal bergab getragen werden.

HÖCHSTE PUNKTE
1833 m, Hochgratgipfel
1749 m, Stuibengipfel
2014 m, Sattel hinter dem Edmund-Probst-Haus
1882 m, Zirleseck
1818 m, Füssener Jöchl

NIEDRIGSTER PUNKT
752 m, Buchenegger Wasserfälle

LANDKARTEN
Kompass Karten Nr. 3, Allgäuer Alpen–Kleinwalsertal, 1:50 000, und Nr. 04, Tannheimer Tal, 1:35 000

GPS/ROADBOOKS
Tag 1:
Tour 27_01 Oberstaufen-Naturfreundehaus.gpx mit 29 Wegpunkten; Variante: Tour 27_01a Variante Immenstadt–Mittelberg Alpe.gpx mit 7 Wegpunkten
Tag 2:
Tour 27_02 Naturfreundehaus–Hochleite.gpx mit 38 Wegpunkten
Tag 3:
Tour 27_03 Hochleite–Hinterstein.gpx mit 20 Wegpunkten; Alternative Abfahrt auf dem Schotterweg: Tour 27_03a Hochleite-Schotter.gpx
Tag 4:
Tour 27_04 Hinterstein–Vilser Alpe.gpx mit 22 Wegpunkten
Tag 5:
Tour 27_05 Vilser Alpe–Neuschwanstein.gpx mit 25 Wegpunkten

168,8 km	7359 Hm	Mehrtagestour

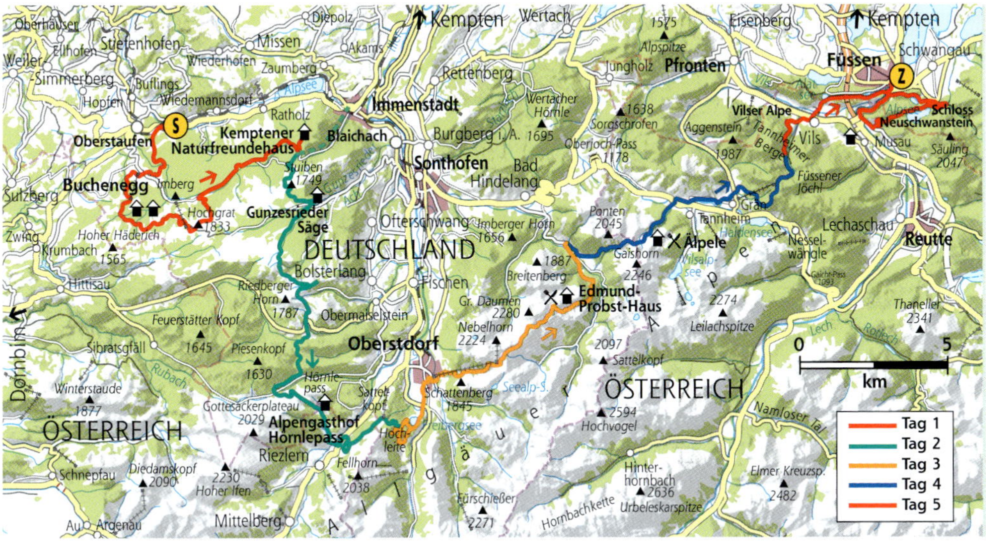

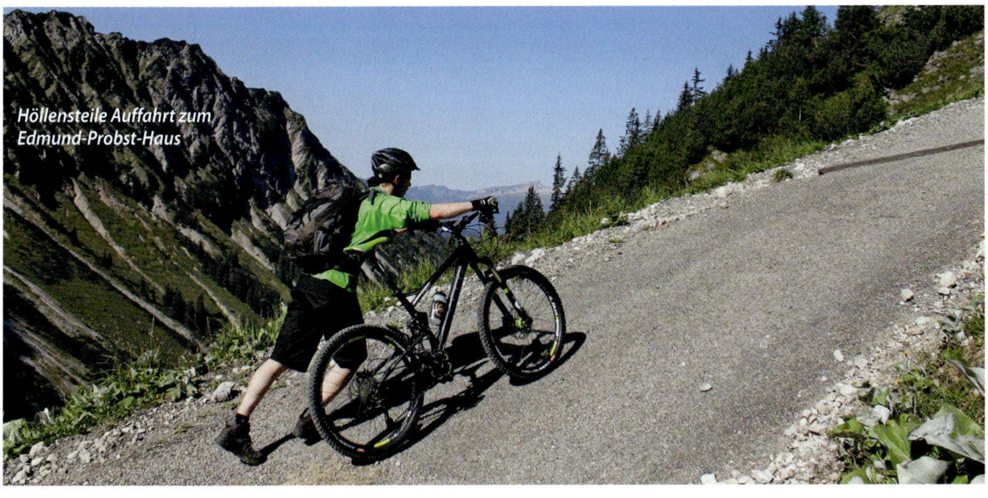

Höllensteile Auffahrt zum Edmund-Probst-Haus

Das Allgäu erstreckt sich rein geografisch betrachtet vom Bodensee bis an den Lech bei Füssen. Auf dieser anspruchsvollen und teils hochalpinen Mountainbiketour durchqueren wir fast das gesamte Allgäu und streifen dabei auch noch das angrenzende Tannheimer Tal. Im Fokus stehen hierbei traumhafte Panoramen und anspruchsvolle Singletrail-Abfahrten.

Eine zusammenhängende und sinnvolle Tour durchs ganze Allgäu zu finden, das war die Aufgabe. Dabei auf den Abfahrten möglichst viele Trails mitzunehmen die Bedingung. Und möglichst wenige Kilometer auf asphaltierten Talwegen zurückzulegen der Wunsch. Nicht ganz einfach, all dies unter einen Hut zu bringen. Wenn man jedoch bereit ist, sein Bike auch mal ein Stück zu schieben oder gar zu tragen, dann wird man auf dieser Route von Oberstaufen nach Neuschwanstein mit genialen Abfahrten, einer grandiosen Landschaft und so manchem bislang unentdeckten Trail belohnt!

Tag 1

Oberstaufen – Steibis – Kemptener Naturfreundehaus
Höhenmeter: 2000 m
Streckenlänge: 36,5 km
Zeit: 6 h
Teer: 16 km
Schotter: 7,5 km
Schieben/Tragen: 1 km/200 Hm
Trail bergauf: 6 km
Trail bergab: 6 km

Variante ab Immenstadt:
Immenstadt – Mittelbergalpe
Höhenmeter: 624 m
Streckenlänge: 6,5 km
Zeit: 2 h
Teer: 2,5 km
Schotter: 4 km
Schieben/Tragen: –
Trail bergauf: –
Trail bergab: –

Die Tour beginnt im beschaulichen Kurort Oberstaufen. An der Talstation der Hündle-Seilbahn findet man einen großen Parkplatz. Alternativ dazu bietet sich natürlich die Anreise mit der Bahn an, denn vom Bahnhof Oberstaufen ist der Ausgangspunkt der Tour in wenigen Minuten zu erreichen.

Als erstes Ziel steuern wir das imposante Naturschauspiel der Buchenegger Wasserfälle an. Hier hat sich die Weißach tief in die Gesteinsschichten gegraben und eine bizarre Landschaft aus Felsen, Becken und Wasserfällen geschaffen. Der Weg dorthin ist allerdings auf dem Bike etwas beschwerlich, denn die steilen Treppen dürften selbst für ausgefuchste Abfahrtsexperten unfahrbar sein. Dennoch loht es sich durchaus, das Bike auch mal zehn Minuten bergab und auf der anderen Seite der Schlucht wieder bergauf zu schieben.

Als Alternative zu diesem Weg bietet sich natürlich die direkte Anfahrt auf oder parallel zur Straße nach Steibis an.

Nachdem wir den Ort passiert haben, ist mit dem Imberg der erste Berg zu erklimmen. Eine kleine Asphaltstraße führt durch den Wald und an einigen Alpen vorbei bis zur Bergstation der Seilbahn und zum Imberghaus.

Weiter geht es über asphaltierte Alpwege hinab zur Oberlanzenbachalpe, bevor wir an der Eineneckalpe den nächsten Gegenanstieg zu meistern haben. Ab hier geht es im Gelände weiter: erst einmal bergab und dann zur Ziehenalpe nochmals steil bergauf. Auf dem schönen Trail am Hang entlang zur Oberen Stiegalpe kommen die Singletrail-Freunde erstmals auf ihre Kosten.

Danach führt uns der Weg noch ein Stück auf Schotter bergab, ehe an der 1000-jährigen Eibe die berüchtigte Rampe auf den Hochgrat beginnt. Es ist eine Ehre für Kletterspezialisten unter den Bikern, diesen langen und stellenweise abartig steilen Anstieg über lockeren Schotter und einige enge Kehren am Stück zu meistern. Wer es wirklich bis hinauf zum Bergrestaurant Hochgratbahn schafft, ohne auch nur einmal den Fuß abzusetzen oder gar eine Pause einzulegen, der darf zu Recht stolz auf das Geleistete sein. Alle anderen genießen den Anstieg und die schönen Blicke ins Voralpenland auch schiebend.

Nachdem wir die obere Lauchalpe, das Staufnerhaus und die Bergstation hinter uns gelassen haben, müssen wir uns entscheiden, ob wir die kurze und einfache Variante über die Scheidwangalpe ins Aubachtal nehmen wollen oder den beschwerlichen Weg über die Hornbachkette einschlagen.

Aber wir sind ja hier, um alpine Trails zu fahren, also müssen das Aubachtal und die Gunzesrieder Säge erst einmal auf uns warten, denn vor uns liegt zum Greifen nahe der 1833 Meter hohe Gipfel des Hochgrats.

Danach folgt die Abfahrt auf dem Gipfelgrat zur Brunnenauscharte. Wer hier hinab sein Bike schon schieben muss, der sollte sich nochmals gut überlegen, ob er doch noch zur Oberen Gelchenwangsalpe abbiegen will. Auf alle anderen wartet ein besonderes Trailschmankerl. Dafür muss man sein Abfahrtsgerät aber die ersten Meter durch den steilen Teil der Scharte hinabtragen. Doch bereits nach 15 Minuten ist der unfahrbare und stellenweise ausgesetzte Teil passiert, und wir werden mit einem schönen Singletrail in Richtung Gratvorsäßalpe belohnt. Hier können wir uns von den Strapazen der bisherigen Etappe erst einmal erholen und eine kleine Pause einlegen.

Die weitere Abfahrt von der Alpe bis hinunter zur Simatsgundalpe im Weißachtal ist einfach. Dort beginnt der lange und gemächliche Aufstieg in Richtung Ehrenschwang und Mittelbergalpe. An der Unteren Eckalpe passieren wir den Abzweig in Richtung Ehrenschwang und fahren weiter auf dem Schotterweg durch den Wald bergauf. Der größte Teil der Strecke ist gut ausgebaut, und erst unterhalb des Dreherbergs erwartet uns ein kurzes Stück Singletrail bergauf, der aber bis auf wenige Passagen gut fahrbar ist.

Wir erreichen die Seifenmoosalpe – ein guter Zeitpunkt, die Tagesetappe zu beenden und nach einer Übernachtungsmöglichkeit zu suchen. Hier bietet sich der Abstecher zum Kemptener Naturfreundehaus an.

Variante: Man kann mit dem Allgäu-Cross auch in Immenstadt starten. Durch das Steigbergtal erreicht man über Almagmach ebenfalls die Mittelbergalpe. Der Weg führt zunächst über den recht steilen Steigbachtobel auf einem Schotterweg bergauf, vorbei an der Hölzeren Kapelle und dem Abzweig am Brennesseltobel. Danach wird das Tal zunächst etwas flacher, bevor kurz hinter Almagmach eine wüst-steile Rampe bezwungen werden muss. Dieser knapp 300 Höhenmeter lange Abschnitt ist geteert. In steilen Serpentinen geht es hoch zur Mittelbergalpe auf 1368 Metern Höhe. Von hier aus kann man ebenfalls das Kemptener Naturfreundehaus ansteuern oder gleich weiter in Richtung Stuiben fahren.

Zurück zur eigentlichen Route: Wer noch weiterfahren möchte, der kann über die Mittelbergalpe und die Gundalpe noch am ersten Tag den 1749 Meter hohen Gipfel des Stuiben erklimmen und danach auf dem Trail über die Ornachalpe bis zur Gunzensreider Säge abfahren.

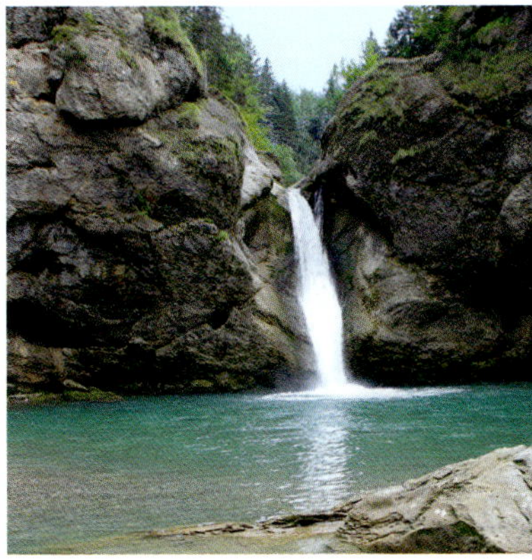

Der Buchenegger Wasserfall

Der Weg hinauf zum Gipfel ist zumeist fahrbar, einzig einige tiefe Gräben, Wasserrinnen und Holzstufen zwingen einen ab und zu aus dem Sattel. Während der Trail hinab ins Tal bereits auf einem Sattel rechts abzweigt, sollte man die 50 Höhenmeter bis zum Gipfel noch auf sich nehmen und den grandiosen Rundblick auf die Allgäuer Alpen genießen. Hierbei ist es egal, ob man diesen Berg noch am Spätnachmittag oder kurz nach dem Frühstück erreicht hat. Aber der Besuch zu diesen Tageszeiten bietet neben dem schönen Licht auch noch weitere Vorteile: leere Trails und eine konfliktfreie Abfahrt. Auch die Wahl des richtigen Zeitpunkts ist für ein problemloses Nebeneinander von Bikern und Wanderern ein Beitrag zur gemeinsamen Nutzung des Wegenetzes und führt zu mehr Akzeptanz von uns Bikern.

Hinweis: Die Nagelfluhkette ist Naturpark. In der Naturparkverordung gilt eine sogenannte Zwei-Meter-Regelung, die besagt, dass Wege unter zwei Metern Breite nicht befahren werden dürfen. Daher wird empfohlen, den Abschnitt vom Hochgrat über die Brunnenauscharte und weiter zum Stuiben nicht mehr zu befahren und stattdesssen vom Hochgrat direkt die einfache Variante über die Scheidwangalpe ins Aubachtal zu wählen.

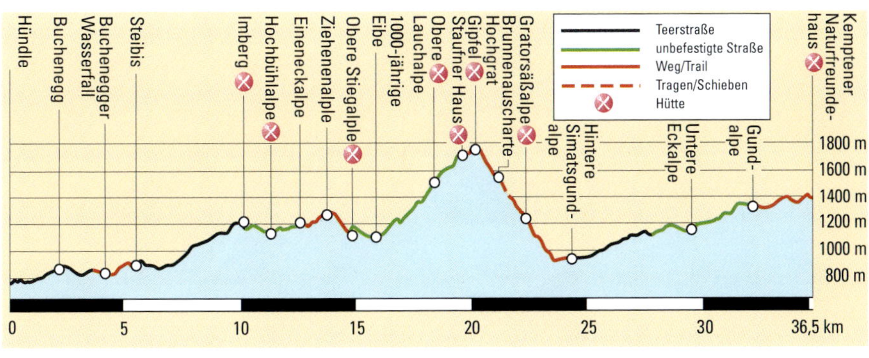

Tag 2

Kemptener Naturfreundehaus – Gunzensrieder Säge – Söllereck – Hochleite
Höhenmeter: 1831 m
Streckenlänge: 47,5 km
Zeit: 7 h
Teer: 7 km
Schotter: 21,5 km
Schieben/Tragen: 1 km/200 Hm
Trail bergauf: 6,5 km
Trail bergab: 11,5 km

Was gibt es zur Abfahrt zu sagen? Eigentlich nur, dass dieser Trail zu einem der schönsten im Allgäu zählt. Oben alpin und technisch, mit Stufen, Geröll und Kehren, weiter unten flowig und schnell durch den Wald. Einfach gut.

Mit einem breiten Grinsen im Gesicht spuckt uns die Abfahrt 800 Meter weiter unten in Vorsäß kurz vor der Gunzesrieder Säge aus. Wer will, fährt hier gleich weiter zur Schwarzenbergalpe und zur Unteren Wilhelminealpe und schließlich zur Höllritzeralpe. Die kleine Straße durch den Bergwald und entlang der Alpen und Wiesen ist durchgängig asphaltiert.

An der Höllritzeralpe endet der gut ausgebaute Weg und wir fahren hinunter zur Grafenalpehütte im Ostertal. Der direkte Weg zur Printschenhütte ist leider für Mountainbiker gesperrt. Daher geht es in Richtung Berghaus Schwaben zunächst mal bergab und mit einem kleinen Schlenker über die Oberalpe zum 1665 Meter hohen Weiherkopf (siehe Tour 6).

Nachdem wir das Berghaus Schwaben passiert haben, widmen wir uns der Auffahrt in Richtung Riedberger Horn. Dessen Gipfel lassen wir aber rechter Hand liegen und fahren über die Grasgehrenalpe ab zum Riedbergpass. Ein paar Meter geht es auf der Straße Richtung Balderschwang, doch bereits am ersten Abzweig nach links führt unser Weg zur unter der mächtigen Felsnadel des Beslerkopfs gelegenen Schönbergalpe. Hier ist der Kauf des hauseigenen Käses zu empfehlen, welcher eine echte Delikatesse und eine willkommene Stärkung für die weitere Tour ist.

Nach einem kurzen Anstieg erreichen wir einen kleinen Singletrail hinunter zur Dinigörgenalpe, passieren die Kindsbangealpe – und ab der Toniskopfalpe geht es auch schon wieder bergab. Hier genießen wir bis ins Rohrmoostal hinunter einen allerfeinsten Singletrail.

In Rohrmoos bietet sich abermals die Gelegenheit, die Tagesetappe zu beenden. Andernfalls widmen wir uns noch dem 300 Hö-

Blick über die Nagelfluhkette vom Gipfel des Stuiben

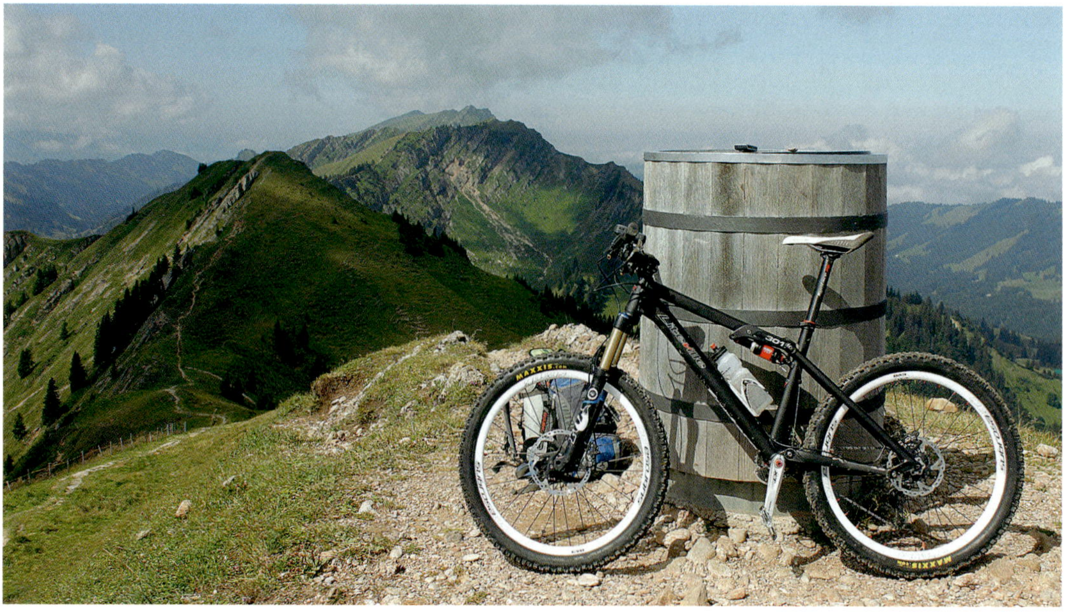

henmeter langen Anstieg zum Hörnlepass. Die Auffahrt auf einem breiten Schotterweg ist problemlos. Dagegen hat es die Abfahrt hinab ins Kleinwalsertal über die sumpfigen Wiesen in sich. Während man in trockenen Monaten noch ganz passabel über wild auf der Wiese verteilte Bretter fahren kann, wird die Abfahrt nach Regenfällen oder im Frühjahr nach der Schneeschmelze zur wahren Schlammschlacht. In diesem Fall weicht man besser auf den parallel verlaufenden asphaltierten Weg über Moos- und Osterbergalpe aus (s. Tour 21). Auf jeden Fall führt ab dem Berggasthof Hörnlepass ein asphaltierter Weg hinab nach Riezlern und Westegg. Einen schönen Singletrail nach unten gibt es hier leider nicht.

Nachdem wir auf der großen Brücke die tief eingeschnittene Breitachklamm überquert haben, machen wir uns auf den Weg in Richtung Söllereck. Auch wenn dieser zusätzliche Anstieg etwas sinnlos erscheinen mag, sollte man den schönen Panoramaweg über die Mittel- und die Schrattenwangalpe keineswegs auslassen, bieten sich hier doch ganz besondere Blicke auf das Kleinwalsertal und den markanten Ifen. Zudem können wir auf einer dieser Alpen nochmals eine kurze Pause einlegen und uns stärken.

Danach passieren wir den Berggasthof Schönblick und das Söllerhaus und fahren über den 1422 Meter hohen Sattelkopf. Das hier befindliche Hochmoor ist mit einem breiten und optimal zu befahrenen Bretterweg überbaut. So etwas hätten wir uns vorhin am sumpfigen Hörnlepass auch gewünscht.

Jetzt geht es bergab in Richtung Gasthof Hochleite. Nach wenigen Metern auf Schotter haben wir die Wahl zwischen einem steilen Singletrail und dem breiten Forstweg. Dann erreichen wir den traumhaft ruhig und einsam gelegenen Berggasthof – der ideale Ort, die Tagesetappe zu beenden. Hier genießen wir die Ruhe und eine Übernachtung in alpiner Umgebung.

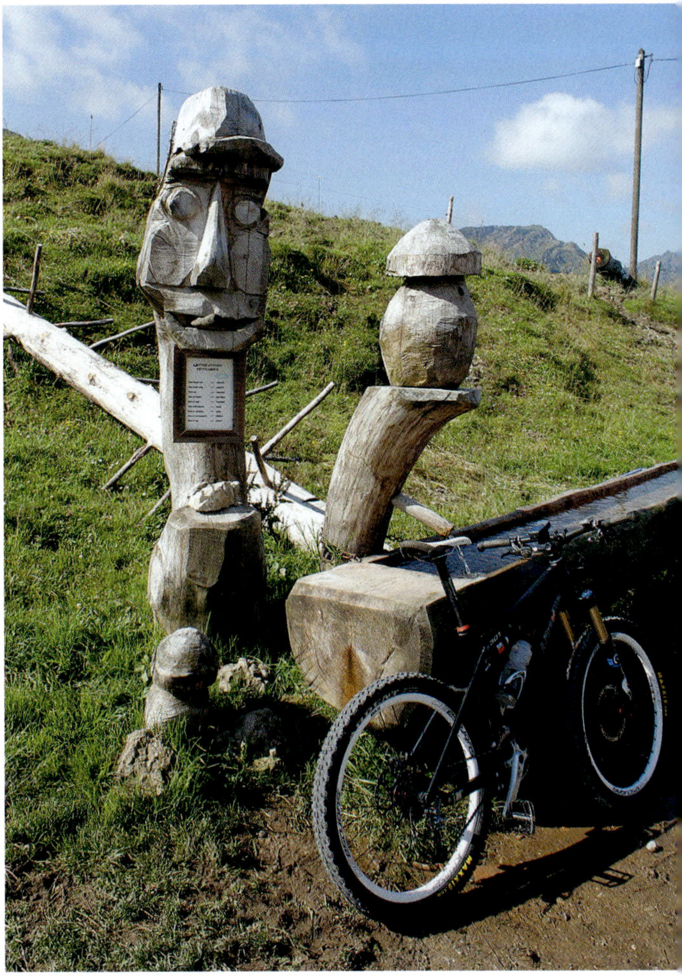

Allgäuer Wetterstation am Brunnen

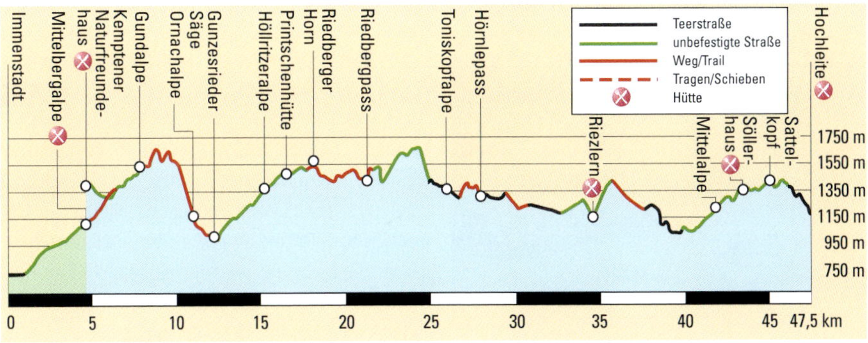

Tag 3

Hochleite – Edmund-Probst-Haus – Bad Hindelang
Höhenmeter: 1377 m
Streckenlänge: 29,6 km
Zeit: 7 h
Teer: 8,5 km
Schotter: 6,5 km
Schieben/Tragen: 4,5 km/250 Hm/3 h
Trail bergauf: 1 km
Trail bergab: 8,5 km

Der nächste Tag beginnt mit der Abfahrt nach Oberstdorf. Fans von Singletrails könnten geneigt sein, den Trail zum Freibergsee zu nehmen, der direkt am Gasthof Hochleite beginnt. Hier muss ich eine deutliche (!) Warnung aussprechen, denn dieser Weg ist mit zahlreichen Stufen versehen, die zu allem Überfluss aus alten Eisenbahnschienen gebaut worden sind. Und diese sind vor allem bei Nässe tückisch und rutschig! Daher ist es hier sicherlich die bessere Wahl, den in einem Bogen nach Süden verlaufenden Schotterweg zu nutzen. Am Freibergsee treffen beide Varianten wieder zusammen. Hier beginnt neben der Skiflugschanze auch der Weg hinab, der uns schließlich bis in den Ortskern von Oberstdorf führt.

Ein Tragestück zum Koblatsee

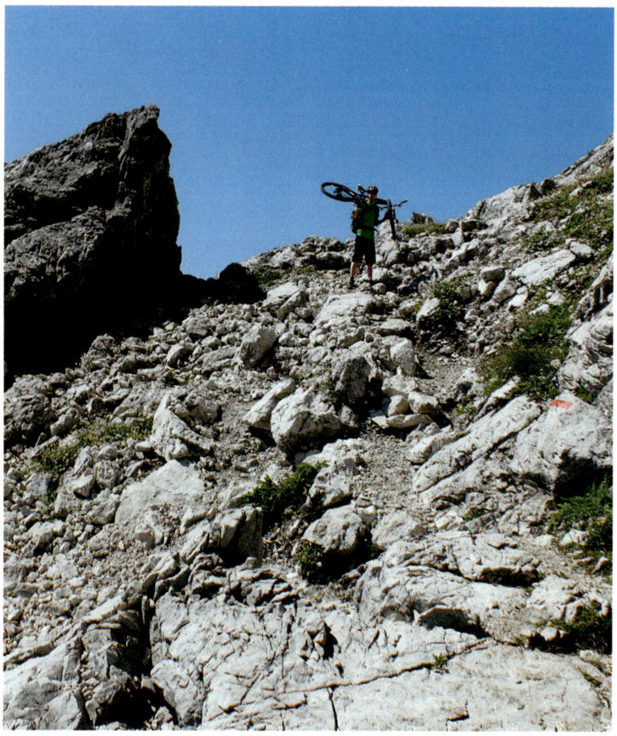

Vorbei an der Talstation der Nebelhornbahn und am Eissportzentrum verlassen wir den quirligen Ort schnell wieder und fahren in vielen engen Serpentinen hinauf zur Station Seealpe. Die Auffahrt geht rasch vonstatten, und bisher ist die Steigung gut zu bewältigen. Über uns schaffen die Kabinen der Nebelhornbahn ganze Hundertschaften von Bergbesuchern nach oben, während für uns hier unten bald die Quälerei beginnt.

Zunächst verläuft der asphaltierrte Weg fast eben bis ans Ende des Faltenbachtals, doch dann wandelt sich das Bild. Obwohl immer noch gut befestigt, wird es wohl nur ganz wenigen Bikern gelingen, die Steigung von bis zu 40 Prozent im Sattel sitzend zu erklimmen. Das Allgäu hat den Ruf, die steilsten Uphills zu besitzen – und der Anstieg zum Edmund-Probst-Haus setzt allen bisher erklommenen Rampen noch eins obendrauf! Ganze 700 Höhenmeter erklimmen wir so, und das auf nur 4000 Metern Strecke ... Da ist wohl bei jedem früher oder später Schieben angesagt. Dafür wird mit jedem Meter die Landschaft alpiner und der Blick zurück ins Tal und hinüber zum Ifen immer schöner.

Schnell passieren wir den Trubel oben an der Bergstation und machen uns auf zum knapp 100 Höhenmeter weiter oben gelegenen Sattel zwischen Hintersteiner- und Faltenbachtal. Was uns hier oben die nächsten zwei bis drei Stunden erwartet, hat mit Mountainbiken eigentlich nicht mehr viel zu tun. Nur kurze Abschnitte auf dem Weg vorbei am Koblatsee, dem Laufbichelsee und letztlich zum Egeratsgundsee sind wirklich fahrbar. Obwohl der Weg hier mehr oder weniger eben verläuft, ist das Gelände unwegsam, verblockt und zerklüftet. Fahren kann man hier immer nur kurze Abschnitte, meist muss das Bike getragen werden. Dafür wird man allerdings bei schönem Wetter mit einem traumhaften Blick über die Lechtaler Alpen belohnt. Und an heißen Tagen lockt noch ein erfrischendes Bad in einem der malerischen Bergseen.

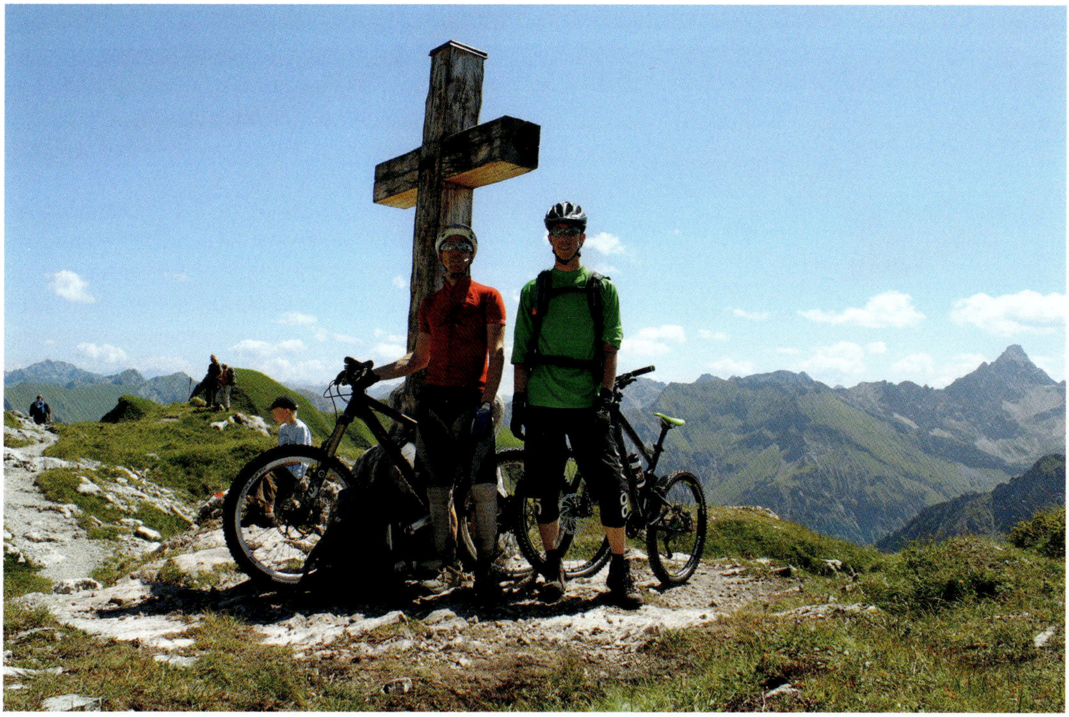

Mitten in den Allgäuer Hochalpen

Haben wir den letzten der drei Seen passiert, erwartet uns abermals ein kurzer, steiler Anstieg auf das Türle, dann ist es geschafft, die Plackerei hat ein Ende. Der Lohn der Mühen ist ein traumhafter und abwechslungsreicher Singletrail über die Nickenalpe hinab nach Hinterstein. Oben steil, erodiert und technisch extrem anspruchsvoll, wird der Weg mit jedem Meter besser und flowiger. Echter Fahrspaß ist angesagt, und Singletrail-Freunde kommen voll auf ihre Kosten.

Unten im Wald wird der Weg abermals technisch und anspruchsvoll, bevor er an der Möslealpe schließlich in einen breiteren Weg übergeht. Wem das jetzt genug alpines Abendteuer für heute war, der sollte sich in Hinterstein oder am Giebelhaus eine Übernachtungsmöglichkeit suchen.

Ein Hinweis darf an dieser Stelle nicht fehlen: Diese Etappe führt durch das Landschaftsschutzgebiet Allgäuer Hochalpen. Zudem ist diese Etappe aufgrund ihres hohen Schiebe- und Trageanteils nicht jedermanns Sache. Es gibt aber eine Alternative durchs Tal. Diese ist vor allem auch bei Schlechtwetter zu empfehlen.

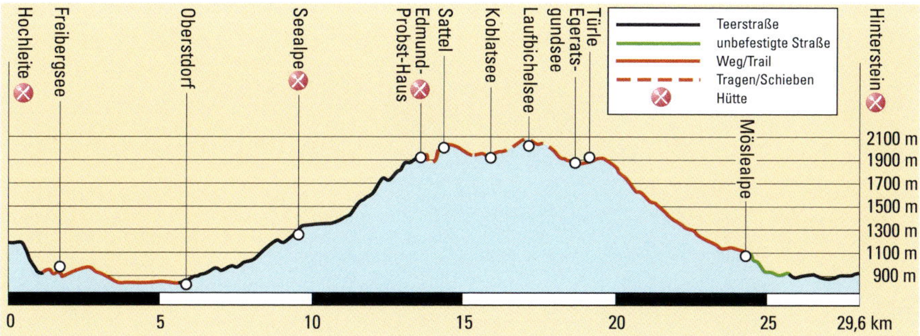

Tag 4

Hinterstein – Tannheim – Füssener Jöchl – Vilser Alpe
Höhenmeter: 1635 m
Streckenlänge: 25,7 km
Zeit: 6 h
Teer: 6,5 km
Schotter: 7 km
Schieben/Tragen: 3 km/800 Hm/2 h
Trail bergauf: 1,5 km
Trail bergab: 7 km

Allen anderen, die nicht in Hinterstein übernachten wollen und auch noch nicht genug von der Tragerei haben, sei der Aufstieg zur einsam gelegenen Willersalpe angeraten.

Doch auch hier zeigt sich schnell, dass einem auf diesem Allgäu-Cross nichts geschenkt wird, ist doch nur die Hälfte des insgesamt 600 Höhenmeter langen Anstiegs bis zur Alpe fahrbar.

Doch damit ist es noch lange nicht geschafft, denn bis auf das 1872 Meter hohe Zirleseck sind weitere 420 Höhenmeter zu ertragen.

Wem das zu viel des Guten ist, der kann hier alternativ über Bad Hindelang und die Alte Jochbergstraße hinauf ins Tannheimer Tal fahren (s. Tour 1).

Das lange Tragestück zur Willersalpe und auf das Zirleseck ist sicherlich nicht jedermanns Sache, aber diejenigen, die diesen beschwerlichen Weg dennoch auf sich nehmen, werden mit einem traumhaften Blick auf das Tannheimer Tal und mit einer lohnenden Abfahrt auf einem schönen Singletrail belohnt. Die ersten Meter sind steil und ausgesetzt, doch schon bald läuft ein flüssig zu fahrender Trail am Hang entlang. Rechter Hand steht das mächtige Gaishorn. Nach der Abfahrt auf dem Trail muss noch ein kurzer Gegenanstieg auf einer

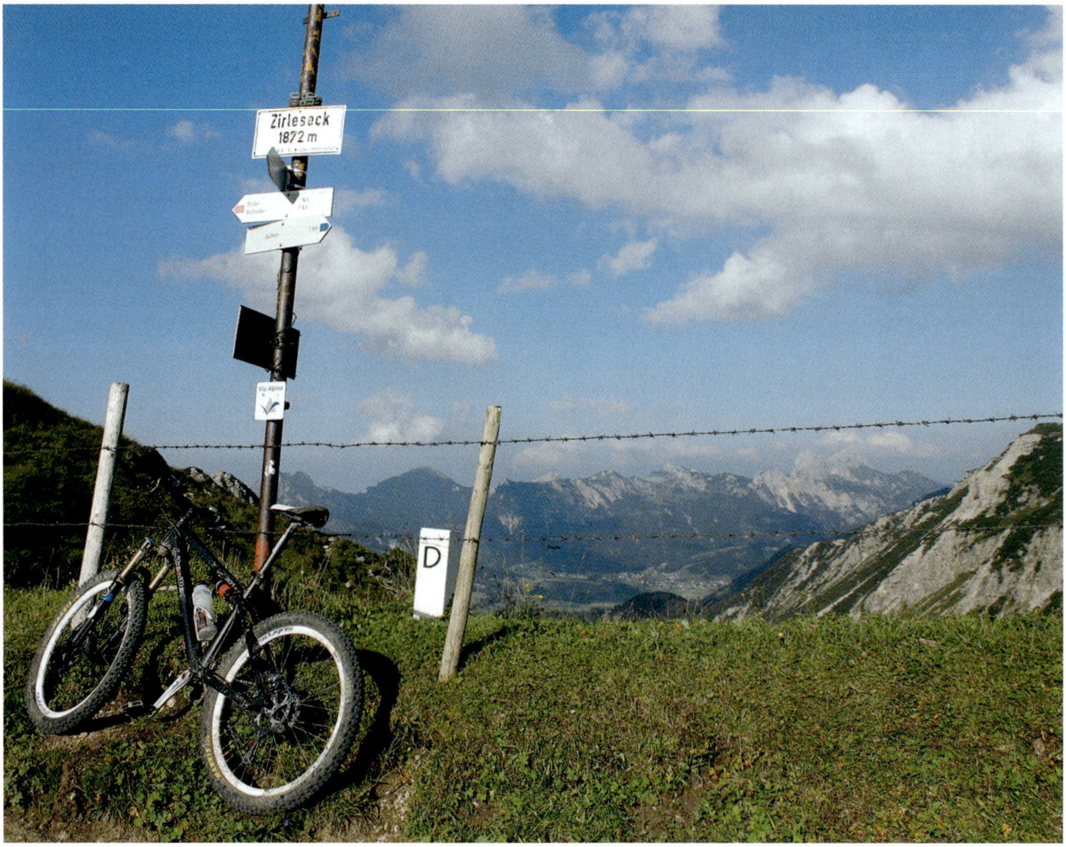

Kurzer Stopp am Zirleseck

Alpwiese gemeistert werden, dann kommt schon die Alpe Älpele in Sicht. Bereits ein ganzes Stück vor der Alpe beginnt ein breiter Weg, den wir aber nicht unbedingt benutzen wollen. Hält man sich rechts, kann man weiter auf einem Trail abfahren. Genauso handhaben wir es mit dem Schotterweg ins Tannheimer Tal: ignorieren und stattdessen auf dem Bergweg ins Tal abfahren. Immer wieder technisch anspruchsvoll, teilweise felsig, hier und da mal auch verwurzelt, kommt der versierte Biker hier voll auf seine Kosten.

Schließlich erreichen wir Tannheim. Der Hauptort des gleichnamigen Tals bietet zahlreiche Übernachtungsmöglichkeiten. Wer nach der bereits absolvierten Etappe noch etwas Kraft in den Waden hat, kann aber auch bis Grän weiterfahren. Abseits der stark befahrenen Hauptstraße nutzen wir hierzu den beschilderten Radweg über Innergschwend.

Während wir zum ersten Mal auf unserer Tour ein paar Kilometer flach durchs Tal rollen, haben wir das nächste Ziel bereits im Blick: das zwischen Sebenspitze und Schartschrofen gelegene Füssener Jöchl.

Wir folgen der Ausschilderung in Richtung Adlerhorst. Diese führt uns in einem Bogen über Neugrän und das Almhotel Told nördlich an der Talstation der Seilbahn vorbei. Nach knapp 350 Höhenmetern auf Schotter zweigt der Weg nach links in Richtung Gessewangalpe ab. Diese liegt auf 1581 Metern Höhe. Der Schotterweg führt hier zwar noch ein bisschen weiter, entpuppt sich aber bereits nach wenigen Metern als Sackgasse. Also ist ab hier wieder einmal Bergaufschieben auf dem Bergweg angesagt. Aber halb so schlimm: Kaum hat man ein paar Serpentinen

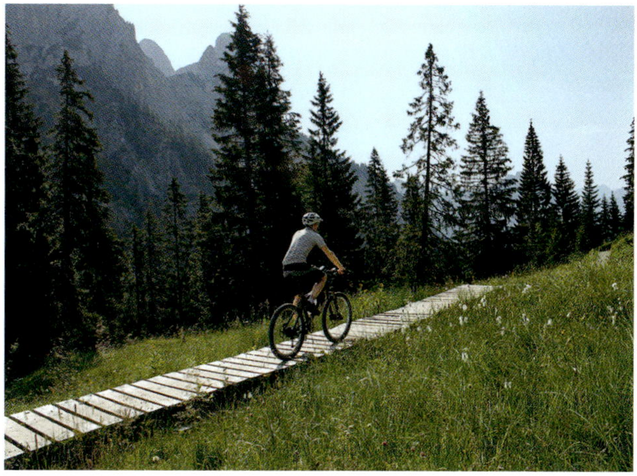

Optimal ausgebauter Trail zum Füssener Jöchl

hinter der Alpe hinter sich gebracht, erreicht man den Wald. Und dort kann man schon wieder fahren. Zwar zwingen uns einige Steilstellen oder Stufen immer wieder kurz aus dem Sattel, aber meist ist der Weg hinauf zum Füssener Jöchl durchaus als fahrbar zu deklarieren. Bald darauf erreichen wir den 1800 Meter hoch gelegenen Pass.

Die Abfahrt nach Vils beginnt etwas unspektakulär auf der Skipiste in Richtung Jochalpe. Wo zunächst kaum ein Weg erkennbar ist, wird dieser bald klarer und gut fahrbar. Das bleibt aber nicht lange so – immer wieder ist Fahrtechnik und Bikebeherrschung gefragt. Der Untergrund ist felsig und nicht immer flüssig zu fahren. Nach einem kurzen Flachstück unterhalb des Schlagsteins erwartet uns dann noch ein schwerer Serpentinentrail auf lockerem Untergrund. Das Gelände fällt steil in Richtung Vilser Alpe ab. Hier haben wir uns nach der anstrengenden Abfahrt erst einmal eine Rast und/oder Übernachtung verdient.

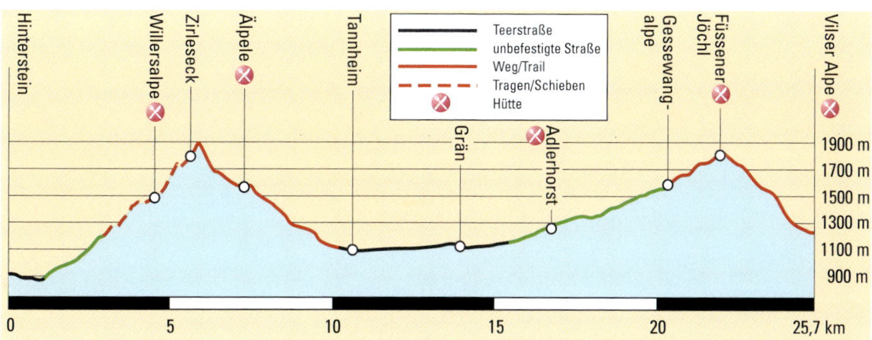

Tag 5

Vilser Alpe – Vils – Neuschwanstein – Füssen
Höhenmeter: 516 m
Streckenlänge: 29,5 km
Zeit: 4 h
Teer: 8 km
Schotter: 20 km
Schieben/Tragen: –
Trail bergauf: –
Trail bergab: 1 km

Für die Abfahrt ins Tal bleibt uns leider keine Alternative, als den Schotterweg zu benutzen – außer man ist bereit, ein weiteres Tragestück hinauf zum Hundsarschjoch (s. Tour 23) auf sich zu nehmen. Nach 400 Höhenmetern Anstieg könnte man hier eine weitere technisch anspruchsvolle Singletrail-Abfahrt mit ins Programm aufnehmen.

Die Abfahrt endet in jedem Fall im Ort Vils. Auf dem Schotterweg passieren wir den mächtigen Steinbruch, der wie ein aufgeschlagenes Buch einen tiefen Einblick in die Geologie der Vilser Gruppe bietet. Eine Schautafel erläutert die verschiedenen Gesteinschichten, die die Sprengungen zu Tage gefördert haben.

In Vils widmen wir uns der letzten Etappe unserer Tour. Vorbei am malerisch gelegenen Alatsee und dem nicht weniger schönen Obersee steuern wir die Brücke über den Lechfällen bei Füssen an. Auf dem Weg zum Schwansee müssen wir am Hutlersberg nochmals einen kleinen Anstieg erklimmen. In schöner Berglandschaft erblicken wir dann zum ersten Mal das Märchenschloss Neuschwanstein.

Vorbei an den riesigen Busparkplätzen passieren wir schnell die Souvenirbuden und die Hundertschaften von Touristen aus aller Herren Länder und machen uns auf zum letzten Anstieg der Tour. Der geteerte Weg hinauf zum Schloss ist für Radfahrer gesperrt. Der ausgeschilderte Radweg ist steil und geschottert, dafür ist man hier trotz der Nähe zum Schloss fast wieder ganz allein unterwegs.

Wir erreichen die Marienbrücke direkt oberhalb von Neuschwanstein, und mit etwas Glück gelingt es uns auch, die Brücke zu betreten – sicherlich das riskanteste Unternehmen auf dem ganzen Allgäu-Cross, wollen doch zumeist mehrere Tausend Menschen zugleich den einzigartigen Blick von der schmalen Brücke auf das Schloss erhaschen ...

Uns wird der Trubel schnell zu viel. Wir fahren auf demselben Weg, den wir soeben hochgefahren sind, wieder nach unten, nehmen jedoch den ersten Abzweig nach rechts. Und siehe da, es gibt hier tatsächlich einen einsamen Singletrail durch den Wald hinab zum Alpsee.

An dessen Nordufer führt uns der Weg zum Schwangauer Gatter, dann nach Pinswang, vorbei am Stiglberg und schließlich auf dem Radweg hinein nach Füssen, wo wir unsere Tour in der malerischen Altstadt beenden.

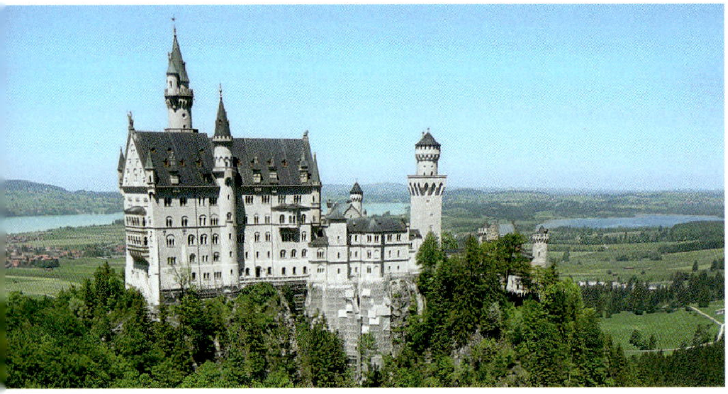

Das Märchenschloss Neuschwanstein bei Füssen

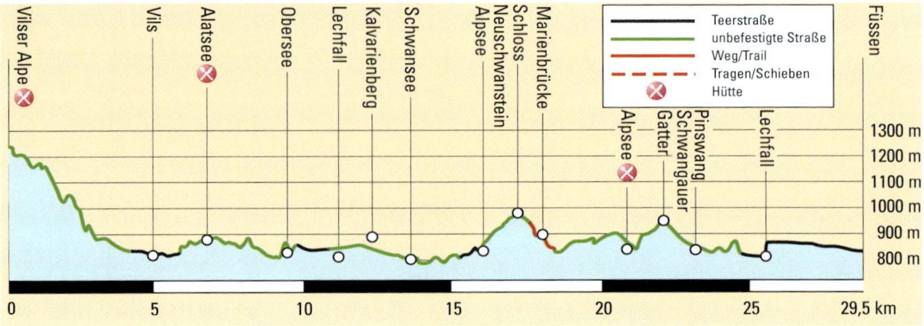

Routenbeschreibung

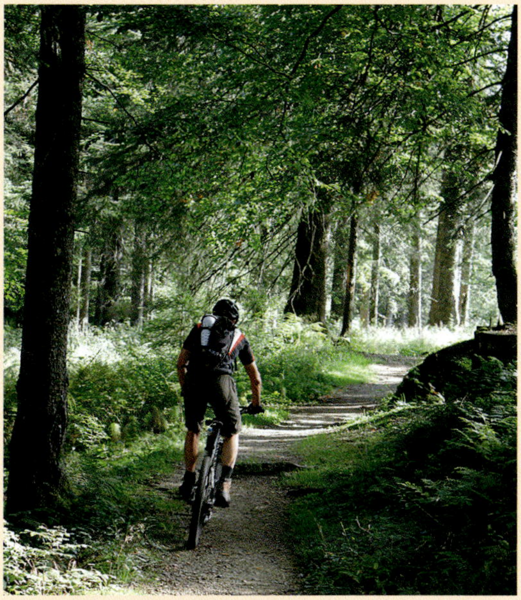

Auf einem Trail durch den Bergwald

1. Etappe: Oberstaufen – Kemptener Naturfreundehaus Track 27 – Tour 27_01 Oberstaufen-Naturfreundehaus.gpx

0 km / 762 km / GPS-Wegpunkt 27/1-01 Parkplatz an der Hündlebahn. Auf dem Radweg parallel zur Hauptstraße Richtung Oberstaufen bis unter die Brücke fahren. Dort links abzweigen nach Buchenegg.

2,4 km / 851 m / GPS-Wegpunkt 27/1-02 In Buchenegg an der Kapelle nach rechts Richtung Wasserfälle abbiegen.

3,6 km / 891 m / GPS-Wegpunkt 27/1-03 Am Wanderparkplatz beginnt der Trail zu den Wasserfällen. Kurze Schiebepassage bergab.

4,3 km / 752 m / GPS-Wegpunkt 27/1-04 Buchenegger Wasserfälle. Über die Brücke und gegenüber bergauf Richtung Steibis schieben.

6,5 km / 879 m / GPS-Wegpunkt 27/1-05 Am Golfplatz Abzweig auf der Straße Richtung Imberg-Lift nach links. Weiter auf der Teerstraße fahren.

7,0 km / 902 m / GPS-Wegpunkt 27/1-06 Vor dem Liftparkplatz nach rechts abzweigen und die Fahrstraße zur Bergstation hochfahren.

10,1 km / 1218 m / GPS-Wegpunkt 27/1-07 Imberghaus. An der Bergstation rechts auf den Wanderweg einbiegen. Am Ende links auf der Teerstraße bergab rollen.

11,8 km / 1134 m / GPS-Wegpunkt 27/1-08 Nach der Oberlanzenbachalpe an der Weggabelung nach links Richtung Eineneckalpe bergauf fahren.

12,8 km / 1149 m / GPS-Wegpunkt 0v9 In der Kehre vor der Eineneckalpe rechts abzweigen.

13,1 km / 1180 m / GPS-Wegpunkt 27/1-10 Auf dem kurzen Trail bergab rollen.

13,4 km / 1181 m / GPS-Wegpunkt 27/1-11 Scharf rechts abbiegen und bergauf auf dem Schotterweg Richtung Ziehenalpe fahren.

14,2 km / 1259 m / GPS-Wegpunkt 27/1-12 Nach der Ziehenalpe über die Wiese und auf dem Singletrail links Richtung Obere Stiegalpe abzweigen.

15,3 km / 1178 m / GPS-Wegpunkt 13 An der Obere Stiegalpe auf Schotter rechts Richtung Alpe Schilpre fahren.

16,4 km / 1075 m / GPS-Wegpunkt 27/1-14 Abzweig zur Auffahrt Richtung Hochgrat. Rechts auf Schotter steil bergauf fahren.

18,9 km / 1419 m / GPS-Wegpunkt 27/1-15 An der Oberen Lauchalpe vorbei weiter bergauf fahren.

19,9 km / 1634 m / GPS-Wegpunkt 27/1-16 Rechts der Auffahrt liegt das Staufnerhaus; Einkehrmöglichkeit. Weiter auf Schotter zur Bergstation Hochgratbahn steil bergauf fahren.

20,3 km / 1704 m / GPS-Wegpunkt 27/1-17 Nach der Bergstation auf dem rechten unteren Weg weiterfahren.

20,6 km / 1734 m / GPS-Wegpunkt 27/1-18 Weggabelung. Links hochtragen zum Gipfel. Hier Möglichkeit der einfachen Abfahrt zur Gunzensrieder Säge.

21,0 km / 1833 m / GPS-Wegpunkt 27/1-19 Hochgratgipfel. Hier Beginn der schweren Trailabfahrt; einige steile Felsstufen und enge Kurven. Der Singletrail ist stellenweise ausgesetzt.

22,2 km / 1626 m / GPS-Wegpunkt 27/1-20 Brunnenauscharte. Hier Möglichkeit der einfachen Abfahrt zur Gunzensrieder Säge. Ansonsten links Tragepassage auf steilem, seilversichertem Bergweg abwärts.

23,8 km / 1179 m / GPS-Wegpunkt 27/1-21 Ende des Singletrails an der Gratvorsäßalpe; Rastmöglichkeit. Weiter abfahren auf dem einfachen Alpweg.

25,1 km / 920 m / GPS-Wegpunkt 27/1-22 Hintere Simatsgundalpe. Rechts auf dem Fahrweg ins Tal hineinfahren.

28,7 km / 1070 m / GPS-Wegpunkt 27/1-23 Abzweig in der Schotterkehre. Rechts abzweigen und in Richtung Kemptener Naturfreundehaus weiterfahren.

30,4 km / 1125 m / GPS-Wegpunkt 27/1-24 An der Unteren Eckalpe bei der Weggabelung links abzweigen. Weiter auf dem Schotterweg fahren.

33,3 km / 1236 m / GPS-Wegpunkt 27/1-25 Ende des Schotterwegs. Nach der Bachquerung bergauf auf dem Trail fahren (fahrbar).

34,4 km / 1315 m / GPS-Wegpunkt 27/1-26 Abzweig kurz hinter der Roßhütte. Wahlweise links über die Seifenmoosalpe zum Kemptener Naturfreundehaus (Etappenende) oder rechts weiter zur Mittelbergalpe.

34,6 km / 1334 m / GPS-Wegpunkt 27/1-27 Vor der Seifenmoosalpe auf dem Wiesentrail links abzweigen. Dann weiter auf dem schmalem Waldweg bergauf.

35,9 km / 1361 m / GPS-Wegpunkt 27/1-28 Abzweig im Wald. Rechts steil bergauf zum Kemptener Naturfreundehaus fahren oder schieben.

36,5 km / 1408 m / GPS-Wegpunkt 29 Am Kemptener Naturfreundehaus ist das Etappenende erreicht.

Routenbeschreibung

Variante 1. Etappe mit Tourstart in Immenstadt: Track 27 – Tour 27_01a Variante Immenstadt–Mittelberg Alpe.gpx

0 km / 732 m / GPS-Wegpunkt 27/1a-01 Vom Bahnhof Immenstadt auf der Hauptstraße Richtung Oberstaufen fahren.

0,2 km / 732 m / GPS-Wegpunkt 27/1a-02 Nach der Unterführung links abzweigen Richtung Friedhof.

0,9 km / 734 m / GPS-Wegpunkt 27/1a-03 Nach dem Friedhof rechts bergauf, an der Gabelung nach links dem Steigbach folgen. Steil bergauf fahren.

2,0 km / 872 m / GPS-Wegpunkt 27/1a-04 An der Hölzernen Kapelle befindet sich die Abzweigung zum Mittag. Weiter geradeaus fahren.

2,3 km / 915 m / GPS-Wegpunkt 27/1a-05 An der Weggabelung am Brennnesseltobel links Richtung Ornach und Almagmach fahren.

5,1 km / 1149 m / GPS-Wegpunkt 27/1a-06 Gasthof Almagmach; Einkehrmöglichkeit. Ab hier extrem steil bergauf auf der Teerstraße fahren. Kurzzeitig extreme Steigung!

6,5 km / 1369 m / GPS-Wegpunkt 27/1a-07 Mittelbergalpe. Ab hier weiter wie bei der Tourbeschreibung von Tag 2.

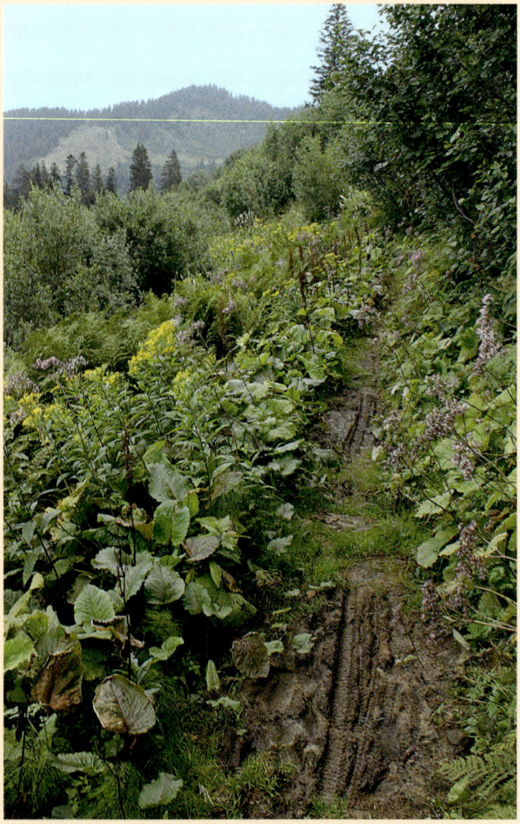

Sumpfiger und botanischer Wegabschnitt zur Prinschenhütte

2. Etappe: Kemptener Naturfreundehaus – Gasthaus Hochleite Track 27 – Tour 27_02 Naturfreundehaus–Hochleite.gpx

0 km / 1408 m / GPS-Wegpunkt 27/2-01 Start am Kemptener Naturfreundehaus. Auf dem Schotterweg über die Seifenmoosalpe zur Mittelbergalpe bergab fahren.

1,5 km / 1369 m / GPS-Wegpunkt 27/2-02 Mittelbergalpe. Rechts auf dem Fahrweg bergauf. Den abzweigenden Bergweg Richtung Stuiben ignorieren.

2,2 km / 1387 m / GPS-Wegpunkt 27/2-03 Gabelung Schotterweg, hier links abzweigen Richtung Stuiben. Auf Schotter bergauf fahren.

3,4 km / 1485 m / GPS-Wegpunkt 27/2-04 An der Gundalpe weiter steil bergauf fahren.

4,2 km / 1588 m / GPS-Wegpunkt 27/2-05 Abzweig. Auf dem Bergweg nach links steil bergauf fahren.

4,8 km / 1683 m / GPS-Wegpunkt 27/2-06 Auf dem Sattel zwischen Stuiben und Sedererstuiben beginnt die Abfahrt zur Gunzesrieder Säge. Zuerst nach links hoch zum Gipfel fahren.

5,2 km / 1749 m / GPS-Wegpunkt 27/2-07 Gipfel des Stuiben. Auf dem gleichen Weg zurück zum Sattel, dort links auf dem Singletrail Richtung Gunzesrieder Säge abfahren. Lange Singletrail-Abfahrt.

7,3 km / 1201 m / GPS-Wegpunkt 27/2-08 An der Ornachalpe geradeaus weiter auf dem Singletrail in den Wald hineinfahren. Ab hier folgen einige Spitzkehren.

9,0 km / 955 m / GPS-Wegpunkt 27/2-09 Ende der Singletrail-Abfahrt in Vorsäß. Gleich gegenüber auf dem Schotterweg bergauf fahren.

10,3 km / 1108 m / GPS-Wegpunkt 27/2-10 An der Schwarzenbergalpe geradeaus weiter bergauf auf dem Schotterweg.

10,8 km / 1143 m / GPS-Wegpunkt 27/2-11 Am Abzweig nach links fahren.

11,2 km / 1164 m / GPS-Wegpunkt 27/2-12 Am Abzweig nach rechts fahren.

13,2 km / 1336 m / GPS-Wegpunkt 13 Untere Wilhelminealpe. Hier weiter geradeaus fahren. Am Abzweig danach nach rechts abbiegen.

14,6 km / 1445 m / GPS-Wegpunkt 27/2-14 Rastmöglichkeit an der Höllritzeralpe. Hier beginnt die Abfahrt zur Grafenalpehütte und weiter über die Rangiswanger Alpe zum Weiherkopf zu nehmen.

15,7 km / 1109 m / GPS Wegpunkt 27/2-15 Grafenalpehütte. Hier links auf Fahrweg ins Ostertal fahren

16,5 km / 1043m / GPS Wegpunkt 27/2-16 Abzweig im Ostertal. Ab hier Auffahrt zur Unter-, Mittel und Oberalpe

17,8 km / 1396 m / GPS Wegpunkt 27/2-17 Oberalpe. Hier weiter bergauf zum Weiherkopf.

18,3 km / 1556 m / GPS-Wegpunkt 27/2-18 Kurze Abfahrt auf dem Trail Richtung Berghaus Schwaben.

18,5 km / 1543 m / GPS-Wegpunkt 27/2-19 Schotterweg. Links Richtung Berghaus Schwaben (Rast, Übernachtungsmöglichkeit) oder gleich weiter nach rechts Richtung Riedbergpass fahren.

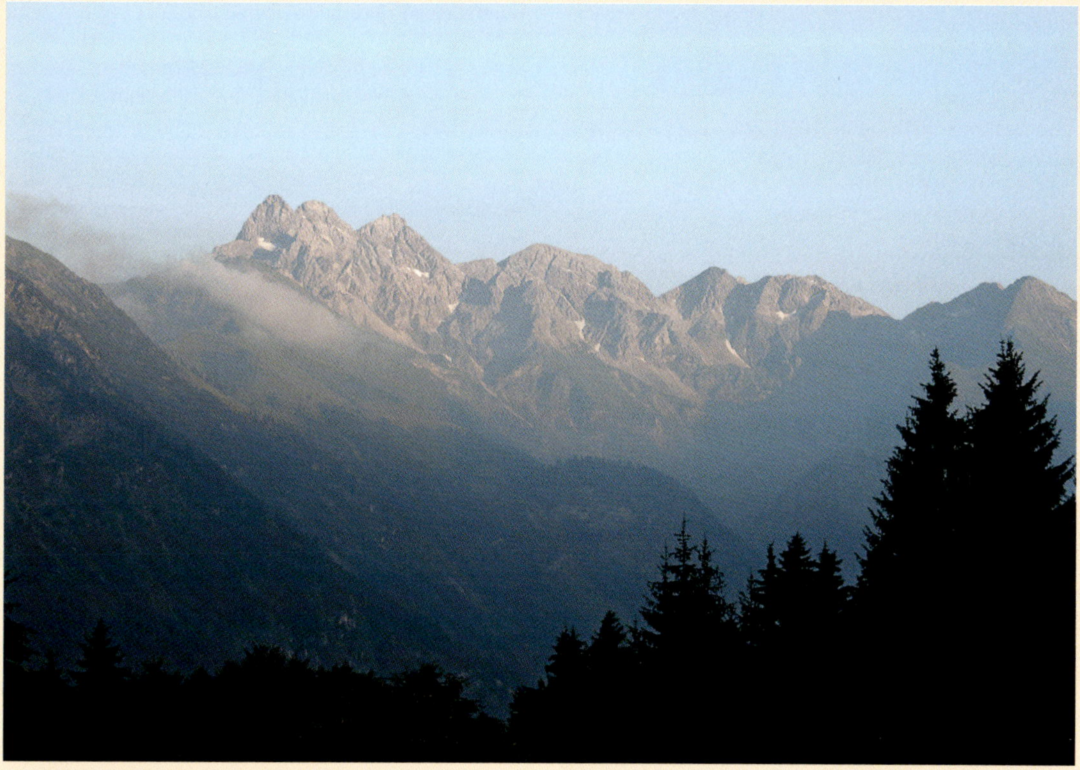

Abendpanorama vom Gasthof Hochleite

19,1 km / 1500 m / GPS-Wegpunkt 27/2-20 Berghaus Schwaben. Nach der Pause zurück zum letzten Abzweig fahren.

21,3 km / 1637 m / GPS-Wegpunkt 27/2-21 Sattel neben dem Riedberger Horn. Geradeaus und auf dem Fahrweg bergab rollen.

22,6 km / 1443 m / GPS-Wegpunkt 27/2-22 Grasgehrenalpe. Rechts halten und dem Weg am Waldrad folgen.

23,6 km / 1419 m / GPS-Wegpunkt 27/2-23 Abzweig links zur Riedberg-Passstraße. Dort nach rechts und gleich wieder links Richtung Schönbergalpe.

24,8 km / 1354 m / GPS-Wegpunkt 27/2-24 Rastmöglichkeit an der Schönbergalpe. Danach weiter auf dem Schotterweg unterhalb des Schafkopfs. Kurze Singletrail-Abfahrt zur Dinigörgenalpe.

27,0 km / 1280 m / GPS-Wegpunkt 27/2-25 An den Weggabelungen nach der Dinigörgenalpe zweimal links abzweigen.

27,6 km / 1306 m / GPS-Wegpunkt 27/2-26 An der Toniskopfalpe endet der Fahrweg. Auf dem Singletrail bergab durch den Wald nach Rohrmoos fahren.

28,9 km / 1058 m / GPS-Wegpunkt 27/2-27 Rastmöglichkeit in Rohrmoos. Danach nach rechts auf der Asphaltstraße ins Tal hineinfahren.

31,3 km / 1100 m / GPS-Wegpunkt 27/2-28 Abzweig. Links auf dem Schotterweg bergauf zum Hörnlepass fahren.

34,2 km / 1283 m / GPS-Wegpunkt 27/2-29 Hörnle. Abfahrt auf dem Trail durchs Moorgebiet. Der Weg ist stellenweise sumpfig und teilweise mit Brettern befestigt.

35,7 km / 1154 m / GPS-Wegpunkt 27/2-30 Ende des Singletrails. Rechts weiter auf dem Schotterweg zum Gasthof Hörnlepass fahren. Dort weiter auf der Teerstraße bergab nach Schwende rollen.

38,5 km / 1056 m / GPS-Wegpunkt 27/2-31 Am Ortseingang von Schwende nach links über die große Brücke fahren.

39,3 km / 1067 m / GPS-Wegpunkt 27/2-32 In Riezlern nach links auf der Hauptstraße Richtung Oberstdorf fahren.

39,6 km / 1067 m / GPS-Wegpunkt 27/2-33 Nach rechts abbiegen auf den Schwandweg und danach nach rechts auf der Straße Oberwestegg hoch nach Mittelwestegg fahren.

42,5 km / 1301 m / GPS-Wegpunkt 27/2-34 An der Mittelalpe weiter auf dem Schotterweg bergauf fahren.

45,1 km / 1375 m / GPS-Wegpunkt 27/2-35 Oberhalb vom Hotel Schönblick rechts am Hang entlang auf dem Bergweg fahren.

46,0 km / 1410 m / GPS-Wegpunkt 27/2-36 Am Sattelkopf vorbei auf dem Holzsteg im Moor, dann auf dem Schotterweg bergab rollen.

47,0 km / 1233 m / GPS-Wegpunkt 27/2-37 Abzweig nach links in den Singletrail. Alternativ auf dem Schotterweg Richtung Gasthof Hochleite weiterfahren.

47,5 km / 1175 m / GPS-Wegpunkt 27/2-38 Am Gasthof Hochleite ist das Etappenende erreicht.

Routenbeschreibung

3. Etappe: Gasthaus Hochleite – Bad Hindelang Track 27 – Tour 27_03 Hochleite-Hinterstein.gpx Variante 3. Etappe: Tour 27_03a Hochleite-Schotter.gpx Variante 3. Etappe: Tour 27_03b Oberstdorf-Schattwald

0 km / 1175 m / GPS-Wegpunkt 27/3-01 Gasthof Hochleite. Entweder auf Schotter ins Tal oder auf dem Singletrail am Haus rechts entlang in den Wald. Vorsicht, steil!

1,1 km / 974 m / GPS-Wegpunkt 27/3-02 Freibergsee. Auf dem Schotterweg rechts am See vorbeifahren.

1,8 km / 978 m / GPS-Wegpunkt 27/3-03 Oberhalb der Heini-Klopfer-Skiflugschanze nach links auf den Schotterweg abzweigen.

2,8 km / 979 m / GPS-Wegpunkt 27/3-04 Ende des Freibergsees. Rechts auf dem Schotterweg bzw. parallel dazu auf dem Trimm-Dich-Pfad und Trail bergab fahren.

3,6 km / 826 m / GPS-Wegpunkt 27/3-05 Unterer Renksteg. Über die Brücke und die Fahrstraße zur Fellhorn-Seilbahn geradeaus Richtung Oberstdorf fahren.

5,1 km / 808 m / GPS-Wegpunkt 27/3-06 Ortseingang Oberstdorf. Die Talstation der Nebelhornbahn ansteuern.

6,0 km / 808 m / GPS-Wegpunkt 27/3-07 Talstation Nebelhornbahn. Unter der Bahn Richtung Skiflugschanze und auf Teer bergauf fahren.

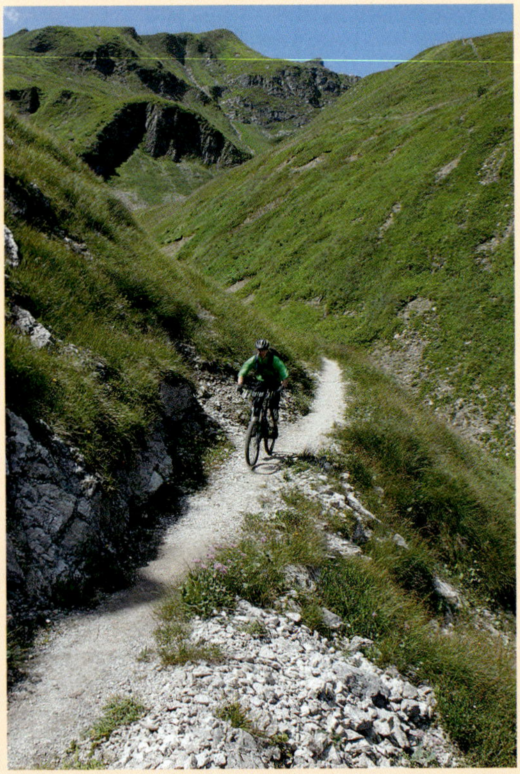

Der Trail vom Türle ins Hintersteiner Tal ist traumhaft.

10,1 km / 1267 m / GPS-Wegpunkt 27/3-08 Mittelstation, Vordere Seealpe. Nach rechts weiter auf Teer ins Tal hineinfahren.

10,7 km / 1300 m / GPS-Wegpunkt 27/3-09 Beginn des Steilstücks. Ab hier extrem steil auf Teer bergauf fahren oder schieben.

14,0 km / 1927 m / GPS-Wegpunkt 27/3-10 Edmund-Probst-Haus. Weiter auf dem Trail Richtung Nordosten; Schiebestück. Alternativ etwas weiter links auf dem Schotterweg hoch zur Bergstation des Skilifts und nach rechts in den Sattel queren.

14,8 km / 2014 m / GPS-Wegpunkt 27/3-11 Übergang Richtung Hintersteiner Tal. Bergpfad am Hang entlang Richtung Großer Daumen; z. T. fahrbar, meist aber am Hang entlang schieben. Es folgt ein längeres beschwerliches Schiebestück.

17,3 km / 1966 m / GPS-Wegpunkt 27/3-12 Am Koblatsee. Halbzeit der Schiebestrecke. Weiter Richtung Laufbichlsee und Schwarzenberghütte schieben bzw. tragen. Tragestück bergauf.

18,0 km / 2012 m / GPS-Wegpunkt 27/3-13 Am Laufbichlsee weiter Richtung Schwarzenberghütte fahren. Nochmals Schiebepassagen.

19,6 km / 1876 m / GPS-Wegpunkt 27/3-14 Nach kurzer Abfahrt erreicht man den Engeratsgundsee. An der Hütte nach rechts, dann links auf dem Trail in Serpentinen hochtragen.

20,1 km / 1951 m / GPS-Wegpunkt 27/3-15 Türle. Rechts auf dem Singletrail abfahren. Zunächst schwer, später ab verfallener Alpe einfacher fahrbar. Es folgt ein wunderbarer Flowtrail.

24,5 km / 1166 m / GPS-Wegpunkt 27/3-16 Trailabzweig. Weiter geradeaus Richtung Alpe Mösle fahren.

25,4 km / 1133 m / GPS-Wegpunkt 27/3-17 Nach kurzem Gegenanstieg Alpe Mösle. Ab hier auf steilem Schotterweg bergab rollen.

27,7 km / 868 m / GPS-Wegpunkt 27/3-18 Nach der Ostrachbrücke links auf dem Teerweg nach Hinterstein fahren.

28,7 km / 866 m / GPS-Wegpunkt 27/3-19 Ortseingang Hinterstein. Hier Abzweig Richtung Willersalpe.

29,6 km / 866 m / GPS-Wegpunkt 27/3-20 Ortsmitte Hinterstein (Etappenende).

4. Etappe: Bad Hindelang – Vilser Alpe Track 27 – Tour 27_04 Hinterstein-Vilser Alpe.gpx

0 km / 866 m / GPS-Wegpunkt 27/4-01 Ortsmitte Hinterstein. Wieder zurück ins Tal bis zum Abzweig Richtung Willersalpe.

0,8 km / 866 m / GPS-Wegpunkt 27/4-02 Am Parkplatz Abzweig nach links. Auf dem Asphaltweg bergauf fahren.

2,8 km / 1117 m / GPS-Wegpunkt 27/4-03 Ende des Fahrwegs. Weiter bergauf auf dem Trail. Dieser geht zunächst gut zu schieben.

3,2 km / 1178 m / GPS-Wegpunkt 27/4-04 Abzweig Bärenweg. Rechts weiter Richtung Willersalpe schieben. Später wird der Weg steiler, das Bike muss getragen werden.

4,5 km / 1459 m / GPS-Wegpunkt 27/4-05 Rastmöglichkeit an der Willersalpe. Danach weiter in Serpentinen bergauf tragen Richtung Zirleseck.

5,9 km / 1882 m / GPS-Wegpunkt 27/4-06 Zirleseck. Geradeaus auf dem Trail Richtung Älpele abfahren. Technisch anspruchsvolle Trailabfahrt. Es folgt ein Gegenanstieg unten am Bach.
7,3 km / 1560 m / GPS-Wegpunkt 27/4-07 Beginn des Fahrwegs. Rechts in den Singletrail abzweigen und weiter auf dem Trail nach Älpele.
7,8 km / 1526 m / GPS-Wegpunkt 27/4-08 Rastmöglichkeit bei Älpele. Weiter auf dem Schotterweg bergab fahren.
8,7 km / 1420 m / GPS-Wegpunkt 27/4-09 Abzweig Trail nach links. Singletrail kreuzt Schotterweg nochmals und geht dann wieder links ab in den Wald. Auf dem Trail abfahren bis Tannheim.
10,8 km / 1104 m / GPS-Wegpunkt 27/4-10 Die Hauptstraße durchs Tannheimer Tal queren und auf dem Radweg Richtung Grän fahren.
13,3 km / 1097 m / GPS-Wegpunkt 27/4-11 In Innergschwend weiter dem Radweg folgen.
15,4 km / 1138 m / GPS-Wegpunkt 27/4-12 Ortseingang von Grän. Links halten bis zur Hauptstraße Richtung Pfronten.
16,0 km / 1152 m / GPS-Wegpunkt 27/4-13 Am Ortsende gegenüber dem Almhotel Told nach dem Bach rechts bergauf fahren. Der Ausschilderung »Adlerhorst« folgen.
17,6 km / 1305 m / GPS-Wegpunkt 27/4-14 Kreuzung mit der Seilbahn; weiter bergauf auf dem Schotterweg fahren.
18,2 km / 1336 m / GPS-Wegpunkt 27/4-15 Am Abzweig weiter geradeaus Richtung Adlerhorst bergauf fahren.
19,3 km / 1401 m / GPS-Wegpunkt 27/4-16 An der Schotterkreuzung kurz vor dem Adlerhorst nach links bergauf Richtung Gessewangalpe fahren.
20,0 km / 1489 m / GPS-Wegpunkt 27/4-17 An der Schotterweggabelung rechts halten (links Sackgasse).
20,8 km / 1581 m / GPS-Wegpunkt 27/4-18 Gessewangalpe. Links auf dem Trail bergauf schieben (Schotterweg geradeaus ist Sackgasse). Das Schiebestück ist relativ kurz, der Trail wird bald wieder fahrbar.
21,9 km / 1723 m / GPS-Wegpunkt 27/4-19 Abzweig Trail nach links, Richtung Bergstation Seilbahn fahren.
22,7 km / 1818 m / GPS-Wegpunkt 27/4-20 Füssener Jöchl. Geradeaus Richtung Skilift Jochalpe. Trail auf Wiese, ab Liftstation deutlich sichtbar. Auf dem Trail bergab fahren.
24,0 km / 1524 m / GPS-Wegpunkt 27/4-21 Abzweig. Weiter links bergab auf technisch anspruchsvollem Trail.
25,7 km / 1228 m / GPS-Wegpunkt 27/4-22 An der Vilser Alpe ist das Etappenende erreicht.

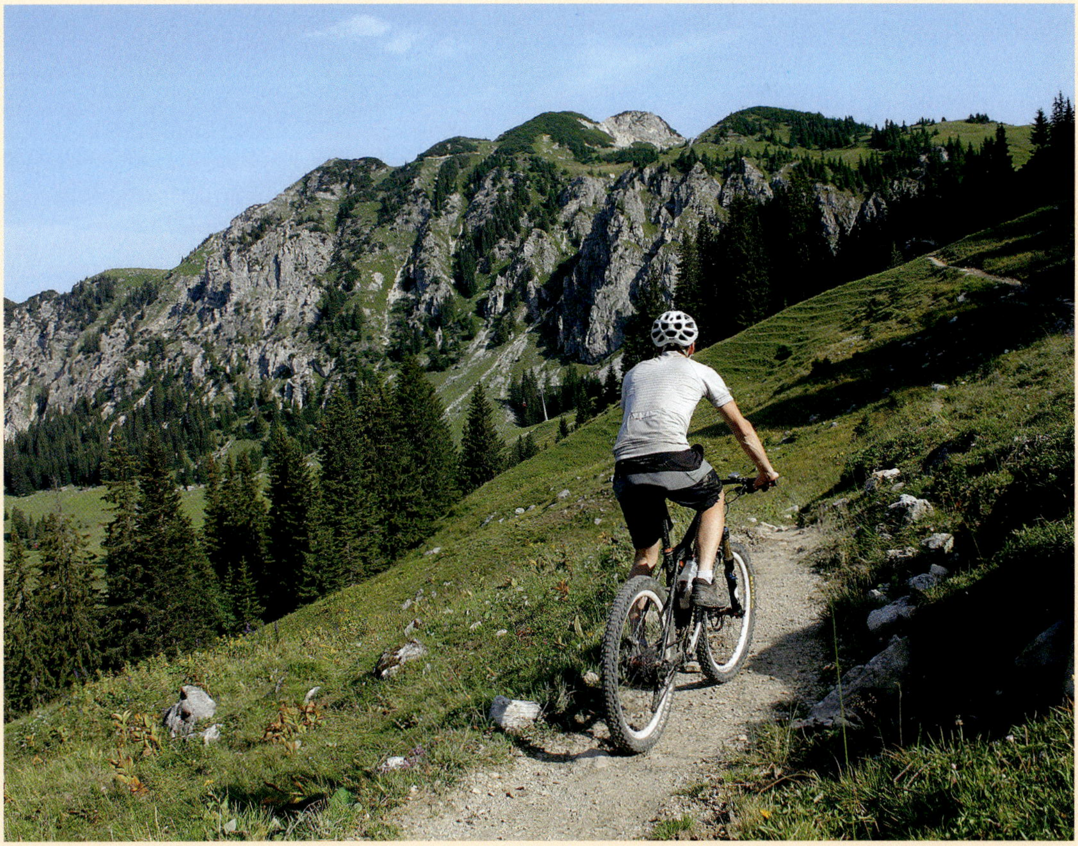

Singletrail-Abfahrt vom Füssener Jöchl zur Vilser Alpe

Routenbeschreibung

5. Etappe: Vilser Alpe – Schloss Neuschwanstein Track 27 – Tour 27_05 Vilser Alpe–Neuschwanstein.gpx

0 km / 1228 m / GPS-Wegpunkt 27/5-01 Vilser Alpe. Abfahrt auf dem Schotterweg nach Vils.

4,6 km / 826 m / GPS-Wegpunkt 27/5-02 In der Ortsmitte von Vils an der Kirche die Hauptstraße überqueren, über die Gleise und die Vilsbrücke fahren.

5,6 km / 820 m / GPS-Wegpunkt 27/5-03 Krotenmoossiedlung. Links der Beschilderung »Alatsee« folgen. Auf dem Schotterweg bergauf fahren.

6,5 km / 875 m / GPS-Wegpunkt 27/5-04 Staatsgrenze, gleich danach der Alatsee. Rechts am Ufer entlangfahren. Dann weiter zum Obersee fahren.

9,3 km / 851 m / GPS-Wegpunkt 27/5-05 Obersee. Am rechten Ufer entlangfahren.

10,2 km / 851 m / GPS-Wegpunkt 27/5-06 Abzweig an der Gaststätte. Rechts am Mittersee entlangfahren.

11,2 km / 804 m / GPS-Wegpunkt 27/5-07 Ortsrand von Füssen. Rechts abzweigen und bergauf Richtung Lechfall. Dann auf dem Fußweg links steil bergab schieben.

11,6 km / 808 m / GPS-Wegpunkt 27/5-08 Lechfall. Über die Brücke und geradeaus über die Straße. Den Fahrweg bergauf Richtung Kalvarienberg fahren.

12,2 km / 857 m / GPS-Wegpunkt 27/5-09 An der Weggabelung nach links Richtung Schwansee abzweigen.

14,0 km / 802 m / GPS-Wegpunkt 27/5-10 Nach kurzer Abfahrt erreicht man den Schwansee. Am linken Ufer entlang, dann nach rechts abzweigen.

14,8 km / 802 m / GPS-Wegpunkt 27/5-11 Ende des Schwansees. Nach links abzweigen in Richtung Hohenschwangau.

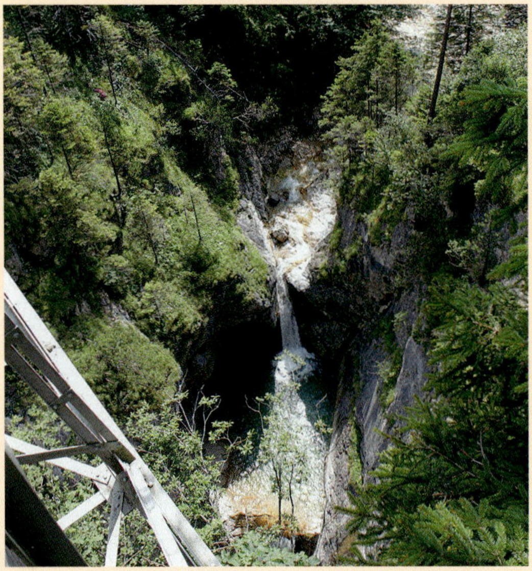

Die tiefe Schlucht unter der Marienbrücke bei Neuschwanstein

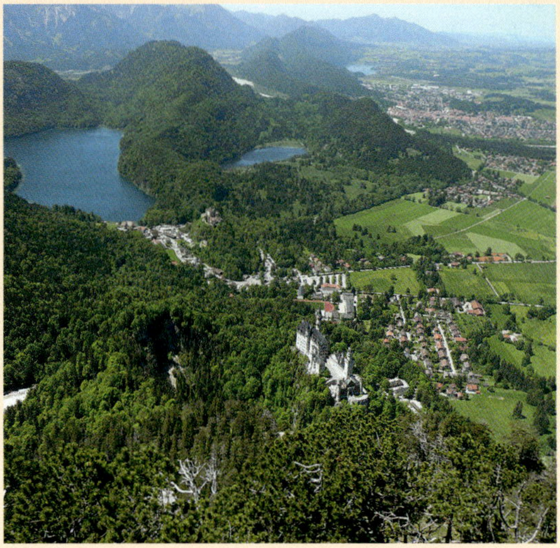

Blick auf Schloss Neuschwanstein, Alpsee und Schwansee

16,0 km / 796 m / GPS-Wegpunkt 27/5-12 Parkplatz Neuschwanstein. An Souvenirbuden und Gasthäusern vorbei hoch zum Alpsee und weiter auf Teer Richtung Schloss hochfahren.

16,6 km / 848 m / GPS-Wegpunkt 27/5-13 Abzweig Bikestrecke; geradeaus ist Bikeverbot. Nach rechts steil auf Schotter bergauf fahren.

17,7 km / 1009 m / GPS-Wegpunkt 27/5-14 Auf der Marienbrücke, mit Blick auf Schloss Neuschwanstein. Danach auf dem gleichen Weg wie bei der Auffahrt zurückrollen.

18,0 km / 929 m / GPS-Wegpunkt 27/5-15 Weggabelung. Nach rechts abzweigen. Der Singletrail versteckt sich hinter dem Wasserbehälter. Auf dem Trail durch den Wald zurück zum Alpsee bergab fahren.

18,3 km / 897 m / GPS-Wegpunkt 27/5-16 Kreuzung mit Fahrstraße zum Schloss. Weiter auf dem Trail geradeaus bergab fahren.

18.6 km / 798 m / GPS-Wegpunkt 27/5-17 Fahrweg zum Schloss. Hier nach links abzweigen zum Alpsee.

19,2 km / 831 m / GPS-Wegpunkt 27/5-18 Am rechten Ufer des Alpsees auf dem Schotterweg entlangfahren.

22,6 km / 866 m / GPS-Wegpunkt 27/5-19 Schwangauer Gatter; Staatsgrenze. Auf dem Schotterweg bergab fahren. Eine Serpentine lässt sich auf einem Singletrail abschneiden.

23,6 km / 824 m / GPS-Wegpunkt 27/5-20 Bei Pinswang rechts abzweigen und am Waldrand entlangfahren.

24,8 km / 818 m / GPS-Wegpunkt 27/5-21 Abzweig rechts auf Schotter in den Wald; einen kurzen Anstieg hochfahren.

25,3 km / 807 m / GPS-Wegpunkt 27/5-22 Nach kurzer Abfahrt bei der Straße nach rechts abzweigen und auf dem Radweg auf der linken Straßenseite nach Füssen fahren.

27,3 km / 800 m / GPS-Wegpunkt 27/5-23 Staatsgrenze und Walderlebniszentrum. Weiter auf der Straße nach Füssen fahren.

28,6 km / 820 m / GPS-Wegpunkt 27/5-24 Über die Lechbrücke links Richtung Stadtmitte Füssen.

29,5 km / 808 m / GPS-Wegpunkt 27/5-25 Bahnhof Füssen, Tourende.

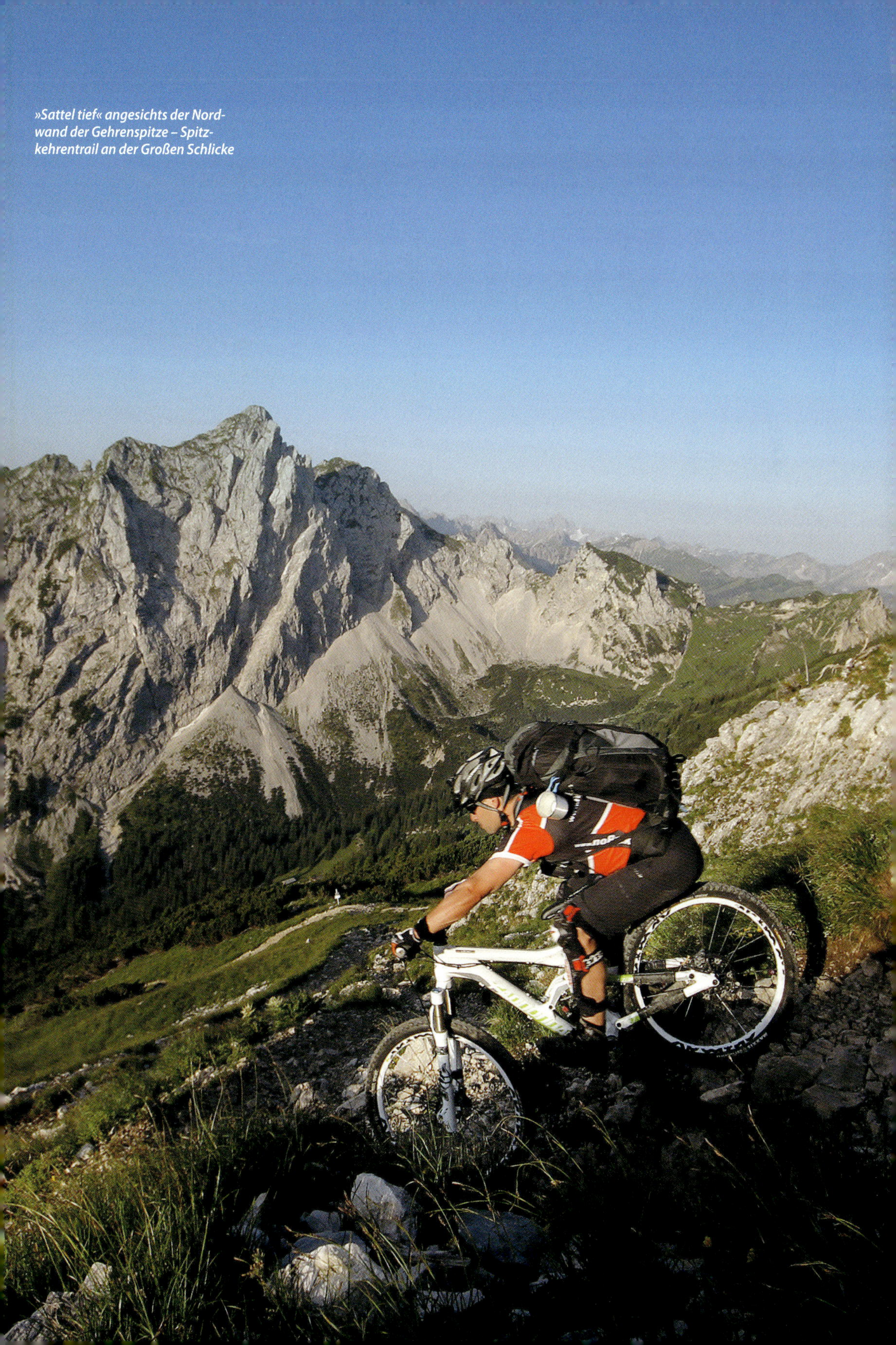

»Sattel tief« angesichts der Nordwand der Gehrenspitze – Spitzkehrentrail an der Großen Schlicke

Ausblick und Vision

Ich habe das Allgäu bei meinen Touren in den letzten Jahren immer als offene und bikerfreundliche Region kennengelernt. Die Zahl der bikenden Gäste und Einheimischen hat stark zugenommen, und wir werden mehr und mehr als gleichberechtigte Wegenutzer und Besucher in der alpinen Region anerkannt und respektiert. Die Zeiten, in denen Mountainbiker sich auf langweilige Schotterpisten verbannen ließen, sind längst Vergangenheit, auch wenn dies in der Gesetzgebung und in den Köpfen von einigen Leuten immer noch nicht angekommen zu sein scheint.

Auf den Bergen und den Trails habe ich selbst an schönen Sommertagen in der Regel etwas anderes erlebt. Die Leute sind beeindruckt und fasziniert von dem, was wir mit unseren Bikes anstellen können. Sie stehen am Wegesrand und applaudieren, wenn wir eine enge Spitzkehre oder einen hohen Absatz auf dem Bike fahrend absolviert haben. Auch an langen, steilen Auffahrten oder bei Tragepassagen bis hinauf zum Gipfel werden wir mit dem Respekt und der Anerkennung belohnt, den wir für unseren schweißtreibenden Sport nun wirklich verdient haben.

Nun liegt es an uns Bikern, dass sich das zu unserem Wohle wandelnde Bild auch weiterhin zu unserem Vorteil entwickelt. Durch unser Verhalten und durch Respekt und Rücksicht, welche wir anderen Bergbewohnern und -besuchern entgegenbringen, können wir alle dazu beitragen, auch in Zukunft überall und auf allen Wegen gern gesehene Gäste zu sein. Und dann dürfen wir im Gegenzug auch von allen anderen diesen Respekt und diese Rücksicht erwarten.

Mountainbiken ist ein natur- und umweltfreundlicher Sport, der nicht auf landschafts- und energiefressende Anlagen und Investitionen angewiesen ist. Dieses Potenzial kann vor Ort im Allgäu und in allen anderen Regionen im Einklang mit der Natur und mit anderen Nutzern voll ausgeschöpft werden. Das wird man bald überall erkennen, vor allem wenn die Erträge und Einkünfte aus anderen Bereichen des Tourismus aufgrund veränderter klimatischer Bedingungen mehr und mehr bedroht sind.

Wir Mountainbiker sind schon heute in vielen Regionen der Alpen gern gesehene Gäste, und es gibt vermehrt spezielle Angebote vor Ort wie Fahrtechnikseminare, geführte Touren oder Unterkünfte mit Sonderausstattung und Service für bikende Gäste. Moderne Bikes mit standfesten Bremsen und ausgereifter Federungstechnik ermöglichen es auch Einsteigern und Anfängern, immer schwierigere Trails zu befahren. Das ist die Zukunft bzw. bereits heute Realität.

Darüber hinaus entwickelt sich der Sport ständig weiter. Elemente der Disziplinen »Trial« und »Downhill« werden kombiniert mit der Bereitschaft, das Bike auch mal zu tragen. Durch den Pioniergeist und dem Streben danach, etwas Neues zu entdecken, formen sich neue Möglichkeiten, um diesen faszinierenden Sport zu praktizieren. Das Bikebergsteigen ist ein Ergebnis dieser Entwicklung, und weitere spannende Möglichkeiten könnten schon morgen entstehen. Wir dürfen gespannt sein.

Der Weg bleibt weiterhin das Ziel, aber so war es doch schon immer, oder?

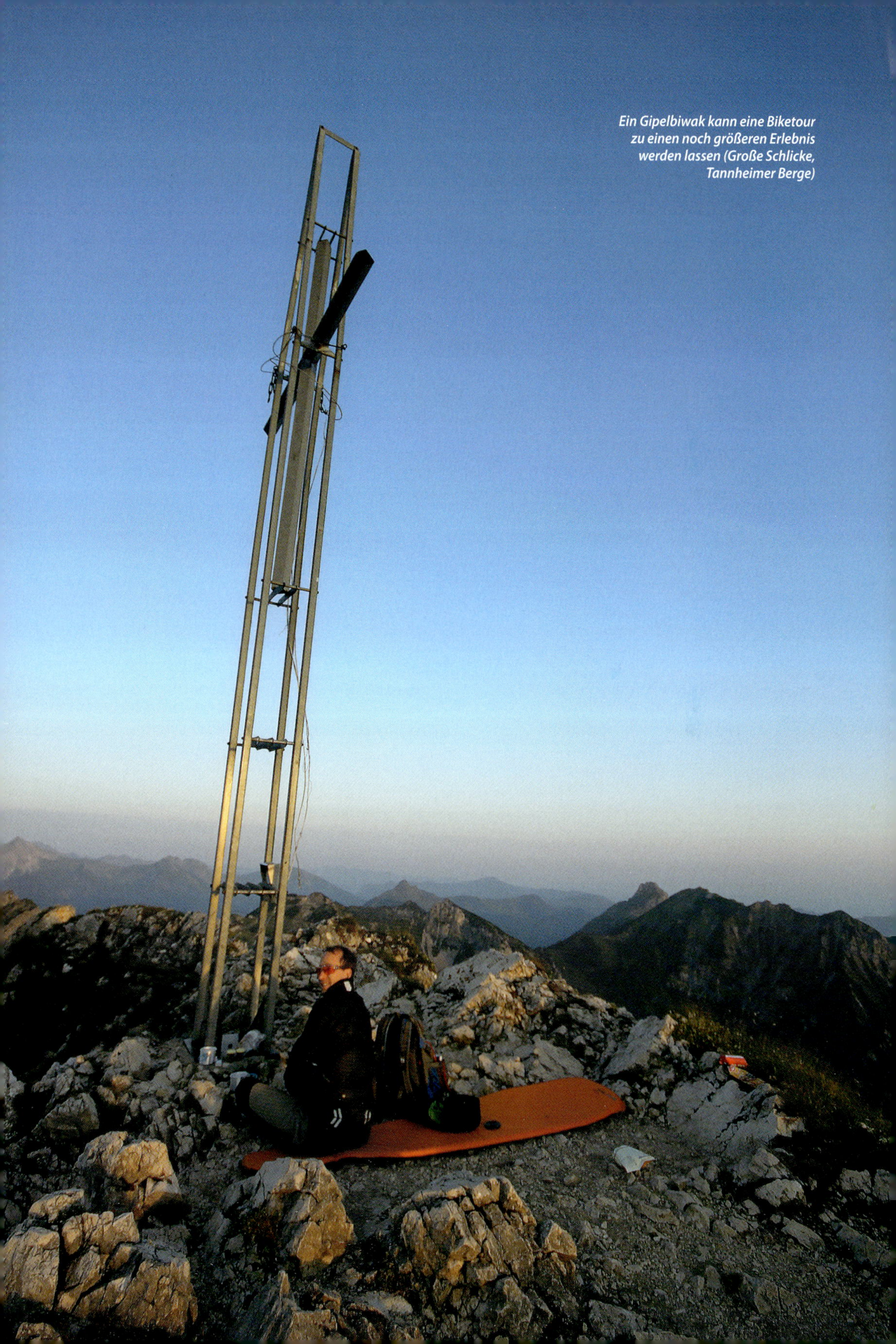

Ein Gipelbiwak kann eine Biketour zu einen noch größeren Erlebnis werden lassen (Große Schlicke, Tannheimer Berge)

Register

Ebenfalls erhältlich …

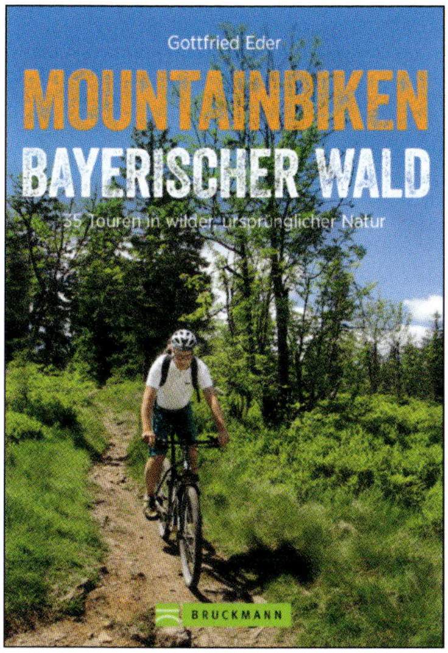

ISBN 978-3-7654-5280-2

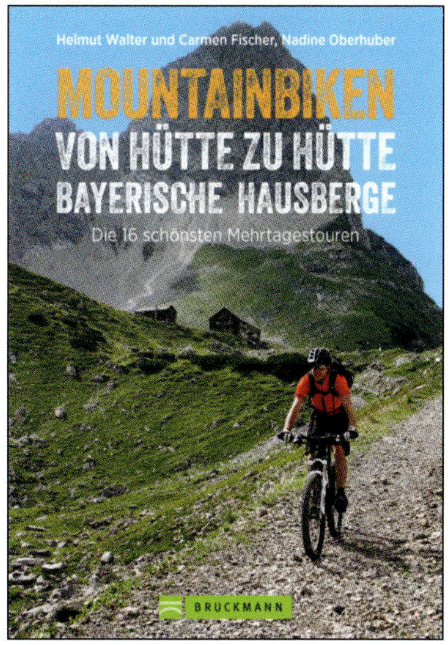

ISBN 978-3-7343-1291-5

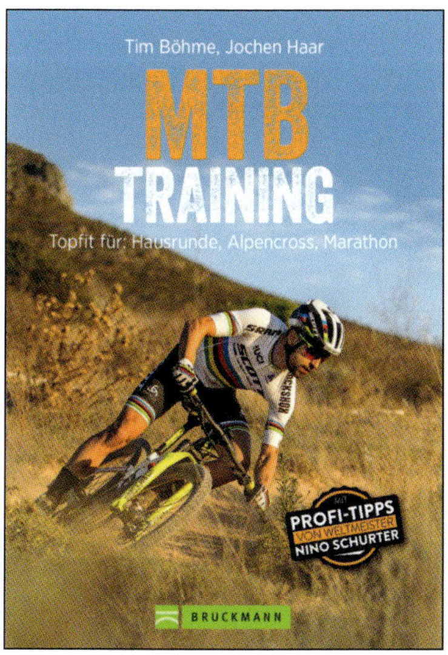

ISBN 978-3-7654-5634-3

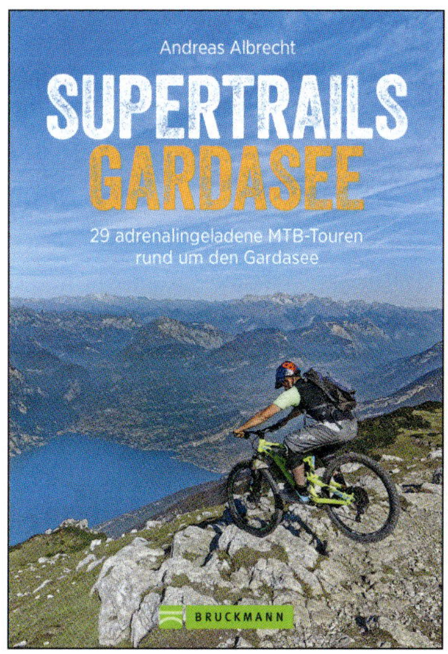

ISBN 978-3-7343-2142-9

BRUCKMANN

www.bruckmann.de

Impressum

Danksagung

Ich danke allen, die mich auf meinen Touren begleitet und bei der Realisierung dieses Buchs unterstützt haben.
Ich danke für die Geduld beim Fotografieren und für die anspruchsvollen und langen Touren, die wir gemeinsam absolviert haben.
Ich danke meiner Frau Simone und meinen beiden Töchtern Julia und Jasmin für die vielen Stunden, die ich mir für dieses Buch freigenommen habe. Meiner Mutter Karin Schymik und Tina Hopfensitz danke ich für das Korrekturlesen des Manuskripts.
Besondern Dank geht auch an meinen langjährigen Begleiter Michael Jeltsch, der einige der Fotos zu dieser Neuauflage beigesteuert hat.
Ich danke zudem Carina Jungchen-Wenzlick vom Bruckmann Verlag und ganz besonders Andreas Kubin für die enge und konstruktive Zusammenarbeit in der Endphase der Neuauflage.
Zudem möchte ich mich bei meinen Sponsoren und Unterstützern bedanken; nur durch sie ist es möglich, so viele Tage in den Bergen verbringen zu können.

Verantwortlich: Dr. Johannes Abdullahi
Redaktion/Layout: Andreas Kubin
Umschlaggestaltung: ZERO Werbeabgentur
Repro: Cromika, Verona
Kartografie: Kartografie Huber, München
Herstellung: Bettina Schippel
Printed in Slovenia by Florjancic

★★★★★

Sind Sie mit diesem Titel zufrieden? Dann würden wir uns über Ihre Weiterempfehlung freuen. Erzählen Sie es im Freundeskreis, berichten Sie Ihrem Buchhändler, oder bewerten Sie bei Onlinekauf.
Und wenn Sie Kritik, Korrekturen, Aktualisierungen haben, freuen wir uns über Ihre Nachricht an Bruckmann Verlag, Postfach 40 02 09, D-80702 München oder per E-Mail an lektorat@verlagshaus.de.

Unser komplettes Programm finden Sie unter www.bruckmann.de

In diesem Buch wird aus Gründen der besseren Lesbarkeit das generische Maskulinum verwendet. Weibliche und anderweitige Geschlechteridentitäten werden dabei ausdrücklich mitgemeint, soweit es für die Aussage erforderlich ist.

Autorenempfehlung

Sie sind auf der Suche nach weiterführender Literatur? Dann empfehle ich Ihnen den Titel »100 Bike Highlights Alpen« von Achim Zahn. Oder Sie werfen einen Blick in die Zeitschrift BERGSTEIGER. Hier werden Sie bestimmt fündig.
Ihr Carsten Schymik

Bildnachweis: Alle Fotos im Innenteil und auf dem Umschlag stammen vom Autor Carsten Schymik, außer KTM Fahrrad, Mandl: S. 2, 11, 16, 29; Holger Magreiter: S. 133

Umschlagvorderseite: Kerstin Huppenbauer unterwegs auf alpinen Wegen (Foto: Carsten Schymik)
Umschlagrückseite: Singletrail-Abfahrt vom Falken (Tour 7)

Die Deutsche Nationalbibliothek verzeichnet diese Publikation in der Deutschen Nationalbibliografie; detaillierte bibliografische Daten sind im Internet über http://dnb.d-nb.de abrufbar.

ISBN 978-3-7343-2141-2